プリント形式のリアル過去問で本番の臨場感！

島根県公立高等学校

2025年春受験用 解答集

本書は，実物をなるべくそのままに，プリント形式で年度ごとに収録しています。
問題用紙を教科別に分けて使うことができるので，本番さながらの演習ができます。

■ 収録内容

・解答集(この冊子です)

書籍ＩＤ番号，この問題集の使い方，最新年度実物データ，教科別入試データ解析，
解答例と解説，ご使用にあたってのお願い・ご注意，お問い合わせ

・2024(令和６)年度 ～ 2022(令和４)年度　学力検査問題

・リスニング問題音声《オンラインで聴く》　詳しくは次のページをご覧ください。

○は収録あり　年度	'24	'23	'22		
■ 問題(一般選抜)	○	○	○		
■ 解答用紙	○	○	○		
■ 配点	○	○	○		
■ 英語リスニング音声・原稿	○	○	○		

全教科に解説があります

注)問題文等非掲載:2023年度英語の【第3問題】，2022年度社会の【第4問題】

資料の非掲載につきまして

著作権上の都合により，本書に収録している過去入試問題の資料の一部を掲載しておりません。ご不便をおかけし，誠に申し訳ございません。

JN132523

教英出版

■ 書籍ＩＤ番号

リスニング問題の音声は，教英出版ウェブサイトの「ご購入者様のページ」画面で，書籍ＩＤ番号を入力してご利用ください。

入試に役立つダウンロード付録や学校情報なども随時更新して掲載しています。

書籍ＩＤ番号　168334  

（有効期限：2025年9月30日まで）

【入試に役立つダウンロード付録】
「ラストチェックテスト（標準／ハイレベル）」
「高校合格への道」

【リスニング問題音声】
オンラインで問題の音声を聴くことができます。
有効期限までは無料で何度でも聴くことができます。

■ この問題集の使い方

年度ごとにプリント形式で収録しています。針を外して教科ごとに分けて使用します。①片側，②中央のどちらかでとじてありますので，下図を参考に，問題用紙と解答用紙に分けて準備をしましょう（解答用紙がない場合もあります）。

針を外すときは，けがをしないように十分注意してください。また，針を外すと紛失しやすくなりますので気をつけましょう。

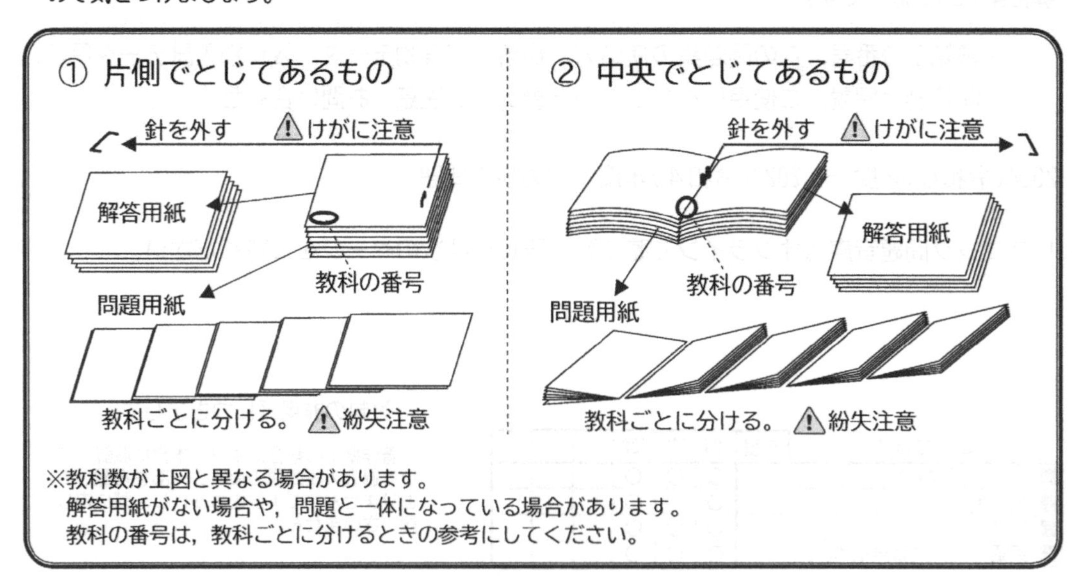

■ 最新年度 実物データ

実物をなるべくそのままに編集していますが，収録の都合上，実際の試験問題とは異なる場合があります。実物のサイズ，様式は右表で確認してください。

問題用紙	Ａ４冊子（二つ折り）
解答用紙	Ａ３片面プリント

島根県 公立高校入試データ解析 国語

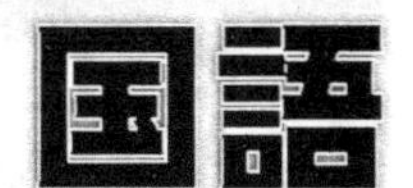

分野別データ			2024	2023	2022
大問の種類	長文	論説文・説明文・評論	○	○	○
		小説・物語	○	○	○
		随筆・紀行文			
	古文・漢文		○	○	○
	詩・短歌・俳句				
	その他の文章		○	○	○
	条件・課題作文				
	聞き取り				
漢字・語句	漢字の読み書き		○	○	○
	熟語・熟語の構成				
	部首・筆順・画数・書体		○	○	○
	四字熟語・慣用句・ことわざ			○	
	類義語・対義語				
文法	品詞・用法・活用		○	○	○
	文節相互の関係・文の組み立て				
	敬語・言葉づかい				○
文章の読解	長文	語句の意味・補充		○	
		接続語の用法・補充			
		表現技法・表現の特徴			○
		段落・文の相互関係			
		文章内容の理解	○	○	○
		人物の心情の理解	○	○	○
	古文・漢文	歴史的仮名遣い	○		○
		文法・語句の意味・知識			○
		動作主			
		文章内容の理解	○	○	○
	詩・短歌・俳句				
	その他の文章		○	○	○

形式データ	2024	2023	2022
漢字の読み書き	7	7	8
記号選択	10	9	15
抜き出し	7	10	2
記述	8	7	5
作文・短文	1	1	1
その他			

2025 年度入試に向けて

漢字の読み書きと漢字や文法の知識問題・説明的文章・文学的文章・古典・放送原稿や話し合いをもとにした問題(作文を含む)の大問５題の構成。説明的文章と文学的文章の読解では，字数指定のある記述問題がいくつか出題されている。本文の内容を過不足なくまとめる練習をしておこう。古典では，和歌や俳句，漢文の基本的な知識も確認しておきたい。作文では，グラフなどの情報を読み取る力も必要。過去問で慣れておこう。

島根県 公立高校入試データ解析 数学

	分類	2024	2023	2022
式と計算	数と計算	○	○	○
	文字式	○	○	○
	平方根	○	○	○
	因数分解			
	1次方程式	○	○	
	連立方程式	○	○	○
	2次方程式	○	○	○
統計	データの活用	○	○	○
	確率	○	○	○
関数	比例・反比例	○	○	○
	1次関数	○	○	○
	2乗に比例する関数	○	○	○
	いろいろな関数			
	グラフの作成	○	○	○
	座標平面上の図形	○	○	○
	動点，重なる図形			
図形	平面図形の性質	○	○	○
	空間図形の性質	○	○	○
	回転体			
	立体の切断			
	円周角	○	○	○
	相似と比		○	○
	三平方の定理	○	○	○
	作図	○	○	○
	証明	○	○	○

分類	問題構成	2024	2023	2022
式と計算	小問	1 問1～5．計算問題 問6．等式，不等式 3 問2．文字式による説明	1 問1～3．計算問題 問4．不等式 問8．方程式 問9．文字式の説明	1 問1～3，5～6．計算問題 問4．文字式 問7．無理数
	大問			3 規則的に並べた正方形の数
統計（データの活用）	小問	2 問1．箱ひげ図等	3 問1．箱ひげ図等	1 問10 2 問1．箱ひげ図等
	大問			
統計（確率）	小問	3 問1．3枚のカード	2 問1．赤球と白球	1 問11．2つのさいころ
	大問			
関数	小問	2 問2．1次関数の文章問題	1 問6．2点間の距離 問7．反比例 3 問2．1次関数の文章問題	2 問2．文章問題 印刷する冊数と印刷料金
	大問	4 座標平面 放物線，直線，平行四辺形，三角形	4 座標平面 放物線，直線 三角形	4 座標平面 放物線，直線 双曲線，三角形，平行四辺形
図形	小問	1 問7．垂直な平面 問8．円と角度 問9．対称移動，回転移動	1 問5．円周角 2 問2．正四面体，表面上の最短距離	1 問8．平行線，三角形と角度 問9．四角すいの高さ
	大問	5 平面図形 直角二等辺三角形の回転移動，作図	5 平面図形 三角形の折り返し，作図	5 平面図形 作図，円，三角形

2025年度入試に向けて

図形では，平行四辺形や正三角形，直角二等辺三角形などの特別な図形ついての問題がよく出題される。関数では，座標平面上の三角形や，道のり・時間・速さの問題がよく出題される。また，問題文が長く読解力を必要とする問題が規則性や関数をテーマに出題されるので，類題で練習しておこう。

島根県　公立高校入試データ解析　社会

	分野別データ	2024	2023	2022	形式データ	2024	2023	2022
地理	世界のすがた	○	○	○	記号選択	8	9	8
	世界の諸地域（アジア・ヨーロッパ・アフリカ）	○	○	○	語句記述	2	2	2
	世界の諸地域（南北アメリカ・オセアニア）	○	○	○	文章記述	2	2	2
	日本のすがた	○	○	○	作図			1
	日本の諸地域（九州・中国・四国・近畿）	○	○		計算			
	日本の諸地域（中部・関東・東北・北海道）	○		○				
	身近な地域の調査	○	○	○				
歴史	原始・古代の日本	○	○	○	記号選択	7	10	4
	中世の日本	○	○	○	語句記述	4	1	5
	近世の日本	○	○	○	文章記述	4	3	3
	近代の日本	○	○	○	並べ替え	2	2	2
	現代の日本	○	○	○				
	世界史	○		○				
公民	わたしたちと現代社会	○	○	○	記号選択	7	6	9
	基本的人権	○		○	語句記述	2	3	5
	日本国憲法		○	○	文章記述	1	3	2
	民主政治	○	○	○	作図		1	
	経済	○	○	○	計算	1		
	国際社会・国際問題	○	○	○				

2025 年度入試に向けて

分野を融合させて，１つのテーマを基に地理・歴史・公民を混ぜた問題が出題されている。しかし，小問１問ごとに考えれば普通の問題だから，あわてず基本的な学習をしておけば十分対応できる。字数指定の文章記述が多いので，各分野の重要語句とそれに関連する理由・原因・結果などを短くまとめる練習をしたい。また，資料の読み取りや意味を考える問題が増えているので注意しておきたい。

島根県 公立高校入試データ解析 英語

分野別データ		2024	2023	2022
音声	発音・読み方			
	リスニング	○	○	○
文法	適語補充・選択	○	○	○
	語形変化			
	その他	○	○	○
英作文	語句の並べかえ	○	○	○
	補充作文	○	○	○
	自由作文	○	○	○
	条件作文			
読解	語句や文の補充	○	○	○
	代名詞などの指示内容	○	○	○
	英文の並べかえ			
	日本語での記述	○	○	○
	英問英答	○	○	○
	絵・表・図を選択	○	○	○
	内容真偽	○	○	○
	内容の要約			
	その他	○	○	○

形式データ			2024	2023	2022
リスニング	記号選択		7	7	7
	英語記述		3	3	3
	日本語記述				
文法・英作文・読解	読解	会話文	3	2	3
		長文	2	3	2
		絵・図・表	4	5	4
	記号選択		12	12	12
	語句記述		7	7	7
	日本語記述		2	2	2
	英文記述		4	4	4

2025年度入試に向けて

図表と英文記述問題が多いことが特徴的である。図表の問題は記号問題が多いので，問題に慣れて確実に得点できるようにしよう。近年は，テーマに対する自分の意見を英作文する問題が出題されている。「賛成/反対」の意見を書く練習をしておこう。
読解問題は，英文をすばやく正確に理解できるよう長文に慣れよう。過去問や教科書などを使って知らない表現を覚え，問題の形式に慣れるのが効果的である。

島根県　公立高校入試データ解析　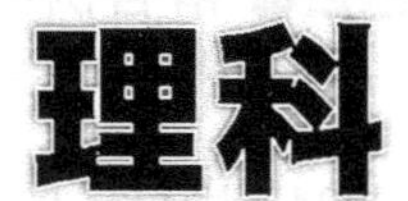

分野別データ		2024	2023	2022
物理	光・音・力による現象	○	○	○
	電流の性質とその利用	○	○	○
	運動とエネルギー	○	○	○
化学	物質のすがた	○	○	○
	化学変化と原子・分子	○	○	
	化学変化とイオン	○	○	○
生物	植物の生活と種類	○	○	○
	動物の生活と種類	○	○	○
	生命の連続性と食物連鎖	○	○	○
地学	大地の変化	○	○	○
	気象のしくみとその変化	○	○	○
	地球と宇宙	○	○	

形式データ	2024	2023	2022
記号選択	14	23	19
語句記述	16	8	8
文章記述	9	2	3
作図	2	3	2
数値	5	7	9
化学式・化学反応式	1	2	2

2025 年度入試に向けて

総問題数が比較的多く，記号や語句で答える問題だけでなく，文章で答える問題も多い。答えとなる内容は，実験結果からわかることや，図や表から読み取れることが多く，狙われやすい内容である。教科書に載っている実験や観察などを，手順・注意点・結果・考察の一連の流れで覚えておこう。また，重要語句を暗記するとともに，その語句の説明や，周辺に載っている内容も合わせて覚えておこう。教科書の章末問題を一通り解き直すなどして，忘れてしまっている内容や，十分に理解できていない部分を早い段階で見つけて，克服していくことも重要である。

島根県公立高等学校

《2024　国語　解答例》

【第一問題】問一．１．あお　２．す　３．きせき　４．こうせつ　　問二．１．預　２．除　３．看板
問三．エ　　問四．ウ　　問五．ア

【第二問題】問一．イ　　問二．鏡で自分を見るという行為　　問三．１．私たち人間　２．特定の他者　３．できるだけ多くの複数の意見を参考にし、さらに、他者の意見に流されないために、他者に共感できる自分の思いに正直であること。　　問四．自己関係を組み込むことによって次々に変化　　問五．エ

【第三問題】問一．Ａ．少し大人びた　Ｂ．人の影はどこにもなかった　　問二．イ　　問三．兄ちゃんと弘ちゃんをびっくりさせて、野球より釣りの方がいいと思わせたいから。　　問四．エ　　問五．明夫は思い
問六．勲章を作って、秀治を喜ばせようと思ったから。　　問七．ウ

【第四問題】問一．ころおい　　問二．香り　　問三．青い葉／白い花　　問四．朝露にぬれている明け方の桜

【第五問題】問一．ウ　　問二．ア
問三．
(花いかだを選んだ場合の例文)私は友人との会話の中で花いかだを使ってみたい。この言葉を使えば、春の終わりの雰囲気を友人と一緒に味わうことができるからだ。この言葉は流れる桜をいかだにたとえてあり、散った花が流れる美しさを表している。これまでは、春の終わりの雰囲気を上手に表現できなかったので誰かに伝えることはなかった。これからは、この言葉で春の終わりの美しさを友人と共有したい。
(せみ時雨を選んだ場合の例文)私は「せみ時雨」を自分で撮った夏山の写真の題に使いたい。その理由は、写真を見る人に、たくさんのせみの鳴き声を感じながら見てもらいたいからだ。以前、雨の降る景色を写した「夕立ち」という題の写真を見たが、題から自然と雨音を想像できて、自分が写真の中にいるような気持ちになった。私も「せみ時雨」という題で、写真を見る人に、夏山にいるような気分になってもらいたい。
(山よそおうを選んだ場合の例文)「山よそおう」を選ぶ。私は俳句を作る際にこの言葉を使ってみたい。この言葉から、山が色とりどりの紅葉を身にまとっているイメージがわく。俳句に使えば紅葉に彩られた山の鮮やかさを表現できると思う。以前、クラスの句会で「山笑う」を使った俳句を作り、クラスメイトに春の山の明るさを上手に表現していると評価された。次は「山よそおう」を使って、秋の山の鮮やかさを表現したい。
(冬化粧を選んだ場合の例文)私は冬化粧を選びます。学級日誌を書くときに使いたいです。「校庭が冬化粧した」と書けば、本格的な寒さの到来を伝えると共に、校庭一面に真っ白な雪が降り積もった美しい情景を表現することができるからです。以前、友人が学級日誌に「若葉の季節となった」と書いていましたが、新緑を想像してさわやかな気分になりました。私も冬化粧で、雪の降った冬の情景の美しさを伝えたいです。

《2024　数学　解答例》

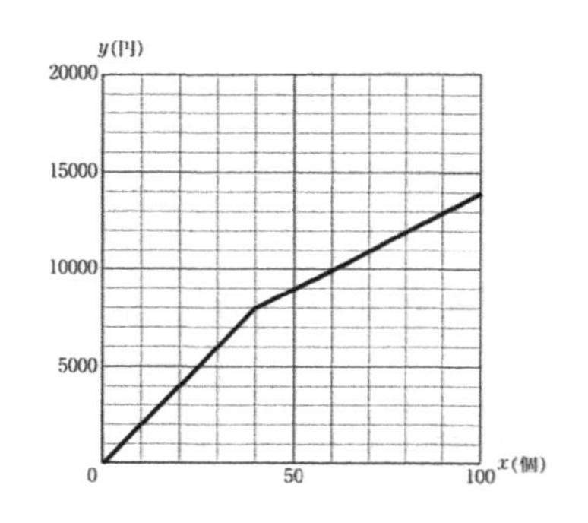

【第1問題】 問1．-7　問2．5　問3．$\frac{15}{2}$　問4．$x=2$　$y=-1$

問5．$2\pm\sqrt{7}$　問6．1．$xy=20$〔別解〕$y=\frac{20}{x}$

2．$30-5a>b$　問7．ア，イ，エ　問8．56

問9．1．エ　2．ウ，オ

【第2問題】 問1．1．27　2．(1)イ，オ　(2)ア

問2．1．120　2．(1)右グラフ　(2)6000　(3)20

【第3問題】 問1．1．$\frac{1}{3}$　2．(1)$\frac{2}{3}$　(2)$\frac{1}{3}$　3．(1，3，9)

問2．1．a^2　2．イ．$n-a$　ウ．$n+a$

エ．$n^2-(n-a)(n+a)=n^2-(n^2-a^2)=n^2-n^2+a^2=a^2$

【第4問題】 問1．1．4　2．$3\sqrt{2}$　3．$y=x+6$　問2．ア．3　イ．0　問3．1．$\frac{1}{4}$　2．8：3

【第5問題】 問1．45　問2．1．右図

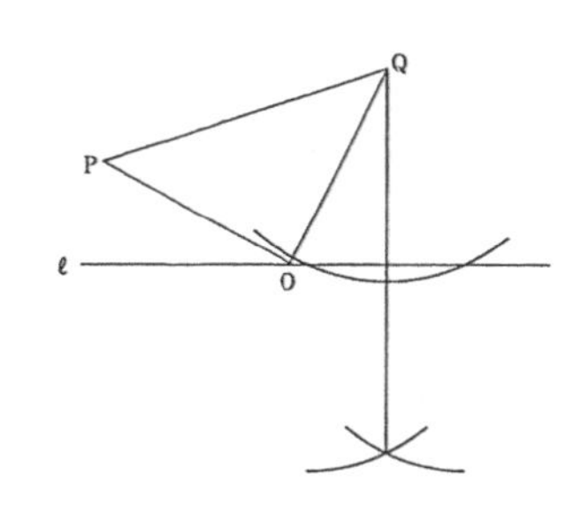

2．仮定より OP＝QO…①　∠PCO＝∠ODQ＝90°…②

△PCOにおいて，三角形の内角の和は180°だから

∠OPC＝180°－90°－∠COP＝90°－∠COP…③

3点C，O，Dが一直線上にあるから

∠QOD＝180°－90°－∠COP＝90°－∠COP…④

③，④より ∠OPC＝∠QOD…⑤

①，②，⑤より直角三角形で，斜辺と1つの鋭角がそれぞれ等しいから

問3．1．$2-\sqrt{2}$　2．$\pi+4-2\sqrt{2}$

《2024　社会　解答例》

第1問題　問1．1．ア　2．イ　3．B　問2．1．エ　2．液状化　3．ウ　問3．1．ア　2．海からの湿った季節風によって，降水量が多くなるから。　3．プランテーション　4．イ　5．国内でちがう民族どうしの言葉が通じないと不便なため，共通の言語が必要だから。

第2問題　問1．1．イ　2．ア　3．源氏物語　4．エ　5．ウ　6．関白になることによって，天皇の権威を利用しながら　7．ウ→ア→イ　問2．1．イ　2．三国干渉　3．たくさんの男性が徴兵されたので，労働力の不足をおぎなうため　4．国家総動員法　5．イ→ウ→ア　6．エ　7．ウ

第3問題　問1．1．ア　2．ウ　3．(1)1　(2)議席を得やすくなるため，さまざまな世論が反映されやすい。

問2．1．利子　2．ウ　3．エ　問3．1．PKO　2．ア　3．イ

第4問題　問1．かぶき　問2．製品の輸送に便利な自動車専用道路の近く　問3．エ　問4．15歳未満の児童が働かされていること。／1日8時間を超えて働かされていること。　問5．ウ　問6．カ

《2024　英語　解答例》

第１問題　問１．１．イ　２．ア　３．エ　４．ウ　問２．１．ア　２．イ　３．ウ　問３．①milk　②Clean
③(例文１)give her flowers　(例文２)sing a song for her

第２問題　問１．１．イ　２．ア　問２．１．エ　２．イ　問３．１．ウ　２．ウ

第３問題　問１．イ　問２．ウ　問３．エ　問４．イ→ウ→ア

第４問題　問１．children who couldn't study　問２．ウ　問３．ａ．挑戦し続ける　ｂ．何かを学ぶ
問４．join an English speech contest　問５．エ　問６．should try it

第５問題　問１．１．Whose　２．instead　問２．１．is full of good memories　２．I have been studying for
３．it is said that Japanese　問３．ａ．You can sit here.　ｂ．What do you want?
問４．(例文１)I practiced volleyball every day.　It was very hard for me, but we finally won in July.　It made me strong.　(例文２)My best memory is the school trip.　We visited some temples in Kyoto and Nara.　After that, I became interested in Japanese history.

《2024　理科　解答例》

第１問題　問１．１．細胞壁　２．ア　３．虚像　４．日食　問２．１．Ｐ．電子　Ｑ．中性子　２．ア
問３．１．Ｘ．ウ　Ｙ．ア　Ｚ．イ　２．ウ

第２問題　問１．１．顕性形質　２．３：１　３．Ｘ．イ　Ｙ．ウ　４．それぞれ別の生殖細胞に入ること。
問２．１．エ　２．胎生　３．Ｂ→Ｃ→Ａ

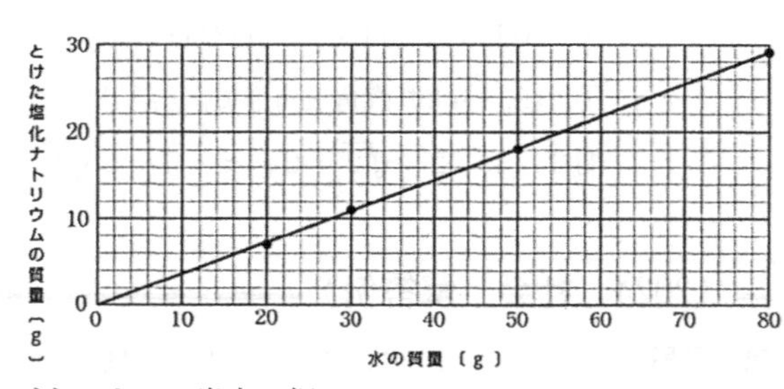

第３問題　問１．１．右グラフ　２．10.92　３．ウ
４．5.34　問２．１．Ｘ．還元　Ｙ．酸化
２．$2CuO + C \rightarrow 2Cu + CO_2$
３．操作…ピンチコックでゴム管を閉じる。
理由…試験管内に空気が入り，試験管内の物質が空気中の酸素と反応するのを防ぐため。　４．マグネシウム，炭素，銅

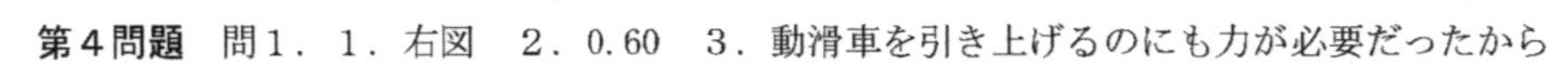

第４問題　問１．１．右図　２．0.60　３．動滑車を引き上げるのにも力が必要だったから
４．2.2　問２．１．イ　２．Ｘ．逆　Ｙ．同じ　３．10，20，並列　４．エ

重力

第５問題　問１．１．積乱雲　２．イ　３．露点よりも低く
４．ビニルぶくろの中に入れた水をぬるま湯にかえる。　問２．１．Ｘ．面積　Ｙ．力の大きさ
２．吸盤Ａ，Ｂ，Ｃのそれぞれについて，実験の回数を増やし，その平均を求める。　３．空気
４．実験室の気圧が998hPaより高く，空気が吸盤をおす力が大きくなったから。

《2024 国語 解説》

【第一問題】

問四 副詞は、自立語で活用がなく、主に動詞や形容詞、形容動詞を修飾する語である。「決して」は、下に打ち消しの語(「ない」)がくる、呼応の副詞である。

【第二問題】

問一 直前に「若い自己形成途上の人間」が「心身ともに急激な成長を経験すること」は少なくないとあり、これが傍線部①の格言のとおりだと述べている。その内容を表した、イが適する。

問二 [X]の4～5行目に「自己関係は鏡で自分を見るという行為が例として挙げられますが」とある。

問三1 [Y]の4～5行目の「他者からの影響は自己形成にとって欠くことができない」に注目すると、その直前の「私たち人間は他者との関わりによって他者からさまざまな影響を受けつつ自分であり続けている」がその理由にあたると読み取れる。 **2** [Y]の第3段落に「問題は～他者との関わりが自己形成自体を妨げるものとなるときに生じ」るとある。続けて「たとえば」とあることに注目し、その後の「特定の他者への過剰な依存が～抑圧する場合」からぬき出す。 **3** [Y]の第3段落4～5行目で、筆者は「では、他者から影響を受けつつも、自己形成をめざして進むことはどうしたら可能になるのでしょうか」と問いかけており、その後に答えが述べられている。まず、「一つの答え」は、「できるだけ多くの複数の意見～を参考にすること」で、「さらに～特に他者に共感できる自分の思いに正直であることも大切」と述べられているので、この2点をまとめればよい。

問四 (A)の後で、ルイさんが「なるほど。人は自分一人だけの時空間を持つことで成長していくんだね」と言っている。よって、人は自分と向き合うことで、成長していく(＝変化していく)ということを述べた、[X]の6～7行目の「自己は自己関係を組み込むことによって次々に変化～し続ける一つのプロセスとして存在する」から抜き出す。

問五 [I]では、人間は変化することが本質の一つであり、自己は自己関係を組み込む(＝自分を見つめる)ことによって、変化し続けると述べている。加えて、自己形成には他者からの影響も不可欠であると述べている。[II]では、「一人きりで自分と向き合う」ことの大切さを述べていることから、エが適する。 ア．[I]は自分の意見を持つことの大切さを述べているわけではない。また、[I]と[II]は「全く同じことを述べている」とする点も本文と異なる。イ．[I]も[II]も「どちらも人間関係の対立について書いて」いるとする点が本文と合わない。 ウ．[II]も「他者との付き合い方について」書いているとする点と、「逆のことを述べている」という点が本文と違う。

【第三問題】

問一A 傍線部①の後の文に「川でもよかったのだが、今日は少し大人びたところに行きたかった」とある。

B 〔ノート〕の〔どのような場所か〕の段に「明夫(あきお)と秀治(ひでじ)しかいない、静かな場所」とあることを手がかりにして、その様子の分かる部分を抜き出す。

問二 波線部Xから、明夫が「孝治(こうじ)も弘(ひろし)もいないのに、友達の弟(＝孝治の弟の秀治)と遊ぶ」ことを「変な感じ」に思い、戸惑っている様子が読み取れる。しかし、その後、秀治がぬかるみから足を抜き出すのに手を貸した時に秀治の手を「意外に小さく」感じ、水たまりで足を洗わせたときには「こんなふうに世話をしたことはなかった」と思っている。明夫が年長者であることを自覚して、秀治に接している様子がうかがえる。

問三 二人が釣りを始めた時の秀治の会話に注目する。秀治は「釣れればいいな」「俺たちがコイ釣って帰ったら、兄ちゃんも弘ちゃんもびっくりするべな」「兄ちゃんたちも野球よりこっち（＝釣り）がいいと思うべな」と話している。

問四　文章中の秀治の会話や様子を描写した文に注目する。すると、秀治は大沼に行こうと誘うと、「大沼？　すげえ」と素直に感嘆し、釣りを始めれば「釣れればいいな～びっくりするべな」と希望を口にしている。また、「静かになるのが怖いのかしきりに話しかけた」などの様子からも、子供らしく、感じたことをそのまま態度や言葉に表していると言える。よって、エが適する。

問五　後ろから７行目に「明夫は思い切り泥をかき混ぜ大声を上げた」とある。この行動で魚たちは逃げてしまうことを考えると、この部分が適する。明夫はその後で「やーめーたっ！」と釣りをやめることを秀治に告げている。

問六　その後の言葉から、傍線部③は、「勲章（くんしょう）」を作る作業であったことが分かる。明夫は、兄や弘に置いていかれ、また釣りでもコイを釣ることができなかった秀治を喜ばせようとしたのである。

問七　ウの「孝治、弘との関係が悪化し始めている」ことをうかがわせる内容は本文にないため、適当ではない。

【第四問題】

問一　古文で言葉の先頭にない「はひふへほ」は、「わいうえお」に直す。

問二　現代語訳から、Ａは、橘（たちばな）の花の香りが風によって「いっそう強く香ってくる」ことを詠んでいる。また、Ｂも「南風に吹かれて」橘の花が「よい香りを放っている」ことを描いている。

問三　傍線部②の直前に「橘の色に着目して」とある。この「橘の色」について、本文に「橘の葉の濃く青きに、花のいと白う咲きたるが」とあることからまとめる。

問四　「雨うち降りたるつとめて」の橘の素晴らしい様子を描いたのが、「花の中より～あざやかに見えたる」である。これを「朝露にぬれたるあさぼらけの桜」と比べても、劣るものではないと語っている。

【古文Ｃの内容】

> 四月の月末、五月の月初めのころ、橘が葉の濃く青いところに、花がたいそう白く咲いているのが、雨が降っている早朝などは、またとないほど風情がある様子で趣深い。花と花の間から黄金色の宝石のように見えて、たいへんくっきりと実が見えているのなどは、朝露にぬれている明け方の桜に劣らない。

【第五問題】

問一　話し合いでは、一人の決まった人の意見を優先するのではなく、グループから出た様々な意見を取り入れることが望ましいので、ウの「司会が考えた意見を優先する」が適当でない。

問二　サツキさんの発言は「つまり」で始まっているので、直前のショウさんの発言をまとめた内容を選ぶ。ショウさんは「木枯（こが）らし」という言葉から「秋の終わりから冬の初めにかけて」の季節特有の情景を想像している。

《2024　数学　解説》

【第１問題】

問１　与式＝５－12＝**－７**

問２　与式＝12－７＝**５**

問３　与式より，$3x=5(x-3)$　　$3x=5x-15$　　$-2x=-15$　　$x=\frac{15}{2}$

問４　$2x+3y=1$…①，$x-y=3$…②とする。

①＋②×３でyを消去すると，$2x+3x=1+9$　　$5x=10$　　$x=2$

②に$x=2$を代入すると，$2-y=3$　　$-y=1$　　$y=-1$

問5　与式より，$x-2=\pm\sqrt{7}$　　$x=2\pm\sqrt{7}$

問6　1　毎分xLずつy分間水を入れると，20Lたまるから，$xy=20$，または，$y=\frac{20}{x}$

2　30mのテープからａmのテープを５本切り取ると，(30－５ａ)m残るので，**30－５ａ＞ｂ**

問7　三角柱の辺のうち平面ＡＤＥＢと垂直な辺は，辺ＢＣと辺ＥＦである。したがって，辺ＢＣを含む平面と辺ＥＦを含む平面は平面ＡＤＥＢと垂直なので，**ア**，**イ**，**エ**が垂直である。

問8　ＡＢが直径だから，∠ＡＤＢ＝90°

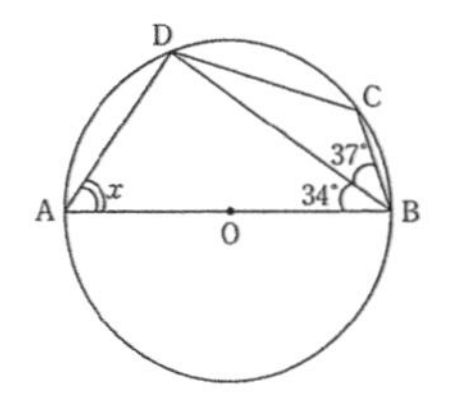

△ＡＢＤの内角の和より，∠x＝180°－90°－34°＝**56°**

問9　1　直線ＯＣを対称の軸としてみると，イとウ，アと**エ**がそれぞれ線対称である。

2　図３の二等辺三角形の底角の大きさをａ°とすると，Ｏを中心として時計回りに，アを２ａ°回転させると**ウ**に重なり，さらに２ａ°回転させると**オ**に重なる。

【第２問題】

問1　1　15画以上20画未満の階級までの４つの階級の度数の合計を求めればよいから，０＋２＋10＋15＝**27**(人)

2(1)　ア．第１四分位数は，2023年度が13.5画，2018年度が13画だから，正しくない。

イ．範囲は箱ひげ図全体の長さ，四分位範囲は箱の長さから読み取れる。どちらも2013年度より2023年度の方が大きい(長い)ので，正しい。

ウ．箱ひげ図から平均値は読み取れないので，正しいか正しくないか判断できない。

エ．2013年度の最小値は７画だから10画以下の人がいるので，正しくない。

オ．値が中央値以上であるデータは，全体の半数以上いる。どの年度も中央値が15画以上だから，半数以上の人が15画以上なので，正しい。

以上より，**イ**，**オ**を選べばよい。

(2)　**【解き方】まずは最小値から，条件に合うヒストグラムをしぼりこんでいく。**

ア～ウのヒストグラムはそれぞれ2018年度，2013年度，2008年度のいずれかに対応するので，最小値が３画の2008年度はウに対応するとわかる。2018年度と2013年度の箱ひげ図に注目すると，第３四分位数がそれぞれ21画，18画であり，ヒストグラムにしたときに異なる階級に含まれる。つまり，第３四分位数が15画以上20画未満の階級に含まれるのはアとイのどちらであるかを考えればよい。

アの度数の合計は41人である。41÷２＝20余り１，20÷２＝10より，第３四分位数は大きい方から10番目と11番目の値の平均であり，ヒストグラムから第３四分位数は15画以上20画未満の階級に含まれると読み取れるので，条件にあう。

イの度数の合計は40人である。40÷２＝20，20÷２＝10より，第３四分位数は大きい方から10番目と11番目の値の平均であり，ヒストグラムから第３四分位数は20画以上25画未満の階級に含まれると読み取れるので，条件にあわない。

以上より，正しいヒストグラムは**ア**である。

問2　1　図３より，100個の販売額の合計が12000円だから，１個の価格は，12000÷100＝**120**(円)

2(1)　１個200円で40個売ったときの販売額は，200×40＝8000(円)である。

１個100円で残りの100－40＝60(個)を売ったときの販売額は，100×60＝6000(円)である。

したがって，販売額の合計は8000＋6000＝14000(円)になる。

よって，グラフは，点(０，０)と点(40，8000)と点(100，14000)を順に直線で結べばよい。

(2)　1個200円で100個販売すると，販売額の合計が200×100＝20000(円)になるから，求める金額は，20000－14000＝**6000**(円)

(3)　**【解き方】1個200円でx個販売したとすると，100円で販売した個数は$(100-x)$個と表せる。販売額の合計が12000円になる場合について，xの方程式を立てる。**

販売額の合計が12000円になる場合，$200x+100(100-x)=12000$が成り立つ。これを解くと$x=20$となる。xの値が大きくなるほど販売額の合計は増えるので，販売額の合計が12000円以上になるのは，1個200円で**20**個以上販売したときである。

【第3問題】

問1　**1**　引き方は全部で3通りあり，そのうちAを引くのは1通りだから，Aを引く確率は，$\frac{1}{3}$である。

2(1)　すべての場合の2人の得点をまとめると，右の表Ⅰのようになる。太郎さんが勝つのはBかCを引いたときだから，太郎さんが勝つ確率は，$\frac{2}{3}$である。

表Ⅰ

太郎さんが引いたカード	太郎さんの得点(点)	花子さんの得点(点)
A(1)	1	6
B(2)	4	3
C(3)	9	2

(2)　すべての場合の2人の得点をまとめると，表Ⅱのようになる。花子さんが勝つのは太郎さんがAを引いたときだから，花子さんが勝つ確率は，$\frac{1}{3}$である。

表Ⅱ

太郎さんが引いたカード	太郎さんの得点(点)	花子さんの得点(点)
A(1)	1	8
B(2)	4	4
C(4)	16	2

3　花子さんが書く数を小さい方から順に，x，y，zとする。

太郎さんがAを引いたとき，太郎さんの得点は$x^2=x\times x$，花子さんの得点は$y\times z$であり，yもzもどちらもxより大きいので，必ず$x\times x<y\times z$となり，花子さんが勝つ。

太郎さんがCを引いたとき，太郎さんの得点は$z^2=z\times z$，花子さんの得点は$x\times y$であり，xもyもどちらもzより小さいので，必ず$z\times z>x\times y$となり，太郎さんが勝つ。

したがって，太郎さんがBを引いたとき引き分けならば，2人の勝つ確率がどちらも$\frac{1}{3}$となり等しくなる。

よって，$y^2=xz$となるような3つの自然数の組ならばどのような組でもよい。例えば，$y=3$のとき$y^2=9=1\times 9$だから，**(1，3，9)**が条件にあう。

問2　**1**　$a=2$のとき得点の差は$4=2^2$，$a=3$のとき得点の差は$9=3^2$になっている。よって，得点の差は$\mathbf{a^2}$になると予想できる。

2　Bに書かれた数をnとすると，Aの数は$\mathbf{n-a}$，Cの数は$\mathbf{n+a}$と表せる。あとは証明1を参考にして，最後に文字式がa^2となるように，エに文字式を完成させればよい。

【第4問題】

問1　**1**　$y=x^2$にAのx座標の$x=-2$を代入すると，$y=(-2)^2=4$となるから，A$(-2,\ 4)$である。

2　**【解き方】三平方の定理を利用する。**

$y=x^2$にBのx座標の$x=1$を代入すると，$y=1^2=1$となるから，B$(1,\ 1)$である。

よって，$AB=\sqrt{(\text{AとBの}x\text{座標の差})^2+(\text{AとBの}y\text{座標の差})^2}=\sqrt{\{1-(-2)\}^2+(1-4)^2}=\mathbf{3\sqrt{2}}$

3　B$(1,\ 1)$の座標より，直線OBの傾きは，$\frac{1-0}{1-0}=1$だから，求める式は$y=x+b$とおける。

$y=x+b$にAの座標を代入すると，$4=-2+b$より，$b=6$　　よって，求める式は，$\mathbf{y=x+6}$

問2　**【解き方】$y=x^2$のグラフは上に開いた放物線だから，xの絶対値が大きいほどyの値は大きくなる。**

$y=x^2$において，$x=-1$のとき$y=(-1)^2=1$だから，$x=-1$のときにyは最大値の9にならない。

したがって，x＝アのときy＝９となる。$y=x^2$にy＝９を代入すると，$9=x^2$より$x=\pm3$となる。

ア＞－１だから，ア＝**3**である。xの変域に０が含まれるので，yの最小値は０だから，yの変域は，**$0\leqq y\leqq 9$**

問３　１　【解き方】Ｐの座標を求めてから，$y=ax^2$にそれを代入する。四角形ＤＣＯＰが平行四辺形だから，ＯとＰの位置関係はＣとＤの位置関係と同じである。

$y=x+4$にＣのy座標の$y=0$を代入すると，$x=-4$となるから，Ｃ$(-4,\ 0)$である。直線ℓの切片が４だから，Ｄ$(0,\ 4)$である。ＤはＣから右に４，上に４進んだ位置にあるから，ＰはＯから右に４，上に４進んだ位置にある。したがって，Ｐ$(4,\ 4)$である。$y=ax^2$にＰの座標を代入すると，$4=a\times4^2$より，$a=\boldsymbol{\frac{1}{4}}$

２　【解き方】△ＯＰＱと△ＢＰＲの面積をそれぞれ求める。

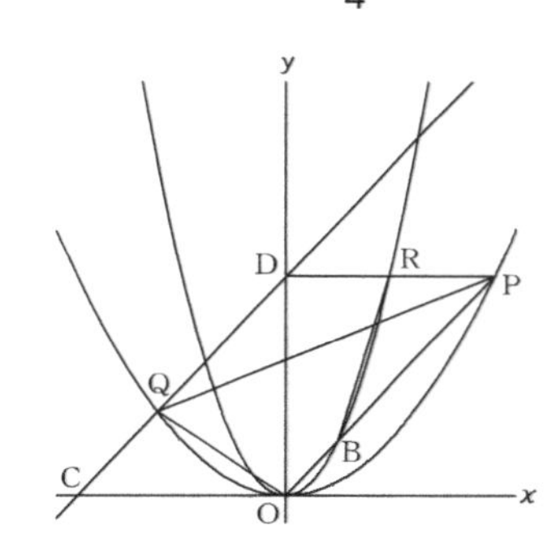

ＣＤ//ＯＰより，$\triangle\text{OPQ}=\triangle\text{OPD}=\frac{1}{2}\times\text{OD}\times\text{DP}=\frac{1}{2}\times4\times4=8$

$y=x^2$にＲのy座標の$y=4$を代入すると，$x=\pm2$となる。

Ｐのx座標が正だからＲのx座標も正なので，Ｒ$(2,\ 4)$である。

したがって，$\triangle\text{BPR}=\frac{1}{2}\times\text{PR}\times$(ＢとＲの$y$座標の差)＝

$\frac{1}{2}\times(4-2)\times(4-1)=3$

よって，△ＯＰＱ：△ＢＰＲ＝**８：３**

【第５問題】

問１　直角二等辺三角形の３つの内角の大きさは，45°，45°，90°だから，∠ＯＰＱ＝**45°**

問２　１　Ｑを中心とし，直線ℓと２点で交わる弧をかく。その２つの交点をそれぞれ中心とする，半径が等しい２つの弧をかいて交点をとり，その交点と点Ｑを直線で結べばよい。

２　まず，問題文の仮定を図にかきこんで，証明のために必要な条件を探そう。条件が足りない場合は，問題の内容に応じて，図形の性質，平行線の同位角・錯角，円周角の定理などからわかることもかきこんでみよう。

問３　１　【解き方】○＝45°とすると，右のように作図できる。△ＲＡＯが直角二等辺三角形なので，∠ＰＲＳ＝∠ＡＲＯ＝90°となるから，△ＲＰＳも直角二等辺三角形である。

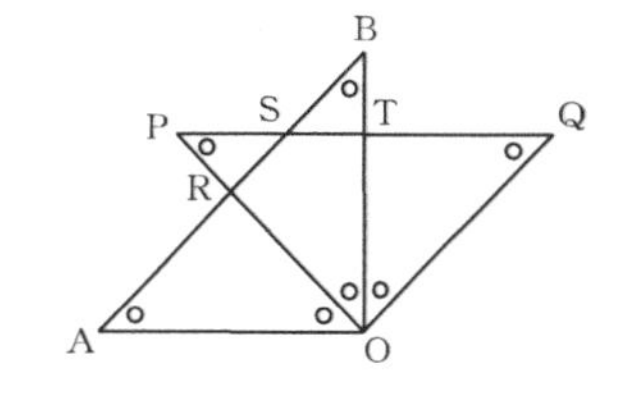

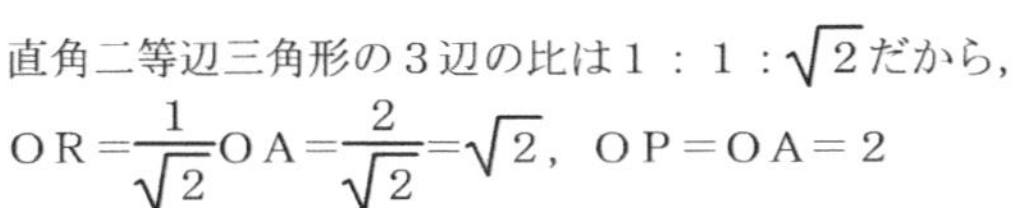

直角二等辺三角形の３辺の比は$1:1:\sqrt{2}$だから，

$\text{OR}=\frac{1}{\sqrt{2}}\text{OA}=\frac{2}{\sqrt{2}}=\sqrt{2}$，$\text{OP}=\text{OA}=2$

よって，$\text{PR}=\text{OP}-\text{OR}=\boldsymbol{2-\sqrt{2}}$

２　【解き方】１より，右のように作図できる。求める面積は，おうぎ形ＯＰＡとおうぎ形ＯＱＢと△ＲＰＳと△ＲＢＯの面積の和である。

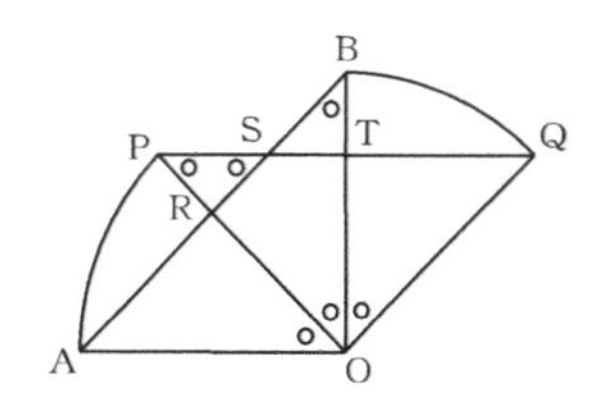

おうぎ形ＯＰＡとおうぎ形ＯＱＢはともに，半径２，中心角45°だから，

２つのおうぎ形の面積の和は，$(2^2\pi\times\frac{45}{360})\times2=\pi$

△ＲＰＳは直角二等辺三角形でＰＲ＝$2-\sqrt{2}$だから，

$\triangle\text{RPS}=\frac{1}{2}\times(2-\sqrt{2})^2=3-2\sqrt{2}$

△ＲＢＯは直角二等辺三角形でＯＲ＝$\sqrt{2}$だから，$\triangle\text{RBO}=\frac{1}{2}\times(\sqrt{2})^2=1$

よって，求める面積は，　$\pi+(3-2\sqrt{2})+1=\boldsymbol{\pi+4-2\sqrt{2}}$

《2024　社会　解説》

【第１問題】

問１　１　ア　　写真①は，アラブ首長国連邦のドバイにあるパーム・ジュメイラである。ドバイは，原油の輸出に依存した経済からの脱却をはかるために，観光に力を入れている。　**２**　イ　　東経の経度が大きい位置ほど，時刻が進んでいて，最も早く日付が変わる。　**３**　Ｂ　　右図参照。

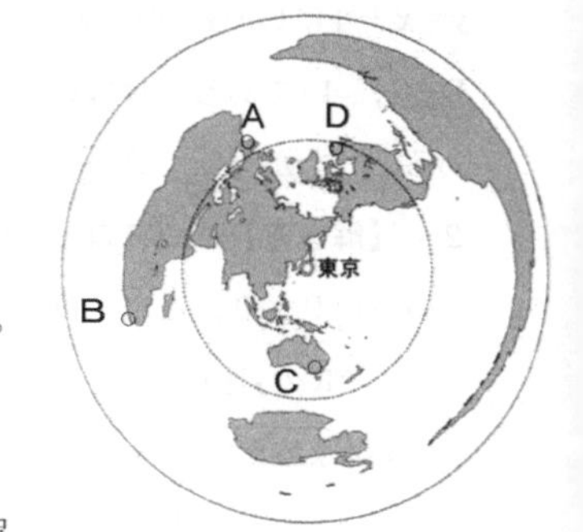

問２　１　エ　　ア．誤り。25000分の１地形図での１㎝は，１×25000＝25000(㎝)＝0.25(㎞)だから，実際の面積は，0.25×0.25＝0.0625(㎢)程度。イ．誤り。「金田東(五)」がある場所は，1965年頃に山地ではない。ウ．誤り。東京湾アクアライン連絡道は，「木更津金田ＩＣ」から南東に延びる。

２　液状化　　東日本大震災では，千葉県の多くの場所で液状化が見られた。

３　ウ　　千葉県には水揚げ量が多い銚子港があり，漁業生産量は多い。また，東京に通勤・通学する人が多いため，昼夜間人口比率は100を下回る。アは滋賀県，イは愛知県，エは島根県。

問３　１　ア　　2000年以降急激に経済が発展したインドは，ブラジル，ロシア，中国，南アフリカ共和国と合わせてＢＲＩＣＳと呼ばれる。そのため，人口も増えているが，一人あたりの国民総所得も増えている。また，世界で流通するダイヤモンドの約９割がインドで加工され，ダイヤモンドの輸出が多い。イはチリ，ウは南アフリカ共和国，エはイギリス。　**２**　　季節ごとに吹く向きが変わる風をモンスーン(季節風)といい，夏は海洋から大陸に向かって，冬は大陸から海洋に向かって吹く。　**３**　プランテーション　　主に熱帯地域に開かれた単一の商品作物を栽培する大農園をプランテーションという。欧米の大資本をもとに開発され，植民地の労働力を使って生産したのが始まりであり，現在では現地の人々が営むものも多くなっている。　**４**　イ　　2004年以降にＥＵに加盟した東ヨーロッパの国のうち，一人あたりの国民総所得が15000～30000ドルの国はバルト三国，チェコ，スロバキア，スロベニアだけで，残りはすべて15000ドル未満である。　**５**　　表④から，ナイジェリアには多くの民族がいて，500以上の言語が話されていることがわかる。

【第２問題】

問１　１　イ　　稲作が始まると，米を保存するための高床倉庫がつくられるようになった。アは木簡，ウは縄文土器，エは黒曜石の打製石器。

２　ア　　調と庸は，農民が直接都に納める税であった。律令制の下での税の種類については右表参照。　**３**　源氏物語　　紫式部の『源氏物語』，清少納言の『枕草子』，紀貫之の『土佐日記』などが，平安時代に仮名文字で書かれた作品として知られている。　**４**　エ　　鎌倉仏教については右表参照。山奥の寺での厳しい修行を重視し，災いを取り除く祈とうを取り入れたのは，平安時代に空海が開いた真言宗。　**５**　ウ　　15世紀に中山王の尚巴志が，南山・中山・北山を統一し，琉球王国を建国した。琉球王国は，東南アジアと東アジアをつなぐ中継貿易で栄えた。　**６**　Ｃにあてはまるのは関白である。豊臣秀吉は全国の大名に停戦を命じ(惣無事令)，それに

名称		内容		納める場所
租		全員	収穫した稲の約３％	国府
調		男子(17～65歳)	布または特産物	都
庸		男子(21～65歳)	10日間の労役に代わる布	都
雑徭		男子(17～65歳)	年間60日以内の労役	
兵役	衛士	男子(21～60歳)	１年間の都の警備	
	防人	男子(21～60歳)	３年間の九州北部の警備	

宗派	人物	特徴
浄土宗	法然	「南無阿弥陀仏」と念仏を唱える。
浄土真宗(一向宗)	親鸞	阿弥陀仏を信じる。
時宗	一遍	念仏札を配り，踊り念仏を行う。
日蓮宗(法華宗)	日蓮	「南無妙法蓮華経」と題目を唱える。
臨済宗	栄西	座禅を組み，問答をする。
曹洞宗	道元	ひたすら座禅を組む。

違反したことを理由に，1587 年に九州の島津氏を征討して降伏させた。　**7**　ウ→ア→イ　　ウ(徳川吉宗・享保の改革)→ア(松平定信・寛政の改革)→イ(水野忠邦・天保の改革)

問2　**1**　イ　　Ⅰ．正しい。Ⅱ．誤り。大久保利通の手紙には「欧米諸国の文明化ははるかに進んでいて，とても日本のおよぶものではない」，久米邦武の記録には「国民の自主の権利を強くすれば政府の指導力が弱くなり，自由を増やせば秩序が緩む。一長一短である」とある。大久保利通は日本の文明化の遅れを感じ，久米邦武は，国民の自由や権利の拡大に迷いを感じている様子が読み取れる。　**2**　三国干渉　　日清戦争の下関条約で，日本が清から遼東半島を獲得すると，ロシアはドイツ，フランスとともに，遼東半島を清に返すようにせまった。

3　出征した男性に代わって女性が工場で働くようになったことから，女性の社会進出の拡大につながった。

4　国家総動員法　　国家総動員法は，近衛内閣のときに成立した。　**5**　イ→ウ→ア　　イ(韓国併合・1910 年)→ウ(満州事変・1931 年)→ア(学童疎開・1944 年)　**6**　エ　　国際連合への日本の加盟に対して，常任理事国の１つであるソ連が拒否権を発動して反対していた。1956 年に日ソ共同宣言に調印し，ソ連との国交が回復したことで，ソ連の反対がなくなり，日本の国連加盟が実現した。

7　ウ　　高度経済成長期(1950 年代後半～1973 年)には，環境より経済発展を優先させたため，水俣病・新潟水俣病・イタイイタイ病・四日市ぜんそくなどの公害が発生した。また，地方から都市に移り住む人が多く，地方での過疎化が進んだ。

【第３問題】

問1　**1**　ア　　職業選択の自由は経済活動の自由に属する。　**2**　ウ　　Ⅰ．誤り。裁判員制度は，重大な刑事裁判の第一審だけを対象とする。Ⅱ．正しい。裁判員は，被告人が有罪か無罪かを話し合い，有罪であればその量刑まで判断する。　**3**(1)　1　　ドント式による獲得議席は，右表参照(獲得議席に○をつけて示した)。　**(2)**　比例代表制は，多くの政党が乱立して，政治が不安定になるおそれもある。

政党	得票数	ドント式の計算			議席数
		÷１	÷２	÷３	
ハル党	3000	(3000)	(1500)	1000	2
ナツ党	1800	(1800)	900	600	1
アキ党	1440	(1440)	750	480	1
フユ党	1200	1200	600	400	0

問2　**1**　利子　　一般に，銀行は貸出利率の方が預金利率より高く設定されていて，その差額を利益としている。　**2**　ウ　　製造業者の過失を消費者が裁判で証拠をあげて証明することは困難であることから，製造物責任法(ＰＬ法)では，製造業者の無過失責任を定め，消費者は製品に欠陥があったことを証明すればよいとされた。Ⅰには特定商取引法(クーリング・オフ制度)が適用される。

3　エ　　30000 円を両替するとき，１ドル＝100 円のときは 30000÷100＝300(ドル)，１ドル＝150 円のときは 30000÷150＝200(ドル)に両替されるので，１ドル＝150 円のときの方が 300－200＝100(ドル)少なくなる。一般に円安ドル高は，日本の輸出企業や海外から日本への旅行に有利にはたらき，円高ドル安は，日本の輸入企業や日本からの海外旅行に有利にはたらく。

問3　**1**　ＰＫＯ　　平和維持活動の略称である。　**2**　ア　　国際司法裁判所での解決には，当事者国双方の同意を必要とする。　**3**　イ　　ア．誤り。世界には，すべての人が食べるのに十分な食糧はあるとされるが，主に先進国にかたよって配分されることで，飢餓が発生している。ウ．誤り。太陽光や風力などの再生可能エネルギーによる発電は，天候などの条件によって安定的な電力供給が難しい。エ．誤り。日本の防衛費は，2024 年現在 12 年連続で増加している。

【第４問題】

問1　かぶき　　出雲の阿国がはじめたかぶき踊りは女性が舞うものであった。

問3　エ　　ア．誤り。どの国でも前年より増加している年がある。イ．誤り。最も労働時間が減少したのは日本である。ウ．誤り。意識調査で否定的意見の割合が最も低い国はスウェーデンであり，スウェーデンの2020年の労働時間はドイツより長い。

問４　児童労働と長時間労働について書けていればよい。

問５　ウ　「いくつかの階級に区分して」とあるので階級区分図が最も適当である。アのドットマップ，イの図形表現図，エの流線図はいずれも数値の絶対値を示した絶対分布図である。

問６　カ　社会保険は共助であることは覚えておきたい。

《2024　英語　解説》

【第１問題】

問１　**１**　質問「彼らはどこに行きますか？」…A「お腹が空いたね。何か食べよう」→B「いいよ！病院の近くにオープンした新しいレストランを知ってる？」→A「そうなの？知らなかったよ。そこに行きたいな」→B「いいよ，行こう」の流れより，イが適当。　**２**　質問「先週末，ヒロは何をしましたか？」…A「こんにちは，ヒロ！良い週末だった？」→B「うん。友達とバスケをしたよ」→A「どうだった？」→B「とても楽しかったよ！もう一度やりたいな」の流れより，アが適当。　**３**　質問「マイはどのように英語を練習していますか？」…A「英語が上手だね，マイ！」→B「ありがとう！」→A「留学していたの？」→B「いいえ。私はよくインターネットでアメリカ人の友達と英語で話すの」の流れより，エが適当。　**４**　質問「リョウタは町の夏祭りで何をしますか？」…A「こんにちは，リョウタ。町の夏祭りに参加するそうね」→B「あ，君も参加するの，キャシー？」→A「ええ。古着を売るよ。あなたは何をするの？」→B「僕は吹奏楽部でトランペットを演奏するよ」の流れより，ウが適当。

問２　**１**　質問「グリーン先生は何をしていますか」…A「おはようございます，アヤコさん。あなたは英語の宿題をしましたか？」→B「おはようございます，グリーン先生。はい，しました。でも私には難しかったです」→A「そうですか。わからないところがあったら，私に聞いていいですよ」→B「ありがとうございます，グリーン先生。後で職員室に行きます」の流れより，ア「先生」が適当。　**２**　質問「彼らは今どこにいますか？」…「では，みなさん。これで体育の授業を終わります。ボールを箱の中に戻してください。来週またバレーボールをします」より，イ「体育館の中」が適当。　**３**　質問「なぜミサキは悲しかったのですか？」…「ミサキは夏休みに野菜を育てています。しかし，去年の夏はとても暑くて雨が非常に少なかったので，よく成長しませんでした。 それで，ミサキはとても悲しくなりました」より，ウ「野菜がよく成長しなかったからです」が適当。

問３【放送文の要約】参照。

③　難しい表現は使わなくてもいいので文法・単語のミスがない文を作ろう。（例文１）「私は彼女に花をあげたいです」　（例文２）「私は彼女のために歌を歌いたいです」

【放送文の要約】

明日は祖母の誕生日で，祖母が家に来るよ。私は祖母のためにケーキを作るつもりだけど，今夜８時前には家に帰れないの。それで，私のためにお店に行って卵と①牛乳（＝milk）を買ってきてくれないかな？そうだ，②お部屋の掃除（＝Clean my room）も忘れないでね。パーティーの計画を立てるのもいいわね。あなたはパーティーで祖母を喜ばせるために何がしたい？

【第２問題】

問１　**１**　質問「タロウはいつ日本を出発しますか？」…３月 24 日のタロウからボブへのメールの２行目「明日，

僕は日本から君の国へ出発します」より，イ「3月 25 日」が適当。　**2**　質問「ボブは何を知りたいですか？」…ボブからタロウへのメールの２～３行目「君のバスが何時に着くか僕に教えて」より，ア「いつタロウのバスが来るか」が適当。

問２　**1**　「1990年は，(　　)歳の年齢層の人の数が最も多かった」…1990年のグラフより，エ「40～49」が適当。
2　「1960年から2020年までに，60歳以上の年齢層の人の数は(　　)」…３つのグラフより，60歳以上の年齢層の人の数が増えていることがわかるので，イが適当。　・go up「増える」

問３　**1**　質問「１日目の昼食後に一番最初にすることは何ですか？」…Day1 Activities「１日目の活動」より，昼食を食べた後，最初にする活動はウ Fishing in the river「川で魚釣りをする」が適当。　**2**　質問「このキャンプについて正しくないものはどれですか？」…ア○「１泊２日のキャンプです」…予定表に Day1 と Day2 があるので正しい。イ○「森がなぜ重要なのかを学びます」…予定表の Walking in the forest「森の散策」の吹き出しの１行目に「なぜ森が私たちにとって重要なのか学びましょう！」とあるので正しい。　ウ「森の中で見つけた植物は食べることができません」…イの吹き出しの２行目に「私たちは昼食で食べる植物を見つけるでしょう」より正しくない。　エ○「水とタオルと暖かい服を持ってくる必要があります」…予定表の右下の３行「水とタオルを持ってきてください。また，暖かい服も必要です。なぜなら夜は冷えるからです」より正しい。

【第３問題】【本文の要約】参照。

問１　対話とウェブサイトの内容から，ふたりは医者が病人を救う内容の WISH を見るつもりである。また，ウェブサイトの右側 Morning Special 10:00 a.m. to Noon HALF PRICE より，10時から正午までは半額になるので，10:20 から WISH を見る。よって，イが適当。

【本文の要約】

ソウマ　：今週の土曜日に映画を見に行かない？
ショーン：いいよ。「BLUE SKY」と「WISH」だと，どっちの映画が見たい？どちらの映画も面白そうだよ！
ソウマ　：そうだな，僕は将来医者になりたいから，医者が病人を救う方法を知りたいな。
ショーン：いいね！じゃあ「①イWISH」にしよう。何時がいい？
ソウマ　：何時でもいいけど，半額で映画を見たいな。
ショーン：僕もだよ！じゃあ，②イ10時20分に始まる映画を見よう！

問２　play it by ear は「前もって決めず，その場の状況に合わせて行動する／臨機応変に対応する」という意味。意味を知らない場合は前後の内容から類推しよう。ここではウ「後でレストランを選ぶ」が適当。ア「お昼前にホテルに着く」，イ「レストランで音楽を聴く」，エ「遅れるからホテルに電話する」は不適当。

【本文の要約】

マイク：10分でホテルに着きます。それから夕食の時間になります。
ジョン：何を食べるか，アイデアはありますか？
マイク：ウェブサイトによると，ホテル内にはレストランがたくさんあります。今は選べません！
ジョン：わかりました。それじゃあ，レストランは後で選びましょう。到着してから決めればいいですよね。

問３　ア「美術館でアートを楽しむ」，イ「市立公園でサッカーをする」，ウ「コンサートのために市民球場を訪れる」は不適当。

【本文の要約】

ケン　：今週末に訪れるのに良い場所を探しているよ。どこに行けばいい？

ジュディ：美術館は有名だし，古い美しい絵がたくさんあるから，アートが好きならそれらを楽しむことができるよ。

マット　：スポーツが好きなら，市営球場で野球の試合を見るべきだよ。実は，今週の土曜日の夕方，家族と野球の試合に行くんだ。

ケン　　：僕はアートはあまりが好きじゃないけど，野球やサッカーなんかのスポーツに興味があるよ。

ジュディ：市立公園でスポーツをするというアイデアもあるよ。

ケン　　：そこではボール遊びができないみたいだよ。残念ながら。よし，エ野球の試合を観戦することにするよ。一緒に行ってもいい，マット？

問４　イ→ウ→アの順である。

【本文の要約】

書道について聞いたことありますか？イそれは墨で文字を書くアートであり，日本文化の重要な一部です。学校では，生徒が授業で練習します。ウ生徒はたいてい机に座って文字を書きます。高校生の中には新しい方法でそれを楽しむ生徒たちもいます。ア彼らは音楽を流しながら，大きな紙にメッセージを書きます。インターネットでいくつかの公演を見ることができます。ぜひご覧ください！

【第４問題】【本文の要約】参照。

問１　代名詞などの指示語の指す内容は直前にあることが多い。ここでは，直前の文の children who couldn't study を指している。

問２　同じ行の However や It is difficult などから，日本人女性の計画に対して周りの人の反応は否定的だったことがわかる。ウ「あなたにそれができるとは思わないよ」が適当。ア「いつも一生懸命頑張っているのを知っているよ」，イ「悪い考えとは言えないよ」，エ「きっと助けを得られるだろうね」は不適当。

問３　下線部(2)の直後の２文に理由が書かれている。ａは keep trying「挑戦し続ける」，ｂは learn something「何かを学ぶ」の部分を答える。　・keep ~ing「～し続ける」

問４　質問「ヒナは英語の先生と話した後，英語を練習するために何をすることに決めましたか？」…第３段落１～３行目で，英語の先生がヒナにスピーチコンテストに参加することを勧め，第３段落５行目でヒナは参加することに決めたので，「英語のスピーチコンテストに参加する」＝join an English speech contest が入る。

問５　ア「ヒナは外国で働くことに×興味がありませんでした」　イ×「ヒナは高校生の時にひとりで海外旅行をしました」…本文にない内容。　ウ×「ヒナは人前で英語を話すのがとても上手でした」…本文にない内容。

エ○「ヒナはステージでベストを尽くしたのでとてもうれしかったです」

問６　ヒナは本を読んで，難しそうなことでも挑戦することの大切さを学び，実際に苦手な英語のスピーチコンテストに参加したことを喜んでいる。下線部(3)では難しいことに挑戦することを高い山に登ることに例えている。よって，「難しそうに見えることがあるとき，あなたは挑戦するべきです（＝you should try it）」が適当。

【本文の要約】

困難なことに直面したとき，あなたはどうしますか？

去年の８月，海外に学校を建てた日本人女性についての本を見つけました。私は将来海外で働くという夢があるので，それを読み始めました。私は彼女が高校生の時にひとりで海外に行ったことに驚きました。３年後，彼女は貧しい国の小さな村を訪れました。そこで彼女は，そこに学校がなく，勉強ができない子どもたちがいることがわかりました。彼女は彼らのために何かをしたいと思い，そこに学校を建てることを考え始めました。しかし，そのことを周りの人たちに話すと，誰もが「難しいよ。Aウあなたにそれができるとは思わないよ」と言いました。しかし，そのような言葉に対して，彼女は決して立ち止まりませんでした。本の中で，彼女は次のように言っています。「状況が難しそうなら，多くの人がそこで立ち止まるでしょう。最初からやらない人もいるかもしれません。しかし，私は何かやりたいことがあるとき，いつも挑戦し，自分の目標を達成する方法を探します。問3挑戦し続ければ道が見つかることはわかっています。たとえ物事がうまくいかないときでも，何かを学ぶことができます」

本を読んでから，私は英語の先生に夢のことを話しました。彼は私に「それは素晴らしい夢だね。海外で働くためには，英語を練習することが重要だよ。問4来月，英語スピーチコンテストがあるけど，挑戦してみる？」と言いました。私は最初，英語を話すのも人前で話すのも苦手なので，断るべきだと思いました。しかし，私はこの本から学んだ重要なことを思い出しました。挑戦しなければ，私たちは何も学べないのです。問4それで私はそれに参加することに決めました。私は何日もかけて練習し，一生懸命取り組みました。コンテストでは，私は最善を尽くしましたが，ステージでたくさん間違えました。問5エおそらく私のスピーチは上手ではなかったかもしれませんが，挑戦してみてとてもよかったです。

ですから，みなさんが登りたい山があまりにも高く見えるときでも，私はみなさんにそれに登ってほしいと思います。きっと成長するための大きなチャンスになると思います。

【第5問題】

問1　1　Bの返答「それはタカハシさんのものです」より，Aは「～は誰のもの？」＝Whose ～ ?と尋ねたと考えられる。　2　Aが駅への行き方を相談したのに対し，Bはお金を使いたくないので，バスではなく自転車で行こうと言っていると考えられる。　・instead of ～「～のかわりに」

問2　1　「それは素敵な思い出でいっぱいです」という意味にする。「～でいっぱいである」＝be full of ～
2　「私は10時間以上ずっと勉強しているからです」という意味にする。現在完了進行形〈have/has＋been＋～ing＋for＋○○〉「○○の間ずっと～している」の文。　3　「日本語は英語よりも難しいそうです」という意味にする。「～だそうです」＝it is said that ～

問3 a①「人がたくさんいるね」→②「どこで食べようか？」→③「食べ終わりました。(　　)」→④「どうもありがとうございます」の会話の流れとイラストより，「ここを使ってください」＝You can sit here.など，座席を譲ってくれるときの表現を入れる。　b①「すみません，助けてくれませんか？」→②「ええ，いいですよ」→③「(　　)」→④「緑茶をお願いします。ありがとうございます！」より，「何がほしいですか？」＝What do you want?など，買う飲み物を尋ねる表現を入れる。

問4　先生「今月でみなさんは中学校を卒業します。そこで，中学時代に一番思い出に残っていることをひとつ書いてみましょう」に対して，20語以上で答える。(例文1)「私は毎日バレーボールを練習しました。それは私にとってとても辛かったのですが，最後に7月に勝ちました。私は強くなりました」　(例文2)「私の一番の思い出は修学旅行です。私たちは京都と奈良のいくつかのお寺を訪れました。それから日本の歴史に興味を持つようになりました」

《2024　理科　解説》

第1問題

問1　2　アはアルカリ性，イ～エは酸性を示す。　4　日食に対して，月食は，太陽－地球－月の順に一直線に並んだときに月が地球の影に入って起こる現象である。

問2　2　Ⅰはα線，Ⅱはβ線，ⅢはX線とγ線の透過性を表している。

問３　１　大型の魚が小型の魚を食べ，小型の魚が動物プランクトンを食べる。大型の魚が増加すると，大型の魚のエサである小型の魚が減少する(ウ)。小型の魚が減少すると，小型の魚のエサである動物プランクトンは増加し，小型の魚をエサとする大型の魚は減少する(ア)。動物プランクトンが増加し，大型の魚が減少すると，動物プランクトンをエサとし，大型の魚のエサである小型の魚は増加するため，動物プランクトンは減少する(イ)。

２　サンゴの化石が含まれる地層が堆積した当時，その場所は浅いあたたかい海であったと推測できる。なお，アは古生代，イは中生代，エは新生代の示準化石(堆積した年代を推定できる化石)である。

第２問題

問１　１　丸形としわ形のようにどちらか一方しか現れない形質を対立形質といい，対立形質をもつ純系をかけ合わせたとき，現れる形質を顕性形質，現れない形質を潜性形質という。　２　交配１によってできた丸形の種子はＡａだから，Ａａどうしをかけ合わせた交配２でできる種子の数の比はＡＡ(丸形)：Ａａ(丸形)：ａａ(しわ形)＝１：２：１となる。よって，丸形としわ形の種子の数の比は(１＋２)：１＝３：１である。　３　丸形のＳはＡＡまたはＡａである。Ｓにしわ形(ａａ)を交配すると，ＳがＡＡであればできる種子は丸形(Ａａ)のみ，ＳがＡａであればできる種子の数の比は丸形(Ａａ)：しわ形(ａａ)＝１：１となる。なお，交配２によってできた丸形の種子はＳと同様にＡＡまたはＡａだから，Ｓに丸形の種子を交配しても，Ｓが純系かどうか特定することはできない。ＡＡどうし，または，ＡＡとＡａを交配すると丸形のみができ，Ａａどうしを交配したときに丸形：しわ形＝３：１となる。

問２　１　エは無セキツイ動物の節足動物の甲殻類である。なお，アは魚類，イは哺乳類，ウは両生類である。

３　Ｄと共通する特徴の数が多いほど，出現が遅い(Ｄに近い)と考えられる。Ａは「手の親指と他の指のつくり」が同じで「生活場所」の一部が同じ，Ｂは共通する特徴がない，Ｃは「手の親指と他の指のつくり」が同じである。よって，Ｂ→Ｃ→Ａ→Ｄと考えられる。

第３問題

問１　２　物質がとける質量は，とかす水の質量に比例する。60℃の水100ｇに硝酸カリウムは109.2ｇまでとけるから，60℃の水10ｇに硝酸カリウムは$109.2\times\frac{10}{100}=10.92$(ｇ)までとける。　３　100ｇの水にとける硝酸カリウムの質量が$8.50\times\frac{100}{10}=85.0$(ｇ)となる約50℃になると結晶ができはじめる。　４　20℃の水10ｇには3.16ｇまでとけるから，$8.50-3.16=5.34$(ｇ)の結晶がでてくる。

問２　１　酸素と結びつく化学変化を酸化，酸素を失う化学変化を還元という。操作１の反応では，酸化銅は酸素を失い銅になり，炭素は酸素と結びつき二酸化炭素になった。　２　化学変化の前後で，原子の組み合わせは変わるが，原子の種類と数は変化しない。　４　１解説より，銅と炭素では炭素の方が酸素と結びつきやすいとわかる。操作２ではマグネシウムが酸素と結びつき，二酸化炭素が酸素を失ったから，マグネシウムと炭素ではマグネシウムの方が酸素と結びつきやすいとわかる。よって，酸素と結びつきやすい順に，マグネシウム，炭素，銅である。なお，操作３の結果より，銅よりマグネシウムの方が酸素と結びつきやすいとわかる。

第４問題

問１　１　おもりにはたらく重力とつり合う力は，糸がおもりを引く力である。作用点は糸とおもりが接する点であり，向きは重力と反対，大きさは重力と同じである。　２　〔仕事(Ｊ)＝力の大きさ(Ｎ)×力の向きに動かした距離(ｍ)〕，〔仕事率(Ｗ)＝$\frac{仕事(J)}{仕事に要した時間(s)}$〕より，仕事の大きさは$8.0\times0.15=1.20$(Ｊ)，仕事率は$\frac{1.20}{2.0}=0.60$(Ｗ)である。　４　仕事の原理から予想すると，方法３での仕事の大きさは方法１の仕事の大きさに等しく1.20Ｊになると考えられる。糸を引いた距離が0.25ｍだから，引き上げる力の大きさは$\frac{1.20}{0.25}=4.8$(Ｎ)と予想される。よって，実際の引き上げた力の大きさは 7.0－4.8＝2.2(N)大きい。なお，これは斜面とおもりの間に摩擦がはたらいたためだと考えられる。

問2　**1**　右図の右手に電流の向きを合わせると，磁界の向きがわかる。

磁界
電流
(＋→－)

2　X．電流の向きが逆向きになると，コイルが磁界から受ける力の向きは逆になるから，操作3のコイルの動く向きは操作2と逆になる。　Y．磁界の向きが逆向きになると，コイルが磁界から受ける力の向きは逆になるから，操作4のコイルの動く向きは操作3と逆になるので，操作2と同じになる。　**3**　コイルが受ける力の大きさは，コイルに流れる電流が大きいほど大きくなる。回路全体に加わる電圧が等しいとき，回路全体の抵抗が小さいほど，回路全体(コイル)に流れる電流は大きくなる。2つの抵抗器を直列につなぐと，2つの抵抗器の合成抵抗は各抵抗器の抵抗の和になるから，合成抵抗の大きさは最小でも 10＋20＝30(Ω)となる。また，2つの抵抗器を並列につなぐと，2つの抵抗器の合成抵抗は抵抗の小さい方の抵抗より小さくなるから，2つの抵抗器のうち1つを 10Ωの抵抗器にすると，合成抵抗の大きさは 10Ωより小さくなる。さらに，2つの抵抗器を並列につないだとき，各抵抗器には枝分かれする前後と同じ大きさの電圧がかかり，枝分かれする前後に流れる電流と各抵抗器に流れる電流の和が等しいから，抵抗の小さい抵抗器を2つ並列につないだとき，回路全体(コイル)に流れる電流が最も大きくなる。よって，10Ωと 20Ωの抵抗器を並列につなげばよい。　**4**　エ○…換気扇を回すモーターは，電流が磁界から受ける力を利用している。なお，ウのマイクロホンは電磁誘導を利用したものである。

第5問題

問2　**2**　同じ実験を複数回行うことで，より誤差の小さい結果を得ることができる。　**4**　実験室の気圧以外の条件は同じだったことから考える。

島根県公立高等学校

《2023　国語　解答例》

【第一問題】問一．1．なが　2．はか　3．れんか　4．ちみつ　問二．1．沿　2．敬　3．功罪
問三．エ　問四．ア　問五．ごんべん　問六．いたり

【第二問題】問一．公平　問二．ウ　問三．A．時間の経過とともに技術や制度は改善され、物事は必ず改善されていく　B．解決可能　問四．エ　問五．1．A．将来　B．今　2．置かれた状況に神経を配る習慣を身につけ、考える前に身体が反応するようにしておくこと。

【第三問題】問一．イ　問二．楓に自分の射の欠点を言い当てられたから。　問三．弓に向かう姿勢
問四．A．自分の言葉でショックを受けたようだった　B．自分が乙矢に対してまずいことを言ったのではないかと心配になった　問五．A．毎日修練して自分でみつけねばならない　B．悪いわけではない
問六．ウ

【第四問題】問一．エ　問二．心悲しも　問三．春風　問四．悲しみを追いやる

【第五問題】問一．イ　問二．ア　問三．（例文1）私は、地域の運動会に参加して、様々な年齢の人とスポーツを行うのがよいと思います。毎年、地域の運動会に参加していますが、大人も子どもも一緒に競技や応援をすることで、お互いの仲がだんだん深くなっていくのを感じます。そのように交流すれば、地域の人同士につながりができるので、お互いのことを大切に思うようになるという効果をもたらすと思います。
（例文2）地域の農家の方と一緒に、農業体験をするとよい。私は小学生の時、農家の方に稲の育て方を教えてもらい、田植えと稲刈りを体験した。この体験の後、私は自分の地域の田畑を身近に感じ、地域の農業に興味を持つようになった。農業体験を通して農家の方と交流することで、地域の農業について理解できて関心を持つ人が多くなり、将来、地域の農業をやりたいと考える人が増えると思う。

《2023　数学　解答例》

【第１問題】問１．-2　　問２．$4\sqrt{5}$　　問３．$\dfrac{-1\pm\sqrt{17}}{2}$　　問４．$5a+3b>1000$　　問５．72

問６．$\sqrt{13}$　　問７．エ　　問８．３問解く日…15　５問解く日…５　　問９．１．$n-7$　２．ア

【第２問題】問１．１．$\dfrac{3}{4}$　２．$\dfrac{1}{2}$　３．$\dfrac{9}{16}$

問２．１．エ　２．（Ⅰ）１つの直線上に並んでいる　（Ⅱ）イ

【第３問題】問１．１．⑴8000　⑵イ，ウ　２．⑴0.16　⑵イ

問２．１．右グラフ　２．$20x+100$　３．32

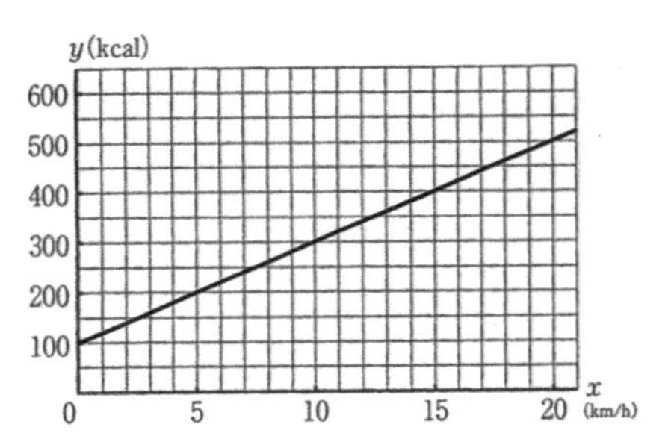

【第４問題】問１．４　　問２．１．ウ　２．$0\leqq y\leqq\dfrac{9}{2}$

問３．１．３　２．⑴１　⑵$(-4,\ 0)$　３．$\sqrt{2}$，$\sqrt{6}$

【第５問題】問１．１．A′CD　２．右図

問２．１．対頂角は等しいので　∠A′FE＝∠CFB…①

A′E//BCより錯角は等しいので　∠A′EF＝∠CBF…②

よって，①，②より２組の角がそれぞれ等しいので，

２．CEB，BCE　３．$\dfrac{10}{7}$　　問３．$\dfrac{15\sqrt{3}}{13}$

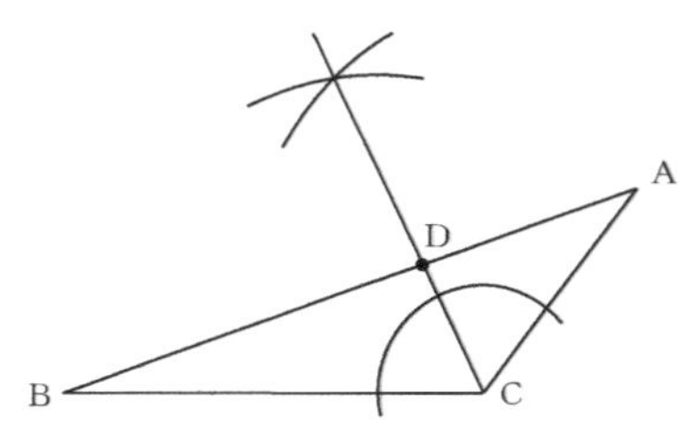

《2023　社会　解答例》

第１問題　問１．１．ウ　２．ア　３．イ　　問２．エ　　問３．１．イ　２．イギリス　３．アジア諸国への鉄鉱石や石炭の輸出に変化した。　　問４．１．ウ　２．リアス海岸　３．ウ　４．乳牛などを飼育し，乳製品を生産する農業。　５．エ

第２問題　問１．１．エ　２．ウ　３．唐がおとろえたことにより，独自の文化が生み出されていた。　４．イ　５．エ　６．株仲間　７．イ→ウ→ア　　問２．１．エ　２．ア　３．第一次世界大戦が起こり，ドイツが対戦相手となっていた。　４．ア　５．F．ウ　G．イ　６．c

第３問題　問１．１．ウ　２．エ　３．イ　４．司法　５．イ　　問２．有権者である住民による直接選挙で選ばれる。

問３．１．南南　２．ア　３．高齢化が進んでいるため，社会保障の割合が増加している。

第４問題　問１．１．ア　２．右図　　問２．ウ→ア→イ

問３．奈良市の歴史的な景観を守るため。

問４．１．ア　２．核拡散防止

問５．日中共同声明の調印により，日本と中国の国交が正常化した。

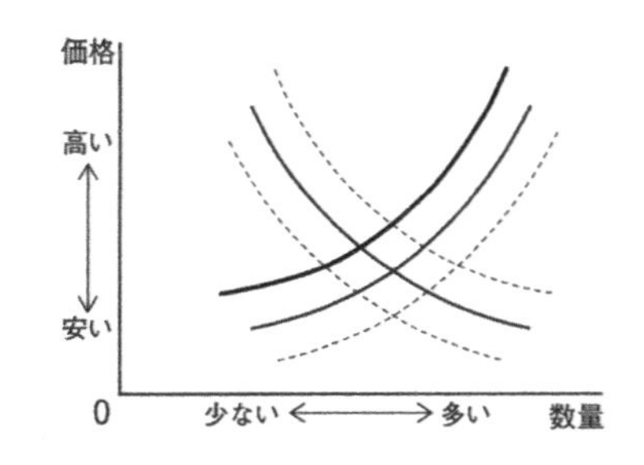

―《2023　英語　解答例》―

第１問題　問１．１．エ　２．ウ　３．イ　４．ア　　問２．ア，イ，カ　　問３．①hospital　②money
③bring him my notebooks

第２問題　問１．１．イ　２．ア　　問２．１．ウ　２．イ　　問３．１．ウ　２．エ

第３問題　問１．エ　　問２．ア　　問３．イ　　問４．ウ→イ→ア

第４問題　問１．research my town　　問２．ウ　　問３．ａ．より魅力的にする　ｂ．考えを説明した
問４．help elderly farmers　　問５．エ　　問６．make this town attractive／not run away／take action to change things　などから１つ

第５問題　問１．１．wish　２．forward　　問２．１．can be seen from here　２．the third longest river in
３．supermarket which is in front　　問３．ａ．（例文１）You should cook for her.　（例文２）If I were you, I would make dinner.　ｂ．（例文１）Could you take our picture?　（例文２）Are you busy?　Please take a photograph.　　問４．（Manami の例文）I'm always with my friends at school, so I just want to enjoy reading books alone at home.　（Takashi の例文）I'd like to spend a holiday with my parents.　We don't have enough time to talk together from Monday to Friday.

―《2023　理科　解答例》―

第１問題　問１．１．ア　２．イ　３．イ　４．露点　　問２．１．消化酵素　２．CO_2　　問３．１．ウ　２．エ

第２問題　問１．１．記号…①　訂正…ひげ根　２．エ　３．ウ　４．胞子
問２．１．イ　２．Ｃ，Ｄ，Ｆ　３．①－　②＋＋
４．呼吸によって，二酸化炭素が放出されているから。

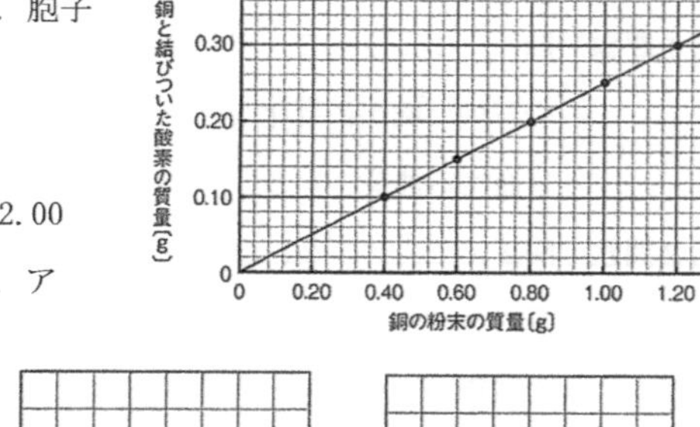

第３問題　問１．１．ウ　２．$2Cu+O_2 \rightarrow 2CuO$　３．右グラフ　４．2.00
問２．１．マグネシウム／亜鉛／銅　２．ウ　３．エ　４．ア

第４問題　問１．１．右図　２．右図　３．①Ⓔ　②イ　４．ｂ，ｃ
問２．１．４　２．480　３．エ　４．ア，エ

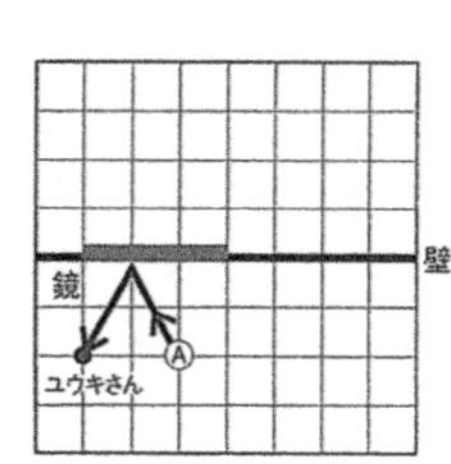

第４問題．問１．１の図

第４問題．問１．２の図

第５問題　問１．１．天頂　２．自転　３．イ　４．地軸を北極側に延長して天球と交わるところあたりにある星だから。
５．90　　問２．１．年周運動　２．ウ
３．Ｘ．１　Ｙ．45　４．17

島根県公立高等学校

《2023　国語　解説》

【第一問題】

問四　「食べる」とアの「出る」は、下一段活用。下一段活用の動詞の見分け方は、「ない」をつけると、活用語尾がエ段音になるもの。イはカ行変格活用。ウは五段活用。エは五段活用。五段活用の動詞の見分け方は、「ない」をつけると、活用語尾がア段音になるもの。

問六　古文の「わゐうゑを」は、「わいうえお」に直す。

【第二問題】

問一　５行目に「将来世代と現行世代の間には、公平な関係性が担保されなければならない」と述べられている。

問二　傍線部②の２～５行後に述べられている内容をまとめたウが適する。

問三　第３段落に「もう何世代も解決できていないような問題がいくつもあります」とあることに着目する。「現段階で私たちにとって問題であることも、将来世代にとっては既に解決可能なことになっているだろうと楽観的に考えてしまうことがあります。このような見方の背景には、時間の経過とともに技術や制度というものは改善され～物事は必ず改善されていくのだというような、発展に対する直線的な見方があります」より。

問四　「美味しい食事を提供するのも、食べていただいた人が幸福になるのを想像してつくる仕事」「治療は、患者さんができるだけ支障なく生活できるように、自然治癒力も考慮した上で今後の方策を考え、適切に手を施す仕事」と同じように、「『これから』をまず想像」し、「意味のある仕事」をする具体例として、エが適する。

問五１　Ⅰの「将来世代が暮らす未来のことを考慮しながら、現行世代の私たちの開発のあり方を考える」と、Ⅱの「将来のために、今、何をしておくべきかを考え、事を為す」は共通した主張である。　２　最終段落に述べられている。

【第三問題】

問二　乙矢は楓の「今回は～ちょっと焦りました。歩幅が違うので、速く歩かなきゃいけないし、前は～自分のペースでできたんですが」という言葉を聞いて顔が曇り、さらに「的を絶対外さない、という気迫を感じ」たと聞いて「顔はさらに歪んだ」。それは国枝の言ったように「このお嬢さん(＝楓)が、あなた(＝乙矢)の射の欠点をみごとに見抜いている」からである。

問三　国枝は乙矢に「あなたの射型はきれいだし、的中もする」が、「問われているのは技術ではなく、弓に向かう姿勢ではないでしょうか」と伝えている。

問四　傍線部④より前の場面で、「乙矢の顔がさっと曇った。何か自分はまずいことを言っただろうか、と楓は思う」「楓は乙矢をフォローしたつもりだったが、乙矢の顔はさらに歪んだ。逆効果だったようだ」「乙矢が力なくうなだれる。楓には、訳がわからない」とある。また、傍線部④の６～７行後に「自分の言葉を聞いて、乙矢はショックを受けたようだ。乙矢を貶めるようなことを口にしてしまったのではないだろうか、と楓は気にしている」とある。これが理由で、乙矢の姿が見えなくなると、楓は「私、何か乙矢くんについて、まずいことを言ったのでしょうか」と国枝に聞いたのだ。

問五Ａ　(Ａ)の前に、「国枝が言うように『自分の射』とは」とあるので、傍線部⑤の前で国枝が「自分の射」について語っている内容(「自分の射がどういうものかは、毎日修練して自分でみつけねばならない」)に着目する。

Ｂ　国枝が言うように「教本に書かれているのを鵜呑みにして、それを形だけ真似するというのも、よくないことだ」というならば、乙矢は自分のやり方で弓を引いていることになり、「別に乙矢が悪いわけではない、ということにならないだろうか」と楓は思っている。

問六　「国枝は優しい目で乙矢を見ながら、一語一語言葉を選ぶようにゆっくり語った」「それ(＝楓の質問)を聞いて、国枝は微笑(ほほえ)んだ」「楓の想いを察したのか、国枝は優しい目をしたまま説明した」「楓の言葉に、国枝は再び微笑んだ」「わからなくてもいいのです。いまわからなくても、いつかわかる時が来るかもしれない」「楓がきっぱりと返事すると、国枝は破顔一笑した」など、国枝と乙矢、楓との対話の場面から、乙矢と楓の成長を温かいまなざしで見守る国枝の様子が描かれている。よって、ウが適する。

【第四問題】

問一　「雪のうちに 春は来にけり」とは、まだ雪が降る中でも立春を迎えたことを意味しており、これから暖かくなって「鶯(うぐひす)の 凍(こほ)れる 涙 いまやとくらむ」と、春の到来を喜ぶ気持ちを歌っている。よって、エが正解。

問二　「心情を表す言葉」「明るく暖かな雰囲気とは対照的な作者の心情」が手がかりとなる。「うらうらに 照れる春日(はるひ)に ひばり上がり」といううららかな春とは対照的に、「心悲しも ひとりし思へば」と、作者の悲しい気持ちを歌っている。

問三　起句と承句は去らない「愁(うれ)ひ」を歌っているが、転句と結句で「底事(なにごと)ぞ 春風来(きた)りて 愁ひを留(とど)むるも 愁ひは住(とど)まらず」と、春風が吹いたことで気持ちが明るくなり悲しみが去ったことを歌っている。

問四　問三の解説を参照。春風によって気持ちが明るくなり「愁ひを推」すことができたのである。

【第五問題】

問一　くにびき中学校の生徒会の役員が、くにびき市の担当者に取材のお願いをするための電子メールである。友達と自由にやりとりするプライベートな電子メールではないので、顔文字や絵文字を使用するのは不適切である。よって、イが正解。

問二　ア．話し合いで意見をまとめる時に大切なことである。　イ．「考えの違いについては比べることはしない」は適さない。　ウ．「目的に合わない意見も含めてまとめる」は適さない。　エ．「話し合いの途中で意見を変えず」は適さない。　よって、アが適する。

《2023　数学　解説》

【第１問題】

問１　与式$=2+(-4)=\mathbf{-2}$

問２　与式$=2\sqrt{5}+\frac{10\sqrt{5}}{5}=2\sqrt{5}+2\sqrt{5}=\mathbf{4\sqrt{5}}$

問３　２次方程式の解の公式より，$x=\frac{-1\pm\sqrt{1^2-4\times1\times(-4)}}{2\times1}=\mathbf{\frac{-1\pm\sqrt{17}}{2}}$

問４　鉛筆５本の金額は５ａ円，ボールペン３本の金額は３ｂ円と表されるから，**$5a+3b>1000$** となる。

問５　$\overset{\frown}{BC}$に対する円周角だから，$\angle BAC=\angle BDC=24°$

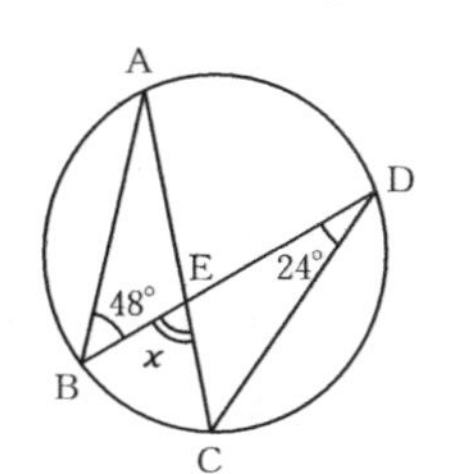

右図の△ＡＢＥについて，三角形の１つの外角は，これととなり合わない２つの内角の和に等しいから，$\angle x=24°+48°=\mathbf{72°}$

問６　三平方の定理より，

$AB=\sqrt{(x\text{座標の差})^2+(y\text{座標の差})^2}=\sqrt{(3-1)^2+(5-2)^2}=\sqrt{4+9}=\mathbf{\sqrt{13}}$

問７　ア．$y=2\pi x$と表されるから，xとyは比例する(πが定数だから，２πは定数である)。

イ．$y=\pi x^2$と表されるから，yはxの２乗に比例する(πは定数である)。

ウ．$2(x+y)=20$ より $y=-x+10$ と表されるから，x と y は１次関数の関係にある。

エ．$xy=20$ より $y=\dfrac{20}{x}$ と表されるから，x と y は反比例する。　　よって，**エ**が正しい。

問８　３問解く日を x 日とすると，５問解く日は $(20-x)$ 日となる。問題数についての方程式を立てると，

$3x+5(20-x)=70$　　$3x+100-5x=70$　　$-2x=-30$　　$x=15$

よって，３問解く日は**15**日，５問解く日は $20-15=$ **5**(日)である。

問９　１　aはnの７日前だから，a＝**n－７**

２　b＝n＋７，c＝n－１，d＝n＋１より，$bc-ad=(n+7)(n-1)-(n-7)(n+1)=$

$(n^2+6n-7)-(n^2-6n-7)=12n$ となる。nは自然数だから，12nは12の倍数なので，**ア**が正しい。

【第２問題】

問１　１　袋の中には３＋１＝４(個)の球が入っているから，赤球が出る確率は，$\dfrac{3}{4}$ である。

２　**【解き方】３個の赤球を r_1，r_2，r_3，白球をwとし，樹形図をかく。**

２個とも赤球を取り出すのは樹形図１の下線が引いてある場合だから，求める確率は，$\dfrac{6}{12}=\dfrac{1}{2}$ である。

３　２個とも赤球を取り出すのは樹形図２の下線が引いてある場合だから，求める確率は，$\dfrac{9}{16}$ である。

樹形図１

r_1 ― $\underline{r_2}$，$\underline{r_3}$，w　　r_2 ― $\underline{r_1}$，$\underline{r_3}$，w　　r_3 ― $\underline{r_1}$，$\underline{r_2}$，w　　w ― r_1，r_2，r_3

樹形図２

r_1 ― $\underline{r_1}$，$\underline{r_2}$，$\underline{r_3}$，w　　r_2 ― $\underline{r_1}$，$\underline{r_2}$，$\underline{r_3}$，w　　r_3 ― $\underline{r_1}$，$\underline{r_2}$，$\underline{r_3}$，w　　w ― r_1，r_2，r_3，w

問２　１　展開図を組み立てたとき，辺ＡＢは図１の太線部，アからエで示されている辺ＸＹの位置も図１のようになる。

よって，辺ＡＢとねじれの位置にある辺ＸＹは**エ**の位置である。

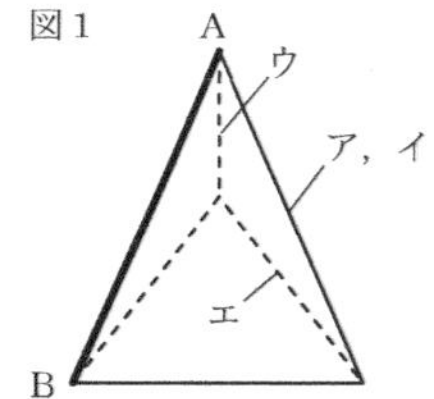

２　展開図において，点Ｐと点Ｐ′からそれぞれ長さが最小になるようにひもを１周させると右図のようになる。よって，ひもの長さはどちらも正三角形の１辺の長さの２倍となり，同じ長さになる。

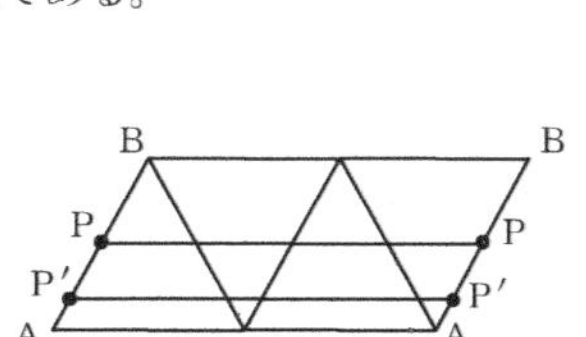

【第３問題】

問１　１(1)　**【解き方】箱ひげ図からは，右図のようなことがわかる。**

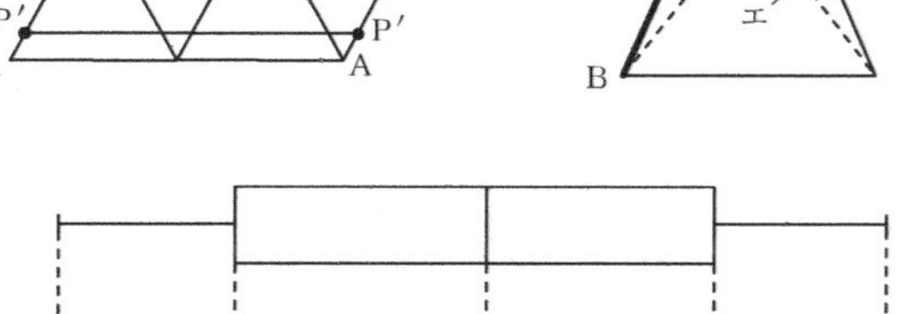

第１四分位数は箱ひげ図の箱の左端の値だから，

Ａ店の第１四分位数は**8000**円である。

(2)　ア．50個のデータを下位 50÷２＝25(個)と上位25個に分ける。25÷２＝12.5だから，下位25個の中央値，つまり小さい方から13番目のデータが第１四分位数で，上位25個の中央値，つまり大きい方から13番目のデータが第３四分位数である。したがって，第１四分位数以上，第３四分位数以下に含まれる台数は，50－12－12＝26(台)だから，正しくない。

イ．Ｂ店の第１四分位数が9000円だから，小さい方から13番目の値は9000円である。よって，正しい。

ウ．Ｃ店の最小値は10000円より大きいから，正しい。

エ．Ｄ店の中央値は11000円だが，平均値は箱ひげ図から求められない。よって，正しいとは言えない。

以上より，正しいと判断できるものは**イ**，**ウ**である。

２(1)　9000円以上10000円未満の階級の度数は８台である。よって，相対度数は $\dfrac{8}{50}=$ **0.16**

(2) ②では，9000円以上10000円未満の階級の度数は6台である。よって，①の方が多い。

また，データの小さい方から13番目の値が含まれる階級を調べると，①は9000円以上10000円未満の階級，②は8000円以上9000未満の階級である。A店の第1四分位数は8000円だから，A店のヒストグラムは②となる。よって，正しいものは**イ**である。

問2　1　yはxの1次関数だから，グラフは(5，200)(20，500)の2点を通る直線である。

2　1のグラフより，直線の切片は100だとわかる。また，直線の傾きは$\frac{(y\text{の増加量})}{(x\text{の増加量})}=\frac{200-100}{5-0}=20$だから，直線の式は$\boldsymbol{y=20x+100}$である。

3　$y=20x+100$に$y=740$を代入して解くと，$x=32$となる。よって，自転車の速さを**32**km/hにすればよい。

【第4問題】

問1　Bはy軸についてAと対称なので，Bのx座標は2である。よって，AB＝(AとBのx座標の差)＝
$2-(-2)=\boldsymbol{4}$

問2　1　xの増加量は$2-0=4-2=6-2=2$ですべて等しい。放物線上では，原点から離れるほどxが1増加したときのyの増加量が大きくなる。よって，変化の割合が最も大きいものは**ウ**である。

2　**【解き方】上に開いている放物線では，xの絶対値が大きいほどyの値が大きくなる。**

-3と2では，絶対値が-3の方が大きいから，$-3\leqq x\leqq 2$におけるyの最大値は，$y=\frac{1}{2}x^2$の式に$x=-3$を代入したときの値となり，$\frac{1}{2}\times(-3)^2=\frac{9}{2}$である。$y$の最小値は$x=0$のときの$y=0$だから，$y$の変域は，$\boldsymbol{0\leqq y\leqq \frac{9}{2}}$

問3　1　**【解き方】△APB＝$\frac{1}{2}$×AB×(AとPのy座標の差)で求める。**

Aのy座標は$\frac{1}{2}\times(-2)^2=2$より，A$(-2,\ 2)$，Pの$y$座標は$\frac{1}{2}\times1^2=\frac{1}{2}$より，P$(1,\ \frac{1}{2})$である。
よって，△APB＝$\frac{1}{2}\times4\times(2-\frac{1}{2})=\boldsymbol{3}$

2(1)　Pのy座標は$\frac{1}{2}\times4^2=8$よりP(4，8)となるから，直線APの傾きは，$\frac{(y\text{の増加量})}{(x\text{の増加量})}=\frac{8-2}{4-(-2)}=\boldsymbol{1}$

(2)　直線APの傾きは1だから，Aからy座標が2減少して0になるとき，x座標も2減少して$-2-2=-4$となる。よってQ$\boldsymbol{(-4,\ 0)}$である。

3　**【解き方】PがOとBの間にあるとき$(0<p<2)$と，Bより右側にあるとき$(p>2)$で△APBと△AQBの位置関係が変わる。$0<p<2$のとき右図のP_1，Q_1のようになり，$p>2$のときP_2，Q_2のようになる。いずれの場合であっても，△APBと△AQBについて，ABを底辺としたときの高さはそれぞれ(AとPのy座標の差)と(AとQのy座標の差)となり，これらの高さの比が$\frac{1}{2}$：1，つまり1：2になれば面積比も$\frac{1}{2}$：1となる。**

P$(p,\ \frac{1}{2}p^2)$と表せる。(AとQのy座標の差)＝(Aのy座標)＝2だから，(AとPのy座標の差)が$2\times\frac{1}{2}=1$になればよい。

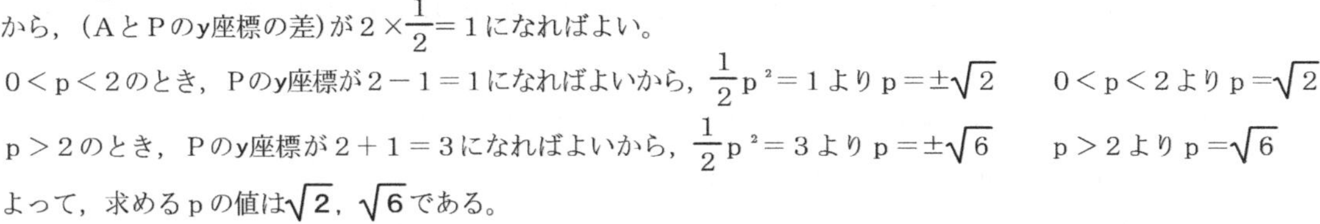

$0<p<2$のとき，Pのy座標が$2-1=1$になればよいから，$\frac{1}{2}p^2=1$より$p=\pm\sqrt{2}$　　$0<p<2$より$p=\sqrt{2}$

$p>2$のとき，Pのy座標が$2+1=3$になればよいから，$\frac{1}{2}p^2=3$より$p=\pm\sqrt{6}$　　$p>2$より$p=\sqrt{6}$

よって，求めるpの値は$\boldsymbol{\sqrt{2}}$，$\boldsymbol{\sqrt{6}}$である。

【第5問題】

問1　1　折ってできた部分は折る前の部分と合同だから，△ACD≡**△A′CD**である。

2　ACとBCが重なるように折るから，∠BCAの角の二等分線が折り目となる。

問2　1　まず，問題文の仮定を図にかきこんで，証明のために必要な条件を探そう。条件が足りない場合は，問題の内容に応じて，図形の性質，平行線の同位角・錯角，円周角の定理などからわかることもかきこんでみよう。

2　三角形の１つの外角は，これととなり合わない２つの内角の和に等しいから，

∠ＣＥＢ＝∠ＣＡＥ＋∠ＡＣＥ＝∠ａ＋∠ｂ

また，折り返した角は等しいから，∠ＥＡ′Ｆ＝∠ａで，△Ａ′ＦＥ∽△ＣＦＢより，∠ＢＣＦ＝∠ＥＡ′Ｆ＝∠ａ

∠Ａ′ＣＥ＝∠ＡＣＥ＝∠ｂだから，∠**ＢＣＥ**＝∠ＢＣＦ＋∠Ａ′ＣＥ＝∠ａ＋∠ｂ

3　**【解き方】２より，∠ＣＥＢ＝∠ＢＣＥだから，△ＢＣＥはＢＥ＝ＢＣ＝５の二等辺三角形である。**

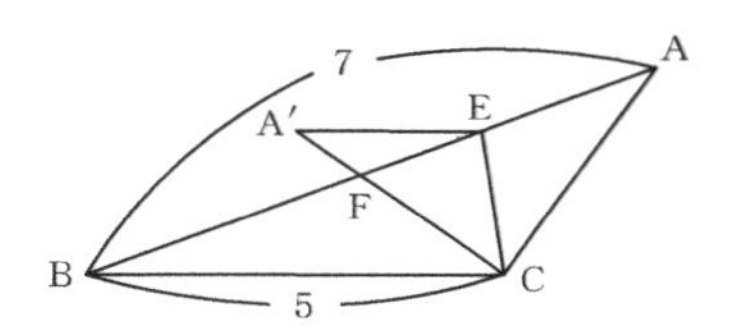

Ａ′Ｅ＝ＡＥ＝７－５＝２となるので，△Ａ′ＦＥ∽△ＣＦＢより，

ＥＦ：ＢＦ＝ＥＡ′：ＢＣ＝２：５である。

よって，ＥＦ＝$5\times\frac{2}{2+5}=\frac{10}{7}$

問3　**【解き方】右図の△ＨＡＢと△ＣＧＢの相似比を利用する。**

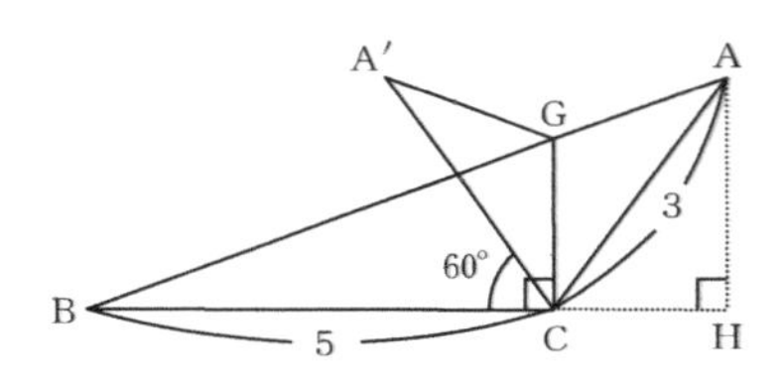

∠ＡＣＧ＝∠Ａ′ＣＧ＝90°－60°＝30°だから，

∠ＡＣＨ＝180°－(90°＋30°)＝60°

よって，△ＡＣＨは辺の長さの比が１：２：$\sqrt{3}$の直角三角形だから，

ＣＨ＝$3\times\frac{1}{2}=\frac{3}{2}$，ＨＡ＝$3\times\frac{\sqrt{3}}{2}=\frac{3\sqrt{3}}{2}$

ＨＡ//ＣＧより，△ＨＡＢ∽△ＣＧＢだから，ＨＡ：ＣＧ＝ＢＨ：ＢＣ　$\frac{3\sqrt{3}}{2}$：ＣＧ＝$(5+\frac{3}{2})$：５

これを解いて，ＣＧ＝$\frac{15\sqrt{3}}{13}$となる。

《2023　社会　解説》

第１問題

問1．1　インドのウを選ぶ。ガンジス川はヒンドゥー教徒が聖なる川とあがめ，もく浴を行ったり，遺灰を流したりする。アはブラジル，イはオーストラリア，エはコンゴ共和国あたり。　**2**　それぞれの大陸名については右図。

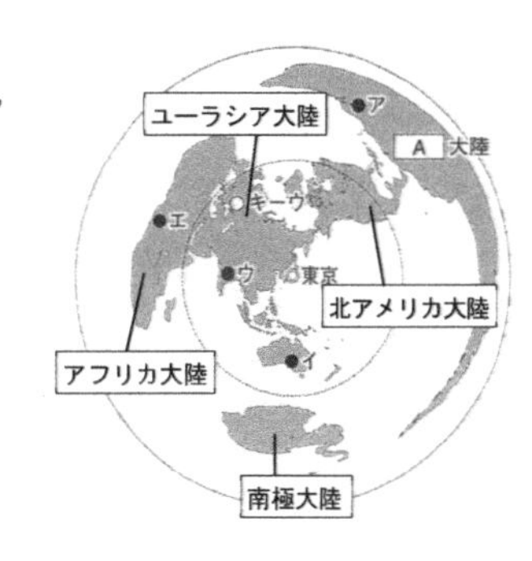

3　略地図①は中心(東京)からの距離と方位が正しいから，キーウは東京からみて左上にあり，方位は北西である。また，内側の円が東京から約10000㎞を示しているから，その円より少し内側にあるキーウは，東京から10000㎞以内であると判断する。

問2　写真②は島根県に属する竹島である。アは択捉島(北方領土　北海道)，ウは尖閣諸島(沖縄県)。

問3．1　メスチソは南米の先住民インディオと白人の混血，イヌイットはカナダ北部などの先住民，ヒスパニックはアメリカ合衆国に住むスペイン語を母語とする移民，またはその子孫である。　**2**　オーストラリアの国旗の左上には，イギリスのユニオンジャックがデザインされている。　**3**　かつてイギリスの植民地となっていたオーストラリアでは，白人以外の移民を制限する白豪主義がとられていたが，1970年代に廃止され，それとともにアジアとの結びつきが強くなった。現在のオーストラリアの貿易は，中国や日本をはじめとするアジア各国との結びつきが強くなっている。

問4．1　(実際の距離)＝(地図上の長さ)×(縮尺の分母)より，５×25000＝125000(㎝)＝1250(ｍ)

3　舞鶴市は，上越市とともに冬の降水量が多い日本海側の気候である。上越市のほうが舞鶴市より冬の降水量は

多く，気温も低いから，冬に降水量が多いウ・エのうち，年平均気温が高く，降水量が少ないほうのウを舞鶴市とする。アは梅雨がなく，冬の冷え込みが厳しい北海道の気候である札幌市，イは夏の降水量が多い太平洋側の気候である福岡市。

5　らっきょうの収穫量全国1位が鳥取県であることは覚えておきたい。鳥取県は全国で最も人口が少ないので，エを選ぶ。人口以外にも，各府県の面積の大きさ順や，梨の生産がさかんな鳥取県の果実産出額から判断できるようにしたい。アは京都府，イは兵庫県，ウは山口県。

第2問題

問1．1　子孫の繁栄や豊作を祈るために女性をかたどった土偶がつくられたと考えられている。アは富本銭(飛鳥時代)，イは埴輪(古墳時代)，ウは前方後円墳(古墳時代)。　2　資料①は 743 年に出された墾田永年私財法である。　3　古今和歌集は，国風文化が発達した平安時代中期に，紀貫之らが編集した。遣唐使が停止された頃から，唐の文化を日本の風土や生活に合うように自由につくりかえて発達させた国風文化が栄えた。　4　執権は鎌倉時代の将軍の補佐役，管領は室町時代の将軍の補佐役である。後鳥羽上皇は承久の乱を起こした人物，後醍醐天皇は鎌倉幕府を倒して建武の新政を行った人物である。　5　雪舟は室町時代の東山文化で活躍したので，エの東山にある銀閣を選ぶ。アは日光東照宮(江戸時代の寛永期の文化)，イは法隆寺(飛鳥時代の飛鳥文化)，ウは松江城(安土桃山時代の桃山文化)。　6　室町時代の座と江戸時代の株仲間を区別して覚えておきたい。田沼意次は株仲間を奨励し，水野忠邦は株仲間を解散させた。

7　イ(室町時代後期　1549 年)→ウ(江戸時代前期　1641 年)→ア(江戸時代中期　1720 年)

問2．1　徴兵令(1873 年)…満 20 歳以上の男子に徴兵検査が行われ，合格者の中から抽選で徴兵された。学制(1872 年)…6歳以上の子どもに教育を受けさせることを国民の義務とし，全国に小学校が作られた。地租改正(1873 年)…土地の所有者に税の負担義務を負わせて地券を交付し，課税の対象を収穫高から地価の3％に変更して現金で税を納めさせた。　2　岩倉使節団は 1871 年～1873 年にかけてアメリカ・ヨーロッパ諸国に派遣された。イは 1889 年，ウは 1890 年，エは 1894 年。　3　第一次世界大戦中，日本はイギリスとの日英同盟を理由として，連合国側で参戦し，中国のドイツ領に侵攻した。日本政府は，1915 年，中国政府に対して二十一か条の要求を提出した。その内容は「山東省のドイツ権益の譲渡」「旅順・大連の租借期間の延長」などであり，中国政府はその多くを認めざるを得なかった。　4　1929 年，ニューヨークのウォール街で株価が大暴落したことから世界恐慌が始まった。アメリカ・イギリスなどの資本主義諸国が大きな影響を受けるなか，社会主義国のソ連は「五か年計画」とよばれた計画経済によりほとんど影響を受けず，国内生産を増強し，アメリカに次ぐ工業国となった。

5　選挙権の年齢や要件の変化は右表を参照。男女とも普通選挙が行われるようになったのは，太平洋戦争後のことである。

選挙法改正年	納税条件	性別による制限	年齢による制限	全人口に占める有権者の割合
1889 年	15 円以上	男子のみ	満 25 歳以上	1.1%
1900 年	10 円以上	男子のみ	満 25 歳以上	2.2%
1919 年	3 円以上	男子のみ	満 25 歳以上	5.5%
1925 年	なし	男子のみ	満 25 歳以上	19.8%
1945 年	なし	なし	満 20 歳以上	48.7%
2015 年	なし	なし	満 18 歳以上	83.3%

6　竹島は 1905 年に島根県に編入された。

第3問題

問1．1　多様性(ダイバーシティ)…国籍・肌の色・性別・宗教など，いろいろな違いがある人たちで成り立っている環境。情報リテラシー(メディアリテラシー)…メディアの情報を主体的に読み解く能力。バリアフリー…精神的・物理的な障害を取り除くことやその考え方。　2　a・cは人の支配の考え方。　3　Ⅰ．正しい。議院内閣制において，国会が内閣に対して行うことができる。Ⅱ．誤り。弾劾裁判所は国会に設置され，裁判官を裁く。

4　司法権は裁判所，立法権は国会，行政権は内閣がもつ。　5　低負担・低福祉が小さな政府，高福祉・高負担が大きな政府である。障害の有無に関わらず，全ての人が普通に生活できる社会を築こうとする考え方をノーマライゼーションという。

問2　図②と図③を見比べると，図②は地方議会，首長のどちらにも，住民による「選挙」の矢印が向けられているのに対し，図③では，国会にのみ，国民による「選挙」の矢印が向けられている。国政において，内閣総理大臣は国会議員の中から国会の指名に基づいて選ばれるが，地方自治において，首長は有権者による直接選挙で選ばれる。地方自治の首長と議会議員を直接選挙で選ぶ制度を二元代表制という。国政と地方自治のほかの相違点として，国会は二院制（衆議院・参議院）で地方議会は一院制，首長は地方議会に対し，議決の再議を求める権利（拒否権）をもつことなどがあげられる。

問3．1　先進国と発展途上国の経済格差の問題を南北問題，発展途上国の間の経済格差の問題を南南問題という。ヨーロッパ・アメリカ・日本などの先進国に対し，発展途上国は低緯度地域や南半球に多いことから，発展途上国が南に例えられている。　**2**　資料②の見出しに「景気悪化」とあることから，不景気のときに行われることを選ぶ。政府が行う景気対策を財政政策といい，不景気のときは，減税や公共投資の拡大が行われ，好景気のときは，増税や公共投資の引き締めが行われる。日本銀行が行う景気対策を金融政策といい，一般に公開市場操作が行われる。不景気のときは，市中銀行が保有する国債を買うことで，社会に出回る通貨の量を増やす「買いオペレーション」，好景気のときは，日本銀行が保有する国債を市中銀行に売ることで，社会に出回る通貨の量を減らす「売りオペレーション」が行われる。　**3**　日本の現在の歳出に占める割合は，社会保障費が最も多いことは覚えておきたい。グラフ②からは，1975年に比べて，2019年は少子高齢化が進んでいることを読み取る。社会保障費は年金，医療，介護，子ども・子育て等のための支出であり，少子高齢化が進む日本では，社会保障費が年々増加傾向にある。

第4問題

問1．1　化石燃料は石油・石炭・天然ガスなどの地下資源であり，エネルギー大国であるロシアはこれらの資源のどれも，生産量や埋蔵量が世界有数であり，自給率も高い。

2　移動後の需要曲線・供給曲線，均衡価格については右図。需要や供給にとって，有利もしくは不利な何らかの条件変化が起こったとき，それぞれの曲線の平行移動が起こる。「原油の生産量が減少（＝供給量が減小）」→「供給曲線が左へ平行移動」，「ガソリンの消費量が増加（＝需要が増加）」→「需要曲線が右へ平行移動」と考える。

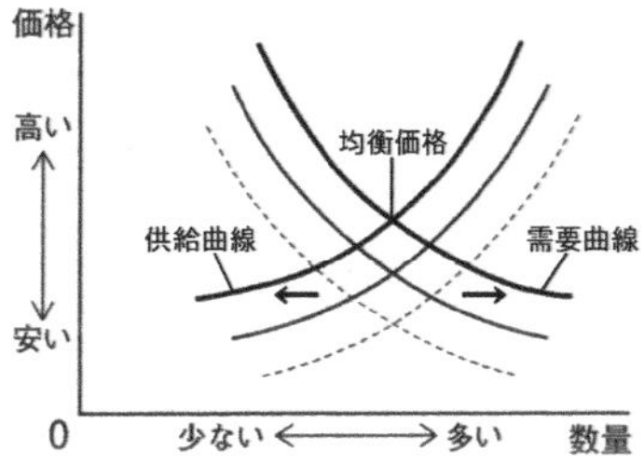

価格　高い　安い　均衡価格　供給曲線　需要曲線　0　少ない　多い　数量

問2　ウ（1968年）→ア（1973年）→イ（1980年代）

問3　地方公共団体ごとに，建物の高さやデザインなどを制限する景観条例を制定し，良好な景観を保全して将来の世代に引き継いでいく取り組みを行っている。奈良県では，2009年に奈良県景観条例が制定された。

問4．1　Ⅰ．正しい。国際連盟の本部はスイスのジュネーブに置かれたので，区別して覚えておこう。
Ⅱ．正しい。安全保障理事会は５の常任理事国（アメリカ・中国・イギリス・フランス・ロシア）と任期２年の10の非常任理事国で構成される。

問5　日本がサンフランシスコ平和条約に調印したとき，中華民国と中華人民共和国のどちらも会議に招かれず，国交はなかった。1972年，日中共同声明に調印し，中華人民共和国を中国唯一の合法政府と認め，日本と中華人民共和国の国交が正常化された。それを記念し，中国から２頭のパンダが日本に贈られた。

《2023　英語　解説》

第１問題

問１　１　質問「ハルキのペットはどれですか？」…A「ベッキー，僕の新しいペットを見せるよ」→B「あら，泳いでるわね。とてもかわいいね，ハルキ」→A「足は４本あるけど，素早く動くことはできないよ」→B「そうね。速く走ることはできないわ」より，エが適当。　２　質問「現在の天気はどうですか？」…A「空を見て」→B「ああ，あそこに黒い雲があるよ」→A「もうすぐ雨が降るね」→B「そうだね。傘を持って行こう」より，ウが適当。　３　質問「会議は何時に始まりますか？」…A「おはよう。会議がいつ始まるか覚えてる？」→B「おはよう。えっと，10時から始まるよ」→A「ありがとう。正午までに終わらせたいな」→B「私もそう願うよ。もう９時だから，１時間後に会おう」より，イが適当。　４　質問「ジョージは先週の土曜日に最初にどこへ行きましたか？」…A「あなたは先週の土曜日に何をしたの，ジョージ？」→B「兄と試合を見るためにテニスコートに行き，それから市立図書館の近くの映画館に行ったよ」→A「郵便局に行きたいって言ってたよね？」→B「映画の後，両親の手伝いをしなければならなかったから，その日は行けなかったよ」より，アが適当。

問２【放送文の要約】参照。ア「４月23日に英語の特別授業が開催されます」，イ「生徒が授業中に話すのは英語だけです」，カ「生徒は授業の後にお礼の手紙を書きます」が適当。

【放送文の要約】

ァ今日は４月 23 日，英語の日です。英語の特別授業があり，ィ授業中は英語のみで話します。みなさんの周りを見渡してください。海外からのゲストも７名いらっしゃいます。彼らは私たちの学校の近くに住んでいて，みなさんのためにここに来てくれています。

みなさんには２つのことをやってほしいと思います。まずはゲストとコミュニケーションをとってください。それぞれが数枚のカードを持っています。自己紹介の後，カードに書かれた話題について話してください。次に，ゲストが用意した歌，ゲーム，クイズなどの活動を楽しんでください。これらの活動中は日本語を話さないでください。

ヵ授業の後には，宿題としてゲストへのお礼の手紙を書きます。

では，始めてください。授業を楽しんでください。

問３【放送文の要約】参照。

③　難しい表現は使わなくてもいいので文法・単語のミスがない文を作ろう。ケンのためにしてあげることを考えて書く。(例文)「僕は彼にノートを持っていってあげるよ」

【放送文の要約】

やあ，マイクだよ。昨日，君は日曜日に①病院（＝hospital）にケンのお見舞いに行くべきだと言ったけど，僕はそれについて考えたよ。これが僕の計画だよ。電車で行くから，11 時に西駅に来てよ。電車に乗るための②お金（＝money）がいくらか必要だよ。ケンは怪我をして休んでいるから，彼のために何かしてあげるのもいいかもしれないね。③僕の意見としては，お菓子を買うのがいいんじゃないかと思うけど，他に何か考えはある？僕に知らせてよ。じゃあね。

第２問題

問１　１　質問「15 歳のベスは父親と 11 歳の弟と一緒に動物園に行きます。家族はチケット代でいくら支払いますか？」…Ticket price より，大人(13 歳以上)は 1200 円，子ども(３歳～12 歳)は 600 円だから，1200×２＋600＝3000(円)となる。　２　質問「この動物園について正しくないものはどれですか？」　ア「×ホームページでチケットを購入するとアイスクリームが無料でもらえます」…Get a Gift!より，動物園で大好きな動物の絵を描いてレストランのスタッフに見せるとアイスクリームが無料でもらえる。　イ○「スペシャルツアーに参加すると，１時間以上かかります」…Special Tour より，75 分かかるので正しい。　ウ○「ツアーに参加する最良の方法は，ウェブサイトで早めに予約することです」…Special Tour の「このツアーはとても人気があるので，動物園を訪れる前にウェブサイトで予約してください」より正しい。　エ○「世界中から来たさまざまな動物を見ることができます」…1行目「あなたは世界中から来たたくさんの種類の動物に会うことができます」より正しい。

問2　**1**　「2016 年に，Tシャツの総売上額は(　　)ドルでした」…2016 年のグラフより，1000000×0.3＝300000(ドル)となる。　**2**　「2016 年と 2021 年の(　　)の総売上額は同じでした」…スカートの総売上額は2016 年が 1000000×0.2＝200000(ドル)，2021 年が 2000000×0.1＝200000(ドル)となり，同じになる。

問3　**1**　質問「断水前に何をする必要がありますか？」…2「緊急時に備えて，バスタブに水を入れておいてください」より，ウ「水を用意すること」が適当。　**2**　質問「この断水について，どれが正しいですか？」…ア×「この断水時間は4時間になる見込みです」…Date and Time より，午後2時から午後5時の3時間である。　イ「午後2時から午後5時まで誰もトイレを使用できません」…4「トイレを使用するために，バスタブから水を取り出してください」より正しくない。　ウ×「断水中に家にいるのは危険です」…表の上の1文「この時間に家にいてもいいです」より正しくない。　エ○「断水後に，水の色を確認しなければなりません」…5「水の色をよく確認してください。色がおかしければ飲んではいけません。蛇口を数分間開いたままにしてください」より正しい。

第3問題【本文の要約】参照。

問1　①Self-Introduction「自己紹介」の表の Likes and Dislikes に「ピーマンが大好きです」とある。よって，love ～「～が大好きである」が適当。　②直前の1文「彼は動物に興味がある」より，vet「獣医」が適当。dentist「歯医者」は不適当。

【本文の要約】

チャーリー：タイガの自己紹介が面白いですね。

佐藤先生　：彼は俳句を書くのが得意なんです。

チャーリー：いいですね！あ，見てください。タイガと私は好きな野菜が同じです。彼はピーマン①が大好きです(＝loves)。

佐藤先生　：本当ですか？多くの生徒はそれを食べるのが好きではないと思います。

チャーリー：彼は動物に興味がありますね。彼は将来②獣医(＝vet)になれたらいいですね。

佐藤先生　：私もそう思います。

問2　Let's hit the books を前後の内容から類推しよう。数学のテストの問題がすべて解けたわけではなかった2人がやる気を出して頑張ろうとしている流れを読み取る。ア「一生懸命勉強しない？」が適当。イ「ヒット曲を作らない？」，ウ「本を書こうか？」，エ「旅行の計画を立てようか？」は不適当。

【本文の要約】

エミリー　：数学のテストのすべての質問に答えられた？

アレックス：いや，質問のすべては理解できなかったよ。

エミリー　：私も全部は答えられなかったよ。一生懸命勉強しよう。

アレックス：そうしよう。僕は今夜，教科書の問題に取り組むよ。

問3　ア「Old Castle of the Night の少年たちは，×長い間お互いを知っていました」　イ○「ジョシュは Old Castle of the Night を読むのが楽しかったので，何度も読みました」　ウ「ジョシュはその作家のミステリー小説が面白いと思うので，×彼女の本を全部読みました」　エ×「ジョシュの妹は彼が SILENCE をすべて読み終えたらほしいと頼みました」…本文にない内容。

【本文の要約】

Old Castle of the Night ★５つ 謎，冒険，友情が満載！

この本は友達になったばかりの２人の少年についてのものです。そのうちのひとりが古城について話しました。彼らはそこに行って，…を見つけました。ああ，これ以上は言えません！ィ私はこの物語が大好きで，何度も読んでいます。彼女の本はほとんど読みましたが，これが一番です！

SILENCE ★２つ あまり良くありません。

この本には謎がたくさんあります。しかし，それらは非常に単純で，私をあまりわくわくさせてくれませんでした。実は最後まで読めませんでした。この本はミステリー小説を読んだことのない初心者向けだと思います。妹にあげたところ，気に入っていました。

問４ アは外食して食べきれない食物を持ち帰り用の容器に入れて持ち帰ったこと，イは食料の３分の１以上が廃棄物になっていること，ウはＳＤＧｓの12番目の目標について示している。

【本文の要約】

今日は食料廃棄についてお話ししたいと思います。ゥこれは非常に深刻な問題なのでＳＤＧｓの12番目の目標に食料廃棄の防止が含まれています。ィ世界中で生産される食品の３分の１以上が廃棄物になっていることをご存知ですか？何という量でしょう！ァ先週，私の家族は夕食に出かけましたが，量が多すぎて全部食べられませんでした。そこでレストランは私たちに持ち帰り用の容器をくれました。私たちは残りの食べ物を容器に入れて持ち帰りました。食料廃棄を防ぐために，他に何ができるのでしょうか？あなたの意見を聞きたいです。

第４問題【本文の要約】参照。

問１ 下線部(1)は，直前の文のresearch my town「町について調査する」ことを指している。

問２ 自分の町を調査し，知らないことがたくさんあったことから，ウ「驚いた」が適当。ア「退屈した」，イ「怖かった」，エ「疲れた」は不適当。

問３ オンラインのプレゼンテーションで中学生が話した内容から，ａはmake it more attractive「(自分たちの町を)より魅力的にする」，ｂはexplained our ideas「考えを説明した」が適当。

問４ 質問「田中さんはなぜ地元でＡＩを使ったのですか？」…第４段落３～４行目より，「なぜなら，彼は年配の農家を助ける(＝help elderly farmers)ことができると思ったからです」が適当。

問５ ア×「ハルトは自分の町が大好きだったので，自分の町をもっと魅力的にするために努力しました」…本文にない内容。　イ×「ハルトは町長に会いたいと思い，先生に町役場へ連れて行ってくれるよう頼みました」…本文にない内容。　ウ「田中さんは×子どもが生まれる前に妻と一緒に故郷に帰ってきました」　エ○「田中さんのウェブサイトを見た人の中には，田中さんと一緒に働くために彼の町に住み始めた人もいました」

問６ 「私が話した人は偉大です。私は(　　)人になりたいです」…ハルトさんのスピーチの内容から，「町を魅力的にする(＝make this town attractive)」，「逃げない(＝not run away)」，「物事を変えるために行動する(＝take action to change things)」などを答える。「(もの)を(状態)にする」＝make＋もの＋状態　「逃げる」＝run away　「行動する」＝take action

【本文の要約】

自分の町には特別なことは何もなく，住むのに便利ではないと思っていました。私は将来，この町を出て大都市で就職したいと思っていました。都会で生活をするのが私の夢でした。

ある日，私は授業で自分の町について調査しなければなりませんでした。私はすでにそれについてたくさん知っていると思っていたので，そんなことはしたくありませんでした。とにかく，私は自分の町をインターネットで調べました。私は知らないことをたくさん見つけました。私はAウとても驚きました(＝was so surprised)。担任の鈴木先生に私が学んだことを話したところ，先生は嬉しそうでした。

１週間後，先生は私たちのクラスをオンラインのプレゼンテーションに招待しました。その中で数人の中学生が自分たちの町について話しました。彼らは「私たちの町はわくわくしないという話を時々耳にしました。私たちは町が大好きなので悲しくなりました。昨年，３a町をより魅力的にするために何ができるかについてたくさん話し合いをしました。今年，私たちは町長のところへ行き，私たちの３b考えを説明しました。町長が気に入ってくれたものもありました」と言いました。私はその生徒たちが積極的だと思いました。

別の日に，田中さんという人が私たちの学校に来て，彼の人生について話してくれました。彼は私たちの町の出身です。彼は大学でＡＩを学び，東京で就職しました。第一子が生まれた後，彼は家族と一緒に私たちの町に戻りました。彼はよく年配の農家が大きな畑で一生懸命働いているのを見かけました。問４彼はＡＩを使うことで彼らを助けることができると思いました。そのおかげで彼らの仕事はより簡単になり，彼のビジネスは成功を収めました。彼はまた，自分の仕事と人生についての多くの記事をウェブサイトに投稿しました。問５エ多くの人が彼のウェブサイトに魅力を感じ，彼と一緒に仕事をするために私たちの町に引っ越してきた人もいました。これらの新しい居住者はここで生まれたわけではありませんが，彼らはここでの仕事と生活を楽しんでいます。その結果，私たちの町は少しずつ変化しています。私はそれに気づきませんでした。

周囲の環境に満足できない場合はどうすればいいでしょうか？もちろん，何もせずに逃げることはできます。しかし，私が聞いた人はそうしませんでした。私はそういう人になりたいと思います。

第５問題

問１　１　wish を使った仮定法〈I wish＋主語＋動詞の過去形〉「～だったらなあ」の文。be 動詞は were を使う。

２　「～することを楽しみに待つ」＝look forward to ~ing

問２　１　助動詞 can を使った受け身の文では，can be seen のように，be 動詞の原形 be を使う。

２　「３番目に長い川」＝the third longest river　　３　〈関係代名詞(＝which)と語句(＝is in front of the bookstore)〉が後ろから名詞(＝supermarket)を修飾し，「書店の前にあるスーパー」となる。

「～の前に」＝in front of ～

問３ a ①「どうしたの」→②「次の土曜日は母の誕生日なの。何をするべきかな？」→③「(　a　)」→④「それはいい考えね。ありがとう」の会話の流れとイラストより，「お母さんのために料理をしたら」，「もし私があなたなら，夕食を作るわね」など，母のために料理することについて書けばよい。　　b ①「お願いしてもいいですか？」→②「あら，どうしたの」→③「(　b　)」→④「いいよ」より，「写真を撮っていただけませんか？」，「お忙しいですか？写真をお願いします」など，写真を撮ってほしいとお願いする英文が入る。

問４　先生「みなさんは自由時間にさまざまな過ごし方があります。休日を誰かと過ごすよりも，ひとりで過ごす方が好きな人もいます。みなさんは自由時間をどのように過ごしますか？」　マナミさん「休日があれば，ひとりで過ごすのもいいと思います。私は今，作曲に熱中しています。新しいメロディーが頭に浮かんでも，話しかけられたら消えてしまいます」　タカシさん「僕は休日をひとりで過ごすのはよくないと思います。僕は…」　先生「マナミさん，タカシさん，ありがとうございます。今度はあなたの番です。あなたは誰に賛成ですか？」

(マナミの例文)「私はいつも学校で友達と一緒にいるので，家ではひとりで読書を楽しみたいです」

(タカシの例文)「私は休日は両親と一緒に過ごしたいです。月曜日から金曜日まで，十分に話をする時間がとれないからです」

《2023　理科　解説》

【第１問題】

問１　１　ゾウリムシは無性生殖の分裂によって数がふえる。　２　発生したアンモニアを丸底フラスコに入れて行う実験では，水にフェノールフタレイン溶液を加えた液体が丸底フラスコ内に吸い込まれて赤色の噴水のようになることから，アンモニアは水に溶けやすく，水溶液がアルカリ性を示すことがわかる。　３　燃料がもつ化学エネルギーが燃やされて熱エネルギーに変化し，タービンで運動エネルギーに，発電機で電気エネルギーに変わる。　４　露点での飽和水蒸気量が，その空気１m^3に含まれる水蒸気量と等しい。

問２　１　消化酵素は，タンパク質を分解するペプシン，トリプシンの他に，デンプンを分解するアミラーゼや脂肪を分解するリパーゼを覚えておきたい。　２　炭酸水は二酸化炭素〔CO_2〕が水にとけてできたものである。

問３　１　プレートが接する境界では，海洋プレートに引きずられて，大陸プレートが引きずりこまれるため，大陸プレートにひずみが生じ，ひずみが限界に達してはね上がるときに地震が起こる。日本付近には，海洋プレートの太平洋プレートとフィリピン海プレート，大陸プレートの北アメリカプレートとユーラシアプレートがある。

２　Ｆの分力は，Ｆを対角線とする平行四辺形の２辺と等しいので，エが正答となる。

【第２問題】

問１　１　単子葉類はひげ根，双子葉類は主根と側根をもつ。　２　被子植物の花は，ふつう外側からがく，花弁，おしべ，めしべの順についている。　３　ア×…まつかさは，雌花が変化したものである。　イ×…まつかさのりん片には種子がついている。　エ×…雌花のりん片には，胚珠がある。　４　シダ植物やコケ植物のからだには胞子のうがあり，胞子をつくってなかまをふやす。

問２　１　光の条件だけを変えたＡとＢ，植物の条件だけを変えたＢとＦを比較すればよい。　２　菌類のシイタケが入った試験管について，１と同様に考えて，Ｃ，Ｄ，Ｆを比較すればよい。　３　ホウレンソウの葉は光合成を行って試験管内の二酸化炭素を吸収するので，Ｂは石灰水がにごらない(①は－)。一方，シイタケは光合成を行わず，呼吸のみを行うので，試験管内の二酸化炭素が増加し，石灰水が濃く白くにごる(②は＋＋)。なお，ホウレンソウの葉は呼吸も行うが，十分に光が当たれば光合成を呼吸よりも盛んに行うので，結果として試験管内の二酸化炭素が減ると考えられる。　４　Ａでは，ホウレンソウの葉は光が当たらないので光合成を行わず，呼吸のみを行うので，二酸化炭素が増加し，石灰水が濃く白くにごる。

【第３問題】

問１　１　ガスバーナーの炎が全体的にオレンジ色のときは空気が不足しているので，ガス調節ねじ(Y)を固定して空気調節ねじ(X)を開いて空気の量を増やし，炎の色を青色にする。　２　銅原子２個と酸素分子１個から，酸化銅が２つできる反応を化学反応式で答える〔$2Cu+O_2 \rightarrow 2CuO$〕。　３　銅と結びついた酸素の質量は，表１の〔操作３の後の物質の質量(ｇ)－銅の粉末の質量(ｇ)〕で求める。例えば，Ａ班では 0.50－0.40＝0.10(ｇ)である。

４　酸化銅と炭素の粉末の混合物を加熱すると，酸化銅は炭素によって還元されて銅になり，炭素は酸化されて二酸化炭素になる。表１より，0.40ｇの銅から 0.50ｇの酸化銅ができることがわかり，酸化銅から銅を取り出すときも銅と酸化銅の質量比は変わらないから，1.60ｇの銅をとり出すには，$0.50\times\frac{1.60}{0.40}=2.00$(ｇ)の酸化銅が必要である。

問２　１　表１より，硫酸銅水溶液中に亜鉛やマグネシウムを入れると，赤色の物質(銅)が付着することがわかる。これは，亜鉛やマグネシウムの原子が電子を失って亜鉛イオン〔Zn^{2+}〕やマグネシウムイオン〔Mg^{2+}〕になり，かわりに銅イオン〔Cu^{2+}〕が電子を受け取って銅原子になって金属表面に付着したからである。これらのことから，銅よりも，亜鉛やマグネシウムの方がイオンになりやすいことがわかる。同様に考えて，マグネシウムは亜鉛よりもイオンになりやすいことがわかる。以上より，イオンになりやすい順にマグネシウム，亜鉛，銅となる。　**2**　亜鉛原子〔Zn〕が２個の電子〔e^-〕を失ってイオン〔Zn^{2+}〕になり，銅イオン〔Cu^{2+}〕が２個の電子〔e^-〕を得て銅原子〔Cu〕になる。　**3**　亜鉛と銅では亜鉛の方がイオンになりやすいので，亜鉛がイオンとなって水溶液中に溶け出すときに電子を放出する。放出された電子は，導線を通って銅板に移動するから，電流は銅板から亜鉛板に流れる。よって，－極は亜鉛板である。　**4**　銅とマグネシウムの組み合わせになるので，銅よりもイオンになりやすいマグネシウムが電子を放出する。よって，亜鉛板のときと同じ向きに電流が流れ，モーターは同じ向きに回転する。

【第４問題】

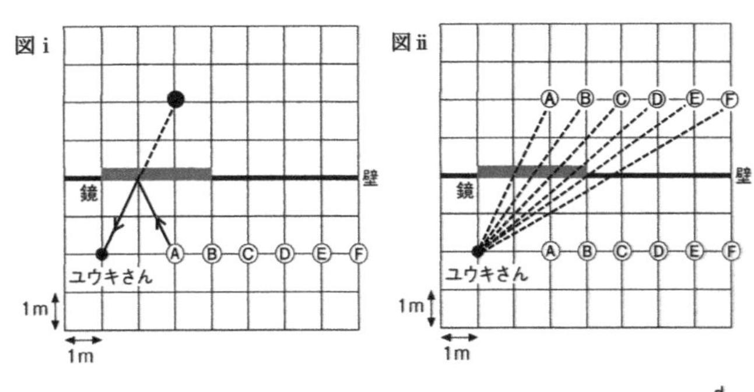

問１　**1**，**2**　図ⅰのように，ユウキさんから見て，アイさんは鏡に対して対称の位置に見えるので，Ⓐの鏡に対して対称な位置とユウキさんを結んだ直線の鏡との交点で反射する。

3　図ⅱのように，ろうそくの見かけの位置は鏡に対して対称な位置になるので，ユウキさんから見てろうそくが鏡にうつるのはⒶからⒺまでである。　**4**　図ⅲのように，ろうそくの見かけの位置は鏡に対して対称な位置になる。これらとユウキさんを直線で結んだときに，鏡と交わるｂとｃは，ユウキさんが鏡で像を見ることができる。

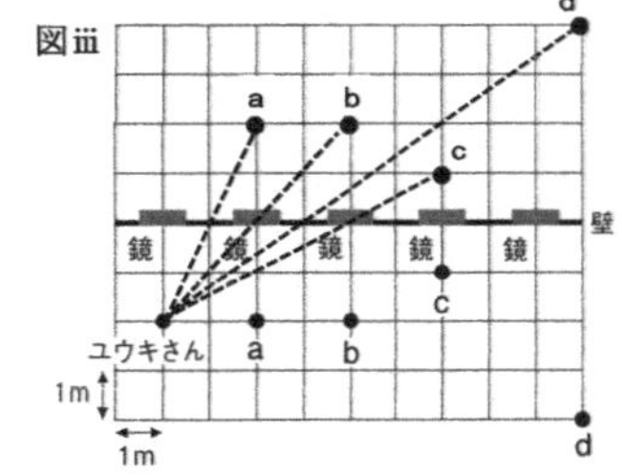

問２　**1**　〔抵抗(Ω)＝$\frac{\text{電圧(V)}}{\text{電流(A)}}$〕より，$\frac{6}{1.5}$＝４(Ω)となる。

2　〔電力量(Ｊ)＝電力(W)×時間(秒)〕，４分→240秒より，２×240＝480(Ｊ)となる。　**3**　図６で，６Wのときの水の上昇温度が3.2℃であることに着目する。図５の６Wのグラフで，水の上昇温度が3.2℃になるとき，電流を流した時間は４分である。　**4**　ア○…水の量が少ないほど，上昇温度は大きくなる。　エ○…熱は電熱線から発生するので，電熱線のすぐ近くに温度計を設置すると，上昇温度が大きくなる可能性がある。

【第５問題】

問１　**2**　地球の自転によって起こる天体の見かけの動きを日周運動という。

3，**4**　図１では，線Ｑを軸として丸底フラスコが回転するので，面の中心からＡの方向を見ると，線Ｑ上にあるシールＸ(北極星)を中心に他の星(丸いシール)が回転して見える。よって，３はイが正答である。

5　北緯35度の地平面に見立てるときには，ＱをＰに対して90－35＝55(度)傾けたので，北緯０度の赤道上に見立てるときには，ＱをＰに対して90－０＝90(度)傾ければよい。

問２　**2**　同じ時刻に同じ場所から観察すると，リゲルは真南の空に見えてから45日後に南西に位置するので，足りない条件は観察する時刻である。　**3**　Ｘ．地球は12か月→365日かけて太陽のまわりを１回転→360度回転するので，１日に約１℃ずつ西に移動する。　Ｙ．真南と南西がつくる角度は45度だから，リゲルが真南の空に見えてから45日後に南西の空に見えると考えることができる。　**4**　45日後の同じ時刻(20時)には，リゲルは南西に(45度西に)見える。地球の自転によって，星座は東から西へ動き，１日→24時間後にほぼ同じ位置に見えるので，星座が見える方向は１時間に$\frac{360}{24}$＝15(度)ずつ西に移動する。よって，20時に南西に見えるリゲルが真南に見えたのは，$\frac{45}{15}$＝３(時間)前の17時頃である。

島根県公立高等学校

《2022 国語 解答例》

【第一問題】問一．１．ふく　２．にご　３．かくとく　４．ちつじょ　問二．１．破　２．耕　３．批判　４．収支　問三．イ　問四．エ

【第二問題】問一．イ　問二．ウ　問三．相手が自分と同じ経験をしていない場合でも、基礎的な意味を越えた、ことばがもつ豊かな意味あいを伝えることができるということ。　問四．ア　問五．日常の事物を言い表すことばの背後に、日常の世界を超えた世界をくり広げていく力。　問六．エ

【第三問題】問一．エ　問二．母を喜ばせたいが、弟を一人で危険な場所へ行かせるわけにはいかない　問三．イ　問四．次の瞬　問五．ア　問六．ウ

【第四問題】問一．つどいたる　問二．ウ　問三．１．ア　２．Ｂ．ことわりや　Ｃ．和歌を聞いた

【第五問題】問一．ア，ウ　問二．エ

問三．

(カオルを選んだ場合の例文)カオルの発言の「この記事だけでもう十分」という点が問題だ。一つの新聞記事だけでは、発表のための情報として不十分だからだ。授業で、同じ事柄について書かれた二つの新聞記事を比較した時、同じ事柄でも記事によって内容や伝え方が違うということを学んだ。だから、私なら、町内の運動会についての新聞記事を複数探して読み比べ、様々な情報を得てから発表に使う。

(キイチを選んだ場合の例文)キイチの、誰が発信したか分からないＳＮＳのコメントを発表に使おうとしているところが問題です。そのような情報は、信頼できるかどうか分からないからです。以前、ＳＮＳの匿名のコメントの内容を友だちに話したら、事実と違っていたことがありました。ＳＮＳのコメントを使うなら、発信元が分かるものを使い、本や新聞などの情報源にも当たって、正しい情報かを確認してから使います。

(クニオを選んだ場合の例文)クニオが、古い本の内容を地域の行事の現状として使おうとしている点が問題だと思います。古い本は情報が古くなっていて、地域の現状を表していない可能性があるからです。私なら、新しい資料と古い資料の両方を探し、それらを比較して分かったことを発表します。人口問題についての授業で、現在と過去のデータを比較したことで、人口の増減がよく分かったことがあったからです。

(ケイコを選んだ場合の例文)ケイコが、インターネットの記事の内容を間違いないと捉えていることがよくない。インターネットには、フェイクニュースなどの正しくない情報もあるからだ。授業で、地域の方にインタビューをしたことがある。インタビューなら、知りたいことを直接聞くことができて確実な情報を得ることができるので、花火大会のスタッフだった人に、班のみんなでインタビューをしようと思う。

《2022　数学　解答例》

【第１問題】問１．-10　問２．$2^2 \times 5 \times 7$　問３．$3\sqrt{3}$　問４．$10b+3$　問５．$x=2$　$y=-1$

問６．-3，2　問７．ウ，オ　問８．35　問９．$\sqrt{21}$　問10．イ　問11．３

【第２問題】問１．１．⑴13.25　⑵40　２．ア，ウ

問２．１．12000　２．右グラフ　３．60　４．40

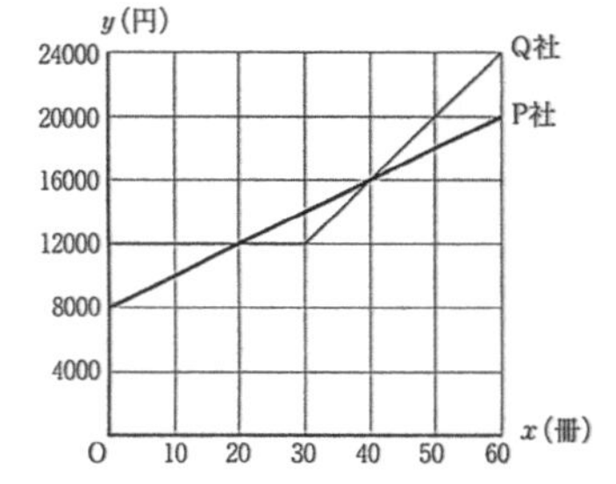

【第３問題】問１．１．20　２．$4n$　問２．１．36　２．$2n^2-2n+1$

問３．A．99　B．50

【第４問題】問１．１．-6　２．$\frac{3}{2}$　問２．１．108　２．(12，18)

問３．１．４　２．⑴(２，１)

⑵辺ＤＥの中点／点(０，１)／辺ＥＱの中点／点(－１，－１) のうち1つ

【第５問題】問１．90　問２．右図

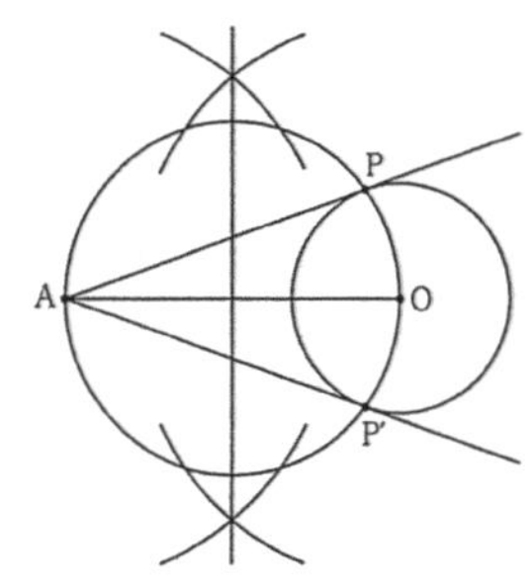

問３．直線ＡＰと直線ＡＰ′は円Ｏの接線だから，

∠ＡＰＯ＝∠ＡＰ′Ｏ＝90°…①

辺ＡＯは共通だから，ＡＯ＝ＡＯ…②

辺ＰＯとＰ′Ｏは円Ｏの半径だから，ＰＯ＝Ｐ′Ｏ…③

よって，①，②，③から，

直角三角形の斜辺と他の１辺がそれぞれ等しいので，△ＡＰＯ≡△ＡＰ′Ｏ

合同な図形では，対応する辺は等しい

問４．１．イ　２．$\sqrt{3}$　３．$\frac{4}{3}\pi-\sqrt{3}$

《2022　社会　解答例》

第１問題　問１．１．a　２．エ　３．右図　問２．ウ

問３．１．ブラジル　２．北方領土　３．シリコンバレーを中心に，先端技術産業が発達したから。　問４．１．エ　２．ウ

３．ア　４．夏の涼しい気候を利用することで，静岡県や茨城県が出荷しない時期にレタスを生産している。　問５．イ

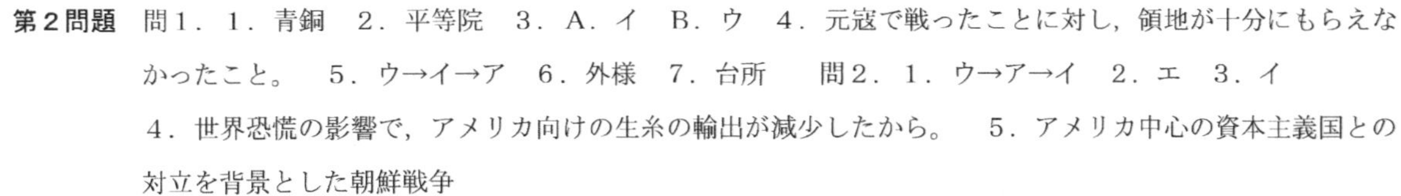

第２問題　問１．１．青銅　２．平等院　３．A．イ　B．ウ　４．元寇で戦ったことに対し，領地が十分にもらえなかったこと。　５．ウ→イ→ア　６．外様　７．台所　問２．１．ウ→ア→イ　２．エ　３．イ

４．世界恐慌の影響で，アメリカ向けの生糸の輸出が減少したから。　５．アメリカ中心の資本主義国との対立を背景とした朝鮮戦争

第３問題　問１．１．ア　２．⑴ウ　⑵所得が低い人ほど，税の負担が重くなる　問２．１．ウ　２．生存

３．内閣総理大臣を指名する選挙で有利になるから。　４．イ　問３．１．ア　２．難民　３．エ

第４問題　問１．１．植民地　２．イ　３．エ　問２．１．文化　２．差別　問３．１．関東　２．記号…ア

理由…人口爆発が続くと予想されているから。　３．エ

《2022　英語　解答例》

第１問題　問１．１．ウ　２．ア　３．ウ　４．エ　　問２．ウ，オ，カ　　問３．①blue　②fly
③(例文１)the moon can be seen　(例文２)we can see a lot of stars

第２問題　問１．１．エ　２．ウ　　問２．１．ア　２．エ　　問３．１．ア　２．イ

第３問題　問１．イ　　問２．ア　　問３．エ　　問４．イ

第４問題　問１．イ　　問２．ａ．ボランティアの助けなしではできない　ｂ．友達を作ることを望んでいた
問３．guided the athletes to the stadium　　問４．hold an autumn concert　　問５．エ
問６．(例文１)to broaden my horizons　(例文２)many people to see beautiful flowers

第５問題　問１．１．problem　２．forget　　問２．１．takes thirty minutes by train　２．interesting that I couldn't stop
３．the sunset is worth seeing　　問３．ａ．(例文１)How many fish did you catch?　(例文２)Cool.　Did you catch many fish?　ｂ．(例文１)I think that's my seat.　(例文２)This is my ticket.　Will you check yours?
問４．(Yuto に○をした場合の例文)Writing by hand is a good culture.　In Japan, we learn calligraphy at school and some handwriting is very artistic.　　(Miki に○をした場合の例文)Typing messages is more necessary in our daily lives.　We often use computers when we send messages.

《2022　理科　解答例》

第１問題　問１．１．相同器官　２．138　３．1.7　４．ウ　　問２．１．イ　２．B，F　　問３．１．エ　２．イ

第２問題　問１．１．ア　２．イ，エ　３．小腸の表面積が非常に大きくなり，効率よく養分を吸収できるようになるという利点。　　問２．１．イ　２．気孔　３．12.5　４．98.2

第３問題　問１．１．アルカリ　２．$NaOH+HCl \rightarrow NaCl+H_2O$　３．ア　４．右グラフ
問２．１．ア　２．ウ　３．Cl_2　４．50

イオンの数
0　2　4　6　8　10
加えた塩酸の量〔cm³〕

第４問題　問１．１．操作２…ウ　操作３…オ　２．空気　３．0.45
問２．１．X．$\frac{1}{60}$　Y．6　２．33　３．右図　４．ウ

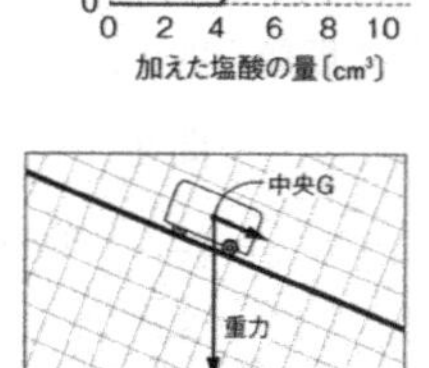

第５問題　問１．１．イ　２．地熱　３．⑴石基　⑵等粒状組織　⑶マグマが地下深くで長い時間をかけて冷えてできるため。　　問２．１．角がとれてまるみを帯びている。
２．ウ　３．X．ア　Y．示相化石　４．エ

《2022　国語　解説》

【第一問題】

問三　「信じられない」とイの「ない」は、「信じられぬ」「読まぬ」のように、「ぬ」に置き換えることができるので、打ち消しの助動詞。アの「限りない」と、エの「あどけない」は、それだけで一語の形容詞。ウは、「正しくはない」のように、「ない」の前に助詞の「は」を入れることができるので、形容詞の「ない」。

問四　楷書で書くと「閉」。

【第二問題】

問一　直前の「ものをグループ分けする働き」を、傍線部①のように言い換えている。また、リンゴの例を用いて「共通の性質ですべてのものをひとくくりにすること」と説明していることも手がかりとなる。

問二　直前の「それ」が指す「相手がその味を知っている場合には～紅玉独特の強い酸味のきいた甘さをありありとイメージさせることができます」より、ウが適する。

問三　「言葉の喚起機能」は、傍線部②をふくむ一文より「その音声越しに基礎的な意味を聞くだけでなく、さらにその意味を越えて、このことばがもつ豊かな意味あいをも聞くことができる」ことである。筆者はこのことを、リンゴの紅玉の例を用いて「相手がその味を知っている場合」の説明をしたが、その後で「相手が自分と同じ経験をしている場合だけにかぎられるのでしょうか」と問いかけ、「(そうではなく)もう少し広がりをもったものだ」と答えている。つまり、同じ経験をしていない場合でも「言葉の喚起機能」が働くのである。このことを、芭蕉の句を用いて説明している。傍線部⑤と、その後の「芭蕉とともに～ことばの背後にある～美の世界へと引き入れられていきます」も参照。

問四　傍線部④をふくむ段落に「日常のものを見る目、ものを見る立場というものを超えたところに開かれてくる世界」とある。これを具体的に説明したのが次の段落である。「生活のためにという枠が外れたときにはじめて」ふだんは「少しも注意を引かない」、見過ごしてしまうものにある美が目に入るとある。

問五　詩歌のもつ力は[Ⅰ]の最後の段落の最後の一文に「日常の事物を言い表すことばを使いながら～このことばの背後に、日常の世界を超えた世界をくり広げていく力をもっているのです」とまとめられている。

問六　[Ⅱ]の「この詩は極度に単純化された作品で～圧搾(あっさく)して示している」、「太郎と次郎を二度重ね、シンメトリカルに二行を並列させたことで～同じような生活が目に浮かんでくる」などの説明が、エの「日常とは異なる視点に導かれる」と合う。

【第三問題】

問一　「有無を言わせぬ」は、相手が承知しようがしまいが、物事を押し通すさまを表す。

問二　直後に「兄としての責任だった」とあることと、繁(しげる)が昨日足を滑らせた崖(がけ)が「この辺では一番崖が急で危険なところだった」ことから、「兄としての責任」とは、「危険な場所に弟を一人で行かせるわけにはいかない」ことを表す。また、解答の初めに「薔薇(ばら)を持ち帰って」とあり、本文に「母の好きな薔薇を持って帰ればどれほど喜ぶかは目に見えるようだ」とあることから、解答をまとめる。

問三　波線部Ⅱには「昨日の倍ほども時間をかけて」とあるが、それはそこが「この辺では一番崖が急で危険なところ」だからである。昨日の繁が足を滑らせた経験から、雅彦も弟をけがさせないように慎重になっていることが読みとれる。

問四　続く部分に、「川の水の中へ、あれほどためらいもなくすぐに飛び込む勇気はない」とあることから、昨日の場面から、そのような繁の行動を描いた一文を読み取る。

問五　「誰にも見えないところに、一体(いったい)花は、なんのために咲くのだろう」と思っていたところに、薔薇があっけなく抜けたことで、「(薔薇が)昨日弟に発見されたことも、簡単に子供の力で引き抜くことができたことも、まるで約束されていたかのようだ」と感じられた。薔薇が、自分たちに持って帰られる運命だったように感じたのである。また、「約束」という語句には「前から決まっている運命」という意味がある。

問六　直前の一文にある、母の説明を手がかりにして選ぶ。

【第四問題】

問一　古文で言葉の先頭にない「はひふへほ」は、「わいうえお」に直す。

問二　和泉式部(いずみしきぶ)は、狩りで死ぬ運命の鹿をかわいそうだと感じているので、ウの「つらく思ったので」が適する。

問三１　和泉式部は、狩りの前夜に鹿の鳴いている様子を、その心情と共に和歌に詠んでいる。また、これは狩りをやめてほしいという気持ちを保昌(やすまさ)に訴えかけるものでもある。それらを合わせ考えると、アが適する。

２Ｂ　鹿たちは自分が死ぬことを知っていると和泉式部は感じたので、「鹿が鳴いている状況」は「ことわり(当然)」と詠んだ。　Ｃ　保昌の「さ思(おぼ)さば～よからむ歌を詠み給へ」という言葉に着目する。ここでは鹿がかわいそうだという和泉式部に対し、和歌を詠むことを提案している。よって「和歌を聞いた」から狩りをやめることにしたと言える。他にも「良い和歌だと思った」「和歌に感動した」など、和泉式部の詠んだ和歌を評価するような語句が入っていてもよい。

【古文の内容】

保昌と一緒に丹後(たんご)へ下ったところ、(保昌が)「明日狩りをしよう」と言って、人々が集まっている夜に、鹿がひどく鳴いたので、(和泉式部が)「ああ、かわいそうだなあ。明日死ぬはずだから、ひどく鳴くのだろう」としみじみつらく思ったので、「(あなたが)そうお思いになるならば、狩りはやめよう。良い和歌をお詠(よ)みなさい」と(保昌に)言われて、(和泉式部は)

「当然のことよ。どうして鹿が鳴かないでいられようか、いや鳴くはずだ。今晩限りの命だと思うので」

(と和歌に詠んだ)

さて、その日の狩りはやめになってしまった。

【第五問題】

問一　先生の言動に対しては尊敬語、自分たちの言動に対しては謙譲語を用いる。イは、先生の行動に対して「拝見した」という謙譲語を用いているのが適当でない。エは、自分たちの行動に対して「いらっしゃっても(いらっしゃる)」という尊敬語を用いているのが適当でない。オは、先生の行動に対して「おりますか（おる)」という謙譲語を用いているのが適当でない。

問二　エの「自分の発表のしやすさを第一に考える」が適当でない。「話す速さや視線」については、聞く人のことを第一に考えるべきである。

《2022　数学　解説》

【第１問題】

問１　与式＝－６－４＝－10

問２　右の筆算より，$140=2^2\times5\times7$

```
2 ) 140
2 )  70
5 )  35
      7
```

問３　与式$=\frac{6\sqrt{3}}{3}+\sqrt{3}=2\sqrt{3}+\sqrt{3}=3\sqrt{3}$

問４　10個ずつｂパックに入れると全部で$10\times b=10b$(個)になり，３個余ったので，$a=10b+3$

問５　$x-3y=5$…①，$3x+5y=1$…②とする。

②－①×３でxを消去すると，$5y+9y=1-15$　　$14y=-14$　　$y=-1$

①に$y=-1$を代入すると，$x+3=5$　　$x=2$

問６　与式より，$(x+3)(x-2)=0$　　$x=-3,\ 2$

問７　**【解き方】分母分子がともに整数である分数(ただし，分母は０以外)で表せる数が有理数であり，そうでない数が無理数である。**

$0.5=\frac{1}{2}$，$\frac{1}{3}$，$\sqrt{9}=3=\frac{3}{1}$は有理数で，$\sqrt{2}$とπは無理数である。

問８　右のように記号をおく。平行線の同位角は等しいから，$\angle a=25°$

三角形の１つの外角は，これととなりあわない２つの内角の和に等しいから，

$\angle x=60°-25°=35°$

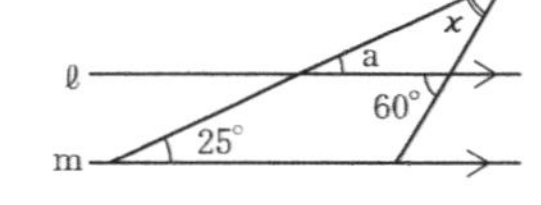

問９　右のように作図する。$AC=5$㎝，$BC=4\times\frac{1}{2}=2$(㎝)だから，

△ABCについて，三平方の定理より，$AB=\sqrt{AC^2-BC^2}=\sqrt{5^2-2^2}=\sqrt{21}$(㎝)

であり，これが求める高さである。

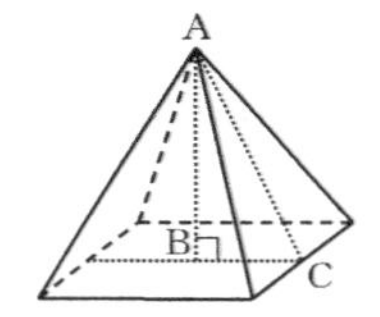

問10　**【解き方】200個の玉のうち，20個が黒玉で200－20＝180(個)が白玉だから，**

全体の黒玉と白玉の個数の比は，およそ20：180＝１：９と推定できる。

全体の黒玉は100個あるから，はじめに箱に入っていた白玉の個数は，およそ100×９＝900(個)と推定できる。

問11　**【解き方】２つのさいころの目の出方は全部で６×６＝36(通り)あるので，**

$\frac{1}{12}=\frac{3}{36}$より，条件に合う出方が３通りあるような数を探す。

出た目の数の和を表にまとめると，右のようになる。表より，条件に合う出方が３通りになるのは，出た目の数の和が３以下になるときなので，あてはまる整数は３である。

２個のさいころの目の和

		２個目					
		1	2	3	4	5	6
１個目	1	2	3	4	5	6	7
	2	3	4	5	6	7	8
	3	4	5	6	7	8	9
	4	5	6	7	8	9	10
	5	6	7	8	9	10	11
	6	7	8	9	10	11	12

【第２問題】

問１　**１⑴**　最も度数の多い階級は13.0秒以上13.5秒未満の階級なので，最頻値は，$(13.0+13.5)\div2=13.25$(秒)

⑵　13.0秒未満の記録の選手は$1+1+2+4=8$(人)なので，求める割合は，$\frac{8}{20}\times100=40$(％)

２　**【解き方】箱ひげ図からは右図のようなことがわかる。**

アは正しい。イ．(範囲)＝(最大値)－(最小値)，

(四分位範囲)＝(第３四分位数)－(第１四分位数)であり，

範囲はミナトさんの方が大きく，四分位範囲はユウキさんの方が大きいので，正しくない。

ウ．２人の中央値はともに9.0mより大きいから，9.0m以上の記録は20÷２＝10(回)以上なので，正しい。

エ．ユウキさんの第１四分位数は8.5mなので，全体を半分に分けたときの下位10回の記録の中央値が8.5mである。つまり，小さい方から５番目と６番目の平均が8.5mなので，６番目が8.5mの可能性もあり，正しくない。

問２　**１**　(印刷料金)＝(基本料金)＋(印刷する冊数)×200＝8000＋20×200＝12000(円)

２　Ｐ社について，印刷する冊数をx冊，料金をy円とすると，$y=8000+x\times200$より，$y=200x+8000$となる。

$x=0$のとき$y=8000$，$x=60$のとき$y=200\times60+8000=20000$となるので，２点(０，8000)(60，20000)を通る

直線をかけばよい。

3　**【解き方】2でかいたグラフから読み解く。**

グラフより，Q社で50冊印刷するときの料金は20000円，P社で20000円で印刷できる冊数は60冊である。

4　**【解き方】2でかいたグラフを読み解く。**

1冊あたり400円で印刷したときの冊数(x)と料金(y)の関係は$y=400x$となり，このグラフは，Q社のグラフの$x>30$の部分と一致する。したがって，P社のグラフとQ社のグラフの$x>30$での交点を見ると，点(40，16000)となっている。よって，P社では40冊印刷するときに1冊あたりの料金が400円になるから，1冊あたりの料金を400円以下にするためには，印刷する冊数を40冊以上にすればよい。

【第3問題】

問1　1　【解き方】新たに並べる芝生の枚数について，規則性を考える。

新たに並べる芝生は，1番目の次が4枚，2番目の次が8枚，3番目の次が12枚，4番目の次が16枚，…となっているので，連続する4の倍数になっているとわかる。よって，5番目の次は，$4\times5=20$(枚)となる。

2　1をふまえると，n番目の次は，$4\times n=4n$(枚)と表せる。

問2　1　【解き方】図3において，n番目の図形で新たに並べた芝生と同じ色の芝生の枚数は，n^2枚になっている。

■の芝生の枚数は偶数番目のときに変化する。■の芝生の枚数は6番目で$6^2=36$(枚)だから，$a=36$

2　**【解き方】□の芝生，■の芝生について，n番目のときの枚数をそれぞれnの式で表す。nが奇数のときと偶数のときで場合をわけて考える。**

nが奇数のとき，n番目の□の芝生の枚数は，n^2枚と表せる。

nが偶数のとき，n番目の■の芝生の枚数は，n^2枚と表せる。

また，nが奇数のときの■の芝生の枚数は，$(n-1)$番目(偶数)の■の芝生の枚数に等しいから，$(n-1)^2$枚と表せる。同様に，nが偶数のときの□の芝生の枚数は，$(n-1)^2$枚と表せる。

よって，nが奇数でも偶数でも，芝生の総枚数は，$n^2+(n-1)^2=n^2+n^2-2n+1=2n^2-2n+1$(枚)

問3　【解き方】規則にしたがって芝生を並べていくと，縦方向に並べる芝生の枚数は，1番目が1枚，2番目が3枚，3番目が5枚，…と，2枚ずつふえるので，n番目は$1+2\times(n-1)=2n-1$(枚)となる。

縦方向に並べる芝生の枚数は奇数になるから，公園内で一番大きな図形になるのは，縦方向に芝生を$_A$99枚並べたときである。$2n-1=99$より，$n=50$だから，このときは$_B$50番目の図形になる。

【第4問題】

問1　1　AとBはy軸に対して対称であり，Aのx座標が$x=6$だから，Bのx座標は$x=-6$である。

2　**【解き方】(変化の割合)$=\dfrac{(y\text{の増加量})}{(x\text{の増加量})}$で求められる。**

$y=\frac{1}{4}x^2$について，$x=0$のとき$y=0$，$x=6$のとき$y=\frac{1}{4}\times6^2=9$だから，変化の割合は，$\frac{9-0}{6-0}=\frac{3}{2}$

問2　1　四角形OAPBはひし形だから，(四角形OAPBの面積)＝2△ABOである。

問1の2より，$y=\frac{1}{4}x^2$について，$x=6$のとき$y=9$だから，A(6，9)

△ABOは底辺をAB＝(AとBのx座標の差)$=6-(-6)=12$とすると，高さが(AとOのy座標の差)＝9となるから，四角形OAPBの面積は，$2\times(\frac{1}{2}\times12\times9)=108$

2　**【解き方】△ＰＢＡ＝△ＣＢＡのとき，ＢＡ//ＰＣとなる。**

ひし形の２本の対角線は互いの中点で交わるので，Ｐのy座標はＡＢとＯＰの交点のy座標の２倍の，$9\times2=18$ である。

ＡＢ//ＰＣだから，Ｃのy座標はＰのy座標に等しく$y=18$ である。

直線ＯＡは傾きが$\frac{9}{6}=\frac{3}{2}$だから，式は$y=\frac{3}{2}x$である。Ｃは直線$y=\frac{3}{2}x$上の点でy座標が$y=18$ なので，$18=\frac{3}{2}x$　　$x=12$　　よって，Ｃ(12，18)である。

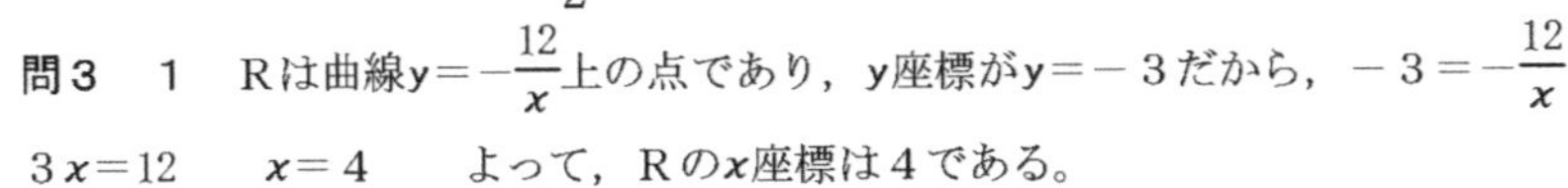

問３　1　Ｒは曲線$y=-\frac{12}{x}$上の点であり，y座標が$y=-3$だから，$-3=-\frac{12}{x}$

$3x=12$　　$x=4$　　よって，Ｒのx座標は４である。

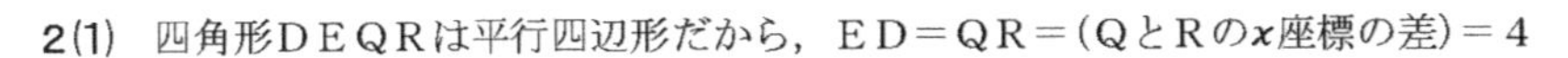

2(1)　四角形ＤＥＱＲは平行四辺形だから，ＥＤ＝ＱＲ＝(ＱとＲのx座標の差)＝４

ＤとＥはy軸に対して対称なので，Ｄのx座標をｄとすると，Ｅのx座標は－ｄとなる。

ＥＤ＝(ＥとＤのx座標の差)＝ｄ－(－ｄ)＝２ｄだから，２ｄ＝４より，ｄ＝２

Ｄは放物線$y=\frac{1}{4}x^2$上の点であり，x座標が$x=2$だから，y座標は$y=\frac{1}{4}\times2^2=1$となるので，Ｄ(２，１)

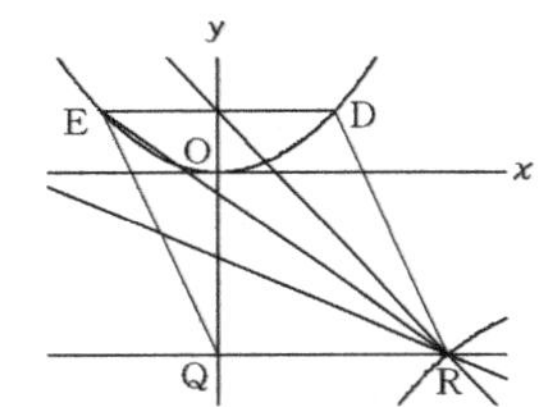

(2)　平行四辺形は対角線によって面積が２等分されるので，△ＲＥＤ＝△ＲＥＱ

よって，辺ＥＤの中点，Ｅ，辺ＥＱの中点をそれぞれＲと直線で結ぶと，分けられた４つの三角形の面積はすべて等しくなる。したがって，面積比を３：１にするには，点Ｒと辺ＤＥの中点，または，点Ｒと辺ＥＱの中点を通る直線をひけばよい。なお，辺ＤＥの中点の座標は(０，１)，辺ＥＱの中点の座標は，

$\left(\frac{\text{ＥとＱの}x\text{座標の和}}{2},\ \frac{\text{ＥとＱの}y\text{座標の和}}{2}\right)=\left(\frac{-2+0}{2},\ \frac{1-3}{2}\right)=(-1,\ -1)$

【第５問題】

問１　直線ＡＰは円Ｏの接線だから，∠ＯＰＡ＝90°

問２　問１より，∠ＯＰＡ＝∠ＯＰ′Ａ＝90° となるような，円Ｏの円周上の点Ｐ，Ｐ′を作図し，直線ＡＰ，ＡＰ′をひけばよい。半円の弧に対する円周角は 90° になるから，ＯＡを直径とする円を作図し，その円と円Ｏとの交点がＰ，Ｐ′となる。ＯＡを直径とする円の中心は，ＯＡの垂直二等分線とＯＡとの交点となる。

問３　まず，問題文の仮定を図にかきこんで，証明のために必要な条件を探そう。条件が足りない場合は，問題の内容に応じて，図形の性質，平行線の同位角・錯角，円周角の定理などからわかることもかきこんでみよう。

問４　1　△OMP≡△OMP′(ＯＰ＝ＯＰ′，OM＝OM，∠ＰＯM＝∠Ｐ′OMより)だから，∠ＰMO＝90°

△ＡＰＯ∽△ＰMO(∠ＡＰＯ＝∠ＰMO＝90°，∠ＡＯＰ＝∠ＰＯMより)だから，∠ＰＡM＝∠イ

2　**【解き方】ＰＭ＝ａとして，相似比からａについての方程式をたてる。**

△AMＰ∽△ＰMO(∠AMＰ＝∠ＰMO＝90°，∠ＰＡM＝∠ＯＰMより)だから，AM：ＰM＝ＰM：OM

３：ａ＝ａ：１　　$a^2=3$　　$a=\pm\sqrt{3}$　　ａ＞０より，$a=\sqrt{3}$　　よって，PM＝$\sqrt{3}$

3　**【解き方】２より，△ＰＭＯは３辺の長さの比が１：２：$\sqrt{3}$の直角二等辺三角形だとわかるので，∠ＰＯＭ＝60° となる。よって，∠ＰＯＰ′＝60°×２＝120° だから，∠ＰＲＰ′＝∠ＰＯＰ′より，４点Ｐ，Ｒ，Ｏ，Ｐ′は同一円周上にある。問２より，その円の直径はＯＡである。**

ＯＡの中点をＮとすると，ＯＮ＝(１＋３)÷２＝２となる。

ＯＰ＝２ＯM＝２だから，ＯＰ＝ＯＮとなるので，Ｎは円Ｏ上にあるとわかる。

よって，点Ｒによってできる図形と線分ＰＰ′とで囲まれてできる図形は，右図の色付き部分である。OM＝NM＝１，ＰM＝Ｐ′M＝$\sqrt{3}$だから，四角形ＯＰＮＰ′

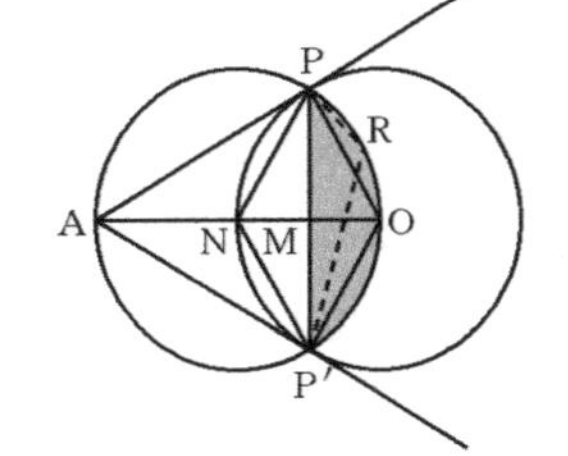

はひし形とわかるので，$\angle \mathrm{PNP'}=\angle \mathrm{POP'}=120°$　　また，$\mathrm{PP'}=2\sqrt{3}$
求める面積は，(おうぎ形ＮＰＰ′の面積)－$\triangle \mathrm{NPP'}=2^2\pi\times\frac{120°}{360°}-\frac{1}{2}\times 2\sqrt{3}\times 1=\frac{4}{3}\pi-\sqrt{3}$

《2022　社会　解説》

第１問題

問１・１　ａ　　白夜は北極圏や南極圏の高緯度地方で見られるから，赤道(ｃ)から最も離れたａを選ぶ。

２　エ　　写真②は，アンデス山脈に暮らすインディオの女性とアルパカだから，エを選ぶ。１日の気温の変化が激しいアンデスの人々は，脱いだり着たりがしやすいポンチョを身に着けている。

３　本初子午線は，ヨーロッパの西端のイギリスを通る縦の線である。

問２　ウ　　竹島の位置は右図を参照。資料①を見ると，竹島の位置する日本海から，中国地方・近畿地方あたりに筋状の雲がかかっているのがわかる。
ア．中国地方には雲がかかっている。イ．朝鮮半島の大部分は雲がかかっていない。
エ．この衛星画像は１月のものだから日本に台風は到達しない。

問３・１　ブラジル　　「南アメリカ」「日系人」「サンパウロ」からブラジルと判断する。　２　北方領土　　竹島は韓国，北方領土はロシア，尖閣諸島は中国，とそれぞれ領土問題が発生している。　３　先端技術産業はＩＣＴ産業などでもよい。太平洋岸のシリコンバレーには，大学の研究室やＩＣＴ産業の本社などが集中し，最先端の情報技術などが開発されている。

問４・１　エ　　この地形図は２万５千分の１だから，地図上の４㎝は，４×25000＝100000(㎝)＝1000(m)である。ア．軽井沢駅の北側に交番(X)がある。イ．矢ヶ崎山の山頂から北西の方向にスキー場のゲレンデがある。
ウ．軽井沢駅の東側に変電所(☼)がある。　２　ウ　　右図のように，Ｑ地点に向かって尾根線が伸びていることから，右図の灰色の線で囲んだ地域は谷間になっていることがわかる。したがって，Ｑ地点は850ｍより低い地点で，Ｐ地点が943ｍあることから，条件に合う地形はウと判断できる。　３　ア　　北陸新幹線は，東京都・埼玉県・群馬県・長野県・新潟県・富山県・石川県を通過する。

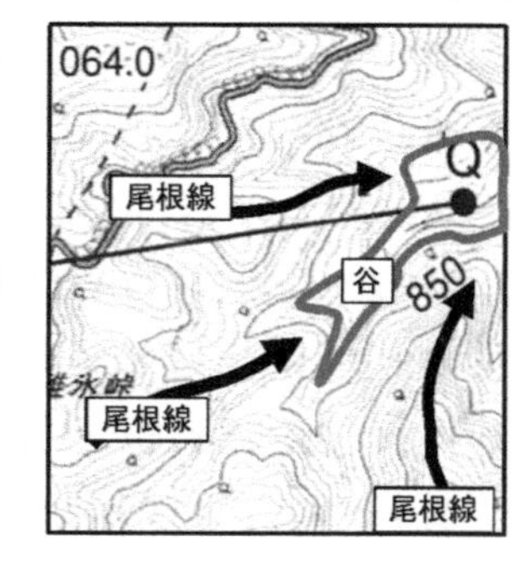

４　静岡県は冬，茨城県は春にキャベツが出荷されているのに対して，長野県は夏に出荷していることがグラフ③から読み取れる。この３県の中では静岡県・茨城県・長野県の順に温暖なことから，キャベツは冷涼な気候で栽培されることがわかる。長野県では冷涼な気候を利用してキャベツを栽培し，他県の出荷がない夏に出荷する高冷地農業が営まれている。

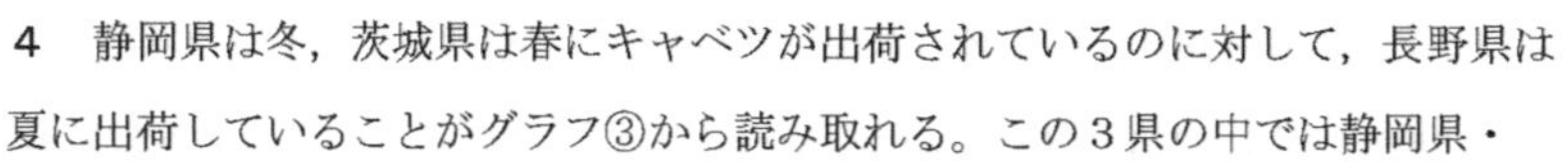

問５　イ　　写真⑤は，東日本大震災の被害を受けた観光ホテルだから，岩手県を選ぶ。岩手県は面積は広いが，面積に対する人口は少ないことからイと判断する。人口が圧倒的に多いエが東京都だから，有人離島が多いアは鹿児島県，海面漁獲量と有人離島がないウは内陸県の山梨県である。

第２問題

問１・１　青銅器　　弥生時代，祭りのために使われていたのが青銅器，武器や農具・道具として使われていたのが鉄器である。写真①は銅剣，写真②は銅鐸である。　２　平等院鳳凰堂　　シャカの死から2000年がたつと，仏教の力が衰える末法の世の中がくるという思想(末法思想)が平安時代に広まった。1052年がその年とされ，阿弥陀仏にすがって死後に極楽浄土によみがえることを願う浄土の教え(浄土信仰)を信仰する貴族が多かった。藤原道長は阿弥陀仏の仏像と手を五色の糸で結んで念仏を唱えながら亡くなり，藤原頼通は極楽浄土を再現しようと，平等院鳳凰堂を建てた。　**3**　A＝イ　B＝ウ　　崇徳上皇と後白河天皇の争いに，平氏・源氏が一族の中でも分かれて争いに加わったのが保元の乱である。平清盛と源義朝がついた後白河天皇が勝利した。その後，平治の乱によって平清盛が武士の頂点に立ち，武士で初めて太政大臣の位に就いた。　**4**　元寇で活躍したにもかかわらず十分な恩賞がもらえなかったことが書かれていればよい。鎌倉幕府は，幕府に忠誠を誓った武士を御家人にして，先祖から引き継いできた領地の支配を認め，功労に応じて新たな領地や守護地頭の職を与えていた(御恩)。御家人たちは武芸に励んで合戦に備え(いざ鎌倉)，京都や鎌倉の警備をする義務を負った(奉公)。しかし，防衛戦である元寇では，相手の領地を奪えなかったため，活躍した御家人に領地を与えることができなかった。
分割相続によって領地が次第に小さくなっていった御家人の中には，生活に苦しむものまで出てきたため，幕府は徳政令を出して対応したが，一時的な効果しかなく，幕府の要職を独占する北条氏に対しての不満が募り，御家人の心はしだいに幕府から離れていった。　**5**　ウ→イ→ア　　ウは飛鳥時代末から奈良時代にかけてつくられた和同開珎，イは平安時代後半から鎌倉時代にかけて輸入された宋銭，アは安土桃山時代につくられた丁銀。

6　外様　　徳川氏の一族が親藩，古くからの徳川氏の家来が譜代大名，関ヶ原の戦い前後に徳川氏についた大名が外様大名とされ，幕府の要職は親藩や譜代大名から選ばれ，外様大名は遠国に配置された。

7　台所　　大阪は「天下の台所」，江戸は「将軍のお膝元」と呼ばれた。

問2・1　ウ→ア→イ　　五箇条の御誓文が出された頃，西郷隆盛は明治政府で活躍していた。しかし，海外を見てきた大久保利通らとの，韓国に対する考え方(征韓論)の違いから，西郷隆盛と板垣退助は政府を離れていった。この頃，政府に対する不満から，武力による反乱と言論による運動が全国で発生したが，1877年に西郷隆盛が西南戦争を起こし，政府軍に鎮圧されると，武力による反乱はなくなり，言論による自由民権運動が活発化した。その後，政府が10年後の国会開設と憲法制定を約束すると，板垣退助は自由党を結成し国会開設に備えた。

2　エ　　ロシアの南下をおそれるイギリスは，日本と手を組んでロシアの南下を抑えようとした。

3　イ　　二十一か条の要求は，第一次世界大戦中に中国に対して出されたからイを選ぶ。地租改正は1873年，国家総動員法は1938年，公害対策基本法は1967年のことである。　**4**　第一次世界大戦後に世界の経済の中心となったのはアメリカであった。日本の農家は，アメリカ向けに輸出される生糸を生産するために，桑と蚕を育てていた。しかし，アメリカで恐慌が発生し，アメリカ向けの生糸の輸出が完全にストップすると，農家だけでなく製糸会社までが成り立たなくなっていった。　**5**　解答欄に「ソ連中心の社会主義国と」とあることから，この言葉と対応する「アメリカ中心の資本主義国」は必ず盛り込み，朝鮮戦争とつなげる。朝鮮戦争で韓国を支援するアメリカからの大量の物資の発注を受け，日本は特需景気となり経済が復興していった。

第3問題

問1・1　ア　　農林水産業が第一次産業，製造業や建設業が第二次産業，サービス業が第三次産業である。また，世界中に支店をもつ企業を多国籍企業と呼ぶ。　**2(1)**　ウ　　消費税は，税を負担する人と税を納める人が異なる間接税である。アは所得税，イは相続税，エは公債金。　**(2)**　所得に応じて税率が高くなるのが累進課税，所得が低い人ほど負担率が高まるのが逆進性である。

問2・1　ウ　　ア．県知事に立候補できるのは満30歳以上。イ．裁判員裁判は，20歳以上の国民の中からくじで選ばれた6人が，重大な刑事裁判の第1審で審議する。エ．憲法改正の発議は国会が行う。

2　生存権　　日本国憲法第25条の「健康で文化的な最低限度の生活を営む権利」＝生存権は必ず覚えておきたい。　**3**　内閣総理大臣の指名において，衆議院と参議院の指名が一致せず，両院協議会を開いても一致しなかった場合，衆議院の優越によって，衆議院の議決が国会の議決となるので，衆議院で多数を占める政党から内閣総理大臣が指名されることが多い。　**4**　イ　　最高裁判所の大法廷は，最高裁判所の裁判官全員の15人で開く法廷である。アは閣議，ウは地方裁判所などで開かれる刑事裁判，エは島根県議会の写真である。

問3・1　ア　　ＡＳＥＡＮは東南アジア諸国連合の略称である。ＡＰＥＣはアジア太平洋経済協力，ＵＮＥＳＣＯは国連教育科学文化機関，G20 はＧ７(日本・アメリカ・カナダ・イギリス・フランス・イタリア・ドイツ)にインド・オーストラリア・中国などを合わせた20か国・地域を意味する。　**2**　難民　　ＵＮＨＣＲから難民と判断しやすい。　**3**　エ　　労働時間などの労働条件の最低基準を定めた労働基準法，労働者が労働組合をつくり，会社と交渉できることを保障した労働組合法，労働者と使用者の間で起きる争いごとの予防と解決を目的とした労働関係調整法の三法を「労働三法(労働基本法)」と言う。

第4問題

問1・1　植民地　　武力で植民地を獲得していく考え方を帝国主義と呼ぶ。　**2**　イ　　フェア＝公正，トレード＝貿易からイと判断できる。アはフードバンク，ウはマイクロクレジット，エはＯＤＡの説明である。

3　エ　　カカオ豆はチョコレートやココアの原料である。コーヒー豆であればブラジルやベトナム，茶であれば中国，インド，天然ゴムであればタイ，インドネシアの生産量が多くなる。

問2・1　文化　　アイヌ文化振興法から文化を導く。　**2**　差別　　日本国憲法第 14 条の内容は覚えておきたい。門地とは家がらのこと。

問3・1　関東大震災　　1923 年に発生した関東大震災は，昼直前であったため，火を使っている家庭が多く，多くの火事が発生した。ほとんどの家屋が木造であったため，火は瞬く間に燃え広がり，被害を拡大していった。

2　ア　　人口増加が止まらないことを表①から読み取る。　**3**　エ　　京都議定書では，先進国だけに二酸化炭素の排出削減を求めたが，パリ協定ではすべての国に削減目標の設定義務を課したことが評価されている。

《2022　英語　解説》

第1問題

問1　**1**　質問「メグミはタロウに何をあげましたか？」…A「やあ，メグミ。どうしたの？」→B「タロウの送別会に行ってきたの」→A「彼に何かあげた？」→B「ええ，彼に花束とカップをあげたわ」より，ウが適当。

2　質問「彼らはどのセールを見つけましたか？」…A「おっ，ハンバーガーショップがセールをしているよ」→B「私のお気に入りはチーズバーガーよ。それはいくらかしら？」→A「いつもは 380 円だけど，今は 290 円だよ」→B「いいわね。昼食はそこへ行きましょう」より，アが適当。

3　質問「マイクは次に何をしますか？」…A「お母さん，この理科の宿題，難しいよ」→B「姉さんに聞いて，マイク。その教科なら姉さんが詳しいわよ」→A「でも姉さんは図書館で勉強中なんだよ。それじゃあ，部屋で，インターネットで調べてみるよ」→B「それがいいわ。夕食の前に済ませなさいね」より，ウが適当。

4　質問「その本は今，どこにありますか？」…A「お父さん，ここにあった落語の本を見なかった？今日，友達に返さなければならないのよ」→B「カバンを確認したかい？」→A「もちろん，確認したよ。うーん，昨日の晩，それをテーブルで読んでいて…その後ソファで…」→B「ああ，今朝，ソファの上にあったよ。私が書棚にしまったんだ。ごめんよ，それを言わなかったね」より，エが適当。

問2　【放送文の要約】参照。　ウ「エマは自分の名前をひらがなで書く方法を知りたい」，オ「エマにとってハンコは格好良い日本文化の１つである」，カ「エマは，どの漢字にも意味があることを知っている」が適当。

・how to ～「～する方法」　・one of ～「～の１つ」

【放送文の要約】

こんにちは！私はエマ・ブラウンと言います。日本に行ったことがありませんが，日本の言語と文化にとても興味があります。

私は日本の人々に敬意を持っています。なぜなら，ひらがな，カタカナ，そして漢字という３つの異なる表記を使いこなしているからです。これは驚くべきことです。その３つの中では，私にはひらがなが最も美しく見えます。ゥ私の名前はひらがなではどう書くのでしょうか？後で私に教えてくださいね。

それと，漢字はまるでアートのようです。ォこちらにいらっしゃる，私の日本語の先生の鈴木先生は，ご自分の漢字の印鑑を見せてくれました。先生はそれをハンコと呼んでいました。とても格好良く見えました。ヵ先生は，漢字のひとつひとつに意味があるとおっしゃっていました。私もいつか漢字で自分のハンコを作りたいです。何か良いアイデアがあったら教えてくださいね。

問３　【放送文の要約】参照。

難しい表現は使わなくてもいいので文法・単語のミスがない文を作ろう。ここでは夜空に見えるものを書けばよい。

（例１）「夜には，月が見られます」　（例２）「夜には，たくさんの星を見ることができます」

【放送文の要約】

「それは何？」というクイズを始めましょう。ヒントを３つ聞いて答えを考えてください。答えがわかったら，手を上げてください。準備はいいですか？

ヒント１：それは，赤い時，①青い（＝blue）時，灰色の時，黒い時があります。　ヒント２：鳥や飛行機がその中を②飛びます（＝fly)。　ヒント３…おや？答えがわかった？そう，正解。答えは「空」です。よくできました。

では，私の３つ目のヒントが何か，言い当てられますか？それは，「夜には」で始まります。さあ始めて。

第２問題

問１　１　質問「ピーターは兄の誕生日に贈るペンを選んでいるところです。彼は今，どこにいますか？」…Stationery「文房具」がある，エ５Ｆ「５階」が適当。

２　質問「このデパートに関して，正しくないのはどれですか？」…開店時間下の★「開店時間が同じではないレストランもあります」から，ウ「レストランは全て午前 10 時に開店して午後８時に閉店する」が正しくない。

ア○「子ども服は２階で買うことができる」　イ○「このデパートのどの階にも，１つ，もしくはそれ以上のトイレがある」　エ○「同じ階で紳士服とスポーツウエアを買うことができる」

問２　１　「2020 年には，1990 年より（　　）人々が狩猟免許を交付されました」…狩猟免許を交付された人数は，1990 年が約 30 万人，2020 年が約 20 万人だから，few「（数が）少ない」の比較級であるア fewer が適当。

２　「狩猟免許を交付された（　　）歳の人数は増加し続けている」…年代別では，■の 60 歳以上が増加し続けているから，エ 60 or more が適当。

問３　１　質問「この車を運転する前に，何をする必要がありますか？」…RC TOY CAR にある Charge the battery in the car「車にバッテリーをチャージして（充電して）ください」より，ア「車にバッテリーをチャージすること」が適当。

２　質問「このおもちゃの車について，正しいのはどれですか？」…CONTROLLER の下にある Put batteries in.「バッテリー（電池）を入れてください」より，イ「コントローラー用の電池を準備する必要があります」が正しい。

ア「パワーボタンを押すなら，×車をチャージする（充電する）ことを始められます」…CONTROLLERには，「パワーボタンを押せばコントローラーが使える」とある。　ウ「チャージャー（充電器）をあまりに長く使うと×ヘッドライトが熱くなります」…RC TOY CARの⚠には「チャージャー（充電器）が熱くなることがある」とある。　エ×「車が汚れたら洗うことができます」…IMPORTANTの２つ目の●には「車を洗ってはいけません」とある。

第３問題【本文の要約】参照。

問１　①「何で～？」→「どのように～？」と考えてHow ～?を選ぶ。　②ホストマザーから聞いたのだから，アンケートの２の左から３番目の□をチェックすればよい。

【本文の要約】

男性　：すみませんが，手伝っていただけますか？これらの質問の１つがわからないのですが。

ヨウコ：いいですよ。どの質問ですか？

男性　：これです。

ヨウコ：こう書いてあります。「この公演を①どのように(＝How)お知りになりましたか？」

男性　：おお，そのことはホストマザーから聞きました。

ヨウコ：では，左から②３番目の□をチェックしてください。

男性　：わかりました。手伝っていただいてありがとうございました。

問２　always be yourselfは「いつもあなたらしく」という意味だから，ア「あなたは自分のやり方を変える必要はありません」が適当。

【本文の要約】

森先生　：元気がないね，どうしたの？

グレッグ：僕はクラスメートとおしゃべりするのが大好きなんですが，彼らはいつも静かに僕の話を聞くだけなんです。彼らは僕がしゃべりすぎると思っているのかもしれません。

森先生　：いつも君らしくしていればいいんだよ。それが君の強みなんだ。多分，彼らにとっては英語を話すのが難しいんだろう，でもみんな君と楽しく過ごしているよ。

グレッグ：そう思いますか？それを聞いて嬉しいです。

問３　エ「ジュディと彼女の両親は，素晴らしいシェフになるために懸命に勉強することについてポジティブな（積極的な）意見を持っている」が適当。　ア×「ティムは毎日夕食を作るので，宿題をする時間がない」，イ×「ティムの両親は，シェフの仕事は大変だから他の夢を持つべきだと言う」ウ×「ジュディはティムと彼女らの両親に，彼女のレストランをより良くするためにアドバイスを求める」は，本文にない内容。　・ask＋人＋for ～「(人) に～を求める」

【本文の要約】

（１月20日）

ティム　：姉さんも知っているけど，僕の夢はシェフになることなんだ。僕は料理が好きだから。お母さんとお父さんのためによく夕飯を作るけど，２人とも気に入ってくれている。
２人は僕の夢をいいねって言ってくれる。そして僕は将来，自分のレストランを開きたいんだ。新しい料理にも挑戦するつもりだよ。

ジュディ：夢を持つことは素晴らしいわ。あなたならできるわよ。

（２月６日）

ティム　：僕は欠かさずに宿題をする。でもお母さんとお父さんがいつも言うのは「シェフになりたいならもっと一生懸命勉強しなさい」なんだ。もう我慢できないよ。

ジュディ：エお父さんもお母さんも，もっと知識が増えた方があなたの将来のためにいいって言いたいのよ。素晴らしいシェフは自分のレストランをより良いものにするために，いろいろと知っているわ。
エ私もあなたが一生懸命勉強すれば，将来，おいしい料理を作るのに役に立つと信じているわ。

問４　新しい製品は卵のパックだから，イ「ビニール袋」が含まれない。

【本文の要約】

今日，大量のペットボトルがリサイクルされています。ペットボトルは集められた後，新しい製品に生まれかわります。その製品の１つがプラスチックの卵のパックです。まず（集められた）使用済みのペットボトル（⇒ウ）は，リサイクル工場に運ばれて，とても小さな破片に切断されます（⇒エ）。その破片を洗ってきれいにします。次に熱を加えて溶かし，紙のように押しつけます（⇒ア）。それから特別な機械に通して，最終的に卵のパックになります。

第４問題【本文の要約】参照。

問１　直後の文より，エリがミホの誘いを断る理由が読み取れるから，イが適当。

問２　第２段落５～７行目から，日本語に合うように答える。叔母は経験から，大規模なスポーツ大会の運営には a「ボランティアの助けなしではできない」こと，また活動を通して b「友達を作ることを望んでいた」ことを答えればよい。　・without ～「～なしで」　・make friends「友達を作る」

問３　質問「去年の夏の大規模なスポーツ大会の期間中，エリの叔母はボランティアとしてどんな仕事をしましたか？」…第２段落７行目の her work was to guide the athletes to the stadium の to より後ろを答える。guide は過去形 guided にすること。

問４　that のような代名詞は，その前にある単語や文を指すことが多い。ここでは，第３段落１～２行目の to 以下の hold an autumn concert を抜き出す。

問５　ア「エリの叔母は，去年の夏以前にボランティアとして，×どんなスポーツ大会にも参加しなかった」
イ×「選手たちは，その手裏剣があまりにも小さかったので，励まされることはなかった」…本文にない内容。
ウ×「エリは叔母と話をした後，チャリティーコンサートというアイデアを思いついた」…本文にない内容。
エ○「観客も吹奏楽部の部員たちもコンサートに満足した」…第３段落４～７行目の内容と一致。
・come up with an idea of ～「～というアイデアを思いつく」　・be satisfied with ～「～に満足する」

問６　「ボランティア活動をすることで，(例文１)私は自分の視野を広げたい（＝I want to broaden my horizons）／(例文２)多くの人々に美しい花を見てもらいたい（＝I want many people to see beautiful flowers）」
・broaden one's horizons「～の視野を広げる」　・want＋人＋to ～「（人）に～してほしい」

【本文の要約】

「土曜日は暇？学校の近くの川沿いにお花を植えない？楽しいわよ」この前の春休みの直前に，友達のミホが，ボランティア活動をしようと私に言ってきました。でもAイその質問に私は「できない」と言いました。私は吹奏楽部で練習をする必要があり，忙しかったのです。私は，彼女がなぜボランティア活動に熱心なのか，わかりませんでした。

去年の夏の終わりに，私は東京に住んでいる叔母と電話で話しました。叔母は私に，大きなスポーツ大会期間中のボランティア経験について話してくれました。当初，約８万人がボランティアをする予定でしたが，その多くの人々が様々な理由で諦めました。しかしながら，私の叔母は自分の決意を変えませんでした。この大会の数年前に，叔母は２つの国際的なスポーツ大会を手伝ったことがあったのです。問２a叔母は，このような大規模な大会の運営はボランティアの助けなしではできない，ということを知っていました。また，問2b他のボランティアの人たちと働くことで友達を作ることを望んでいました。今回の叔母の仕事は，選手をスタジアムまで案内することでした。体力的にはきついものでしたが，家に帰ると，仕事の一部ではないにもかかわらず，選手たちへの贈り物として，折り紙でメッセージを書いた手裏剣を作りました。「選手はそれをもらうと，ありがとうという笑顔を私に見せるのよ」と叔母は誇らしげに言いました。叔母と話をした後，私は「こういう小さなことが人を励ますことになるのかしら？」と思いました。

１週間が過ぎました。私たちの吹奏楽部は，ある老人施設から，秋のコンサートを開いてほしいと頼まれました。そこでは多くの人々が淋しい思いをしているので，職員の方たちがオンラインで生演奏を聴かせたいと思ったのです。それは，私たちが最も望んでいたことでした。多くのイベントが中止になっていたからです。私たちはそれに向けて一生懸命準備し，最高の演奏を届けました。問5エコンサートの後，ひとりの職員の方が私たちにこう言いました。「手拍子をする人もいれば，一緒に歌っていた人もいたわ。あなたたちの音楽のおかげでみんなの笑顔を見ることができました」この言葉は私たちにとって特別なものでした。この経験は私に叔母の手裏剣を思い出させました。たとえ小さな贈り物でもそれは選手を励ます力を持っていて，彼らの笑顔もまた叔母を幸せな気持ちにさせたのです。誰かを助けるということは，私たちを助けることにもなるのです！

２週間前，ミホは私に言いました。「去年の春に植えた花の世話をするのはどう？」私は彼女の計画を受け入れました。来週，そのイベントに参加できることを楽しみにしています。

第５問題

問１　１　A「このカバンを運ぶのを手伝ってもらえますか？」に対し，B「No(　　).　どこに運びましょうか？」と答えているから，problem が適当。　・No problem.「お安いご用です」

２　A「ジョン，君が私たちともっと長くいられればいいのに。日本を去っても私たちのことを覚えていてね」に対し，B「もちろんだよ。僕は決して君たちのことを（　　）ない」と答えているから，forget「忘れる」が適当。

問２　１　A「京都から大阪までどのくらい（時間が）かかりますか？」→B「電車で30分かかります（＝It takes thirty minutes by train.）」

２　A「驚いたな！その本を１日で読み終わったなんて」→B「昨晩，ストーリーがあまりにもおもしろくて，読むのをやめられなかったんだ（＝Well, the story was so interesting that I couldn't stop reading it last night.）」

・so＋形容詞＋that＋主語＋can't～「形容詞…すぎて～できない」　・stop ～ing「～することを止める」

３　A「今日の午後，海に行こう」→B「いいよ。浜辺からの夕日は見る価値があるって，みんな言っているね（＝Many people say the sunset is worth seeing from the beach.）」　・worth ～ing「～する価値がある」

問３　a　①「どこに行ってきたの？」→②「湖に釣りに行ったんだ」→③「(a)」→④「それはいい質問だ。10匹釣ったよ」より，「(例文１)何匹，釣ったの？（＝How many fish did you catch?）／(例文２)いいね。たくさん連れた？（＝Cool.　Did you catch many fish?）」など，釣りの成果を尋ねる文を書けばよい。

b　①「すみません」→②「はい？」→③「(b)」→④「ちょっと待ってください。おお，すみません」より，「(例文１)そこは私の座席だと思うのですが（＝I think that's my seat.）／(例文２)これは私のチケットです。あなたの（チケット）を確認してくれませんか？（＝This is my ticket.　Will you check yours?）」など，男性に自分の座席であることを知らせる文を書けばよい。

問４　英作文は，①与えられた<条件>を守り，自信のある表現を使って書くこと，②「書きたい内容」より「書ける内容」を重視すること，③単語や文法のミスをしないことが大事。

先生「この頃，私たち教師はパソコンを使って教えるのが普通で，あまり手書きの機会がありません。でも生徒のみなさんはたいていノートにたくさん書きますね。みなさんは手書きをすることを大事だと思いますか？」

ユウトさん「手書きすることは誰がそのメッセージを書いたのかを表します。手紙のサインを見れば，にせ物ではなく，書いた本人からの手紙だと信じることができます。だから手書きすることは大事です」

ミキさん「私はそうは思いません。メッセージをタイプすることは…」

先生「ユウトさん，ミキさん，ありがとう。彼らの意見を支持するより良い意見もあるかもしれませんね。あなたはどう思いますか？」

⇒(ユウトさんに賛成の場合の例文)「手書きをすることは良い文化です。日本では，学校で書道を学びますが，とても芸術的な手書きもあります」

⇒(ミキさんに賛成の場合の例文)「メッセージをタイプすることは，私たちの日常生活で必要度が増しています。私たちはメッセージを送るのに，よくパソコンを使います」

《2022　理科　解説》

第１問題

問１　2　溶けている物質を溶質，溶質を溶かしている液体を溶媒といい，溶質が溶媒に溶けた液を溶液という。溶質である塩化ナトリウムの質量は150×0.08＝12(g)だから，溶媒である水の質量は150－12＝138(g)である。

3　〔電力(W)＝電圧(V)×電流(A)〕より，5.0×0.34＝1.7(W)　　4　風向は風がふいてくる方向を表す。図4のとき，風は南東から北西に向かってふいているから，風向は南東である。

問２　1　ア×…棒磁石の極を逆にして入れると，流れる電流の向きは逆になる。ウ×…棒磁石を入れたままでは，コイルの中の磁界が変化しないから，電流は流れない。エ×…棒磁石を出し入れする速さが速いほど，流れる電流の大きさは大きくなる。　　2　このような無意識に起こる反応を反射といい，手の皮ふ(感覚器官)で受け取った刺激の信号はせきずいに伝わり，せきずいから直接命令の信号が出され運動器官に伝わる。

問３　1　寒気が暖気をおし上げながら進むため，強い上昇気流を生じる。そのため，寒冷前線付近では積乱雲が発達して，短い時間に強い雨が降る。なお，温暖前線付近では暖気が寒気の上にはい上がるように進むため，広い範囲に雲ができる。閉そく前線は寒冷前線が温暖前線に追いつくことでできる。また，停滞前線は寒気と暖気の勢力が同じくらいのときにできる。　　2　ビンの質量は，水に沈んだから1.00×500＝500(g)より大きく，海水面に浮いたから1.02×500＝510(g)より小さい。よって，イを選べばよい。

第２問題

問１　1　ア○，イ×…ＢとＣを比べると，Ｘの量が２倍になると，ゼラチンが液状になるまでの時間が半分になるとわかる。ウ×…Ｘを加熱する操作を行っていないので，この実験からは分解能力を失うかどうかわからない。エ×…ＢとＣで分解されている(ゼラチンが液状になった)。　　2　アはデンプン，ウは脂肪を分解する消化酵素である。

問２　1　図４より，ボタンの葉の葉脈は網状脈だから，ボタンは双子葉類とわかり，茎の維管束は輪状に並ぶ。したがって，茎の縦断面図はイのようになる。　　2　気孔(すきま)を囲んでいる三日月状の細胞を，孔辺細胞という。　　3　ワセリンをぬった部分からは蒸散しないから，ＢとＥのメスシリンダー全体の質量の差が葉の裏側から蒸散する水の質量となる。よって，91.5－79.0＝12.5(g)である。　　4　5時間で蒸散した水の量は，Ｂが100.0－91.5＝8.5(g)，Ｃが100.0－99.5＝0.5(g)だから，ＢとＣが１時間で蒸散する水の量の合計は，$\frac{8.5+0.5}{5}$＝1.8(g)となる。したがって，メスシリンダー全体の質量は，100.0－1.8＝98.2(g)になると考えられる。

第3問題

問1　1　ＢＴＢ溶液は，酸性で黄色，中性で緑色，アルカリ性で青色を示す。　2　水酸化ナトリウム水溶液〔NaOH〕に塩酸〔HCl〕を加えると，塩化ナトリウム〔NaCl〕と水〔H_2O〕ができる。このような酸とアルカリがたがいの性質を打ち消し合う反応を中和といい，アルカリの陽イオンと酸の陰イオンが結びついてできた物質を塩（えん）という。　3　水酸化ナトリウムも塩化ナトリウムも電解質なので，水溶液中で電離している〔$NaOH \rightarrow Na^+ + OH^-$〕〔$NaCl \rightarrow Na^+ + Cl^-$〕。したがって，水酸化ナトリウム水溶液に塩酸を加えても，水溶液中のNa^+の数は変化しない。　4　水素イオン〔H^+〕を含む塩酸を水酸化ナトリウム水溶液に加えると，H^+と水酸化ナトリウム水溶液中の水酸化物イオン〔OH^-〕が結びついて，水〔H_2O〕ができる。したがって，水酸化ナトリウム水溶液と塩酸がちょうど中和する(加えた塩酸の合計量が４㎤)まで，水溶液中のH^+の数は０となり，加えた塩酸の合計量が４mLをこえると，加えた塩酸に含まれるH^+の分だけ増加していく。また，塩酸４㎤に含まれるH^+の数(またはCl^-の数)は，最初に水酸化ナトリウム水溶液中に存在するNa^+の数(またはOH^-の数)と等しいので，加えた塩酸の量が８㎤のとき，イオンの数は縦軸の●と等しくなる。

問2　2，3　塩化銅は水溶液中で，銅イオンと塩化物イオンに電離している〔$CuCl_2 \rightarrow Cu^{2+} + 2Cl^-$〕。$Cu^{2+}$は陰極で電子２個を受け取り，銅原子〔Cu〕となって，金属が付着する。また，Cl^-は陽極で電子１個を放出し，塩素原子〔Cl〕となり，これが２個結びついて塩素分子〔Cl_2〕となって，気体が発生する。　4　電流が大きいほど付着する金属の質量は大きくなるから，図２より，0.5Ａの電流を40分流したとき0.4ｇの金属が付着し，1.5Ａの電流を40分流したとき1.2ｇの金属が付着するとわかる。また，付着する金属の質量は電流の大きさに比例しているから，1.0Ａの電流を40分流したとき，$0.4 \times \frac{1.0}{0.5} = 0.8$(ｇ)の金属が付着する。したがって，0.5Ａ，1.0Ａ，1.5Ａの電流を40分ずつ流すと，合計$0.4 + 0.8 + 1.2 = 2.4$(ｇ)の金属が付着するから，付着した金属の質量の合計が3.0ｇのとき，電流を流した時間は$40 \times \frac{3.0}{2.4} = 50$(分)である。

第4問題

問1　1　ピアノ線を強く指ではじくと，振幅が大きくなり，音は大きくなる。おもりの数を増やすと，ピアノ線の張りが強くなるから，振動数が大きくなり，音は高くなる。　2　音は物体を振動させることで伝わる。

3　ＡさんからＢさんまでの距離は$340 \times 0.60 - 51 = 153$(m)なので，ＢさんはＡさんが手をたたいてから$153 \div 340 = 0.45$(秒後)にその音を聞く。

問2　2　Ｃの平均の速さは$8.4 \div 0.1 = 84$(cm/ｓ)，Ｄの平均の速さは$11.7 \div 0.1 = 117$(cm/ｓ)だから，$117 - 84 = 33$(cm/ｓ)増加した。　3　斜面に平行な分力と斜面に垂直な分力は，重力を対角線とする平行四辺形の隣り合う２辺で表せる。

第5問題

問1　1　Ａ(図１)はマグマのねばりけが弱いため，溶岩をおだやかにふき出すことが多い。　3　⑴石基に対し，比較的大きな鉱物を斑晶という。　⑵図３のような，斑晶を石基が取り囲んでいるつくりを斑状組織という。

問2　1　泥，砂，れきは流れる水のはたらきによって角がけずられる。　2　ウ○…石灰岩はうすい塩酸をかけると，二酸化炭素が発生する。　3　示相化石に対し，地層が堆積した時代を推定できる化石を示準化石という。

■ ご使用にあたってのお願い・ご注意

（1）問題文等の非掲載

著作権上の都合により，問題文や図表などの一部を掲載できない場合があります。

誠に申し訳ございませんが，ご了承くださいますようお願いいたします。

（2）過去問における時事性

過去問題集は，学習指導要領の改訂や社会状況の変化，新たな発見などにより，現在とは異なる表記や解説になっている場合があります。過去問の特性上，出題当時のままで出版していますので，あらかじめご了承ください。

（3）配点

学校等から配点が公表されている場合は，記載しています。公表されていない場合は，記載していません。

独自の予想配点は，出題者の意図と異なる場合があり，お客様が学習するうえで誤った判断をしてしまう恐れがあるため記載していません。

（4）無断複製等の禁止

購入された個人のお客様が，ご家庭でご自身またはご家族の学習のためにコピーをすることは可能ですが，それ以外の目的でコピー，スキャン，転載（ブログ，ＳＮＳなどでの公開を含みます）などをすることは法律により禁止されています。学校や学習塾などで，児童生徒のためにコピーをして使用することも法律により禁止されています。

ご不明な点や，違法な疑いのある行為を確認された場合は，弊社までご連絡ください。

（5）けがに注意

この問題集は針を外して使用します。針を外すときは，けがをしないように注意してください。また，表紙カバーや問題用紙の端で手指を傷つけないように十分注意してください。

（6）正誤

制作には万全を期しておりますが，万が一誤りなどがございましたら，弊社までご連絡ください。

なお，誤りが判明した場合は，弊社ウェブサイトの「ご購入者様のページ」に掲載しておりますので，そちらもご確認ください。

■ お問い合わせ

解答例，解説，印刷，製本など，問題集発行におけるすべての責任は弊社にあります。

ご不明な点がございましたら，弊社ウェブサイトの「お問い合わせ」フォームよりご連絡ください。迅速に対応いたしますが，営業日の都合で回答に数日を要する場合があります。

ご入力いただいたメールアドレス宛に自動返信メールをお送りしています。自動返信メールが届かない場合は，「よくある質問」の「メールの問い合わせに対し返信がありません。」の項目をご確認ください。

また弊社営業日（平日）は，午前９時から午後５時まで，電話でのお問い合わせも受け付けています。

2025 春

教英出版

株式会社教英出版

〒422-8054　静岡県静岡市駿河区南安倍３丁目 12-28

TEL　054-288-2131　　FAX　054-288-2133

URL　https://kyoei-syuppan.net/

MAIL siteform@kyoei-syuppan.net

学校別問題集

㉝光ヶ丘女子高等学校
㉞藤ノ花女子高等学校
㉟栄徳高等学校
㊱同朋高等学校
㊲星城高等学校
㊳安城学園高等学校
㊴愛知産業大学三河高等学校
㊵大成高等学校
㊶豊田大谷高等学校
㊷東海学園高等学校
㊸名古屋国際高等学校
㊹啓明学館高等学校
㊺聖霊高等学校
㊻誠信高等学校
㊼誉高等学校
㊽杜若高等学校
㊾菊華高等学校
㊿豊川高等学校

三重県

①暁高等学校(3年制)
②暁高等学校(6年制)
③海星高等学校
④四日市メリノール学院高等学校
⑤鈴鹿高等学校
⑥高田高等学校
⑦三重高等学校
⑧皇學館高等学校
⑨伊勢学園高等学校
⑩津田学園高等学校

滋賀県

①近江高等学校

大阪府

①上宮高等学校
②大阪高等学校
③興國高等学校
④清風高等学校
⑤早稲田大阪高等学校
（早稲田摂陵高等学校）
⑥大商学園高等学校
⑦浪速高等学校
⑧大阪夕陽丘学園高等学校
⑨大阪成蹊女子高等学校
⑩四天王寺高等学校
⑪梅花高等学校
⑫追手門学院高等学校
⑬大阪学院大学高等学校
⑭大阪学芸高等学校
⑮常翔学園高等学校
⑯大阪桐蔭高等学校
⑰関西大倉高等学校
⑱近畿大学附属高等学校
⑲金光大阪高等学校
⑳星翔高等学校
㉑阪南大学高等学校
㉒箕面自由学園高等学校
㉓桃山学院高等学校
㉔関西大学北陽高等学校

兵庫県

①雲雀丘学園高等学校
②園田学園高等学校
③関西学院高等部
④灘高等学校
⑤神戸龍谷高等学校
⑥神戸第一高等学校
⑦神港学園高等学校
⑧神戸学院大学附属高等学校
⑨神戸弘陵学園高等学校
⑩彩星工科高等学校
⑪神戸野田高等学校
⑫滝川高等学校
⑬須磨学園高等学校
⑭神戸星城高等学校
⑮啓明学院高等学校
⑯神戸国際大学附属高等学校
⑰滝川第二高等学校
⑱三田松聖高等学校
⑲姫路女学院高等学校
⑳東洋大学附属姫路高等学校
㉑日ノ本学園高等学校
㉒市川高等学校
㉓近畿大学附属豊岡高等学校
㉔夙川高等学校
㉕仁川学院高等学校
㉖育英高等学校

奈良県

①西大和学園高等学校

岡山県

①[県立]岡山朝日高等学校
②清心女子高等学校
③就実高等学校
（特別進学コース〈ハイグレード・アドバンス〉）
④就実高等学校
（特別進学チャレンジコース・総合進学コース）
⑤岡山白陵高等学校
⑥山陽学園高等学校
⑦関西高等学校
⑧おかやま山陽高等学校
⑨岡山商科大学附属高等学校
⑩倉敷高等学校
⑪岡山学芸館高等学校(1期1日目)
⑫岡山学芸館高等学校(1期2日目)
⑬倉敷翠松高等学校
⑭岡山理科大学附属高等学校
⑮創志学園高等学校
⑯明誠学院高等学校
⑰岡山龍谷高等学校

広島県

①[国立]広島大学附属高等学校
②[国立]広島大学附属福山高等学校
③修道高等学校
④崇徳高等学校
⑤広島修道大学ひろしま協創高等学校
⑥比治山女子高等学校
⑦呉港高等学校
⑧清水ヶ丘高等学校
⑨盈進高等学校
⑩尾道高等学校
⑪如水館高等学校
⑫広島新庄高等学校
⑬広島文教大学附属高等学校
⑭銀河学院高等学校
⑮安田女子高等学校
⑯山陽高等学校
⑰広島工業大学高等学校
⑱広陵高等学校
⑲近畿大学附属広島高等学校福山校
⑳武田高等学校
㉑広島県瀬戸内高等学校(特別進学)
㉒広島県瀬戸内高等学校(一般)
㉓広島国際学院高等学校
㉔近畿大学附属広島高等学校東広島校
㉕広島桜が丘高等学校

山口県

①高水高等学校
②野田学園高等学校
③宇部フロンティア大学付属香川高等学校
（普通科〈特進・進学コース〉）
④宇部フロンティア大学付属香川高等学校
（生活デザイン・食物調理・保育科）
⑤宇部鴻城高等学校

徳島県

①徳島文理高等学校

香川県

①香川誠陵高等学校
②大手前高松高等学校

愛媛県

①愛光高等学校
②済美高等学校
③FC今治高等学校
④新田高等学校
⑤聖カタリナ学園高等学校

福岡県

①福岡大学附属若葉高等学校
②精華女子高等学校(専願試験)
③精華女子高等学校(前期試験)
④西南学院高等学校
⑤筑紫女学園高等学校
⑥中村学園女子高等学校(専願入試)
⑦中村学園女子高等学校(前期入試)
⑧博多女子高等学校
⑨博多高等学校
⑩東福岡高等学校
⑪福岡大学附属大濠高等学校
⑫自由ケ丘高等学校
⑬常磐高等学校
⑭東筑紫学園高等学校
⑮敬愛高等学校
⑯久留米大学附設高等学校
⑰久留米信愛高等学校
⑱福岡海星女子学院高等学校
⑲誠修高等学校
⑳筑陽学園高等学校(専願入試)
㉑筑陽学園高等学校(前期入試)
㉒真颯館高等学校
㉓筑紫台高等学校
㉔純真高等学校
㉕福岡舞鶴高等学校
㉖折尾愛真高等学校
㉗九州国際大学付属高等学校
㉘祐誠高等学校
㉙西日本短期大学附属高等学校
㉚東海大学付属福岡高等学校
㉛慶成高等学校
㉜高稜高等学校
㉝中村学園三陽高等学校
㉞柳川高等学校
㉟沖学園高等学校
㊱福岡常葉高等学校
㊲九州産業大学付属九州高等学校
㊳近畿大学附属福岡高等学校
㊴大牟田高等学校
㊵久留米学園高等学校
㊶福岡工業大学附属城東高等学校
(専願入試)
㊷福岡工業大学附属城東高等学校
(前期入試)
㊸八女学院高等学校
㊹星琳高等学校
㊺九州産業大学付属九州産業高等学校
㊻福岡雙葉高等学校

佐賀県

①龍谷高等学校
②佐賀学園高等学校
③佐賀女子短期大学付属佐賀女子高等学校
④弘学館高等学校
⑤東明館高等学校
⑥佐賀清和高等学校
⑦早稲田佐賀高等学校

長崎県

①海星高等学校(奨学生試験)
②海星高等学校(一般入試)
③活水高等学校
④純心女子高等学校
⑤長崎南山高等学校
⑥長崎日本大学高等学校(特別入試)
⑦長崎日本大学高等学校(一次入試)
⑧青雲高等学校
⑨向陽高等学校
⑩創成館高等学校
⑪鎮西学院高等学校

熊本県

①真和高等学校
②九州学院高等学校
(奨学生・専願生)
③九州学院高等学校
(一般生)
④ルーテル学院高等学校
(専願入試・奨学入試)
⑤ルーテル学院高等学校
(一般入試)
⑥熊本信愛女学院高等学校
⑦熊本学園大学付属高等学校
(奨学生試験・専願生試験)
⑧熊本学園大学付属高等学校
(一般生試験)
⑨熊本中央高等学校
⑩尚絅高等学校
⑪文徳高等学校
⑫熊本マリスト学園高等学校
⑬慶誠高等学校

大分県

①大分高等学校

宮崎県

①鵬翔高等学校
②宮崎日本大学高等学校
③宮崎学園高等学校
④日向学院高等学校
⑤宮崎第一高等学校
(文理科)
⑥宮崎第一高等学校
(普通科·国際マルチメディア科·電気科)

鹿児島県

①鹿児島高等学校
②鹿児島実業高等学校
③樟南高等学校
④れいめい高等学校
⑤ラ・サール高等学校

新刊
もっと過去問シリーズ

愛知県

愛知高等学校
7年分(数学・英語)
中京大学附属中京高等学校
7年分(数学・英語)
東海高等学校
7年分(数学・英語)
名古屋高等学校
7年分(数学・英語)
愛知工業大学名電高等学校
7年分(数学・英語)
名城大学附属高等学校
7年分(数学・英語)
滝高等学校
7年分(数学・英語)

※もっと過去問シリーズは入学試験の実施教科に関わらず、数学と英語のみの収録となります。

教英出版
〒422-8054
静岡県静岡市駿河区南安倍3丁目12−28
TEL 054-288-2131
FAX 054-288-2133
詳しくは教英出版で検索
教英出版 検索
URL https://kyoei-syuppan.net/

島根県公立高等学校
令和６年度学力検査問題

（第１限　9：20～10：10）

国　　語

注　　意

1　「始め」の合図があるまでは，開いてはいけません。

2　問題は全部で５題あり，10ページまでです。

3　「始め」の合図があったら，まず，解答用紙に検査場名，受検番号を書きなさい。

4　答えは，すべて解答用紙に書きなさい。

5　**字数を数える場合は，句読点，記号も一字として数えなさい。**

6　「やめ」の合図で，すぐ鉛筆をおき，解答用紙を裏返しにして机の上におきなさい。

K 教英出版

【第一問題】次の問一〜問五に答えなさい。

問一　次の1〜4の傍線部の読みを、それぞれ**ひらがな**で書きなさい。

1　師と仰ぐ。
2　腰を据えて取り組む。
3　先人の軌跡をたどる。
4　作品の巧拙を問わない。

問二　次の1〜3の傍線部の**カタカナ**を、それぞれ**漢字**で書きなさい。ただし、**楷書**で丁寧に書くこと。

1　荷物をアズける。
2　一部の例外をノゾく。
3　店のカンバンを取り付ける。

問三　次の文の傍線部の**カタカナ**を漢字で書いたとき、正しいものを、後の**ア**〜**エ**から**一つ**選び、記号で答えなさい。

四つの段落でコウセイされた文章。

ア　攻勢
イ　後世
ウ　公正
エ　構成

問四 次の文の傍線部「決して」の**品詞**を、後の**ア**～**エ**から**一つ**選び、記号で答えなさい。

失敗した経験を決して無駄にしない。

ア 動詞
イ 連体詞
ウ 副詞
エ 助動詞

問五 次の**ア**～**エ**の行書で書いた漢字のうち、楷書で書いたときと比べて**筆順**が**変化しない**ものを**一つ**選び、記号で答えなさい。

ア 採
イ 神
ウ 細
エ 草

【**第二問題**】次の**Ⅰ**、**Ⅱ**の文章を読んで、下の**問一**～**問五**に答えなさい。

Ⅰ

「人の意見」に左右されて自分を見失いがちになること、これは性格の弱さとでも言うべきものかもしれませんが、本人にとって大きな悩みの種であると思います。もちろん、いつまでたっても、自分のしっかりした意見を持つことができないのは困ったことに違いありませんが、自己形成の途上にある人の場合は、他者の意見に影響されること自体が悪いわけではありません。

この点について、人間の有り様（原点）に戻って考えてみましょう。変化のうちにあること、つまり常に未完成であることは人間の本質に属しています。1年前の自分と今の自分は同じ自分でありながら、しかし、そこにはさまざまな変化が存在し、まったく同一と言うことはできません。10年後の自分がどんな人間になっているかについて、はっきり見通せる人は少ないでしょう。これは若者に限ったことではありませんが、若い自己形成途上の人間であれば心身ともに急激な成長を経験することは少なくありません。①「男子、三日会わざれば刮目して見よ」との格言が示すとおりです。以上の意味で、人間は「未完の[注]プロセス」、しかも「変化を介した自己形成プロセス」であると表現することができます。

次に、人間が自己形成のプロセスのうちにあることを理解するために、キルケゴール『死に至る病』を参照してみましょう。19世紀の思想家キルケゴールは、人間とは何かという根本問題について、次のように論じています。

> 人間とは精神である。精神とは何であるか？　精神とは自己である。自己とは何であるか？　自己とは自己自身に関係するところの関係である、すなわち関係ということには関係が自己自身に関係するものなることが含まれている、——それで自己とは単なる関係ではなしに、関係が自己自身に関係するというそのことである。
>
> （斎藤信治 訳、岩波文庫）

このキルケゴールの議論はこの引用文だけでは不明な点もあると思いますが、②キルケゴールが人間（＝自己）を自己関係（自分自身へ関係すること）において生きる存在者として描いていることは明らかです。出発点の自己を自己Aと表記しこのAが自分自身に関係aを持つとすれば、その結果として自己は自己B（＝A＋a）に変化します。自己関係は鏡で自分を見るという行為が例として挙げられますが、鏡で身だしなみを整えた自己が自己Bに当たります。そして、このBは自分自身に対する関係bを持ち、自己Cへ変化する。こうして、自己は自己関係を組み込むことによって次々に変化（＝生成）し続ける一つのプロセスとして存在するということになります。これは先に「人間の特徴として、常に変化のうちにあること、つまり未完成であること」と述べたことの言い換えにほかなりません。キルケゴールは、人間とは常に自分自身になる途上、生成プロセスのうちにあると指摘しているわけです。その意味で「人間は生成である」と述べることもできるでしょう。

X

問一　傍線部①「『男子……見よ』との格言」について、「三日会わざれば刮目して見よ」とは、「三日会わなければ深い関心を持って見なさい」という意味であるが、筆者がこの格言を取り上げたのは何を説明するためか。最も適当なものを、次の**ア～エ**から**一つ**選び、記号で答えなさい。

ア　人の記憶は長くは保つことができないこと。

イ　自己形成途上の人は短期間に成長すること。

ウ　自己形成の時間はあっという間に過ぎること。

エ　若者同士の絆は対面することで生まれること。

問二　傍線部②「キルケゴールが……明らかです。」とあるが、「自己関係」の例として挙げられている行為を、**X**の**文章中から十二字**で抜き出して答えなさい。

問三　波線部「自己形成の……悪いわけではありません。」について、次の**1**～**3**に答えなさい。

1　「自己形成」にとって「他者の意見に影響されること自体が悪いわけではありません。」と筆者が言うのはなぜか。次の形式の（ A ）に入る適当な言葉を、**Y**の**文章中から四十三字**で探し、**初めの五字**を抜き出して答えなさい。

（ A ）ため、他者の意見に影響されることは自己形成にとって必要だから。

2　「他者の意見に影響されること」が問題となる例として、筆者はどのような場合を挙げているか。**Y**の**文章中から二十八字**で探し、**初めの五字**を抜き出して答えなさい。

3　「他者の意見に影響され」ながらも、「自己形成」をめざすために必要なことはどのようなことか。**Y**の**文章中の言葉を用いて、五十五字以上、六十五字以内**で答えなさい。

キルケゴールの先の引用では、自己の生成は自己関係という点から述べられていますが、ここで、これに他者関係を加えてみればどうなるでしょうか。実は自己関係と他者関係は相互に繋がっています。私たち人間は他者との関わりによって他者からさまざまな影響を受けつつ自分であり続けているのであって、他者からの影響は自己形成にとって欠くことができないものなのです。他者から切断されてしまうとき、私たちは自分自身を維持することに困難を感じないでしょうか。

説明が長くなりましたが、以上よりわかるのは、他者から影響されること自体は悪いことではない、それは自己形成（自己生成のプロセス）にとって不可欠なものである、ということです。

問題は、自己形成にとって必要な他者との関わりが自己形成自体を妨げるものとなるときに生じます。たとえば、特定の他者への過剰な依存が自己の成長・形成を抑圧する場合です。「人の意見にすぐ影響されてしまいます」とは、このような歪な他者関係の一例と言えるでしょうか。では、他者から影響を受けつつも、自己形成をめざして進むことはどうしたら可能になるのでしょうか。おそらく、それに対する一つの答えは、できるだけ多くの複数の意見（友達、家族、先輩、先生……など）を参考にすることでしょう。

さらに「人の意見にすぐ影響されて」も、それに流されないためには、自分自身の感性に正直であること、特に他者に共感できる自分の思いに正直であることも大切です。「人の意見に影響されて」もそれをバネに自己形成をめざすこと。これは一生の課題ですが、若いときにこそ、心がけていただきたいものです。

（『扉をひらく哲学―人生の鍵は古典のなかにある』岩波ジュニア新書の芦名定道の文章による）

（注）プロセス…過程。

Ⅱ

携帯メールに振り回され、他のことを考える余力もなくなって、「メールが来ないと淋しい」「携帯がなかったら生きていけない」「メールが来ないのはみんなに嫌われているからだ」といった強迫観念に追い込まれてはいませんか？

もし思い当たる点があるなら、しばらくの間、携帯電話なしで生活してみたらどうでしょう。そうすれば、③自分一人だけの時空間を持ち、思索することの大切さがわかると思います。

読書が好きな人もいるでしょう。日記を書くことに意味を見出している人もいるでしょう。あるいは公園のベンチに腰掛けて考えることがリフレッシュにつながるという人もいるでしょう。それぞれにあった趣味というものは、人間にとって大事なことです。しかし、どれも、誰かにメールを打ちながらやるものではありません。

朝の洗面の時だってそうです。一人きりでしょう？　鏡の中の自分の顔を見て、「昨日、友達と喧嘩した。今日は普通に話せるかな」とか、「宿題やってない。当てられたらどうしよう」などといろんなことを思いながら、自分自身と会話をしているわけです。その時に携帯メールが気になるようなら、かなり問題です。

一人きりで自分と向き合う時空間には、友達と話したりメールしたりしている時とはまったく違う、独特の感覚があるはずです。

（今北純一『自分力を高める』岩波ジュニア新書による）

問四　傍線部③「自分一人……大切さ」について二人の生徒が次のように会話をしています。〔**会話文**〕の（　**A**　）に入る適当な言葉を、**Ｘの文章中から二十字**で抜き出して答えなさい。

〔**会話文**〕

ルイ　「自分一人だけの時空間を持ち、思索すること」は、どうして大切なのかな。

ナオ　それは、Ⅰの**Ｘ**の文章中にあったように、自分という存在は、（　**A**　）していくものだからではないかな。

ルイ　なるほど。人は自分一人だけの時空間を持つことで成長していくんだね。Ⅰを参考にして読むと、Ⅱの内容がよく理解できるね。

問五　Ⅰ、Ⅱの文章の説明として最も適当なものを、次の**ア**～**エ**から一つ選び、記号で答えなさい。

ア　Ⅰは自分の意見を持つこと、Ⅱは自分だけの時空間を持つことの大切さが書いてあり、違うようで実は全く同じことを述べている。

イ　Ⅰ、Ⅱはどちらも人間関係の対立について書いてあり、Ⅰは他者との関わりの大切さを主張し、Ⅱは今の若者の孤独感について述べている。

ウ　Ⅰ、Ⅱはどちらも他者との付き合い方について書いてあり、上手に付き合う方法について、ⅠとⅡでは逆のことを述べている。

エ　Ⅰ、Ⅱはどちらも自分を見つめることについて書いてあり、Ⅰはさらに、自己形成における他者との関わりについても述べている。

【第三問題】 次の文章を読んで、下の**問一**～**問七**に答えなさい。

> 昭和三十年代。小学五年生の明夫は、同じ喜多町に住む同級生の孝治や弘、孝治の弟秀治（小学三年生）といつも一緒に遊んでいた。多くの子供たちの間では野球が盛んであった。二学期が始まり、学校に野球部が作られると、子供たちはさらに野球に熱を上げた。

「明ちゃん、遊ぼー」
明夫を呼ぶ声がした。下りてみると秀治が一人、（注）刀を差して立っていた。
「秀ちゃん一人？」
「兄ちゃん野球部だし、弘ちゃんも（注）八幡様の境内で野球だと」
「八幡様で？」
「んだ」
秀治は不服そうだった。八幡様は御徒町にあり、そこは彼らが（注）主導権を持っている遊び場だ。御徒町は喜多町の敵で、これまで何度も決戦を繰り広げてきた町内である。そこへ弘は出かけていったのだ。
しかし、野球はどうしても同じ年齢のものが集まってやることになる。そのため、町内の枠を越え同級生同士が集まることになった。
「明ちゃんも行くのか？」
「行かねよ」
不安そうにしていた秀治がうれしそうに言った。
「いかった。したら遊ぼ」
明夫は複雑だった。
秀治は確かに仲間なのだが、孝治の弟ということで（注）三銃士の資格を持っていた。それが孝治も弘もいないのに、友達の弟と遊ぶのは**X**変な感じだった。
秀治は腰の刀に手をやって、ちゃんばらをやりたそうにしていたが、それはやりたくなかった。口には出さなかったが、ちゃんばらの時代は自分のなかでは終わった気がしていた。
「釣りに行くか？」
明夫が誘い、秀治はすぐにうなずき、聞いた。
「どこさ行く。川？」
明夫は首を振った。
「①大沼さ行こう」
「大沼？　すげえ」
川でもよかったのだが、今日は少し大人びたところに行きたかった。

【中　略】

大沼に着いた。
一面に（注）コウホネの黄色い花が咲いていた。シオカラトンボが白い粉を吹いた体を水面にこするようにして飛び、ギンヤンマが縄張りを守ってパトロールしていた。人の影はどこにもなかった。
「あっちの岸まで行こう」
明夫は声をひそめて言った。こんなに広いと声が遠くに行ってしまいそうだった。二人は岸の草むらを掻き分けて回り込んだ。

問一　傍線部①「大沼」について、どのような場所であるかを生徒が次のようにノートにまとめた。**【ノート】**の中の（　**A**　）、（　**B**　）に入る適当な言葉を答えなさい。ただし、（　**A**　）は文章中から**六字**、（　**B**　）は文章中から**十二字**でそれぞれ抜き出して答えること。

【ノート】

○明夫にとっての大沼
・（　**A**　）場所
○実際の大沼

〔文章中の表現〕	〔どのような場所か〕
・一面にコウホネの黄色い花が咲いていた ・シオカラトンボ、ギンヤンマ ・ヨシの茂み	自然が豊かな場所
・（　**B**　） ・他に何にも音がしなかった	明夫と秀治しかいない、静かな場所

問二　波線部**X**「変な感じだった。」から、波線部**Y**「秀治の話にうなずいた。」までの明夫の心情の説明として最も適当なものを、次の**ア**～**エ**から**一つ**選び、記号で答えなさい。

ア　初めは強引に遊びに誘う秀治にいらだっていたが、釣りをするうちに少しずつ楽しくなり、落ち着きを取り戻している。
イ　初めは友達の弟と二人で遊ぶことに戸惑っていたが、彼の世話をするうちに年長者としての自覚が芽生え始めている。
ウ　初めは秀治に年上らしいところを見せようと意気込んでいたが、町から離れたところにやってきたことで心細くなっている。
エ　初めは年下の子供と上手に遊べるだろうかと不安だったが、思いがけず対等に遊べたことで自信をつけている。

「わあっ」
秀治が声をあげた。そのとき奥のヨシの茂みが揺れ、大きな鳥が群れで飛び出した。腹に黄色模様があった。ヨシゴイだった。
「ごめん。俺のせいだな」
秀治が小さな声であやまった。明夫は「いいよ、それより早く足を抜き出せ」と手を貸した。秀治の手は意外に小さく、汗でびっしょりだった。
水たまりで足を洗わせ、釣りのしたくをした。
いつも一緒に遊んでいるが、こんなふうに世話をしたことはなかった。
岸からのぞき込むとメダカの群れがついついと逃げて行く。遠くではまだヨシゴイが居心地悪そうに飛びかっていた。
「巣があるんだな」
「コイ釣れるべか？　釣れればいいな。俺たちがコイ釣って帰ったら、兄ちゃんも弘ちゃんもびっくりするべな」
明夫は秀治の針にジャガイモの切れ端をつけてやった。えさが水面に当たってぽちゃんと音を立て、水紋が広がった。他に何にも音がしなかった。
「コイ釣れたら、兄ちゃんたちも野球よりこっちがいいと思うべな」
秀治は静かになるのが怖いのか小さな声でしきりに話しかけた。明夫は小魚がえさをつっつくのか、浮きがぴくぴくするのを見つめながら、Y秀治の話にうなずいた。
ジャガイモはすぐに針からばらけて、だめだった。途中からミミズに替えた。何匹かの小さなフナが釣れたが、葉を広げたジュンサイの根元や、コウホネの水中葉の茂みにえさを入れては針を引っかけて強引にはずしたので、魚たちは隠れてしまった。
釣りにあきた秀治が、竿をそばに置いたままバケツをのぞき込んでいる。
Z空はまだ夏の色をしていたが、太陽はそれまでの炒るような勢いがなく、かすかにだが秋の気配を伝えていた。
「ドジョウが五匹に、フナっこが八匹だ。②コイ釣れねな」
明夫の針がまたコウホネに引っかかった。明夫は靴を脱ぐと沼に入って行った。水はぬるく、温かく感じるほどだった。一歩一歩足場を確かめ歩を進めた。足が泥に埋まり込み、抜き取るとそこから泥が舞い上がった。そしてすぐ次の足が潜り込んだ。ぬかるみにはまった足はなかなか抜けなかった。難儀してコウホネの茎をへし折った。それを岸の秀治に投げた。
明夫は思い切り泥をかき混ぜ大声を上げた。
「やーめーたっ。釣りはやめ。こんたお湯みたいなとこさ魚いね。コイも昼寝してるべ。秀ちゃん、やめよ。俺、いいもの作ってけるな」
③明夫はコウホネの茎を折り、皮は残して茎の肉をこそぎとって、皮と花だけ残した。花の下に茎の根元を差し込んで、輪を作り秀治の肩から下げてやった。
「勲章だ」
五枚の黄色のがくの中に花弁やおしべ、めしべが細かな彫刻されたみごとな勲章だった。

（塩野米松『少年時代〜飛行機雲はるか〜』による）

(注) 刀…ちゃんばらごっこをするために柳の枝を削って作ったおもちゃの刀。
八幡様…神社。
彼ら…御徒町に住む子供たちのこと。ちゃんばらごっこで明夫たちと敵対していた。
三銃士…ちゃんばらごっこをする上での秘密の仲間。明夫、孝治、弘の三人に、孝治の弟である秀治も入っていた。
コウホネ…沼地・川に生える水草。

という意味であるが、秀治がコイを釣りたいのはなぜか。**三十字以上、四十字以内**で答えなさい。

問四　文章中の秀治についての説明として最も適当なものを、次の**ア**〜**エ**から**一つ**選び、記号で答えなさい。
ア　相手の都合も聞かず、自分の希望を通そうとするわがままな一面がある。
イ　状況を冷静に把握し、機転をきかせた行動をとることができる。
ウ　自分の立場が悪くならないように、常に人の顔色をうかがっている。
エ　子供らしい言葉や態度で、その時々の思いを素直に表している。

問五　秀治にコイを釣ることを諦めさせようとする明夫の気持ちが最も表れている行動を示す一文を、文章中から探し、**初めの五字**を抜き出して答えなさい。

問六　傍線部③「明夫は……残した。」とあるが、明夫がこのようにしたのはなぜか。**十五字以上、二十五字以内**で答えなさい。

問七　波線部Z「空はまだ……伝えていた。」とあるが、季節の移り変わりを表すこの情景描写から読み取ることができるものとして**適当でない**ものを、次の**ア**〜**エ**から**一つ**選び、記号で答えなさい。
ア　秀治とともに過ごすことで、明夫の内面に微妙な変化が生じているということ。
イ　釣りに出かけるときの秀治の明るい気持ちが、しだいに沈んできたということ。
ウ　明夫と秀治が二人で遊んだことで、孝治、弘との関係が悪化し始めているということ。
エ　明夫と秀治が一緒に釣りをしているうちに、時間が経過したということ。

【第四問題】 次の**A**、**B**、**C**と、先生と生徒の**〔会話文〕**を読んで、下の**問一**～**問四**に答えなさい。

A

橘（たちばな）の　花こそいとど　香るなれ　風まぜに降る　雨の夕暮れ

（『建礼門院右京大夫集（けんれいもんいんうきょうのだいぶしゅう）』による）

〔橘の花がいっそう強く香ってくるようだ。風まじりに雨の降るこの夕暮れに。〕

B

具平親王（ともひらしんのう）

枝には金鈴（きんれい）を繋（か）けたり春雨（しゅんう）の後（のち）
花は紫麝（しじゃ）を薫（くん）ず凱風（がいふう）の程（ほど）

（参考）
枝ニハ繋ケタリ二金鈴ヲ一春雨ノ後
花ハ薫ズ二紫麝ヲ一凱風ノ程

（『和漢朗詠集（わかんろうえいしゅう）』による）

〔晩春の雨の後、橘の枝には金の鈴をかけたように熟した実がなっている。初夏の南風に吹かれて、花は麝香（じゃこう）というお香をたいたようによい香りを放っている。〕

C

四月（うづき）のつごもり、五月（さつき）のついたちのころほひ①、橘の葉の濃く青きに、花のいと白う咲きたるが、雨うち降りたるつとめてなどは、世になう心あるさまにをかし。花の中より黄金（こがね）の玉かと見えて、いみじうあざやかに見えたるなど、朝露にぬれたるあさぼらけの桜におとらず。

（つごもり：月末　ついたち：月初め　つとめて：早朝　世になう心あるさまに：またとないほど風情がある様子で　花の中より黄金の玉かと見えて：花と花の間から黄金色の宝石のように見えて、　いみじうあざやかに見えたるなど：たいへんくっきりと実が見えているのなどは、　あさぼらけ：明け方）

（『枕草子』による）

問一　傍線部①「ころほひ」を**現代仮名遣い**に改めなさい。

問二　（　Ⅰ　）に入る適当な言葉を、**三字以内**の**現代語**で答えなさい。

問三　傍線部②「三つのもの」について、一つは黄金の実であるが、他の二つのものは何か。**色も含めて三字**の**現代語**でそれぞれ答えなさい。

問四　（　Ⅱ　）に入る適当な言葉を、**十五字以内**の**現代語**で答えなさい。

先生　Aは和歌、Bは二句でできている漢詩、Cは『枕草子』の一節です。いずれも初夏に花が咲く橘を取り上げたものです。橘はミカン科の木で、花は香り高く、冬に黄色く実った果実が、初夏に残っていることもあります。A、B、Cを比べてみましょう。

マヒロ　A、B、Cの共通点は、橘が雨とともに描かれていることです。

レイ　AとBの共通点は、風が橘の花の（　Ⅰ　）を際立たせていることです。

先生　そうですね。他に気づくことはありますか。

マヒロ　Cは、（　Ⅰ　）については描かれていませんが、橘の色に着目して②三つのものが描かれていて、橘の視覚的な美しさを想像することができます。

レイ　Cでは、雨にぬれている早朝の橘と、（　Ⅱ　）とを比べることで、橘を高く評価しています。

先生　そのとおりです。二人とも、よく気づきましたね。

【第五問題】

白鳥中学校の生徒が、国語の時間に季節を表す言葉について学習しています。次は、あるグループの話し合いの様子と、季節を表す言葉の意味を生徒が調べて表にしたものです。下の**問一**～**問三**に答えなさい。

〔話し合いの様子〕

チヒロ　季節を表す言葉はいろいろありますが、例えば「木枯(こが)らし」という言葉についてどう思いますか。

ショウ　「木枯らし」とは、秋の終わりから冬の初めにかけて吹く冷たい強風のことですが、この言葉から、冷たい風が吹き荒れて枯れ葉の舞っている様子が思い浮かび、寒々とした印象を受けます。

サツキ　つまり、（　Ａ　）ということですね。

アキラ　そうですね。私は文化委員なので、学校新聞の記事を書くときに「木枯らし」という言葉を使ってみたいです。季節を表す言葉は他にもたくさんあるので、意味を知っていろいろなときに使いたいですね。

チヒロ　それでは、使ってみたい言葉をいくつか選んで、意味を調べてみませんか。

問一　グループでの話し合いを効果的に行う際の注意点として**適当でない**ものを、次の**ア**～**エ**から**一つ**選び、記号で答えなさい。

ア　話し合いで自分の意見を出せるように、自分の体験を振り返るなどしてあらかじめ考えておく。

イ　話し合いの話題と目的を決めた上で、まずは互いの考えを自由に伝え合うことを大切にする。

ウ　結論を出すときには、複数の意見を結び付けるのではなく、司会が考えた意見を優先する。

エ　付箋(ふせん)や模造紙などを使って、グループで出た意見を確認できるようにする。

問二　〔話し合いの様子〕のサツキさんの発言の（　Ａ　）に入るものとして最も適当なものを、次の**ア**～**エ**から**一つ**選び、記号で答えなさい。

ア　季節を表す言葉から、その季節特有の情景を想像することができる

イ　季節を表す言葉から、その言葉を使った人の好きな季節が分かる

ウ　季節を表す言葉は、誰もが知っているので全員に全く同じ印象を与える

エ　季節を表す言葉は、文字にすることでその言葉が一層魅力的になる

言葉	季節	意味
花いかだ（はないかだ）	春	散った桜の花びらが帯状に水面を流れる様子。
せみ時雨（せみしぐれ）	夏	たくさんのせみが鳴いている様子。
山よそおう（やまよそおう）	秋	山々が紅葉する様子。
冬化粧（ふゆげしょう）	冬	雪が降り積もって辺り一面が白くなる様子。

みたいかについて、意見を出し合いました。あなたなら、どのような意見を出しますか。次の①～⑤の条件に従って作文しなさい。

① **【表】**の**言葉**の「花いかだ」「せみ時雨」「山よそおう」「冬化粧」から**一つ**選び、文章中に記すこと。

② ①で選んだ**言葉**を、どのようなときに使ってみたいかを述べること。ただし、**〔話し合いの様子〕**の傍線部「学校新聞の記事を書くとき」は**用いない**こと。

③ ②で述べたことの理由を、①で選んだ**言葉**の**【表】**の**意味**と関連付けて述べること。

④ ③で述べた理由の根拠として、あなた自身の経験や見聞きしたことを述べること。

⑤ **百五十字以上**、**百八十字以内**でまとめること。句読点や記号も一字として数える。ただし、**一マス目から書き始め**、段落は設けない。

※読み返して文章の一部を直したいときは、二本線で消したり、余白に書き加えたりしてもよい。

A： How was it?
B： It was a lot of fun! I want to do it again.

Question： What did Hiro do last weekend? （**5 秒**おく。）

3 番 A： Your English is so good, Mai!
B： Thank you!
A： Did you study abroad?
B： No, I often talk with an American friend in English on the internet.

Question： How does Mai practice English? （**5 秒**おく。）

4 番 A： Hi, Ryota. I hear you will join the Town Summer Festival.
B： Oh, will you join, too, Cathy?
A： Yes. I will sell used clothes. What will you do?
B： I will play the trumpet in the brass band.

Question： What will Ryota do at the Town Summer Festival? （**5 秒**おく。）

これで**問 1** を終わります。次は**問 2** です。

It's our grandmother's birthday tomorrow and she will come to our home. I'm going to make a cake for her, but I cannot get home before 8 o'clock tonight. So, can you go to the store and buy some eggs and milk for me, please? Oh, don't forget to clean your room. It will also be good to make a plan for the party. What do you want to do to make her happy at the party?

（**10秒**おく。）くり返します。（放送をくり返す。）（**5秒**おく。）

これで放送を終わります。放送による問題の解答を続けても，他の問題に進んでもかまいません。

問2　話される英語を聞いて，書かれている問いに答える問題です。話される英語は **1** ～ **3** の３つあります。それぞれの問いの答えとして最も適当なものを，**ア**～**エ**の中から**一つずつ**選び，記号で答えなさい。放送はそれぞれ**2回**繰り返します。問いの英文は書かれています。それでは問題に入ります。

1番　**A**： Good morning, Ayako.　Did you do your English homework?
B： Good morning, Mr. Green.　Yes, I did.　But it was difficult for me.
A： Oh, OK.　If you have any questions, you can ask me.
B： Thank you, Mr. Green.　I'll come to the staff room later.

（**5秒**おく。）くり返します。（放送をくり返す。）（**10秒**おく。）

2番　OK, everyone.　It's time to finish our P.E. class.　Put the balls back into the box.　Next week we'll play volleyball again.

（**5秒**おく。）くり返します。（放送をくり返す。）（**10秒**おく。）

3番　Misaki grows some vegetables during the summer vacation.　But last summer, they didn't grow well because it was very hot and it rained too little.　So, Misaki was very sad.

（**5秒**おく。）くり返します。（放送をくり返す。）（**10秒**おく。）

これで **問2** を終わります。次は **問3** です。

※教英出版注
音声は，解答集の書籍ＩＤ番号を
教英出版ウェブサイトで入力して
聴くことができます。

令和６年度公立高等学校入学者選抜学力検査　英語　【第１問題】　実施要項

1　開始時刻　13時20分

2　実施方法

（1）　原則として，所定のＣＤ－Ｒを校内放送施設・設備を通して再生する。再生は英語の学力検査開始直後に行うものとする。

（2）　校内放送施設・設備が完備していない場合及び故障，又は停電などの場合には，他の検査場の妨げにならないように配慮の上，各検査場を巡回し，ＣＤプレーヤー等により再生するものとする。
　なお，巡回等のため英語の学力検査開始直後に第１問題が一斉に実施できない場合には，他の問題から先に行うよう，監督者が受検者に指示すること。

3　ＣＤ－Ｒに収録してある内容

ただ今から放送による問題を行います。（**2秒**おく。）第１問題は，**問1～問3**まであります。問１は１回しか流しません。問２，問３は２回流します。途中でメモをとってもかまいません。（**3秒**おく。）

問1　二人の会話を聞いて，その後の質問に答える問題です。それぞれの会話の後に読まれる質問の答えとして最も適当なものを，**ア～エ**の中から**一つずつ**選び，記号で答えなさい。会話は**1～4**まであります。放送は**1回**のみです。それでは問題に入ります。

1番　**A**：I'm hungry.　Let's eat something.
B：Sounds good!　Did you know a new restaurant opened near the hospital?
A：Really?　I didn't know that.　I want to go there.
B：Sure, let's go.

Question：Where will they go?（**5秒**おく。）

【放送

令和6年度学力検査問題

(第2限 10：30〜11：20)

数　　学

注　　意

1 「始め」の合図があるまでは，開いてはいけません。

2 問題は全部で5題あり，10ページまでです。

3 「始め」の合図があったら，まず，解答用紙に検査場名，受検番号を書きなさい。

4 答えは，すべて解答用紙に書きなさい。

5 「やめ」の合図で，すぐ鉛筆をおき，解答用紙を裏返しにして机の上におきなさい。

注意　$\sqrt{\ }$や円周率πが必要なときは，およその値を用いないで$\sqrt{\ }$やπのままで答えること

【第１問題】 次の問１～問９に答えなさい。

問１　$5+3\times(-4)$　を計算しなさい。

問２　$(2\sqrt{3}-\sqrt{7})(2\sqrt{3}+\sqrt{7})$　を計算しなさい。

問３　比例式　$x:(x-3)=5:3$　で，xの値を求めなさい。

問４　連立方程式　$\begin{cases} 2x+3y=1 \\ x-y=3 \end{cases}$　を解きなさい。

問５　方程式　$(x-2)^2=7$　を解きなさい。

問６　次の１，２にある数量の関係を，等式か不等式で表しなさい。

１　20L入る容器に毎分xLずつ水を入れるとき，容器が水でいっぱいになるまでy分間かかる。

２　30mのテープからamのテープを５本切り取ると，残りはbmより長い。

問7　**図1**は，底面が直角三角形で，側面がすべて長方形の三角柱である。平面ADEBと垂直な平面を，後の**ア**～**エ**から**すべて**選び，記号で答えなさい。

図1

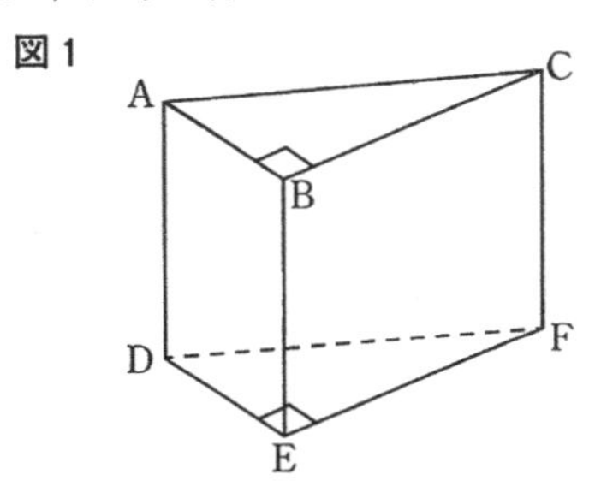

ア　平面ABC　　　**イ**　平面DEF　　　**ウ**　平面ADFC　　　**エ**　平面BEFC

問8　**図2**のように，円Oの円周上に4点A，B，C，Dをとる。ABが直径であるとき，$\angle x$の大きさを求めなさい。

図2

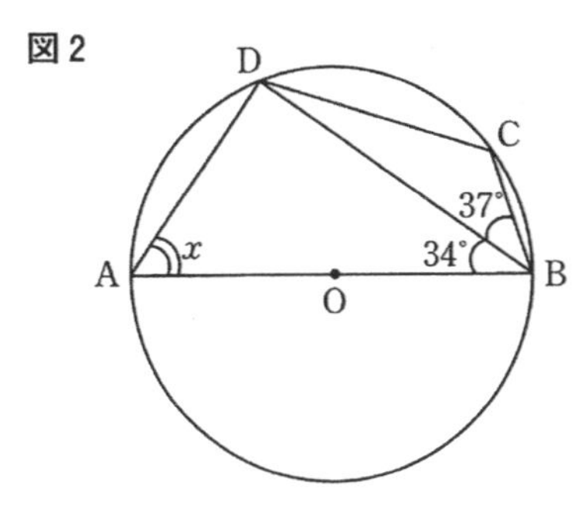

問9　太郎さんは，近所のお店に飾られている組子（くみこ）とよばれる木工細工を見た。組子の模様の1つに，**図3**のような二等辺三角形を組み合わせてできている「麻の葉（あさのは）」とよばれるものがあった。太郎さんはその美しさに感動し，**図4**のように組子の模様の一部を作図した。二等辺三角形をそれぞれ**ア**～**カ**とすると，**ア**～**カ**はすべて合同である。後の**1**，**2**に答えなさい。

「麻の葉」模様の組子

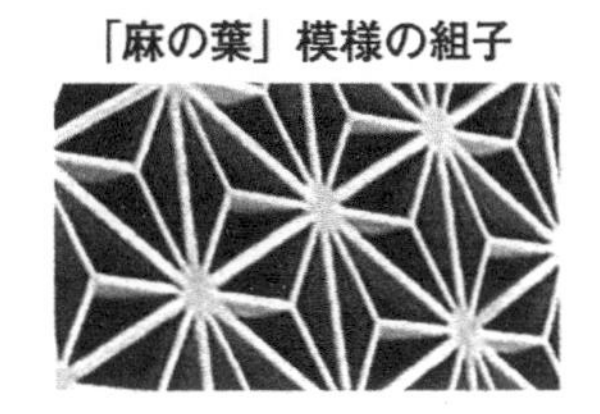

図3

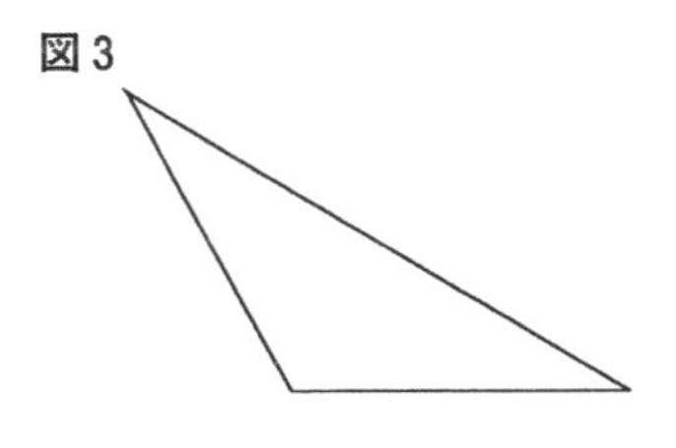

図4

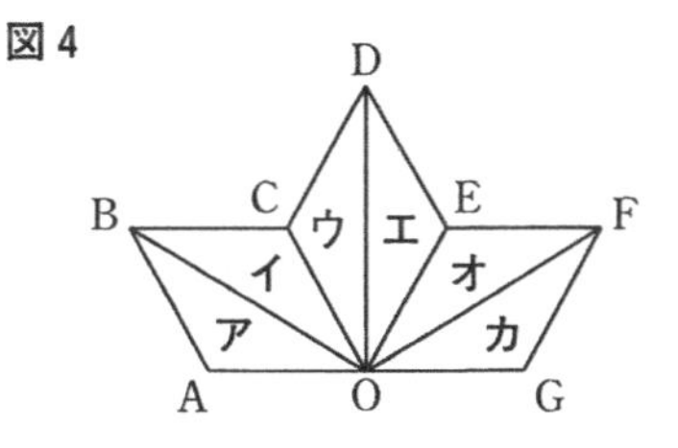

1　三角形**ア**を，直線OCを対称の軸として，対称移動して重ね合わせることができる三角形を，**イ**～**カ**から**1つ**選び，記号で答えなさい。

2　三角形**ア**を，点Oを回転の中心として，回転移動して重ね合わせることができる三角形を，**イ**～**カ**から**すべて**選び，記号で答えなさい。

【第２問題】 次の問１，問２に答えなさい。

問１ 太郎さんは，生徒の名前の画数を「花子」であれば10画，「クリス」であれば６画のように調べた。**図１**は，太郎さんの学校の2023年度の３年生40人について，調べた結果をヒストグラムに表したものである。例えば，30画以上35画未満の階級の度数は２人である。後の**１**，**２**に答えなさい。

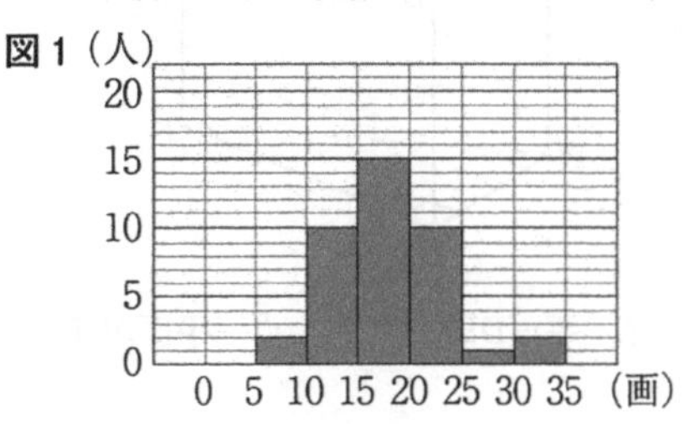

１ 最初の階級から15画以上20画未満の階級までの累積度数を求めなさい。

２ **図２**は2023年度，2018年度，2013年度，2008年度の３年生について，調べた結果を箱ひげ図に表したものである。ただし，３年生の人数は年度によって異なる場合がある。後の(1)，(2)に答えなさい。

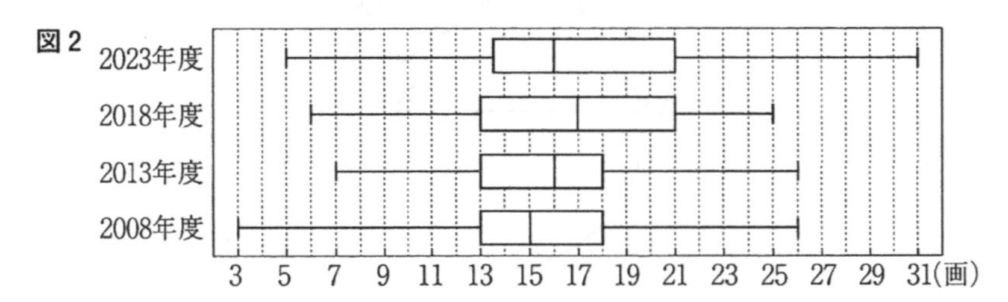

(1) **図２**の箱ひげ図から読みとれることとして**正しいと判断できるもの**を，次の**ア**～**オ**から**２つ**選び，記号で答えなさい。

ア 2023年度と2018年度の第１四分位数は等しい。
イ 2023年度と2013年度では，範囲も四分位範囲も2023年度の方が大きい。
ウ 2018年度の平均値は17画である。
エ 2013年度には10画以下の人はいない。
オ どの年度も半数以上の人が15画以上である。

(2) 次の**ア**～**ウ**は，2018年度，2013年度，2008年度のいずれかのデータを使って作成したヒストグラムであり，**図２**の箱ひげ図と対応している。**2013年度のヒストグラム**を，次の**ア**～**ウ**から**１つ**選び，記号で答えなさい。

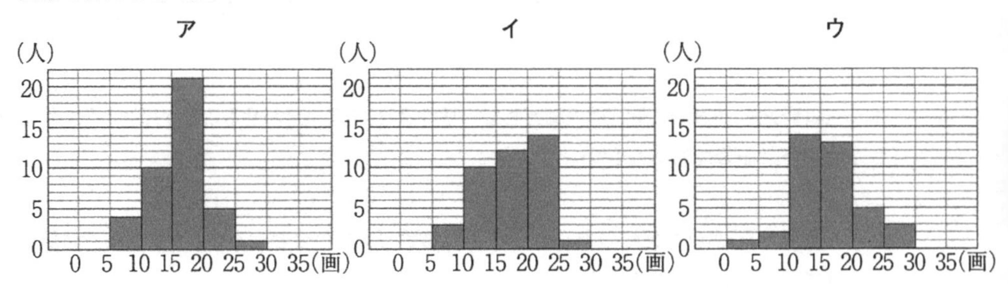

問 2　太郎さんは，祭りでかき氷を販売することにした。販売した個数をx個，販売額の合計をy円とし，yをxの関数とみなして，xとyの関係について調べた。次の **1**，**2** に答えなさい。ただし，消費税は考えないものとする。

1　**図 3** は，かき氷 100 個をすべて同じ価格で販売したときのグラフである。1 個の価格を求めなさい。

図 3

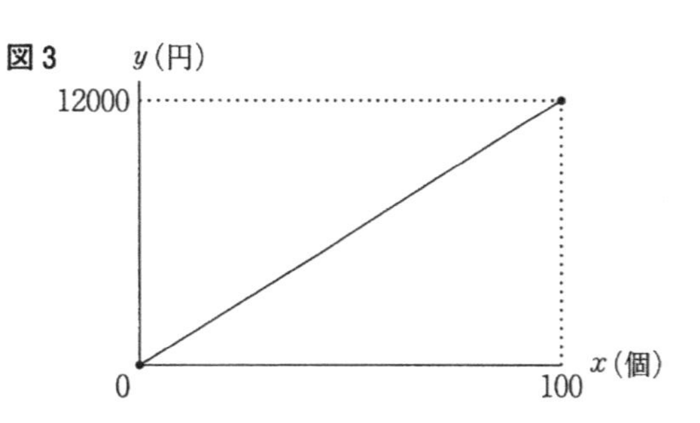

2　太郎さんは，かき氷を100個販売することにした。売れ行きによっては，途中で値下げして残りすべてを販売するつもりである。次の **(1)** ～ **(3)** に答えなさい。

(1)　はじめのうちは 1 個の価格を200円にして 40 個販売し，その後，1 個の価格を100円に値下げして残りすべてを販売したときの，xとyの関係を表すグラフを解答用紙の**図 4** にかきなさい。

図 4

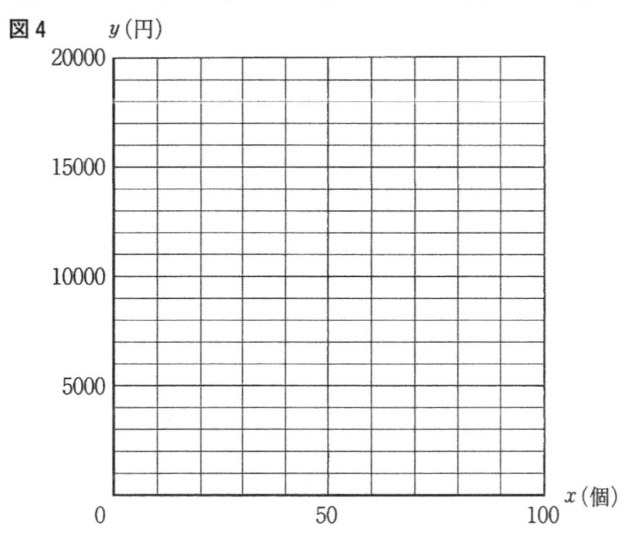

(2)　**(1)** の販売額の合計は，1 個の価格を200円にして100 個すべてを販売した場合と比べていくら少なくなるか，求めなさい。

(3)　はじめのうちは 1 個の価格を200円にして何個か販売し，その後，1 個の価格を100円に値下げして残りすべてを販売する。販売額の合計を12000円以上にするためには，1 個の価格を200円にしているときに，何個以上販売する必要があるか，求めなさい。

【第3問題】 図のようにA，B，Cと書かれた3枚のカードがある。太郎さんと花子さんは，次の**ルール**でゲームをくり返して行うことにした。後の**問1**，**問2**に答えなさい。

図

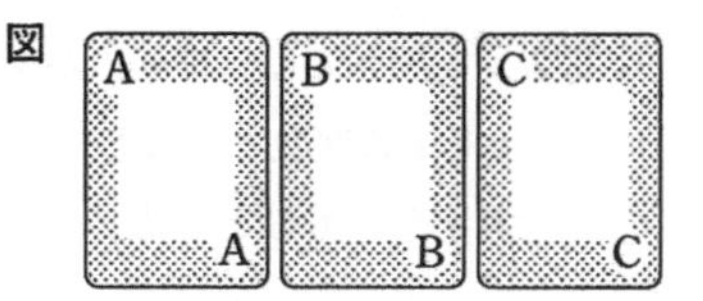

ルール

・花子さんは，異なる3つの自然数を決めて，小さい方から順にA，B，Cのカードに書く。
・花子さんは，3枚のカードをよく混ぜ，太郎さんに1枚ひいてもらう。
・ひいた1枚のカードに書かれた数の**2乗**した数を，太郎さんの得点とする。
・残った2枚のカードに書かれた2つの数の**積**を，花子さんの得点とする。
・太郎さんと花子さんの得点を比べ，大きい方を勝ちとする。ただし，得点が同じときは引き分けとする。

問1 太郎さんのカードのひき方は同様に確からしいものとする。次の**1**～**3**に答えなさい。

1 太郎さんが3枚のカードから1枚ひくとき，Aのカードをひく確率を求めなさい。

2 次の(1)，(2)に答えなさい。

(1) カードに書かれた数が，Aは1，Bは2，Cは3のとき，太郎さんが勝つ確率を求めなさい。

(2) カードに書かれた数が，Aは1，Bは2，Cは4のとき，花子さんが勝つ確率を求めなさい。

3 太郎さんが勝つことの起こりやすさと，花子さんが勝つことの起こりやすさとが同じになるような，カードに書かれた3つの自然数の組を**1組**答えなさい。ただし，**2**の問題文中に出てきた数の組（1，2，3），（1，2，4）以外の組を答えること。

問2 **太郎さんがBのカードをひいたとき**の2人の得点について，次の文章を読んで，後の**1**，**2**に答えなさい。

例えば，カードに書かれた数が3つの連続する自然数のとき，太郎さんと花子さんの得点は，次の**表1**のようになる。

表1

A	B	C	太郎さんの得点	花子さんの得点	得点の差
1	2	3	4	3	1
2	3	4	9	8	1
3	4	5	16	15	1
⋮	⋮	⋮	⋮	⋮	⋮

表1から，次のように予想することができる。

予想1

カードに書かれた数が3つの連続する自然数ならば，太郎さんがBのカードをひいたとき，太郎さんの得点は，花子さんの得点よりいつでも1大きい。

予想 1 が正しいことは，次のように証明できる。

証明 1

カードに書かれた3つの連続する自然数のうち，Bのカードに書かれた数を n とすると，
Aは $n-1$，Cは $n+1$ と表すことができる。太郎さんがBのカードをひいたとき，
太郎さんの得点から花子さんの得点をひくと，

$$n^2-(n-1)(n+1)=n^2-(n^2-1)$$
$$=n^2-n^2+1$$
$$=1$$

したがって，カードに書かれた数が3つの連続する自然数ならば，太郎さんが Bのカードをひいたとき，太郎さんの得点は，花子さんの得点よりいつでも1大きい。

カードに書かれた数が a ずつはなれた自然数のとき，太郎さんと花子さんの得点は，次の**表 2**，**表 3** のようになる。ただし，a は自然数とする。

表 2　$a=2$ のとき

A	B	C	太郎さんの得点	花子さんの得点	得点の差
1	3	5	9	5	4
2	4	6	16	12	4

表 3　$a=3$ のとき

A	B	C	太郎さんの得点	花子さんの得点	得点の差
1	4	7	16	7	9
2	5	8	25	16	9

1　カードに書かれた数が a ずつはなれた自然数のとき，どんな性質があるかを次のように予想した。［ア］にあてはまる数または式を入れ，**予想 2** を完成しなさい。

予想 2

カードに書かれた数が a ずつはなれた自然数ならば，太郎さんが Bのカードをひいたとき，太郎さんの得点は，花子さんの得点よりいつでも［ア］大きい。

2　**予想 2** が正しいことを次のように証明した。［イ］，［ウ］にあてはまる数または式を入れなさい。また，［エ］に証明の続きを書き入れ，**証明 2** を完成しなさい。ただし，［ア］には **1** と同じものが入る。

証明 2

カードに書かれた a ずつはなれた自然数のうち，Bのカードに書かれた数を n とすると，
Aは［イ］，Cは［ウ］と表すことができる。太郎さんがBのカードをひいたとき，
太郎さんの得点から花子さんの得点をひくと，

［エ］

したがって，カードに書かれた数が a ずつはなれた自然数ならば，太郎さんが Bのカードをひいたとき，太郎さんの得点は，花子さんの得点よりいつでも［ア］大きい。

【第４問題】 図１のように，関数 $y=x^2$ …① のグラフ上に，２点Ａ，Ｂがあり，x 座標はそれぞれ -2，１である。後の**問１**～**問３**に答えなさい。

図１

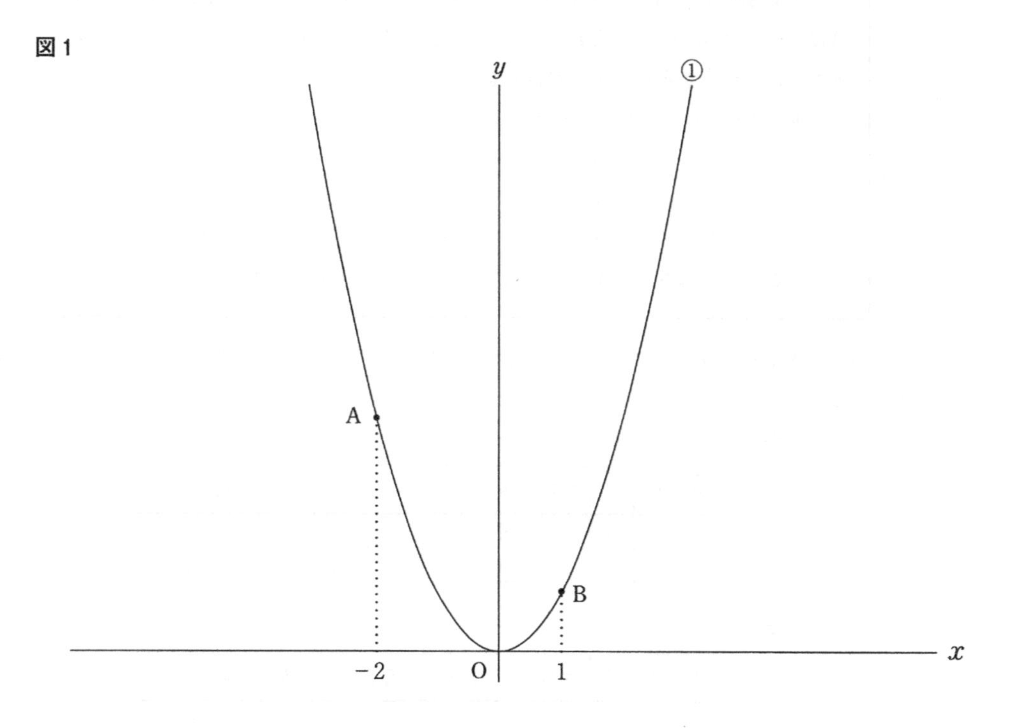

問１ 次の**１**～**３**に答えなさい。

１ 点Ａの y 座標を求めなさい。

２ ２点Ａ，Ｂの間の距離を求めなさい。

３ 直線OBと傾きが等しく，点Ａを通る直線の式を求めなさい。

問２ 次の［ア］，［イ］にあてはまる数をそれぞれ求めなさい。

関数①について，x の変域が $-1 \leqq x \leqq$ ［ア］ のとき，y の変域は ［イ］ $\leqq y \leqq 9$ である。

問３　図２の直線ℓは，関数 $y=x+4$ のグラフである。直線ℓとx軸の交点をC，直線ℓとy軸の交点をDとする。線分OBを延長した直線上に，四角形DCOPが平行四辺形となるような点Pをとる。ただし，点Pのx座標は正とする。また，関数 $y=ax^2$（aは定数）… ② のグラフは，点Pを通る。後の**１**，**２**に答えなさい。

図２

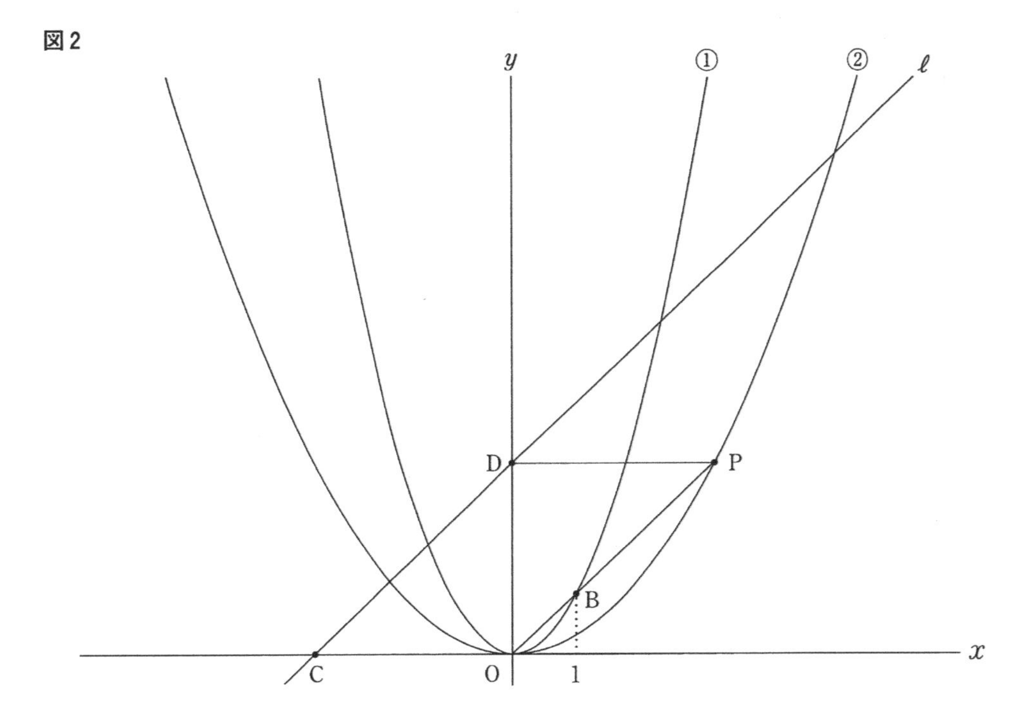

１　aの値を求めなさい。

２　関数②のグラフと辺CDの交点をQとする。また，関数①のグラフと辺DPの交点をRとする。△OPQと△BPRの面積の比を，最も簡単な整数の比で表しなさい。

【第５問題】 **図１**のように，直角二等辺三角形の三角定規を直線ℓ上におき，三角定規の頂点がある位置をO，A，Bとする。このとき，$\angle AOB = 90°$，$OA = OB$である。この三角定規を，点Oを回転の中心として時計回りに回転させたとき，移動後の頂点を，**図２**のようにP，Qとする。後の**問１**～**問３**に答えなさい。

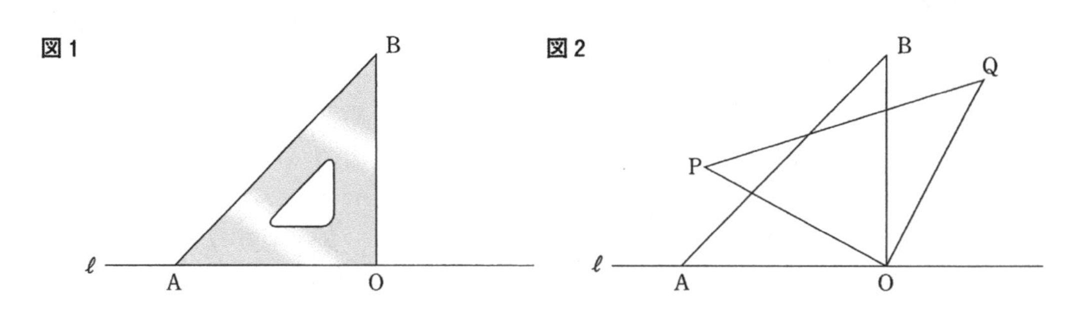

問１　$\angle OPQ$の大きさを求めなさい。

問２　次の**１**，**２**に答えなさい。

１　点Qを通る直線ℓの垂線を，コンパスと定規を用いて解答用紙の**図**に作図しなさい。ただし，作図に用いた線は消さないでおくこと。

２　**図３**のように，点P，Qをそれぞれ通る直線ℓの垂線をひき，直線ℓとの交点を順にC，Dとする。$\triangle PCO \equiv \triangle ODQ$であることを証明しなさい。

図３

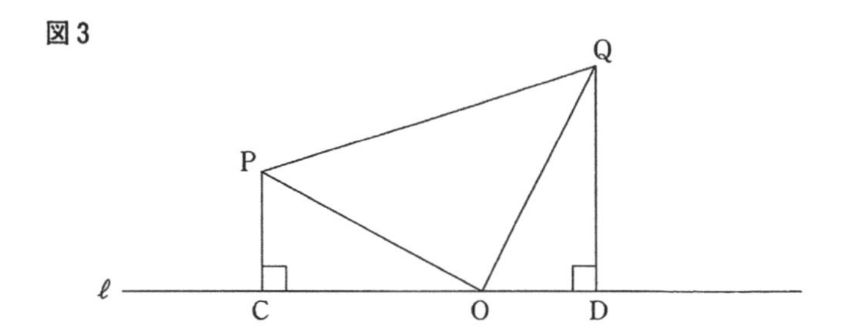

問 3　**図 4** は $\angle AOP = 45°$ となるまで三角定規を回転したものである。辺OPと辺ABの交点をR，辺PQと辺ABの交点をS，辺PQと辺OBの交点をTとする。$OA = 2$ のとき，後の **1**，**2** に答えなさい。

図 4

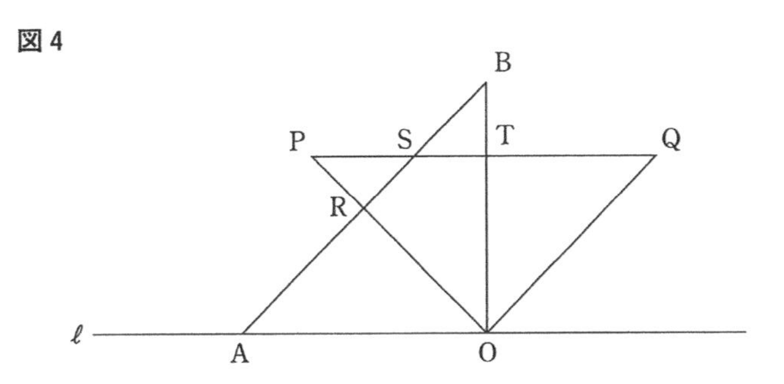

1　PRの長さを求めなさい。

2　**図 5** の色をつけて表した部分は，$\angle AOP = 45°$ となるまで三角定規を回転したときに，三角定規が通った部分である。色をつけて表した部分の面積を求めなさい。

図 5

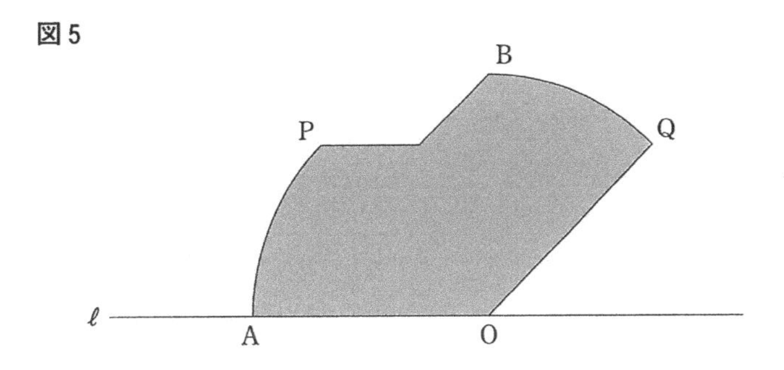

令 和 6 年 度 学 力 検 査 問 題

（第 3 限　11：40～12：30）

社　　会

注　　意

1　「始め」の合図があるまでは，開いてはいけません。

2　問題は全部で4題あり，14ページまでです。

3　「始め」の合図があったら，まず，解答用紙に検査場名，受検番号を書きなさい。

4　答えは，すべて解答用紙に書きなさい。また，**解答に句読点，記号，数字が必要な場合は，それも一字として数えなさい。**

5　「やめ」の合図で，すぐ鉛筆をおき，解答用紙を裏返しにして机の上におきなさい。

【第1問題】 世界と日本の地理について，次の**問1～問3**に答えなさい。

問1　略地図①，**略地図②**について，後の**1～3**に答えなさい。なお，**略地図②**は図の中心（**東京**）からの距離と方位が正しい。

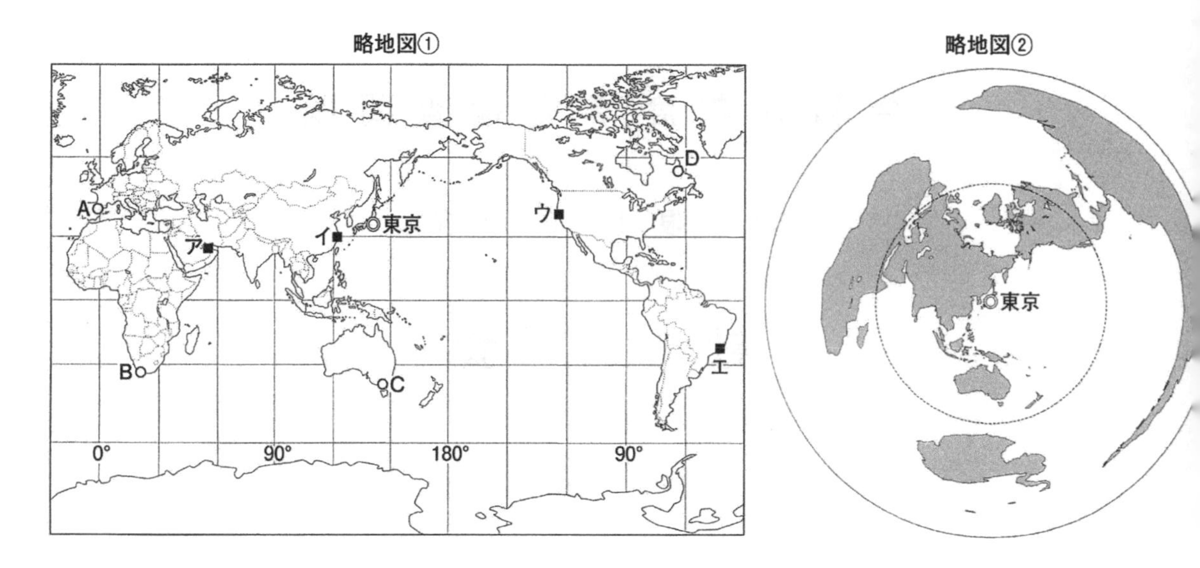

1　**グラフ①**，**写真①**は，いずれも同じ都市について示したものである。この都市の位置として最も適当なものを，**略地図①**中の**ア～エ**から**一つ**選び，記号で答えなさい。

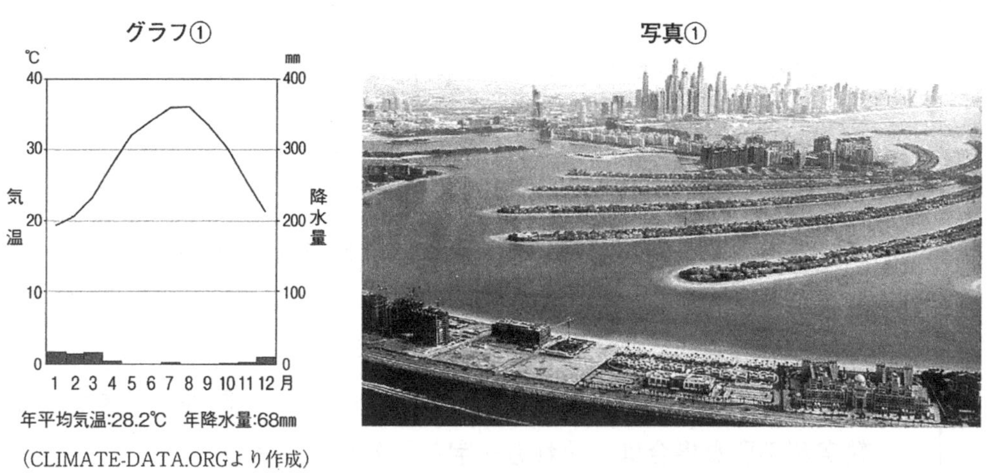

2　**略地図①**中の**ア～エ**のうち，最も早く日付が変わる都市を**一つ**選び，記号で答えなさい。

3　**略地図①**中の**A～D**のうち，**東京**からの距離が**最も遠い地点**を，**略地図②**を参考にして**一つ**選び，記号で答えなさい。

問２　**地図①**，**地図②**は，**千葉県**の**木更津市**周辺の同じ地域のものである。後の**１**～**３**に答えなさい。

地図①　1965年頃のようす　　　　**地図②　2018年頃のようす**

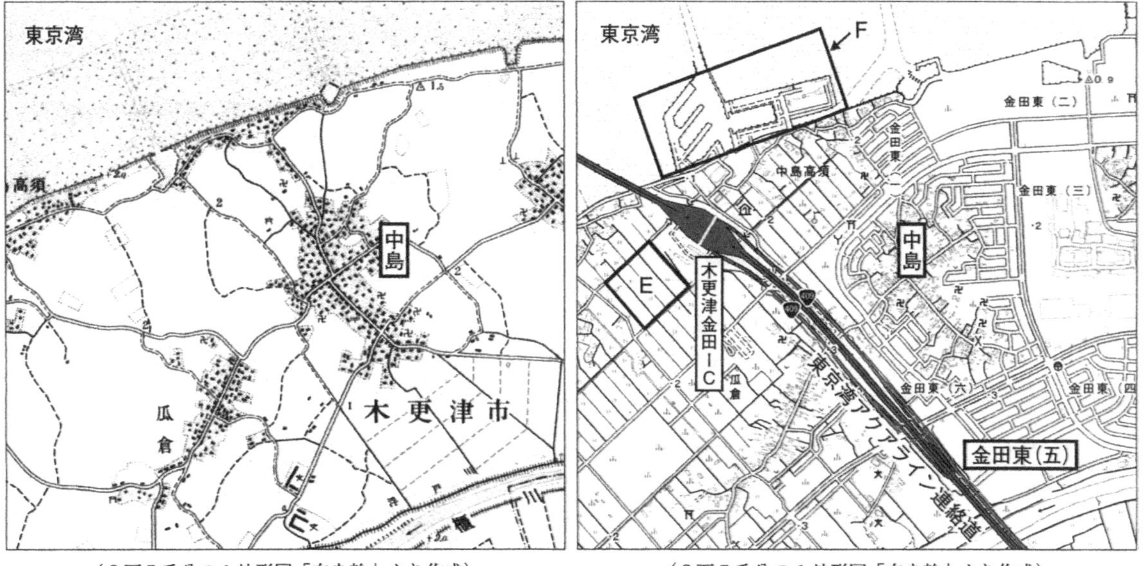

（２万５千分の１地形図「奈良輪」より作成）　　（２万５千分の１地形図「奈良輪」より作成）

１　**地図①**と**地図②**の比較から読み取れることとして最も適当なものを，次の**ア**～**エ**から**一つ**選び，記号で答えなさい。

ア　区画整理された**Ｅ**の区域は，地図上で１辺が約１cmの正方形なので実際の面積は約１km²である。
イ　「金田東（五）」は，1965年頃に山地であった場所を切り開いて造成された。
ウ　「木更津金田ＩＣ」から南西に延びる東京湾アクアライン連絡道が建設された。
エ　「中島」の集落を囲むように整備された道路沿いに，消防署が設置された。

２　**地図②**中の**Ｆ**の区域には，新たに埋め立てられた場所が含まれている。埋め立て地では，地震の震動により，水と砂を多く含む地面が一時的にやわらかくなる現象が発生することがある。この現象を何というか，**漢字３字**で答えなさい。

３　**表①**中の**ア**～**エ**は，千葉県，愛知県，滋賀県，島根県のいずれかである。**千葉県**にあたるものを，**表①**中の**ア**～**エ**から**一つ**選び，記号で答えなさい。

表①

	野菜の産出額（億円）	漁業生産量（トン）	製造品出荷額（億円）	昼夜間人口比率（%）
ア	105	1122	75971	96.6
イ	1011	69437	439880	101.3
ウ	1383	103423	119264	88.3
エ	101	93927	11651	100.1

※漁業生産量は，海面と内水面（河川･湖沼）での漁業生産量を合わせたもの
※昼夜間人口比率は，夜の人口を100としたときの昼の人口の割合
※**表①**中の値は，すべて2020年のもの
（「データでみる県勢2023年版」より作成）

問3　あるクラスで，世界の諸地域について学んだことをもとにして学習課題を設定し，**表②**にまとめた。**表②**を見て，後の**1**～**5**に答えなさい。

表②

	アジア州	南アメリカ州	ヨーロッパ州	アフリカ州
学んだこと	多様な（a）気候が見られる。	コーヒー豆やさとうきびの生産がさかんである。	ＥＵ加盟国は増加している。	紛争や食料不足，環境問題などの課題がある。
学習課題	気候は，そこで暮らす人々にどのような影響を与えているか。	（b）農地の開発は，地域にどのような影響を与えているか。	（c）ＥＵ加盟国の拡大によって，どのような問題が生じているか。	（d）紛争の背景や原因は何か。

1　**グラフ②**，**表③**中の**ア**～**エ**は，**表②**中の各州に位置するインド，チリ，イギリス，南アフリカ共和国のいずれかである。**インド**にあてはまるものを，**ア**～**エ**から**一つ**選び，記号で答えなさい。ただし，**グラフ②**中の**ア**～**エ**と**表③**中の**ア**～**エ**は，それぞれ同じ国を表している。

グラフ②　一人あたりの国民総所得の変化

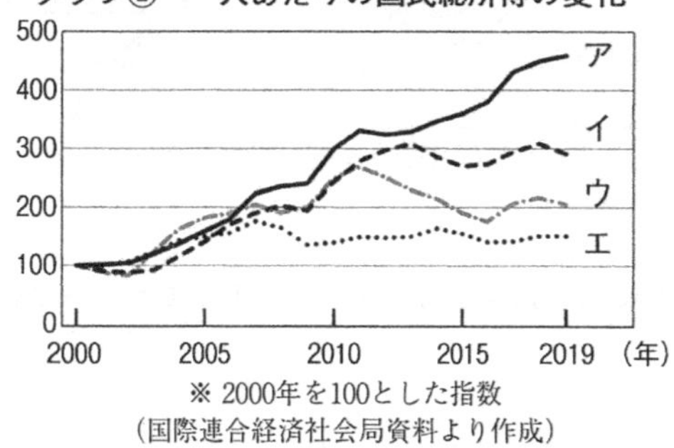

※ 2000年を100とした指数
（国際連合経済社会局資料より作成）

表③　輸出品上位3品目（2019年）

	1位	2位	3位
ア	石油製品	機械類	ダイヤモンド
イ	銅鉱	銅	野菜・果実
ウ	自動車	白金族	機械類
エ	機械類	自動車	医薬品

※ 白金族とはプラチナなどのこと
（「世界国勢図会2021/22年版」などより作成）

2　下線部（a）に関連して，東南アジアなどでは，**写真②**のように，7月と1月の景観が大きく異なる地域が見られる。7月の景観が1月と大きく異なる理由を，**図①**を参考にして，解答欄に合うように，**30字以内**で答えなさい。ただし，**図①**中に示されている**風の名称**を必ず用いること。

写真②　7月と1月のトンレサップ湖（カンボジア）のようす

図①　7月と1月の風向き

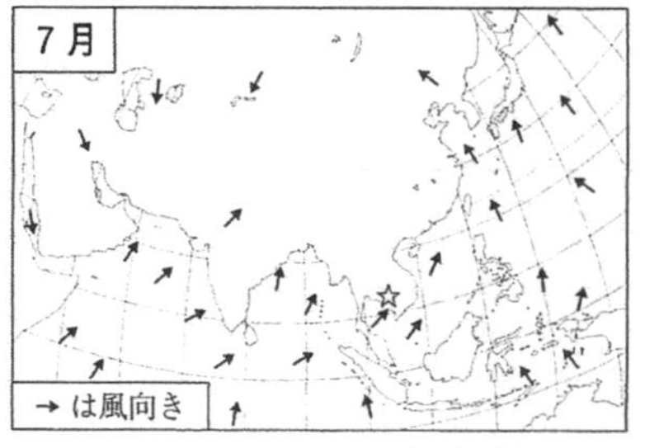

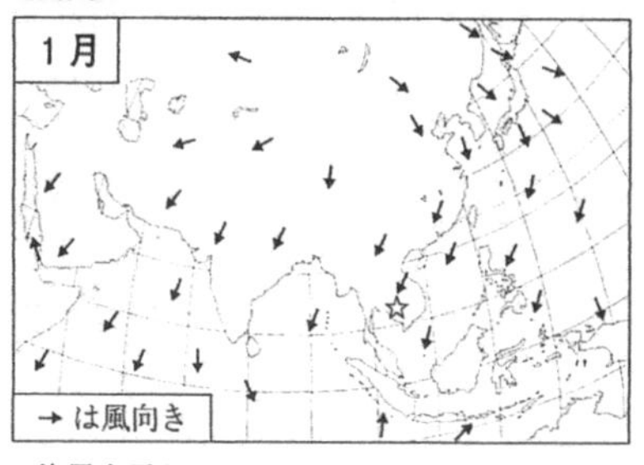

※☆は，**写真②**のトンレサップ湖の位置を示している。

3　下線部（b）に関連して，多くの労働者を雇って輸出向けの作物を大量に生産する，おもに熱帯に見られる大規模な農園を何というか，**カタカナ**で答えなさい。

4　下線部（c）に関連して，ＥＵは加盟国の拡大によってＥＵ域内の経済格差が大きくなり，共通政策をとりにくくなっている。**図②**，**図③**から読み取れる傾向について述べた下の文中の［G］，［H］にあてはまる語の組み合わせとして最も適当なものを，後の**ア～エ**から**一つ**選び，記号で答えなさい。

図②　ＥＵ加盟国の拡大

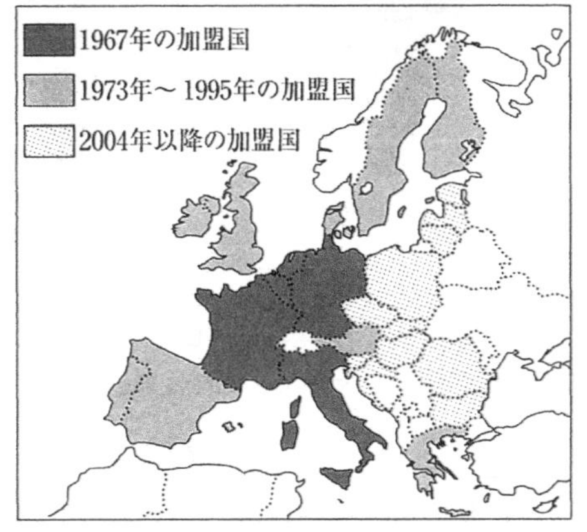

※イギリスは2020年にＥＵを離脱した。
（「世界国勢図会2019/20年版」より作成）

図③　ＥＵ加盟国の一人あたりの国民総所得（2017年）

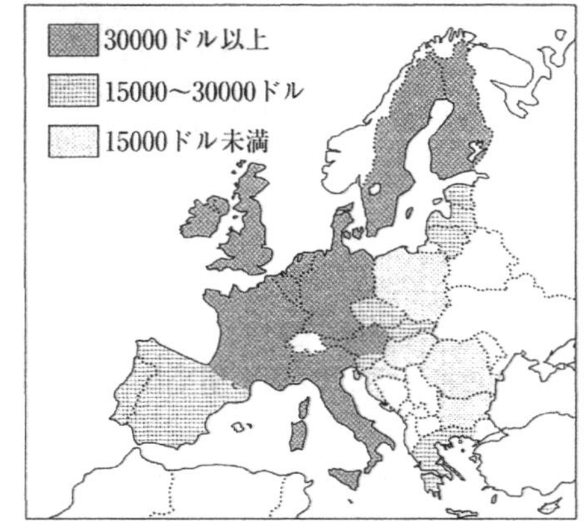

※イギリスは2020年にＥＵを離脱した。
（「世界国勢図会2019/20年版」より作成）

> 加盟時期が遅い国は，一人あたりの国民総所得が［G］傾向にあり，そのような国は［H］に多くみられる。

ア　G…低い　H…西ヨーロッパ
イ　G…低い　H…東ヨーロッパ
ウ　G…高い　H…西ヨーロッパ
エ　G…高い　H…東ヨーロッパ

5　下線部（d）に関連して，**図④**に示すナイジェリアは，かつてこの国を植民地として支配していたイギリスの言語を公用語にしている。ナイジェリアが公用語を設定している理由を，**表④**を参考にして，**40字以内**で答えなさい。ただし，「**共通**」という語を必ず用いること。

図④　ナイジェリアの位置

表④　ナイジェリアの民族・言語

民族	ヨルバ人，ハウサ人，イボ人など250以上の民族
言語	英語（公用語），ヨルバ語，ハウサ語，イボ語など500以上の言語

（「データブック オブ・ザ・ワールド2023年版」より作成）

【第2問題】 歴史について，次の**問1**，**問2**に答えなさい。

問1 古代から近世について，次の1～7に答えなさい。

1 弥生時代に稲作が盛んになったことを示すものとして最も適当なものを，次の**ア**～**エ**から**一つ**選び，記号で答えなさい。

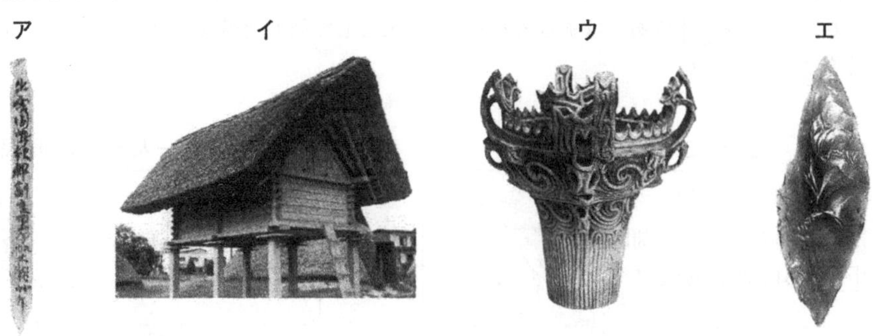

2 次の文章は，**表①**について説明したものである。文章中の［A］，［B］にあてはまる語の組み合わせとして最も適当なものを，後の**ア**～**エ**から**一つ**選び，記号で答えなさい。

> **表①**は，奈良時代に現在の島根県から都に税として納めた物品についてまとめたものである。この中には地方の特産物を納める［A］という税が含まれており，各地から［B］たちによって都まで運ばれていた。

表①

国	納めた物品の例
出雲	絹布，絹糸，あわび
石見	綿，紙，紅花
隠岐	あわび，いか，なまこ

（「延喜式」などより作成）

ア A…調　B…農民
イ A…調　B…国司
ウ A…庸　B…農民
エ A…庸　B…国司

3 平安時代の中頃，紫式部が仮名文字で著した世界初の長編小説とされる文学作品を，**漢字**で答えなさい。

4 鎌倉時代におこり，武士や庶民を中心に広まった新しい仏教について説明した文として最も適当なものを，次の**ア**～**エ**から**一つ**選び，記号で答えなさい。

ア 栄西は，念仏（南無阿弥陀仏）を唱えれば，死後，だれでも極楽浄土に生まれ変われると説いた。
イ 親鸞は，座禅によって自分の力でさとりを開こうとする教えを，宋から伝えた。
ウ 法然は，山奥の寺での厳しい修行を重視し，災いを取り除く祈とうを取り入れた。
エ 日蓮は，法華経の題目（南無妙法蓮華経）を唱えれば，国も人々も救われると説いた。

5　**資料①**は，**図①**に示す鐘に刻まれた文字の一部で，15世紀に成立したある国が，日本などとの貿易によって繁栄しているようすを表している。**資料①**中の「この国」の貿易港の場所として最も適当なものを，**略地図①**中の**ア**～**エ**から**一つ**選び，記号で答えなさい。

資料①

この国は，南海の景勝の地にあり，(中略)船を通わせることで万国のかけ橋となり，外国の産物や宝物が至る所にあふれている。
(一部要約し，読みやすく改めてある。)

図①

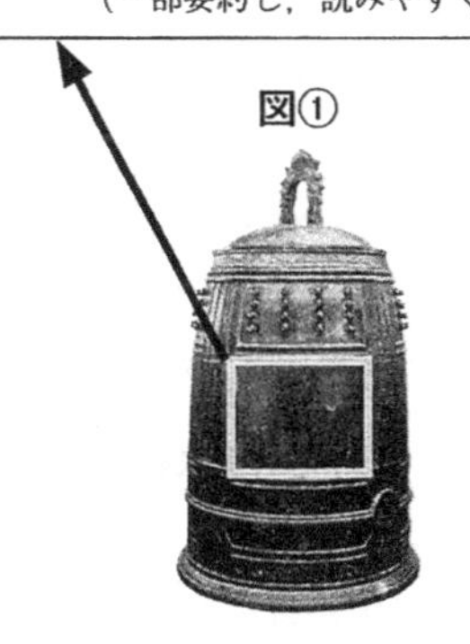

略地図①

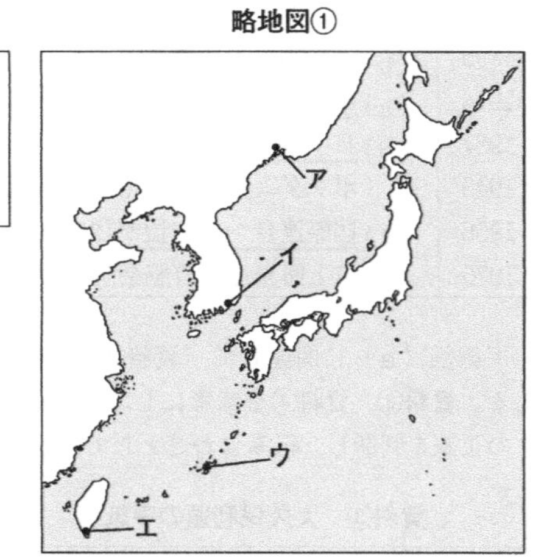

6　**年表①**は，豊臣秀吉の全国統一の過程をまとめたものである。豊臣秀吉は，**年表①**中の［　C　］に就任した後，どのように全国統一を進めていったか，**年表①**，**資料②**をもとに，解答欄に合うように，**25字以内**で答えなさい。ただし，「**権威**」という語と，**年表①**中の［　C　］**にあてはまる語**を必ず用いること。

年表①　豊臣秀吉の全国統一の過程

年	おもなできごと
1582	明智光秀を滅ぼす
1583	大阪城を築く
1585	成人の天皇を補佐する職である［　C　］に就任する
	四国の大名を従える
1587	九州の大名を従える
1588	京都の邸宅に天皇を招く
1590	関東の北条氏を滅ぼす
	東北の大名を従え，全国統一を完成させる

資料②　豊臣秀吉が1585年に九州の大名に出した命令

各地が平穏になりつつあるのに，九州で大名たちによる戦乱がやまないのは大変けしからんことである。領地争いについてお互い主張があれば，それは天皇に聞き届けられ，ご裁決がくだされる。天皇は戦いをやめることをお望みであるので，この命令に従わぬ者がいれば，必ず成敗されることになるであろう。
(読みやすく改めてある。)

7　江戸時代の政治について説明した次の**ア**～**ウ**を，年代の**古い順**に並べて，記号で答えなさい。

ア　幕府の学校では朱子学以外の学問を禁止し，試験による人材登用を進めた。
イ　異国船打払令を緩め，外国船が寄港すれば燃料や水を与えて退去させるよう命じた。
ウ　それまでの法を整理して，公事方御定書という裁判や刑罰の基準となる法律を定めた。

問2 近現代の日本と国際社会の関係についてまとめた**年表②**を見て，後の**1**～**7**に答えなさい。

年表②

年	おもなできごと
1871	（a）岩倉使節団が欧米に向けて出発する
1895	（b）下関条約を締結する
1914	（c）第一次世界大戦に参戦する
1937	（d）日中戦争がはじまる
1945	ポツダム宣言を受諾する
1956	（f）国際連合への加盟が認められる
1975	第1回先進国首脳会議に参加する

（1871～1945：（e）／1956～1975：（g））

1 下線部（a）に関連して，**資料③**，**資料④**は使節団の団員が欧米諸国を視察した際の感想などである。**資料③**，**資料④**を参考にして，使節団が帰国した直後の日本のようすについて述べたⅠ，Ⅱの文の正誤を判断し，組み合わせとして正しいものを，後の**ア**～**エ**から**一つ**選び，記号で答えなさい。

資料③ 大久保利通の手紙

近ごろ，政府はさまざまな近代化政策を進め，形は整えたようであるが，実質はどうだろうか。（中略）欧米諸国の文明化ははるかに進んでいて，とても日本のおよぶものではない。

（要約し，読みやすく改めてある。）

資料④ 久米邦武の記録

欧米諸国では自由や自主の考え方が広がっている。（中略）国民は開墾や事業をおこすことに盛んに励むが，（中略）国民の自主の権利を強くすれば政府の指導力が弱くなり，自由を増やせば秩序が緩む。一長一短である。

（「米欧回覧実記」より引用。要約し，読みやすく改めてある。）

Ⅰ 国力の充実のためには国内の整備が優先だとして，征韓論が抑えられた。
Ⅱ 文明化には国民の自由や権利の拡大が重要だとして，すみやかに立憲体制が整備された。

ア Ⅰ…正 Ⅱ…正　　**イ** Ⅰ…正 Ⅱ…誤
ウ Ⅰ…誤 Ⅱ…正　　**エ** Ⅰ…誤 Ⅱ…誤

2 下線部（b）に関連して，日本が獲得した遼東半島を清に返還するように，ロシアなどが要求したできごとを何というか，答えなさい。

3 下線部（c）に関連して，第一次世界大戦中に**写真①**のようなようすが見られるようになった理由を，**グラフ①**をふまえながら，解答欄に合うように，**30字以内**で答えなさい。ただし，「**労働力**」という語を必ず用いること。

写真① 軍需工場で働く女性（イギリス）

グラフ① イギリスの対外戦争の動員兵数

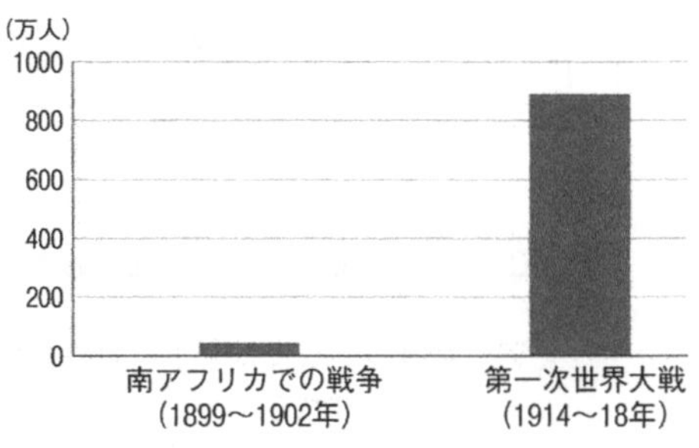

（「イギリスの歴史を知るための50章」などより作成）

4　下線部（**d**）に関連して，国民や物資を優先して戦争に回すために，1938年に制定された法律の名称を答えなさい。

5　次の**ア**～**ウ**は，**年表②**中の（**e**）の期間によまれた短歌である。短歌によまれている事柄から判断し，**ア**～**ウ**を年代の**古い順**に並べて，記号で答えなさい。

ア　草原に 疎開児童の ひとり居り 草の中にて 家思ふらん
イ　地図の上 朝鮮国に 黒々と 墨をぬりつつ 秋風を聴く
ウ　リットンの 報告書読みて 安からず 起きいる夜半の 甚く饑じき

6　下線部（**f**）と最も関係の深いできごとを，次の**ア**～**エ**から**一つ**選び，記号で答えなさい。

ア　サンフランシスコ平和条約の調印　　**イ**　日韓基本条約の調印
ウ　日中平和友好条約の調印　　**エ**　日ソ共同宣言の調印

7　**年表②**中の（**g**）の期間に関連して，**D**・**E**は当時の新聞記事，**F**・**G**は当時のようすを示したグラフである。このうち，新聞記事とグラフを一つずつ用いて，**「高度経済成長によって発生した社会問題」**というタイトルでレポートを書くとしたら，どれを選べばよいか。新聞記事とグラフの組み合わせとして最も適当なものを，後の**ア**～**エ**から**一つ**選び，記号で答えなさい。

D

安保新条約ついに自然承認
社党、不承認を宣言
「反対は一部分子」
デモ、徹夜で国会を包む
一般市民参加、目立つ
三十三万を動員
新条約は遵

（「朝日新聞（1960年6月19日付記事）」より作成）

E

水俣病、チッソに全面責任
四大公害裁判
患者側勝訴に終わる
注意義務、怠った
九億三千万円支払え
見舞金契約は無効

（「毎日新聞（1973年3月20日付記事）」より作成）

F
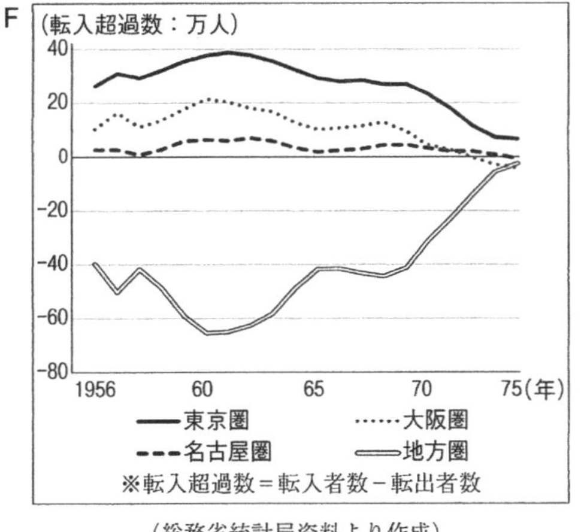

（総務省統計局資料より作成）

G
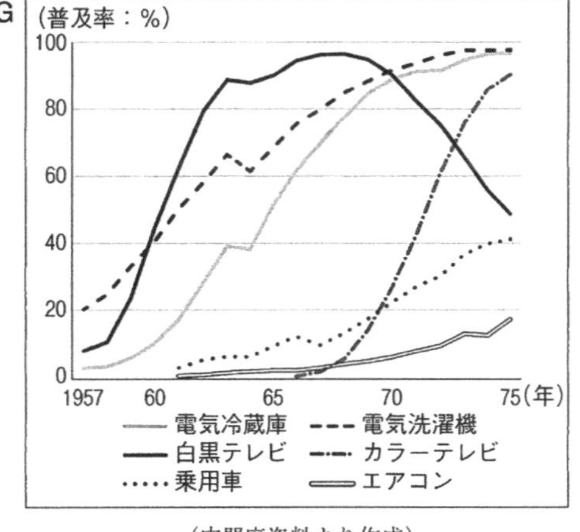

（内閣府資料より作成）

ア　DとF　　**イ**　DとG　　**ウ**　EとF　　**エ**　EとG

【第3問題】 次の**問1**～**問3**に答えなさい。

問1 政治について，次の**1**～**3**に答えなさい。

1 日本国憲法が保障する自由権には，精神の自由，身体の自由，経済活動の自由がある。**精神の自由にあてはまらないもの**を，次の**ア**～**エ**から**一つ**選び，記号で答えなさい。

ア 職業選択の自由　**イ** 信教の自由　**ウ** 学問の自由　**エ** 思想・良心の自由

2 日本の裁判員制度について説明したⅠ，Ⅱの文の正誤を判断し，組み合わせとして正しいものを，後の**ア**～**エ**から**一つ**選び，記号で答えなさい。

Ⅰ　裁判員制度は，殺人などの重大な犯罪についての刑事裁判の第一審と第二審を対象とする。

Ⅱ　裁判員は，法廷で証拠を見聞きし，裁判官と話し合って，被告人が有罪か無罪かを判断する。

ア Ⅰ…正　Ⅱ…正　**イ** Ⅰ…正　Ⅱ…誤　**ウ** Ⅰ…誤　Ⅱ…正　**エ** Ⅰ…誤　Ⅱ…誤

3 日本の選挙制度について考えるために，モデルとして**表①**を作成してみた。**表①**は，定数が**4人**の比例代表制の選挙区における政党別の得票数と，ドント式の計算の結果を示している。後の(1)，(2)に答えなさい。

表①

政党	得票数	ドント式の計算		
		÷1	÷2	÷3
ハル党	3000	3000	1500	1000
ナツ党	1800	1800	900	600
アキ党	1440	1440	720	480
フユ党	1200	1200	600	400

(1) **表①**において，**アキ党**が得た議席数を答えなさい。

(2) **比例代表制の長所**を，**表①**を参考にして，解答欄に合うように，**30字以内**で答えなさい。ただし，「**世論**」という語を必ず用いること。

問2　経済について，次の**1**～**3**に答えなさい。

1　次の文章は，**図①**について説明したものである。文章中の [A] にあてはまる語を，**漢字2字**で答えなさい。ただし，文章中と**図①**中の [A] には，同じ語があてはまる。

> 銀行は，家計や企業にお金を貸し出し，返済にあたって [A] が上乗せされた金額を受け取る。
> 一方，家計や企業が銀行に預けたお金を引き出す際に，銀行は，[A] を上乗せした金額を家計や企業に支払う。

図①　銀行と家計・企業間のお金の流れ

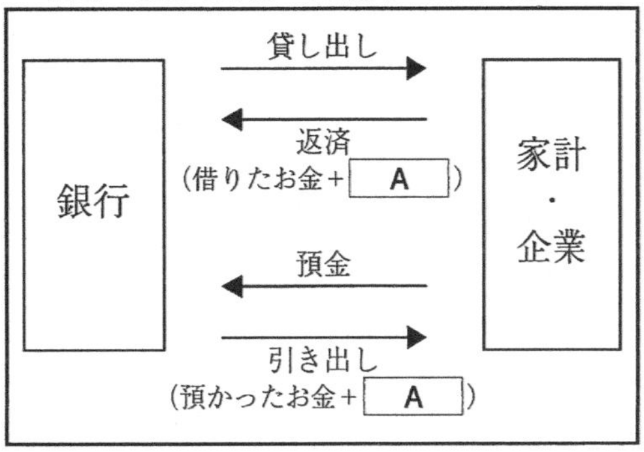

銀行　→　貸し出し　→　家計・企業

銀行　←　返済（借りたお金＋[A]）　←　家計・企業

銀行　←　預金　←　家計・企業

銀行　→　引き出し（預かったお金＋[A]）　→　家計・企業

2　＜事例＞Ⅰ，Ⅱのそれぞれには，＜法律＞a～dのどれが適用されるか。事例と法律の組み合わせとして最も適当なものを，後の**ア**～**エ**から**一つ**選び，記号で答えなさい。

＜事例＞

Ⅰ　X社から「自然環境に優しい製品を購入しないか」と電話で勧誘があり，製品のことを十分に理解せずに購入する契約をしてしまった。X社との契約を解除したい。

Ⅱ　大手家電メーカーのY社が製造した電化製品を使用した際に，発火してけがをしてしまった。損害賠償をY社に請求したい。

＜法律＞

a　環境基本法　　b　個人情報保護法　　c　製造物責任法　　d　独占禁止法

ア　Ⅰとa　　**イ**　Ⅰとb　　**ウ**　Ⅱとc　　**エ**　Ⅱとd

3　**資料①**は，為替相場の変動が与える影響について説明したものである。[B]～[D] にあてはまる語の組み合わせとして正しいものを，後の**ア**～**エ**から**一つ**選び，記号で答えなさい。

資料①

> 円とドルの為替相場が，1ドル＝100円から1ドル＝150円となるように，ドルに対して円の価値が低くなることを [B] という。
> 日本からアメリカに旅行に行くために，おこづかい30000円を銀行でドルに交換する場合，1ドル＝100円のときに比べて，1ドル＝150円のときの方が受け取るドルの額が [C] なるため，アメリカで買い物をするときに [D] になる。
> （ここでは為替相場以外の影響は考えないものとする。）

ア　B…円高ドル安　　C…多く　　D…有利
イ　B…円高ドル安　　C…少なく　　D…不利
ウ　B…円安ドル高　　C…多く　　D…有利
エ　B…円安ドル高　　C…少なく　　D…不利

問3　国際社会について，次の**1**～**3**に答えなさい。

1　国際連合は，紛争の起こった地域で，道路の補修や停戦後の監視などの活動を行っている。日本も参加しているこの活動の略称を，**アルファベット3字**で答えなさい。

2　**資料②**は，島根県に属する竹島の領有権問題に関するものである。**資料②**中の［ E ］にあてはまる国際連合の機関として正しいものを，後の**ア**～**エ**から**一つ**選び，記号で答えなさい。

資料②

韓国による竹島の不法占拠に対し，日本政府は問題の平和的解決を図っており，1954年，1962年及び2012年の3回，竹島問題の解決を［ E ］に委ねようと韓国に提案しました。しかし，韓国は「日韓に領土問題は存在しない」としてこれを拒否したため，実現していません。問題の解決を［ E ］に委ねるためには，当事者双方の合意が必要だからです。

（「竹島学習リーフレット」などより作成）

ア　国際司法裁判所　　**イ**　安全保障理事会　　**ウ**　総会　　**エ**　経済社会理事会

3　国際社会における，地球規模の社会的課題や現状について述べた文として最も適当なものを，次の**ア**～**エ**から**一つ**選び，記号で答えなさい。

ア　世界全体の人口に対して食料生産が大幅に不足しているため，発展途上国を中心に食料が十分に得られず，栄養不足による飢餓の状態にある人がたくさんいる。

イ　軍事力によって国家の安全保障を維持するという従来の考え方から，一人一人の生活を守ることによって平和と安全を実現するという考え方に転換することが求められている。

ウ　国際的な合意である温室効果ガスの削減に向けて，発電にかかる費用が安く，安定的な電力供給が可能な，太陽光や風力などの再生可能エネルギーの技術を開発する国が増えている。

エ　冷戦の終結後，民族や宗教，経済格差などを背景にした地域紛争や内戦が増加しているが，世界全体としては軍縮が進められており，日本など多くの国で防衛費や軍事費が減少している。

【第4問題】 えみさんたちは，社会科の授業で，「笑顔で暮らせる島根をつくる」をテーマに学習しています。次の会話文を読んで，後の**問1**～**問6**に答えなさい。

先生	「島根県には豊かな自然や (a)伝統文化など，たくさんの魅力がありますが，長い間，人口減少が続いています。幸せに暮らし続けられる島根県にするにはどうすればよいか，考えてみましょう。」
えみ	「(b)交通網を整備すると産業が発展するし，観光客も増えると思います。」
けん	「(c)仕事と子育てが両立できる環境づくりを進めることも必要ですね。」
あや	「職場の (d)労働条件が改善されると，若い世代が増えると思います。」
ゆう	「島根県は，他県に比べて (e)高齢化が進んでいるから，高齢者への配慮も必要ですね。」
先生	「さまざまな意見が出ましたね。誰もが笑顔で暮らせる (f)持続可能な社会にしたいですね。」

問1 下線部（a）に関連して，**資料①**は，17世紀はじめごろに京都などで流行した踊りについて記録したものである。この踊りのようすを描いた**図①**を参考にして，**資料①**中の A にあてはまる，江戸時代に発展して現代に受け継がれている芸能の名称を，**ひらがな**で答えなさい。

資料①

最近 A 踊りというものがはやっている。これは出雲出身の巫女（みこ）で，名前を国（くに）という女性が京都に上ってはじめたもので，めずらしい男装をして演技をするのがとても上手である。身分の上下を問わず，京都中の人々から大変もてはやされている。

（「当代記」より引用。読みやすく改めてある。）

図①

問2 下線部（b）に関連して，**図②**は，1989年と2019年の島根県東部の工業団地の立地の変化を示している。**図②**から工業団地の多くはどのようなところに増設されたかを読み取り，解答欄に合うように，**20字以内**で答えなさい。ただし，「**製品**」という語を必ず用いること。

図② 島根県東部の工業団地の立地の変化

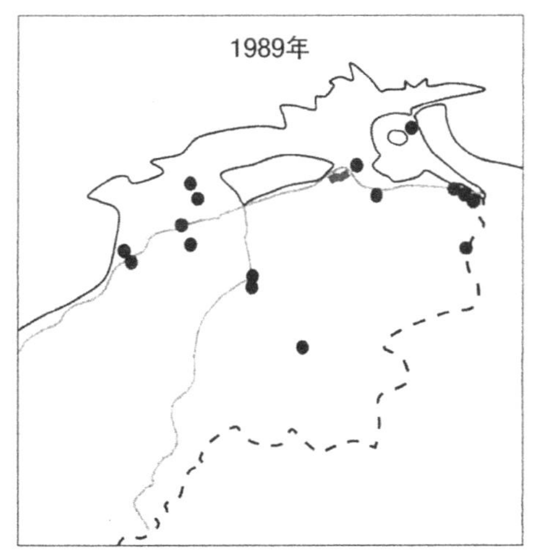

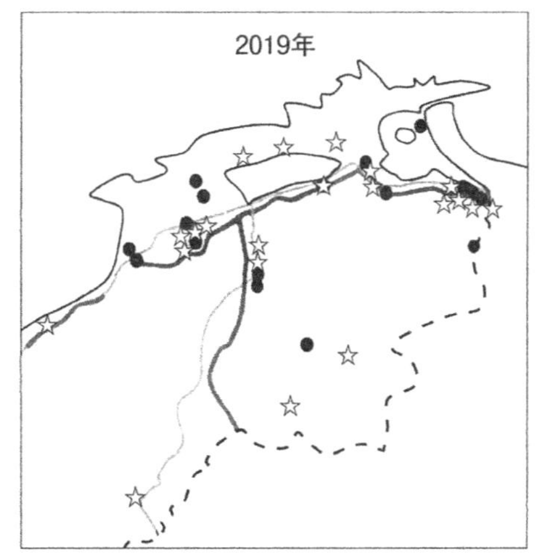

※ ●は1989年時点の工業団地，☆は1990年以降に増設された工業団地を示す。
※ ―― は国道9号と国道54号，━━ は自動車専用道路を示す。
※ – – – は島根県と他県の県境を示す。
（NEXCO西日本資料より作成）

問3　下線部（c）に関連して，**グラフ①**，**グラフ②**は，日本，ドイツ，スウェーデンのデータを示している。**グラフ①**，**グラフ②**から読み取れる内容として最も適当なものを，後の**ア**～**エ**から**一つ**選び，記号で答えなさい。

グラフ①　各国の一人あたりの年間の労働時間の推移

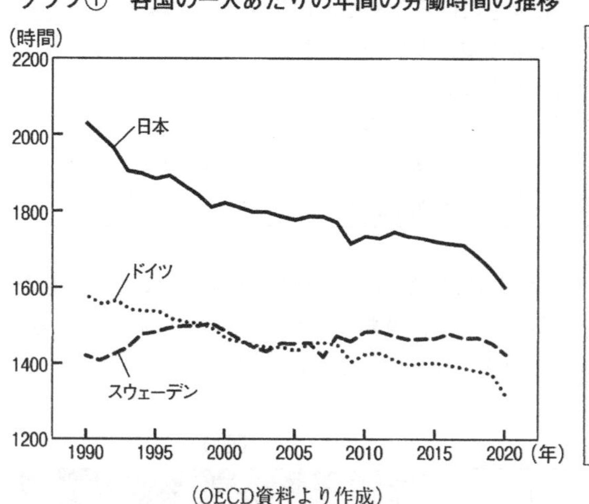

（OECD資料より作成）

グラフ②　少子化社会に関する国際意識調査（2020年）

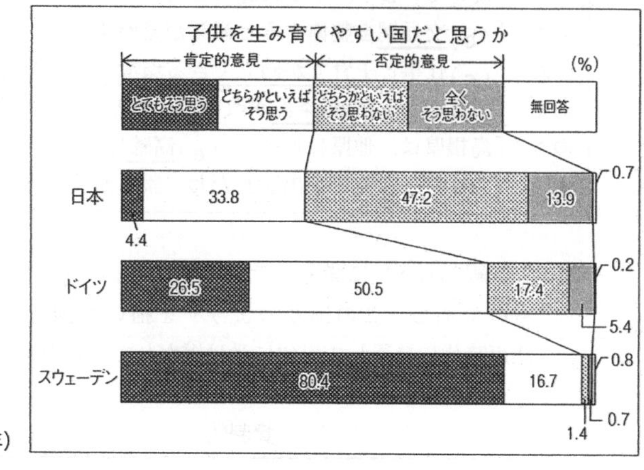

（内閣府資料より作成）

ア　3か国とも，1990年から2020年にかけて，労働時間が減少し続けている。
イ　1990年と2020年を比べると，3か国のうち最も労働時間が減少したのはスウェーデンである。
ウ　意識調査で否定的意見の割合が最も小さい国は，2020年の労働時間が最も短い。
エ　意識調査におけるスウェーデンの肯定的意見の割合は，日本の肯定的意見の割合の2倍以上である。

問4　下線部（d）に関連して，**資料②**は，19世紀の終わりごろの，ある綿糸紡績工場の労働のようすを記録したものである。**資料②**の労働のようすを，現在施行されている労働基準法の**資料③**に示されている内容に照らし合わせた場合，問題があると考えられることを，**二つ**答えなさい。ただし，二つの解答欄に一つずつ書くこと。

資料②

工場で働く女子の年齢は15歳から20歳までが多いが，（中略）仕上げの工程に従事する者は年齢が若く，（中略）大体12歳から14，15歳，はなはだしい所は7，8歳の女子を工場で見ることもある。働き方は昼夜交替制が一般的で，昼業は朝6時から晩の6時まで，夜業は午後6時から朝の6時までが通常である。

（「日本之下層社会」より引用。一部省略し，読みやすく改めてある。）

資料③　労働基準法（部分）

第4条	使用者は，労働者が女性であることを理由として，賃金について，男性と差別的取扱いをしてはならない。
第32条②	使用者は，1週間の各日については，労働者に，休憩時間を除き1日について8時間を超えて，労働させてはならない。
第35条①	使用者は，労働者に対して，毎週少（すくな）くとも1回の休日を与えなければならない。
第56条①	使用者は，児童が満15歳に達した日以後の最初の3月31日が終了するまで，これを使用してはならない。

問5　下線部（e）に関連して，**図③**は，仮想の**B**市～**E**市を示している。それぞれの市の高齢者の割合をいくつかの階級に区分して，地域差を**図③**上に表す場合，最も適当な表現方法を，後の**ア**～**エ**から**一つ**選び，記号で答えなさい。

図③

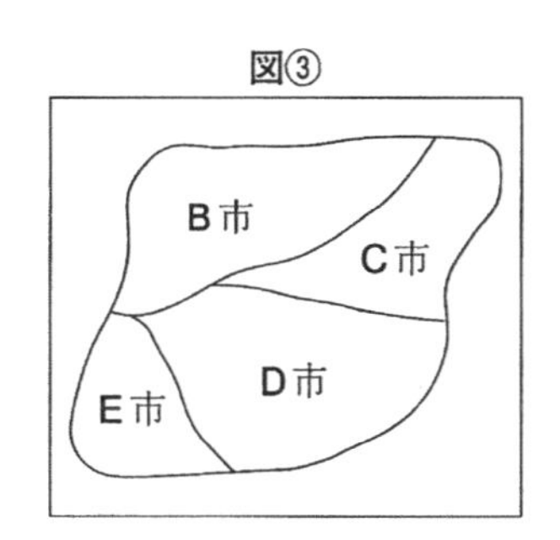

ア

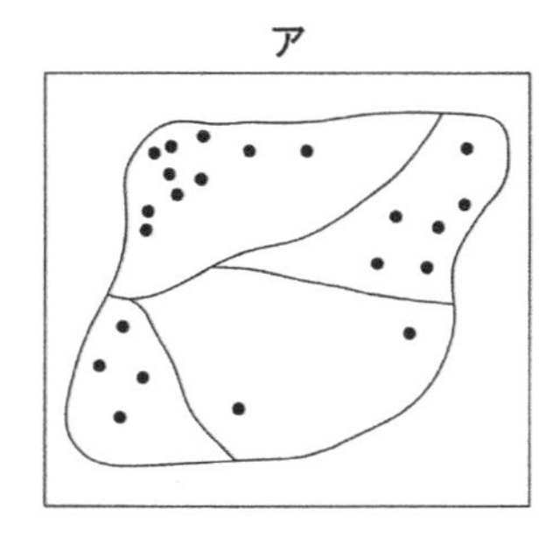

イ

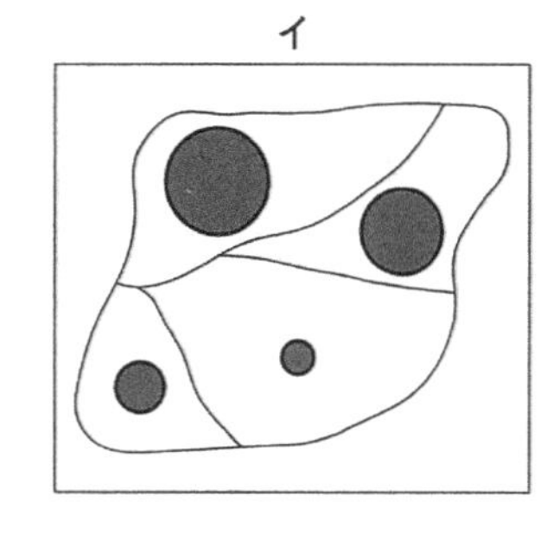

ウ

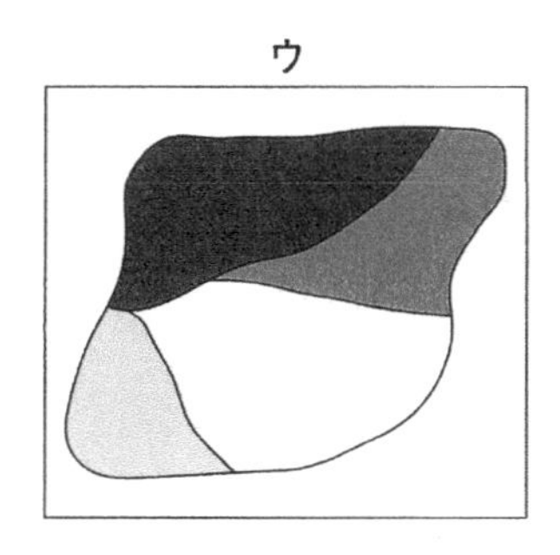

エ

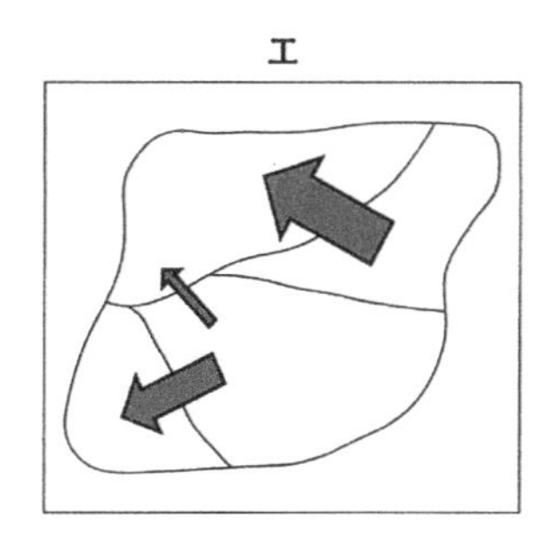

問6　下線部（f）に関連して，次の文章中の［F］，［G］にあてはまる語の組み合わせとして最も適当なものを，後の**ア**～**カ**から**一つ**選び，記号で答えなさい。ただし，［F］，［G］のそれぞれには，同じ語があてはまる。

> 医療保険や年金保険などの社会保険は，社会全体でリスクを分担する［F］であり，保険料の負担が給付を得るための条件になっている。また，［F］によってもなお，生活に困っている人などのために，政府が生活を保障する［G］のしくみもとられている。
> 地震などの災害の時に，国や都道府県，市町村などが被災者の救助や支援を行うことも［G］にあたる。しかし，災害時には［G］に頼るだけでなく，住民どうしが協力して助けあう［F］が求められている。

ア　F…自助　G…公助　　**イ**　F…自助　G…共助
ウ　F…公助　G…自助　　**エ**　F…公助　G…共助
オ　F…共助　G…自助　　**カ**　F…共助　G…公助

令和６年度学力検査問題

（第４限　13：20～14：10）

英　　語

注　　意

1　「始め」の合図があるまでは，開いてはいけません。

2　問題は全部で５題あり，10ページまでです。

3　「始め」の合図があったら，まず，解答用紙に検査場名，受検番号を書きなさい。

4　放送による問題は，１～２ページの【第１問題】です。検査の最初に実施します。

5　答えは，すべて解答用紙に書きなさい。

6　「やめ」の合図で，すぐ鉛筆をおき，解答用紙を裏返しにして机の上におきなさい。

※教英出版注
音声は，解答集の書籍ＩＤ番号を教英出版ウェブサイトで入力して聴くことができます。

【第１問題】 放送を聞いて，次の**問１**～**問３**に答えなさい。

問１ 二人の会話を聞いて，その後の質問に答える問題です。それぞれの会話の後に読まれる質問の答えとして最も適当なものを，**ア**～**エ**の中から**一つずつ**選び，記号で答えなさい。会話は１～４まであります。放送は**１回**のみです。

問2　話される英語を聞いて，書かれている問いに答える問題です。話される英語は**1**～**3**の3つあります。それぞれの問いの答えとして最も適当なものを，**ア～エ**の中から**一つずつ**選び，記号で答えなさい。放送はそれぞれ**2回**繰り返します。（問いの英文は書かれています。）

1　What does Mr. Green do?

ア　Teacher.
イ　Clerk.
ウ　Police officer.
エ　Singer.

2　Where are they now?

ア　In the library.
イ　In the gym.
ウ　In the computer room.
エ　In the music room.

3　Why was Misaki sad?

ア　Because her summer vacation was short.
イ　Because it wasn't hot last summer.
ウ　Because the vegetables didn't grow well.
エ　Because she couldn't buy any vegetables.

問3　ホームステイ中のあなたは，ホストマザーから，次の日の準備について話を聞いています。その内容に合うように，**次の〈メモ〉を完成**させなさい。また，話の中にあるホストマザーからの問いかけに対して，**あなたの考え**を書きなさい。ただし，①，②はそれぞれ**英語1語**で，③は**与えられた書き出しに続くように3語以上**の英語で書きなさい。放送は**2回**くり返します。

〈メモ〉

- Buy some eggs and ＿＿＿①＿＿＿
- ＿＿＿②＿＿＿ my room

〈あなたの考え〉

I want to ＿＿＿＿＿＿③＿＿＿＿＿＿.

【第2問題】　次の問1～問3に答えなさい。

問1　次のメールは，中学生の**タロウ**（Taro）さんが，海外でのホームステイに出発する前に，ホストファミリーの**ボブ**（Bob）さんと連絡を取り合った時のものです。これを読み，後の1，2の問いの答えとして最も適当なものを，**ア～エ**の中から**一つずつ**選び，記号で答えなさい。

宛先	Bob
差出人	Taro
日付	March 24, 2024　11:30
件名	To your house

Hi, Bob!　How are you?
Tomorrow I'll fly from Japan to your country, Australia!　I'll take a bus from the airport. Will you let me know how to get to your house from the bus stop?　I can't wait to see you!
Taro

To	Taro
From	Bob
Date	March 24, 2024　15:00
Subject	RE: To your house

Hi, Taro!　Thank you for your message.
I'll meet you at the bus stop.　So, don't worry.　Please tell me what time your bus will arrive.　I'm excited to see you soon!
Bob

1　When will Taro leave Japan?

ア　March 24.　　イ　March 25.　　ウ　March 26.　　エ　March 27.

2　What does Bob want to know?

ア　When Taro's bus will come.　　イ　Where the bus stop is.
ウ　How Taro will get to Bob's house.　　エ　Who will come to Bob's house.

問2　次のグラフは，1960年，1990年，2020年におけるある市の人口の年齢構成を表しています。これを見て，後の1，2の（　　　）に入る最も適当なものを，**ア～エ**の中から**一つずつ**選び，記号で答えなさい。

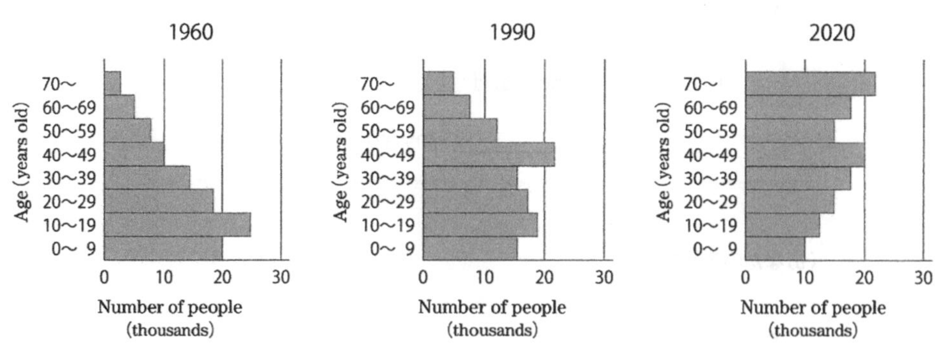

1　In 1990, the number of people between the ages of (　　　　) was the largest.

ア　10 and 19　　　イ　20 and 29
ウ　30 and 39　　　エ　40 and 49

2　From 1960 to 2020, the number of people who were 60 and older (　　　　).

ア　did not change　　　イ　went up
ウ　went down　　　エ　went up and down

問3　留学中のあなたは，今度参加する**キャンプ**（camp）の予定表を見ています。これを見て，後の**1**，**2**の問いの答えとして最も適当なものを，**ア**～**エ**の中から**一つずつ**選び，記号で答えなさい。

Green Forest Nature Camp
October 12 (Sat) & 13 (Sun)

Day1 Activities

10:00 - Making tents
10:30 - Walking in the forest
12:30 - Lunch
14:00 - Fishing in the river
16:30 - Cooking dinner
19:00 - Game
22:00 - Going to bed

Let's learn why forests are important for us!
We'll also find some plants we can eat for lunch!

Let's cook the fish we catch!

Please bring water and towels.
You also need warm clothes because it will be cold at night.

Day2 Activities

7:00 - Breakfast

1　What is the first thing you will do after eating lunch on the first day?

ア　Making tents.　　　イ　Walking in the forest.
ウ　Fishing in the river.　　　エ　Cooking dinner.

2　Which is **NOT** true about this camp?

ア　The camp will be two days and one night.
イ　You will learn why forests are important.
ウ　You cannot eat any plants you find in the forest.
エ　You need to bring water, towels and warm clothes.

【第３問題】 次の**問１**～**問４**に答えなさい。

問１ 海外で生活している**ソウマ**（**Soma**）さんが，友人の**ショーン**（**Shawn**）さんと，映画館のウェブサイトを見ながら話をしています。後の会話文中の（ ① ），（ ② ）に入る語句の組み合わせとして最も適当なものを，**ア**～**エ**の中から**一つ**選び，記号で答えなさい。

ABC Movie Theater

BLUE SKY **(120 min)**
Four young men go to New York to be successful musicians.
10:00 a.m.　2:00 p.m.　6:00 p.m.

WISH **(100 min)**
A group of doctors save sick people all over the world.
10:20 a.m.　2:20 p.m.　6:20 p.m.

Morning Special
10:00 a.m. to Noon
HALF PRICE

Soma：Do you want to go to a movie this Saturday?
Shawn：Sure. Which movie do you want to see, "*BLUE SKY*" or "*WISH*"? Both movies look interesting!
Soma：Well, I want to be a doctor in the future, so I want to know how doctors save sick people.
Shawn：That's nice! Then, let's see "（ ① ）". What time is good for you?
Soma：Any time is OK, but I want to see a movie at half price.
Shawn：Me too! Then, let's see the one which starts at（ ② ）!

ア （ ① ）*BLUE SKY*　（ ② ）10:00 a.m.
イ （ ① ）*WISH*　（ ② ）10:20 a.m.
ウ （ ① ）*BLUE SKY*　（ ② ）2:00 p.m.
エ （ ① ）*WISH*　（ ② ）2:20 p.m.

問２ **マイク**（**Mike**）さんと**ジョン**（**John**）さんによる次の会話文を読んで，ジョンさんが下線部で伝えたかった内容として最も適当なものを，**ア**～**エ**の中から**一つ**選び，記号で答えなさい。

Mike：In ten minutes, we'll get to our hotel. It'll be time for dinner then.
John：Do you have any ideas about what to eat?
Mike：According to its website, there are so many restaurants in the hotel. I can't choose now!
John：OK. Then, let's play it by ear. We can decide after we arrive.

ア get to the hotel before lunch time
イ listen to music in the restaurant
ウ choose a restaurant later
エ call the hotel because we'll be late

問3　海外に留学している**ケン（Ken）**さんは，現地の友人である**ジュディ（Judy）**さんや**マット（Matt）**さんと，スマートフォンで次のようなメッセージのやりとりをしました。ケンさんの**最後のメッセージ**の［　　　　］に入る最も適当なものを，**ア～エ**の中から**一つ**選び，記号で答えなさい。

Ken: I'm looking for a good place to visit this weekend. Where should I go?

Judy: The art museum is famous and has a lot of beautiful old pictures, so you can enjoy them if you like art.

Matt: If you like sports, you should watch a baseball game at the city stadium. Actually, I'll go to a baseball game this Saturday evening with my family.

Ken: I don't like art very much, but I'm interested in sports like baseball and soccer.

Judy: Playing sports in the city park is another idea.

Ken: I hear we can't play with balls there. I'm not happy about that. OK, I think I'll［　　　　］. Can I go with you, Matt?

ア　enjoy art at the museum　　　　**イ**　play soccer at the city park
ウ　visit the city stadium for a concert　　**エ**　watch a baseball game

問4　ユウさんは書道について，海外の姉妹校の生徒たちに発表する予定です。次の英文はそのための原稿です。ユウさんが用意した**ア～ウ**のスライドについて，発表で使う順を記号で答えなさい。

Have you ever heard of *shodo*? It's the art of writing letters with ink and an important part of Japanese culture. At school, students practice it in class. They usually sit at their desks and write letters. Some high school students enjoy it in a new way, too. They play music and write their message on a big paper. You can watch some of the performances on the internet. Please take a look at them!

ア

イ

ウ

【第4問題】 中学生の**ヒナ（Hina）**さんが，夏休みの間に読んだある本との出会いから学んだことについて，英語の授業で発表を行っています。次の英文はその原稿です。これを読んで，後の**問1～問6**に答えなさい。
（*印のついている語句には本文の後に〈注〉があります。）

What will you do when you meet something difficult?

Last August, I found a book about a Japanese woman who built a school in a foreign country. I have a dream of working abroad in the future, so I started reading it. I was surprised because she went abroad alone when she was in high school. Three years later, she visited a small village in a poor country. There, she found that it had no schools and there were children who couldn't study. She wanted to do something for (1) <u>them</u> and started to think about building a school there. However, when she told people around her about it, everyone said, "It is difficult. [A]." But such words never stopped her. In the book, she said, "If things look difficult, many people will stop there. Some people may not even try from the start. However, (2) <u>when I want to do something, I always try and look for a way to reach my goal.</u> I know that I will find a way if I keep trying. Even when things do not work well, I can learn something."

After reading the book, I told my English teacher about my dream. He said to me, "It is a wonderful dream. To work abroad, it is important to practice English. Next month, we will have an English speech contest. Do you want to try it?" At first, I thought I should say no because I was not good at speaking English or speaking in front of people. But I remembered the important thing I learned from the book: If we don't try, we don't learn anything. So, I decided to join it. I spent many days practicing and worked hard. At the contest, I did my best, but I *made a lot of mistakes on the stage. Maybe my speech was not good, but I was very happy that I tried.

So, (3) <u>when the mountain you want to climb looks too high for you, I want you to climb it.</u> I'm sure it will be a great *chance to grow.

〈注〉 made mistakes（間違いをした）　　chance（機会）

問1　下線部（1）が表す具体的な内容を，本文中から**4語で抜き出して**答えなさい。

問2　［　A　］に入る最も適当なものを，**ア〜エ**の中から**一つ**選び，記号で答えなさい。

ア　I know you always work hard
イ　I can't say it is a bad idea
ウ　I don't think you can do it
エ　I'm sure you can get some help

問3　下線部（2）の理由について，本の中で女性が述べていることを次のようにまとめました。本文の内容に合うように（　a　），（　b　）に入る適当な**日本語**を答えなさい。

・（　　a　　）ならば，道が開けるとわかっているから。
・たとえ物事がうまくいかなくても，（　　b　　）ことができるから。

問4　本文の内容について，次の質問の答えとして（　　　　）に入る表現を考え，文を完成させなさい。ただし，**3語以上**の英語で書くこと。

質問　After Hina talked with her English teacher, what did she decide to do to practice English?

答え　She decided to (　　　　　　　　　　　　　　　　　　).

問5　**ヒナ**さんが発表原稿の中で述べている内容として最も適当なものを，**ア〜エ**の中から**一つ**選び，記号で答えなさい。

ア　Hina was not interested in working in a foreign country.
イ　Hina traveled abroad alone when she was in high school.
ウ　Hina was very good at speaking English in front of people.
エ　Hina was very happy because she did her best on the stage.

問6　発表終了後，下線部（3）を通じて何を伝えたいのか説明を求められた**ヒナ**さんが，英語で答えています。ヒナさんになったつもりで次の（　　　　）に入る表現を考え，文を完成させなさい。ただし，**3語以上**の英語で書くこと。

When there is something that looks difficult, you (　　　　　　　　　　　　).

ヒナさん

【第５問題】　次の **問１～問４** に答えなさい。

問１　次の１，２の会話文について，（　　　）に入る最も適当な**英語１語**を答えなさい。

1　A：（　　　）house is that?
　　B：That's Mr. Takahashi's.　It was built a few months ago.

2　A：How should we get to the station?
　　B：We don't want to use money, so let's go by bicycle（　　　）of bus.

問２　次の１～３の会話文について，（　　　）内のすべての語を意味が通じるように並べかえて，英文を完成させなさい。なお，解答欄には（　　　）内の語句のみを答えること。

1　A：Are you feeling sad about leaving Japan?
　　B：Yes.　It (full / memories / is / good / of).

2　A：Why do you look so tired?
　　B：Because (studying / for / have / I / been) more than ten hours.

3　A：Which is more difficult to learn, English or Japanese?
　　B：Well, (said / that / is / Japanese / it) is more difficult than English.

問３　次の１，２のイラストについて，自然な会話になるように（ a ），（ b ）に入る適当な表現をそれぞれ**３語以上**の英語で書きなさい。２文以上になってもかまいません。なお，会話は①～④の順に行われています。（．，？！などの符号は語数に含めません。）

1

2

問4　英語の授業で卒業文集を作ることになりました。先生からの次の指示を読み，あなた自身のことについて**一つ取り上げ**て，**20 語以上**の英語で書きなさい。全体としてまとまりのある文章にすること。
（*印のついている語句には本文の後に〈注〉があります。．，？！などの符号は語数に含めません。）

This month, you will *graduate from junior high school. So, write about one thing you remember the most during your junior high school days.

〈注〉　graduate（卒業する）

解答欄への記入例

Is　that　a　school ?

（上の例は1文で，**4語**である。）

令和６年度学力検査問題

（第５限　14：30～15：20）

理　　　科

注　　意

1　「始め」の合図があるまでは，開いてはいけません。

2　問題は全部で５題あり，10ページまでです。

3　「始め」の合図があったら，まず，解答用紙に検査場名，受検番号を書きなさい。

4　答えは，すべて解答用紙に書きなさい。

5　「やめ」の合図で，すぐ鉛筆をおき，解答用紙を裏返しにして机の上におきなさい。

【第１問題】　次の問１～問３に答えなさい。

問１　次の１～４に答えなさい。

１　**図１**の［X］は，植物の細胞に見られる特徴的なつくりである。［X］を何というか，その**名称**を答えなさい。

図１

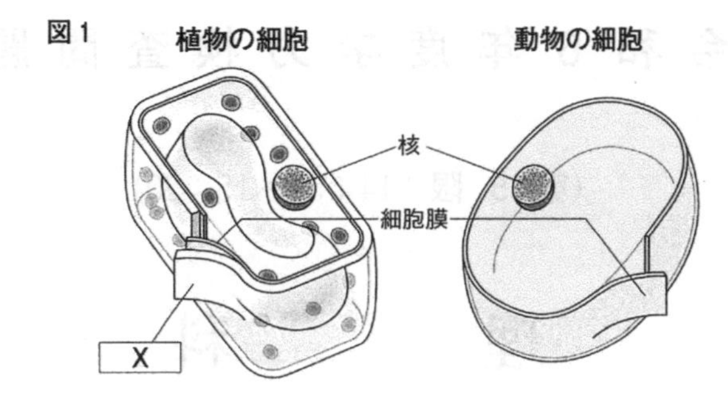

２　アルカリ性を示すものを，次の**ア**～**エ**から**一つ**選び，記号で答えなさい。

ア　せっけん水　　**イ**　酢　　**ウ**　炭酸水　　**エ**　レモン汁

３　虫めがね（凸レンズ）で物体を観察すると，物体と上下左右が同じ向きで，物体より大きい像が見えた。この像を何というか，その**名称**を答えなさい。

４　太陽，月，地球が**図２**の位置にあるとき，地球から太陽を見ると，月によって太陽の一部または全部がかくされる現象が起こる。この現象を何というか，その**名称**を答えなさい。

図２

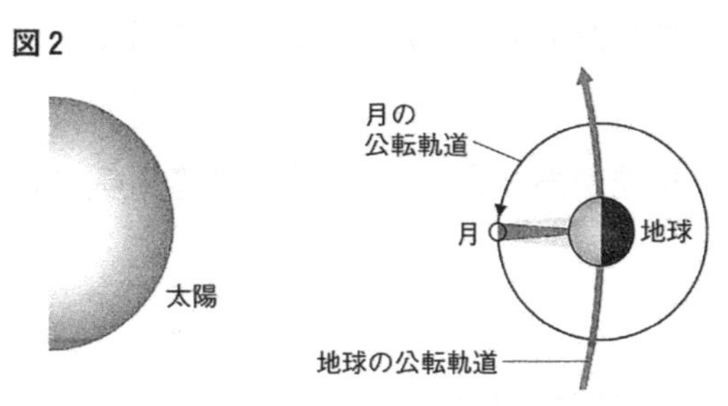

問２　次の文章を読んで，後の１，２に答えなさい。

> 原子は，中心にある原子核と，そのまわりにある－（マイナス）の電気をもつ［P］からできている。さらに原子核は，＋（プラス）の電気をもつ陽子と，電気をもたない［Q］からできている。同じ元素でも，［Q］の数が異なる原子を同位体といい，放射線を出すものも存在する。放射線のうち α（アルファ）線はヘリウムの原子核，β（ベータ）線は［P］，X（エックス）線と γ（ガンマ）線は電磁波である。

１　文章中の［P］，［Q］にあてはまる**語句**をそれぞれ答えなさい。

2　図3のⅠ，Ⅱ，Ⅲは，放射線の透過性を表している。図3について説明した文として最も適当なものを，次のア～ウから一つ選び，記号で答えなさい。

ア　Ⅰはα線の透過性を表している。
イ　ⅡはX線とγ線の透過性を表している。
ウ　Ⅲはβ線の透過性を表している。

図3

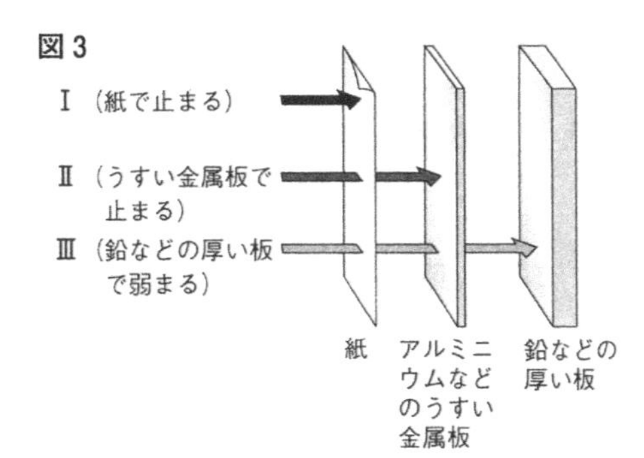

問3　生態系について，次の1，2に答えなさい。

1　図4は，ある海の生態系での，大型の魚，小型の魚，動物プランクトンの数量的な関係を，図形の面積の大小で表したものである。また，図5は，何らかの原因により大型の魚が一時的に増加したあと，再び図4の状態にもどるまでの変化を表している。図5の X ～ Z にあてはまるものとして最も適当なものを，後のア～ウから一つずつ選び，記号で答えなさい。ただし，図形の-----線は図4の状態を表している。

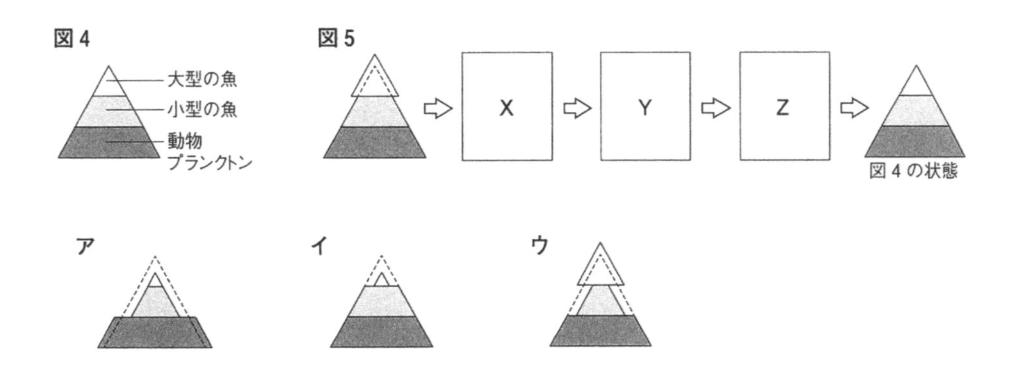

2　長い年月をかけて変化した生態系は，地層をつくる岩石や地層にふくまれる化石から推定することができる。地層が堆積した当時の環境を示す**示相化石**を，次のア～エから一つ選び，記号で答えなさい。

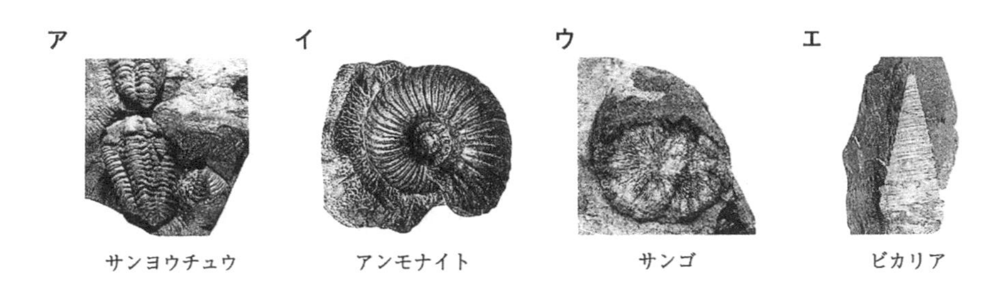

【第２問題】　次の**問１**，**問２**に答えなさい。

問１　次の**資料**は，19世紀の中ごろに，メンデルが行った遺伝の実験を簡単にまとめたものである。これについて，後の**１**～**４**に答えなさい。

資　料

交配１　**図**のように，丸形の種子をつくる**遺伝子Ａ**だけをもつ純系のエンドウのめしべに，しわ形の種子をつくる**遺伝子ａ**だけをもつ純系のエンドウの花粉を受粉させると，丸形の種子だけができた。

図

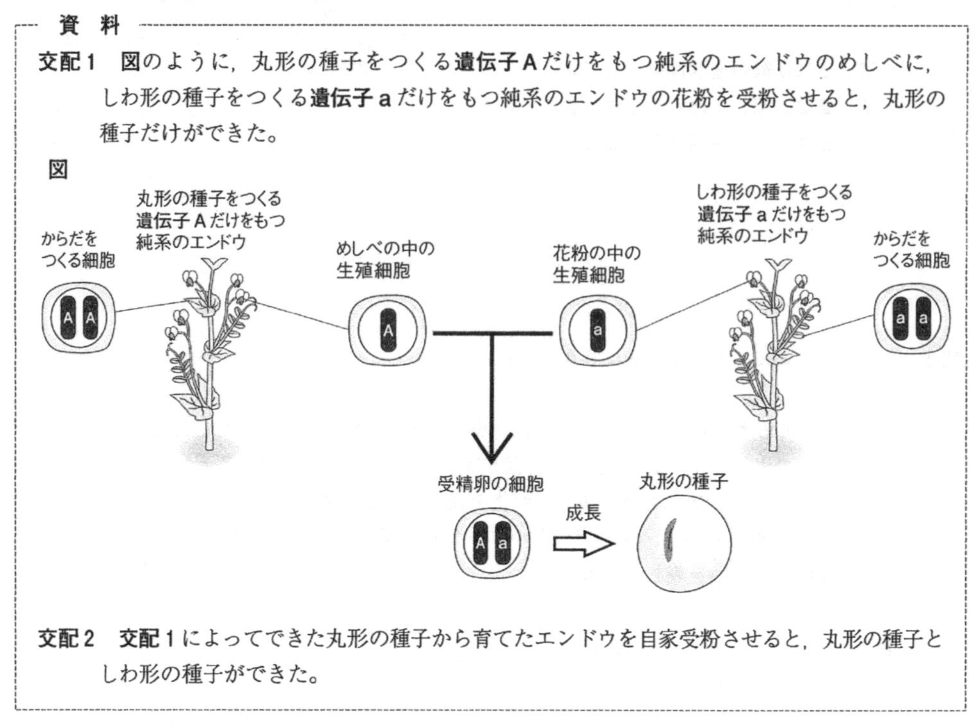

交配２　**交配１**によってできた丸形の種子から育てたエンドウを自家受粉させると，丸形の種子としわ形の種子ができた。

1　**交配１**によってできた丸形の種子は，**遺伝子Ａ**が伝える形質（丸）しか現れず，**遺伝子ａ**が伝える形質（しわ）はかくれたままになっている。このとき，丸形のように子に現れる形質を何というか，その**名称**を答えなさい。

2　**交配２**によってできた丸形の種子としわ形の種子の数を，**最も簡単な整数の比**で答えなさい。

3　**交配２**によってできた丸形の種子を１個選び，これを**種子Ｓ**とする。次の文章は，**種子Ｓ**が純系かどうかを調べるために行う交配について説明したものである。［Ｘ］，［Ｙ］にあてはまる**言葉**として最も適当なものを，後の**ア**～**オ**から**一つずつ**選び，記号で答えなさい。ただし，［Ｘ］は**ア**，**イ**から，［Ｙ］は**ウ**～**オ**から選ぶこと。

> **種子Ｓ**から育てたエンドウと，**交配２**によってできた［Ｘ］の種子から育てたエンドウを交配する。その結果，［Ｙ］ができれば，**種子Ｓ**は純系である。

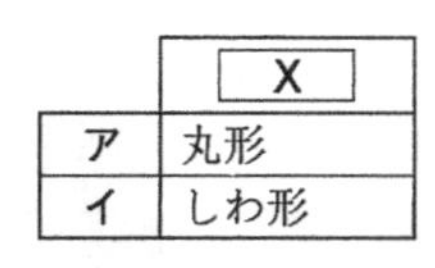

	Ｘ
ア	丸形
イ	しわ形

	Ｙ
ウ	丸形の種子だけ
エ	しわ形の種子だけ
オ	丸形の種子としわ形の種子

4　親の遺伝子が子に受けつがれるしくみは，**分離の法則**によって説明できる。**分離の法則**とはどのような法則か，**図**を参考にして解答欄に合うように答えなさい。

問2　次の**ノートの一部**は，サルのなかまが出現した順を探究するために佐藤さんがまとめたものである。佐藤さんはセキツイ動物について学習したことを振り返り，**表1**のように整理し**気づいたこと**をまとめた。そして，サルのなかまの特徴と出現した年代の関係について**仮説**を設定し，**表2**のように調べたことをまとめた。これについて，後の**1**～**3**に答えなさい。

ノートの一部

〈セキツイ動物のなかま〉

表1　セキツイ動物の出現した年代と特徴

		魚類	両生類	ハチュウ類	鳥類・ホニュウ類
出現した年代		約5億年前	約4億年前	約3億年前	約2億年前
特徴	背骨の有無	有り	有り	有り	有り
	からだを支えるあしの有無	無し	有り	有り	有り
	生活場所	水中	幼生：水中 成体：陸上	陸上	陸上
	羽毛または毛の有無	無し	無し	無し	有り

気づいたこと

セキツイ動物のなかまのからだのつくりや生活場所などの特徴を比べたとき，共通点が多いほど，互いに出現した年代が近い。

〈サルのなかま〉

仮説　サルのなかまのからだのつくりや生活場所などの特徴を比べたとき，共通点が多いほど，互いに出現した年代が近い。

表2　サルのなかまの特徴

		A チンパンジー	B メガネザル	C オランウータン	D ヒト
特徴	背骨と頭の骨がつながる位置	頭の骨の後頭部側	頭の骨の後頭部側	頭の骨の後頭部側	頭の骨の真下
	手の親指と他の指のつくり	向かい合うことができ，ものをつかみやすい	向かい合うことができにくく，ものをつかみにくい	向かい合うことができ，ものをつかみやすい	向かい合うことができ，ものをつかみやすい
	生活場所	地上と木の上の両方	木の上	木の上	地上

1　**セキツイ動物ではない**ものを，次の**ア**～**エ**から**一つ**選び，記号で答えなさい。

ア　メダカ　　**イ**　コウモリ　　**ウ**　イモリ　　**エ**　ザリガニ

2　ホニュウ類は，卵が受精した後に母親の体内である程度育ち，子としてのからだができてからうまれる。このような子のうまれ方を何というか，その**名称**を答えなさい。

3　**仮説**が正しいとした場合，**表2**の**A**～**D**が**出現した順**を解答欄に合うように記号で答えなさい。ただし，**D**が最後に出現したことはわかっている。

【第3問題】　次の問1，問2に答えなさい。

問1　物質の水へのとけ方を調べる目的で実験1を行い，実験2を計画した。これについて，後の1～4に答えなさい。

実験1

操作1　4個のビーカーに，水をそれぞれ20g，30g，50g，80g入れた。

操作2　室温（20℃）のもとで，それぞれの水にとけた塩化ナトリウムの質量を記録した。

結　果　この実験の結果は，表1のようになった。

表1

水の質量〔g〕	20	30	50	80
とけた塩化ナトリウムの質量〔g〕	7	11	18	29

1　水の質量を横軸に，とけた塩化ナトリウムの質量を縦軸にとり，その関係を表すグラフをかきなさい。なお，横軸と縦軸に必要な数値をかき入れること。

実験2

操作1　硝酸カリウム8.50gを試験管に入れ，水10gを加えて室温（20℃）に保ってよくふる。

操作2　操作1の試験管を熱し，温度を60℃に保ってよくふる。

操作3　試験管の加熱をやめ，空気中で放置して温度を少しずつ下げていき，ふたたび室温（20℃）に戻す。

予　想　図1の硝酸カリウムの溶解度曲線をもとに，それぞれの操作の結果を予想し，表2のようにまとめた。

表2

操作1	20℃の水10gに硝酸カリウムは3.16gまでとけるので，硝酸カリウムはとけ残るだろう
操作2	60℃の水10gに硝酸カリウムは［ X ］gまでとけるので，硝酸カリウムはすべてとけるだろう
操作3	約［ Y ］℃で硝酸カリウムの結晶ができはじめ，室温（20℃）まで下げると［ Z ］gの結晶が出てくるだろう

図1

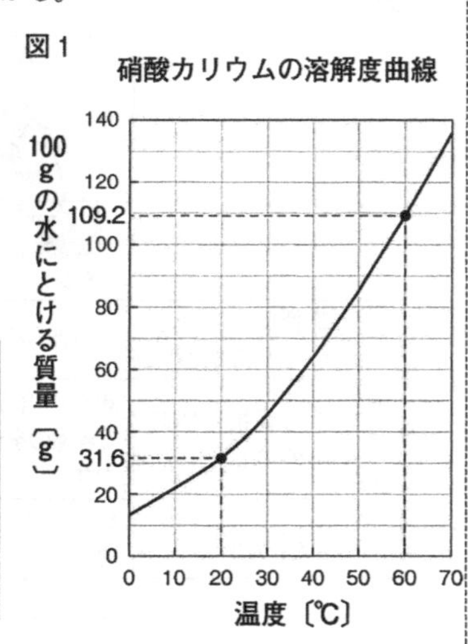

2　表2の［ X ］にあてはまる数値を，小数第2位まで求めなさい。

3　表2の［ Y ］にあてはまる数値として最も適当なものを，次のア～エから一つ選び，記号で答えなさい。

ア　30　　イ　38　　ウ　50　　エ　53

4　表2の［ Z ］にあてはまる数値を，小数第2位まで求めなさい。

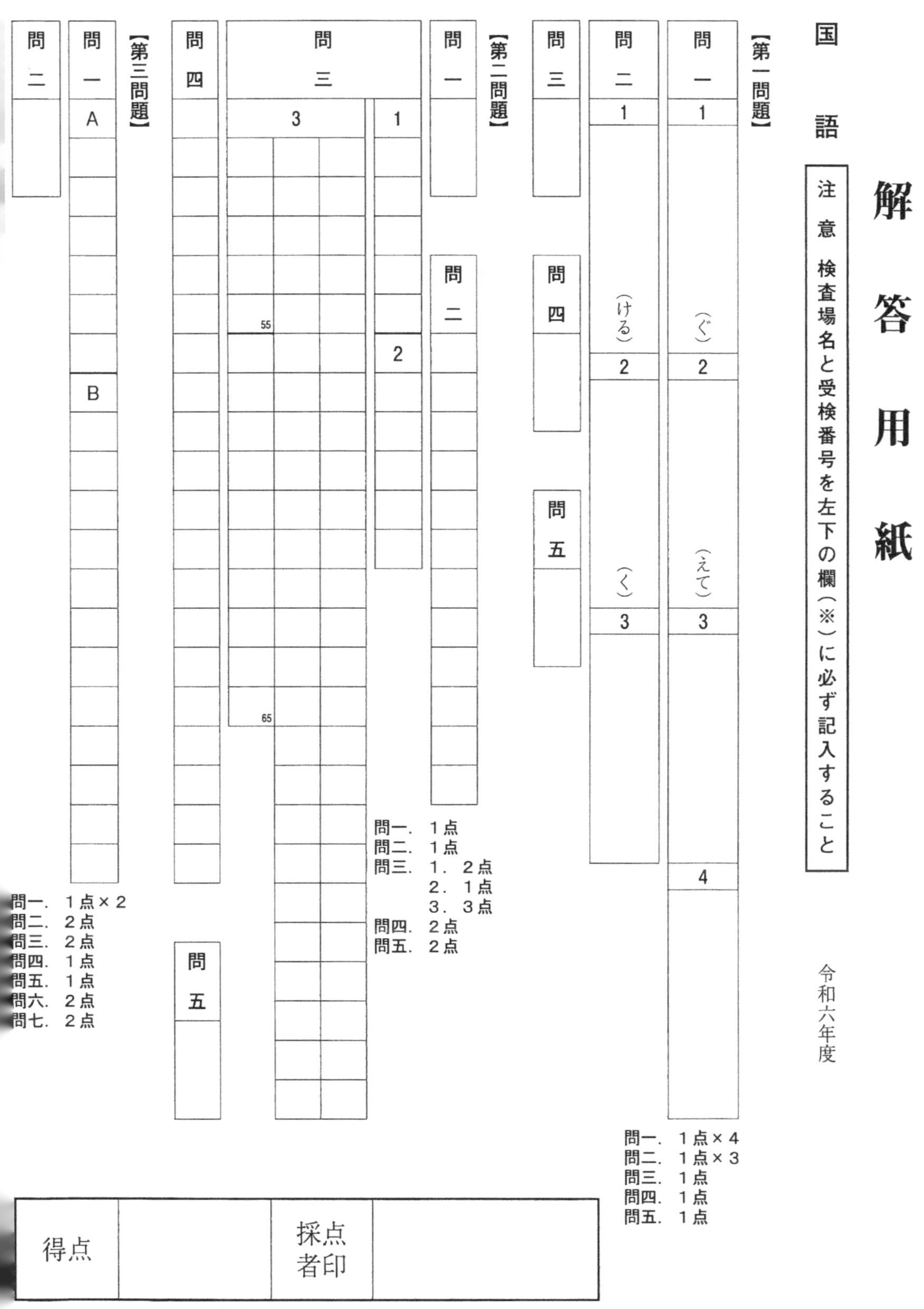

国語　解答用紙

令和六年度

注意　検査場名と受検番号を左下の欄（※）に必ず記入すること

【第一問題】

問一　1（ぐ）　2（えて）　3　4

問二　1（ける）　2（く）　3

問三

問四

問五

問一．１点×４
問二．１点×３
問三．１点
問四．１点
問五．１点

【第二問題】

問一

問二

問三　1　2　3（55）（65）

問四

問五

問一．１点
問二．１点
問三．１．２点
２．１点
３．３点
問四．２点
問五．２点

【第三問題】

問一　A　B

問二

問一．１点×２
問二．２点
問三．２点
問四．１点
問五．１点
問六．２点
問七．２点

得点		採点者印	

※50点満点

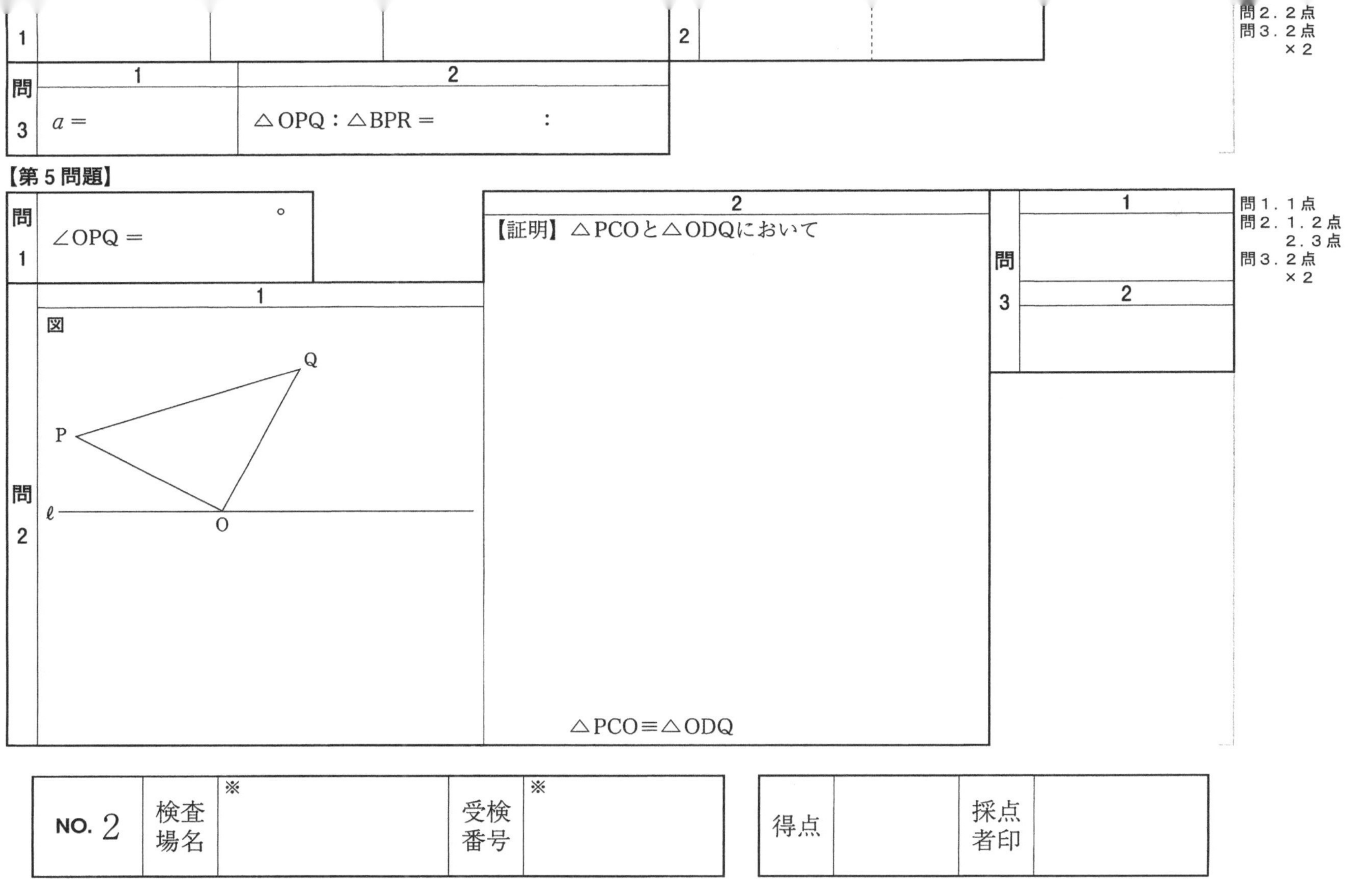

1				2		

問3	1	2
	$a=$	△OPQ：△BPR＝　：

問2．2点
問3．2点
×2

【第5問題】

問1	∠OPQ＝　°

問2

1

図

2

【証明】△PCOと△ODQにおいて

△PCO≡△ODQ

問3	
1	
2	

問1．1点
問2．1．2点
2．3点
問3．2点
×2

NO. 2	検査場名	※	受検番号	※

得点		採点者印	

※50点満点

第3問題	問1	1		2	
		3	(1)	議席	
			(2)	小選挙区制に比べて，得票数の少ない政党も	30
	問2	1		2	3
	問3	1		2	3

問1．1．1点
2．1点
3．(1) 1点
(2) 2点
問2．1点×3
問3．1．1点
2．1点
3．2点

第4問題	問1	
	問2	工業団地の多くは， 20 に
		増設された。
	問3	
	問4	•
		•
	問5	
	問6	

問1．1点
問2．2点
問3．1点
問4．1点×2
問5．1点
問6．1点

NO. 3	検査場名	※	受検番号	※

得点		採点者印	

※50点満点

問6	~, you ( ).

第5問題					
問1	1		2		
問2	1	It ( ).			
	2	Because ( ) more than ten hours.			
	3	Well, ( ) is more difficult than English.			
問3	a				
	b				
問4		20			

問1. 1点×2
問2. 1点×3
問3. 2点×2
問4. 4点

NO. 4	検査場名	※	受検番号	※

得点		採点者印	

※50点満点

			理由
		4	(　　　　), (　　　　), (　　　　) 酸素と結びつきやすい ←→ 酸素と結びつきにくい

第4問題	問1	1	重力	2	W		
				3			
				4	N		
	問2	1		2	X	Y	
		3	(　　　)Ωと(　　　)Ωを(　　　)につなぐ			4	

問1. 1. 1点
2. 1点
3. 1点
4. 2点
問2. 1. 1点
2. 1点
3. 2点
4. 1点

第5問題	問1	1		2	
		3			
		4			
	問2	1	X	Y	
		2			
		3			
		4			

問1. 1. 1点
2. 1点
3. 1点
4. 2点
問2. 1. 1点
2. 1点
3. 1点
4. 2点

NO. 5	検査場名	※	受検番号	※

得点		採点者印	

※50点満点

解　答　用　紙

理　科　　注　意　検査場名と受検番号を下の欄（※）に必ず記入すること　　令和6年度

第1問題									
問1	1			2					
	3			4					
問2	1	P		Q		2			
問3	1	X		Y		Z		2	

問1．1点×4
問2．1．1点×2
2．1点
問3．1．2点
2．1点

第2問題			
問1	1		2　丸形の種子：しわ形の種子　＝（　　　）：（　　　）
	3	X	Y
	4	対になっている親のもつ遺伝子が，減数分裂によって（　　　）	
問2	1		2
	3	（　　　）→（　　　）→（　　　）→D	

問1．1．1点
2．1点
3．2点
4．2点
問2．1．1点
2．1点
3．2点

第3問題			
問1	1	（グラフ）縦軸：とけた塩化ナトリウムの質量〔g〕　横軸：水の質量〔g〕　0　0	
	2	g	3	4	g
	1	X	Y

問1．1．2点
2．1点
3．1点
4．1点
問2．1．1点
2．1点
3．1点×2
4．1点

【解答

解　答　用　紙

英　語　注 意 検査場名と受検番号を下の欄（※）に必ず記入すること　令 和 6 年 度

第1問題								
問1	1		2		3		4	
問2	1		2		3			
問3	①				②			
	③	I want to ＿＿＿＿＿＿.						

問1. 1点×4
問2. 1点×3
問3. ①1点 ②1点 ③2点

第2問題				
問1	1		2	
問2	1		2	
問3	1		2	

問1. 1点×2
問2. 1点×2
問3. 1点×2

第3問題					
問1		問2		問3	
問4	（　　　）→（　　　）→（　　　）				

2点×4

第4問		
問1		＿＿＿＿　＿＿＿＿　＿＿＿＿　＿＿＿＿
問2		
問3	a	（　　　　　　）ならば，道が開けるとわかっているから。
	b	たとえ物事がうまくいかなくても，（　　　　　　）ことができるから。

問1. 2点
問2. 2点
問3. 1点×2
問4. 2点
問5. 2点
問6. 2点

【解答

解　答　用　紙

社　会　注意　検査場名と受検番号を下の欄（※）に必ず記入すること　令和６年度

第1問題

問1	1		2		3
問2	1		2		3
問3	1				
	2	７月は,			
	3		4		
	5				

問1．１点×３
問2．1．２点
2．１点
3．１点
問3．1．１点
2．２点
3．１点
4．１点
5．２点

第2問題

問1	1		2		3
	4		5		
	6	豊臣秀吉は, 全国統一を進めた。			
	7	→ →			
問2	1		2		
	3	第一次世界大戦では, 女性も工場などで働くことになった。			

問1．1．１点
2．１点
3．１点
4．１点
5．１点
6．２点
7．１点
問2．1．１点
2．１点
3．２点
4．１点
5．１点
6．１点
7．１点

【解答

解　答　用　紙

数　学　注 意 検査場名と受検番号を下の欄（※）に必ず記入すること　令和 6 年度

【第 1 問題】

問1	問2	問3	問4	問5
		$x=$	$x=$　　,　$y=$	$x=$

問6 1	問6 2	問7	問8	問9 1	問9 2
			$\angle x=$　　°		

問1．1点
問2．1点
問3．1点
問4．1点
問5．1点
問6．1点 ×2
問7．1点
問8．1点
問9．1点 ×2

【第 2 問題】

問1 1	問1 2(1)	問1 2(2)	問2 1	問2 2(1)	問2 2(2)	問2 2(3)
人			円	図 4	円	個以上

図 4

y（円）：20000, 15000, 10000, 5000

x（個）：0, 50, 100

問1．1．1点
　　2．2点 ×2
問2．1．1点
　　2．(1) 2点
　　　(2) 1点
　　　(3) 2点

【第 3 問題】

問1 1	問1 2(1)	問1 2(2)	問1 3
			(　　,　　,　　)

問2 1 ア	問2 2 イ	問2 2 ウ	問2 2 エ

問1．1．1点
　　2．1点 ×2
　　3．2点
問2．1．1点
　　2．イウ．1点
　　　エ．2点

【解答

問四

問五

問六

15

25

問七

【第四問題】

問一

問二

問三

問四

問一. 1点
問二. 1点
問三. 1点×2
問四. 2点

【第五問題】

問一

問二

問三

150

180

問一. 2点
問二. 2点
問三. 6点

NO. 1	検査場名	※	受検番号	※

問2　物質によって酸素との結びつきやすさにちがいがあることを調べる目的で**実験3**を行った。これについて，後の**1**～**4**に答えなさい。

実験3

操作1　酸化銅と炭素の粉末をよく混ぜ，試験管に入れた。そして，**図2**のような装置で混合物を加熱した。反応後，ガラス管を石灰水の中から出し，加熱をやめて試験管を冷ました。試験管が冷めてから試験管の中の物質をとり出し，薬品さじで強くこすった。

操作2　**図3**のように，二酸化炭素で満たした集気びんの中に，火をつけたマグネシウムリボンを入れた。

操作3　酸化銅とマグネシウムの粉末をよく混ぜ，試験管に入れた。そして，**図4**のような装置で混合物を加熱した。反応後，試験管の中の物質をとり出し，薬品さじで強くこすった。

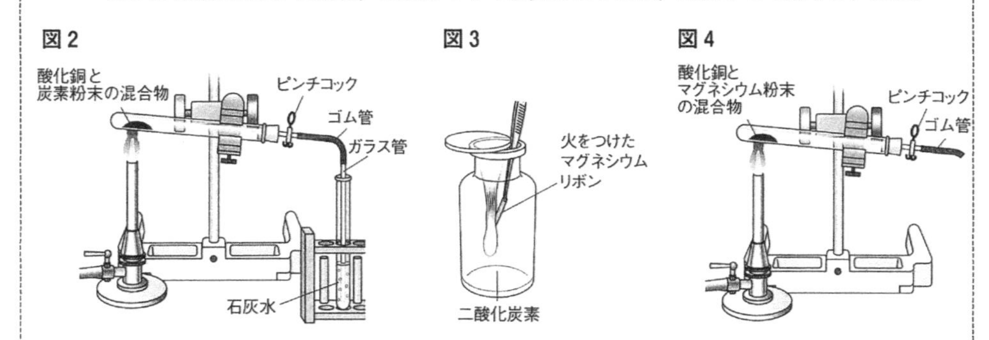

結　果　それぞれの操作で起こった反応について，見られたようすとその化学変化を表したモデルを**表3**にまとめた。

表3

	見られたようす	化学変化を表したモデル
操作1	・気体が発生し，石灰水は白くにごった ・薬品さじでこすると，赤い光沢が見られた	(Cu)(O) (Cu)(O) + (C) → (Cu) (Cu) + (O)(C)(O)
操作2	・マグネシウムリボンは燃焼して，白色の物質に変化した ・集気びんの中に黒色の物質ができた	(Mg) (Mg) + (O)(C)(O) → (Mg)(O) (Mg)(O) + (C)
操作3	・薬品さじでこすると，赤い光沢が見られた	(Cu)(O) + (Mg) → (Cu) + (Mg)(O)

1　**操作1**で起こった反応について，次の文の［ X ］，［ Y ］にあてはまる**語句**をそれぞれ答えなさい。

> 酸化銅は［ X ］され，同時に炭素は［ Y ］された。

2　**操作1**で起こった反応について，**表3**の化学変化を表したモデルを**化学反応式**でかきなさい。

3　**操作1**の**下線部**について，加熱をやめた後すぐにしなければならない**具体的な操作**と，その操作を行う**理由**を簡単に答えなさい。

4　**結果**をもとに，銅，マグネシウム，炭素を，**酸素と結びつきやすい順**に並べなさい。

【第４問題】　次の**問１**，**問２**に答えなさい。

問１　同じおもりを同じ高さまで引き上げるときに，その方法と仕事の大きさの関係を調べる目的で**実験１**を行った。これについて，後の**１**～**４**に答えなさい。ただし，質量100ｇの物体にはたらく重力の大きさを１Ｎとする。

実験１

質量800ｇのおもりに軽い糸をつけて高さ0.15ｍまで引き上げる。このときに必要な力の大きさと糸を引いた距離を測定した。

方法１　**図１**のように，直接引き上げた。

方法２　**図２**のように，質量60ｇの動滑車を使って引き上げた。

方法３　**図３**のように，斜面を使って引き上げた。

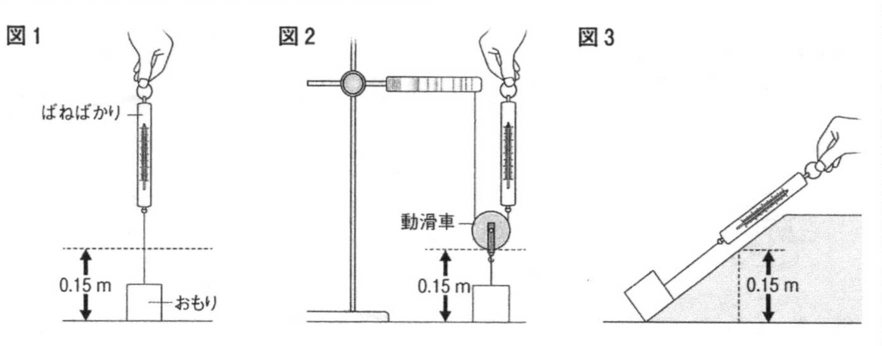

結　果　それぞれの方法による結果は，**表**のようになった。

表

	引き上げた力の大きさ	糸を引いた距離
方法１	8.0 N	0.15 m
方法２	4.3 N	0.30 m
方法３	7.0 N	0.25 m

１　**方法１**で，高さ0.15ｍまで引き上げておもりが静止しているとき，おもりにはたらく重力とつり合う力を，解答欄の重力にならって**作用点**を●で示し，**矢印**でかきなさい。

２　**方法１**で，おもりを引き上げるのにかかった時間は2.0秒だった。おもりを引き上げた力がした仕事の**仕事率**は**何Ｗ**か，求めなさい。

３　**方法２**の結果について考察している２人の会話文の［　Ｘ　］にあてはまる**理由**を答えなさい。

鈴木さん「引き上げた力の大きさは，仕事の原理から予想すると4.0Ｎになるはずなのに，結果は予想より大きくなったね。これはなぜだろうか。」
田中さん「動滑車と糸の間ではたらく摩擦力はとても小さくて，実験の結果にほとんど影響がないため，理由は［　Ｘ　］だと思うよ。」

４　**方法３**の結果も，引き上げた力の大きさは，仕事の原理から予想される力の大きさよりも大きい。**何Ｎ**大きいか，求めなさい。

問2　電流がつくる磁界や，電流が流れているコイルが磁界から受ける力を調べる目的で**実験2**を行った。これについて，後の**1**～**4**に答えなさい。

実験2

操作1　**図4**のように，コイルに**A**から**B**の向きに電流を流したとき，電流がつくる磁界のようすを調べた。

操作2　**図5**のような実験装置を組み立てて電流を流し，コイルが受ける力の向きを調べた。

操作3　**操作2**と電流の向きを逆向きにして，コイルが受ける力の向きを調べた。

操作4　**操作3**に続けて，**操作3**と磁石の磁界の向きを逆向きにして，コイルが受ける力の向きを調べた。

図4

図5

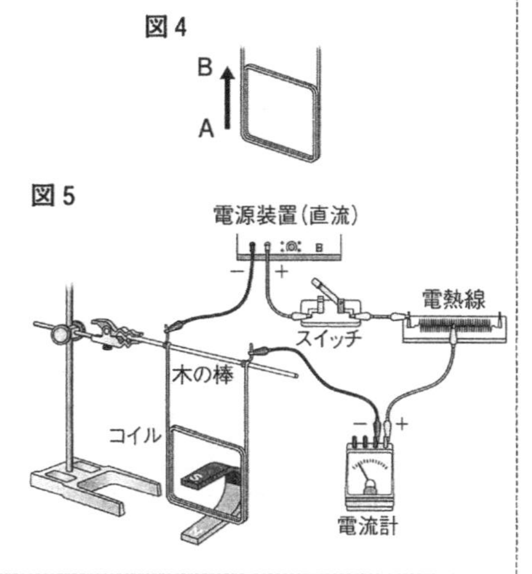

1　**操作1**で，**A**から**B**に向かって流れる電流がつくる磁界のようすを磁力線で表したものとして最も適当なものを，次の**ア**～**エ**から**一つ**選び，記号で答えなさい。

ア

イ

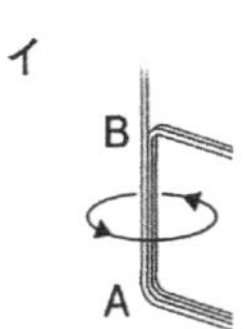

ウ

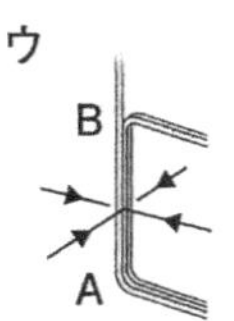

エ

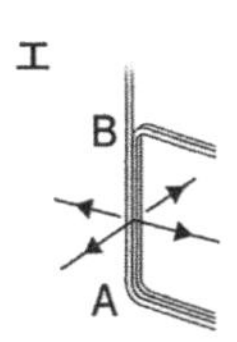

2　**操作2**で，コイルは**図6**の矢印の向きに動いた。**操作3**，**操作4**の結果について述べた次の文の［　X　］，［　Y　］にあてはまる**語句**をそれぞれ答えなさい。

図6

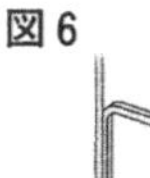

> コイルが受ける力の向きは，**操作3**では**操作2**のときと［　X　］であり，**操作4**では**操作2**のときと［　Y　］であった。

3　10Ω，20Ω，30Ωの3種類の抵抗器が1個ずつある。この中から2個の抵抗器を選んで直列または並列につなぎ，**図5**の実験装置の電熱線のかわりに使用する。コイルが受ける力の大きさが**最も大きくなる**抵抗器の組み合わせとつなぎ方を，解答欄に合うように答えなさい。ただし，電源装置の電圧は一定になるようにして実験を行う。

4　私たちは，電流が磁界から受ける力を日常生活のさまざまな場面で利用している。その例として最も適当なものを，次の**ア**～**エ**から**一つ**選び，記号で答えなさい。

ア　蛍光灯の光であたりを照らす。
イ　電気ポットの電熱線で水を温める。
ウ　マイクロホン（マイク）で音をひろう。
エ　換気扇をまわして排気する。

【第５問題】 次の**問１**，**問２**に答えなさい。

問１ 吉田さんは，**図１**のような雲ができるしくみに興味をもち，次の**仮説１**を設定して**実験１**を行い，湿度，気圧の変化と雲のでき方の関係を調べることにした。これについて，後の**１**～**４**に答えなさい。

図１

仮説１ 空気の湿度が高いほど，気圧を下げたときに雲ができやすくなるだろう。

実験１

操作１ ビニルぶくろの中に少量の水と少量の線香のけむりを入れ，口を輪ゴムできつくしばった。

操作２ **図２**のように，簡易真空容器の中に**操作１**のビニルぶくろ，気圧計，デジタル温度計を入れてふたをした。このときの気圧，温度，ビニルぶくろのようすを記録した。

操作３ 簡易真空容器の中の空気をぬいて，気圧，温度，ビニルぶくろのようすを記録した。

結　果 **操作２**，**操作３**の結果は，**表１**のようになった。

図２

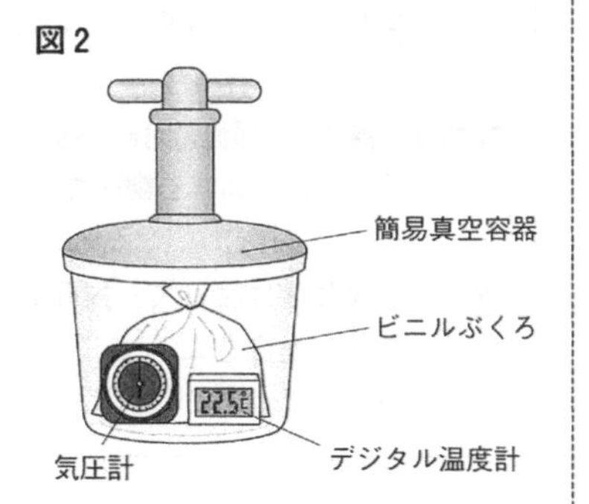

表１

	気圧〔hPa〕	温度〔℃〕	ビニルぶくろのようす
操作２	1000	22.5	中はくもっていなかった
操作３	650	20.7	ふくらんで，その中がくもった

１ **図１**は，積雲が発達したもので，雷やひょう，大雨の原因となる雲である。この雲を何というか，その**名称**を答えなさい。

２ **操作３**の**下線部**は，自然界で雲ができるときのどのような現象を再現したものか。次の文の［X］，［Y］にあてはまる語句の組み合わせとして最も適当なものを，後の**ア**～**エ**から**一つ**選び，記号で答えなさい。

水蒸気をふくむ空気のかたまりが［X］して，まわりの気圧が［Y］なる現象を再現している。

	X	Y
ア	上昇	高く
イ	上昇	低く
ウ	下降	高く
エ	下降	低く

３ 次の文章は，**操作３**でビニルぶくろの中がくもった理由を説明したものである。［Z］にあてはまる適当な**言葉**を答えなさい。

気圧が変化することで，ビニルぶくろの中の空気が膨張して温度が下がった。このことで，温度が［Z］なったため，空気にふくまれていた水蒸気が水滴になった。

４ **仮説１**を確かめるためには，さらに**図２**の装置で湿度を変えて実験を行う必要がある。**実験１**のときと比べて**湿度を高く**するにはどうしたらよいか，その**方法**を答えなさい。

問2　吉田さんは，吸盤が平面にはりつくことに疑問をもち，次の**仮説2**を設定して，**実験2**を行った。これについて，後の**1**〜**4**に答えなさい。

> **仮説2**　吸盤の［ X ］が大きいほど，吸盤がはずれるのに必要な［ Y ］が大きくなるだろう。

実験2

操作1　**表2**のような3種類の吸盤を用意した。

表2

吸盤	A 約2cm	B 約3cm	C 約4cm
平面にはりついたときの吸盤の面積	0.0003 m^2	0.0007 m^2	0.0013 m^2

操作2　実験室の気圧を測定した。

操作3　**図3**のように，軽いふくろをとり付けた吸盤を机の下にはりつけた。

操作4　質量50gのおもりをふくろに入れていき，吸盤が机からはずれたときのおもりの個数と力の大きさを，それぞれ1回だけ調べた。

結　果　この実験の結果は，**表3**のようになった。

図3

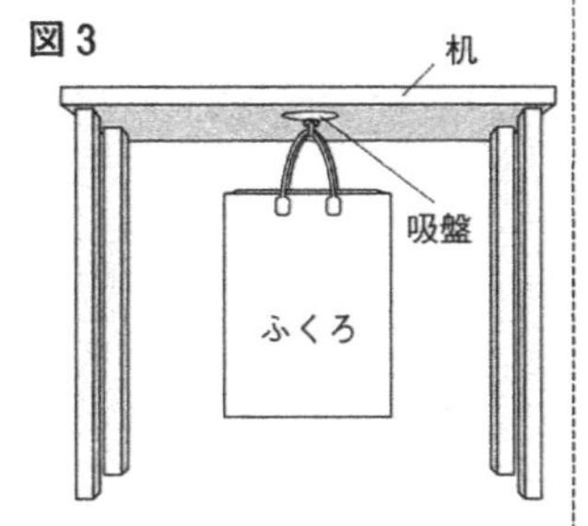

表3

吸盤	A	B	C
実験室の気圧〔hPa〕	998	998	998
吸盤が机からはずれたときのおもりの個数〔個〕	38	52	162
吸盤が机からはずれたときの力の大きさ〔N〕	19	26	81

1　**仮説2**の［ X ］，［ Y ］にあてはまる適当な**語句**をそれぞれ答えなさい。

2　吉田さんは，同じ学級の前田さんから「吉田さんが行った実験の結果では，測定値が足りないので仮説が正しいことを十分に判断できません。」と意見をもらった。どのように改善すればよいか，**具体的な操作**を答えなさい。

3　吉田さんはその日のうちに実験を改善して行い，その結果をもとにして次のように考えをまとめた。［ Z ］にあてはまる**語句**を答えなさい。

> 実験の結果から，**仮説2**が正しいことがわかった。このような結果になるのは，吸盤の面積によって，［ Z ］が吸盤をおす力が変化したためであると考えられる。

4　別の日に，吉田さんが改善した操作でもう一度実験を行うと，どの吸盤も机からはずれたときのおもりの個数が，前に行った実験の結果より増えた。その**理由**を答えなさい。

島根県公立高等学校
令和5年度学力検査問題

（第1限　9：20〜10：10）

国　　語

注　　意

1　「始め」の合図があるまでは，開いてはいけません。

2　問題は全部で5題あり，10ページまでです。

3　「始め」の合図があったら，まず，解答用紙に検査場名，受検番号を書きなさい。

4　答えは，すべて解答用紙に書きなさい。また，**解答に句読点，記号が必要な場合は，それも一字として数えなさい。**

5　「やめ」の合図で，すぐ鉛筆をおき，解答用紙を裏返しにして机の上におきなさい。

2023(R5) 島根県公立高
K 教英出版

【第一問題】 次の**問一**～**問六**に答えなさい。

問一 次の**1**～**4**の傍線部の読みを、それぞれ**ひらがな**で書きなさい。

1 景色を眺める。

2 会議に諮る。

3 商品を廉価で販売する。

4 緻密な計画を立てる。

問二 次の**1**～**3**の傍線部の**カタカナ**を、それぞれ**漢字**で書きなさい。ただし、**楷書**で丁寧に書くこと。

1 海岸にソって歩く。

2 相手をウヤマう。

3 物事にはコウザイの両面がある。

問三 次の文の傍線部の**カタカナ**を漢字で書いたとき、正しいものを、後の**ア**～**エ**から**一つ**選び、記号で答えなさい。

作業のカテイを記録する。

ア 仮定

イ 家庭

ウ 課程

エ 過程

問四　次の文の傍線部の「食べる」と**活用の種類**が同じ動詞を、後の**ア**～**エ**の文の傍線部から**一つ**選び、記号で答えなさい。

食後にデザートを食べる。

ア　家を出る時、電話が鳴った。

イ　遠方から友人が来た。

ウ　今日から日記を書こう。

エ　駅まで走れば間に合うだろう。

問五　次の行書で書いた漢字の**部首名**を、**ひらがな**で答えなさい。

溝

問六　次の文の傍線部の「ゐたり」を、**現代仮名遣い**に改めなさい。

恥づかしさに面うち赤めてゐたり。

【第二問題】 次の Ⅰ 、 Ⅱ の文章を読んで、下の**問一**～**問五**に答えなさい。

Ⅰ

持続可能な開発の定義において問われていることは、①将来世代と現行世代がどのような関係にあるべきかということです。このことについて持続可能な開発という概念には、「現行世代である私たちが自らのニーズを満たすための開発をするとき、その開発のあり方が、将来世代が彼らのニーズを満たすために必要な能力を阻害するものであってはならない」という力強いメッセージが込められています。つまり、社会が発展していくときに、将来世代と現行世代の間には、公平な関係性が担保(注)されなければならないと主張しています。

（以上、X）

とても魅力的な主張である一方で、実際にこの持続可能な開発を実践するには、多くの難しい点があります。当然ですが、将来世代はまだ生まれてすらいませんから、現行世代の私たちは彼らの声について想像するしかありません。これが本当に彼らの声を代弁するものであるのかについては、残念ながら確かめようがありません。

また、私たち現行世代は、将来世代が暮らす時代には、今よりも科学技術や社会制度が発展していると考えがちです。そのため、現段階で私たちにとって問題であることも、将来世代にとっては既に解決可能なことになっているだろうと楽観的に考えてしまうことがあります。このような見方の背景には、時間の経過とともに技術や制度というものは改善されていき、そうしたときに物事は必ず改善されていくのだというような、発展に対する直線的な見方があります。しかし、実際には私たちの社会にはもう何世代も解決できていないような問題がいくつもあります。

【中　略】

②持続可能な開発の定義のなかでもうひとつ重要な概念は、「ニーズ（needs）」の部分です。持続可能な開発の和訳では「欲求」が用いられていますが、ここでのニーズはもう少し広い意味合いを含んでいます。「欲求」は生命活動の存続に必要なことという意味ですが、持続可能な開発におけるニーズには、ジェンダーの公平性、教育機会の平等、民主主義的な社会の維持など、生活の質（Quality of Life）に深く関連する項目も含まれています。単に環境保全と経済発展のバランスだけを見ているのではなく、人々の暮らしに関わる多くの項目が、持続可能な開発における「ニーズ」には含まれているのです。

そして、このニーズは時代と共に変化していきます。私たち現行世代にとって満たしたいニーズは、先行世代のそれから大きく変化してきていますから、将来世代のニーズが私たちのそれと大きく異なるものになることも容易に想像がつきます。

例えば経済的な豊かさを環境よりも優先した結果として、深刻な公害を私たちは経験しました。地方の自律的発展よりも大都市圏の経済活動を優先した結果として都市と地方の間に様々な格差が生じ、かつ固定化することを容認してきました。③こうした課題が克服されていくなかで現行世代の私たちのニーズは徐々に満たされていくことになるわけですが、将来世代は異なる社会に暮らすことになりますから、

問一　傍線部①「将来世代と……あるべきか」とあるが、文章中では、将来世代と現行世代の関係はどうあるべきだと述べているか。次の形式に合うように、Ⅰ**の文章中の** X **から二字**で抜き出して答えなさい。

> 将来世代と現行世代の関係は、（　**二字**　）であるべきだ。

問二　傍線部②「持続可能な……部分です。」とあるが、持続可能な開発におけるニーズには、どのような意味合いが含まれているか。最も適当なものを、次の**ア**～**エ**から**一つ**選び、記号で答えなさい。

ア　人間が生命活動の存続を目指し、最低限必要なライフラインの確保を求めること。

イ　人間が質の高い生活を手に入れることだけを考え、新たな科学技術の開発を求めること。

ウ　人間が環境を守りながら経済を発展させ、同時に生活の質も保持することを求めること。

エ　人間が生活の質よりも自然を大切だと考え、環境保全を最優先することを求めること。

問三　傍線部③「こうした課題」の中で、まだ解決できていないものがあるのは、人々にどのような考え方の傾向があるからか。次の形式に合うように答えなさい。ただし、（ **A** ）は**二十五字以上、三十五字以内**で答えること。（ **B** ）は Ⅰ **の文章中から四字**で抜き出して答えること。

> 人々には、（　**A 二十五字以上、三十五字以内**　）という見方を背景として、「目の前の課題は、将来、（　**B 四字**　）になっているだろう。」と考える傾向があるから。

彼らにとっての課題やニーズも必然的に我々のそれとは異なっていることでしょう。

現行世代の私たちが将来世代の彼らのニーズを言い当てることはできませんが、私たちが彼らのことに思いを馳せることはできます。このように将来世代が暮らす未来のことを考慮しながら、現行世代の私たちの開発のあり方を考える、ということが「持続可能な開発」という概念が意味するところなのです。つまり、持続可能な開発という考え方は、半分は現行世代の開発のあり方を将来世代との公平な関係性のなかで問い直していくこと、そしてもう半分は次世代への思いやりによってできていると言えます。

（工藤尚悟『私たちのサステイナビリティ ―まもり、つくり、次世代につなげる』岩波ジュニア新書による）

（注）担保…保証すること。

Ⅱ

言うまでもないことでしょうが、全ての仕事は「これから」のためにある。それは一瞬先かもしれないし一年先かもしれず、もしかすると百年後なのかもしれません。いずれにしても将来のために、今、何をしておくべきかを考え、事を為す。

美味しい食事を提供するのも、食べていただいた人が幸福になるのを想像してつくる仕事ですし、治療は、患者さんができるだけ支障なく生活できるように、自然治癒力も考慮した上で今後の方策を考え、適切に手を施す仕事です。つまり、いくら優れた技術を身につけていても、「これから」をまず想像できなければ意味ある仕事にはならないのです。先が読めないのは、場合によって危険ですらある。世間で問題となる「事故」の原因のほとんどは、想像力の欠如です。

デザインの仕事も同じく、美しい形がいくら作れ、綺麗な線がどれだけ描けても、その前にきちんと現状を把握して先を想像し、今のうちに何をしておくべきかが分からなければ技術はまるで活きません。その「読み」が間違っていれば、多くの人の迷惑にも繋がりかねない。とはいえ、どれだけ「これから」を想像しても、人が為す事に完璧はあり得ません。自然は人の営みのためにあるのではないので、大震災のごとき予測不可能な事態が次々に起こります。しかし、だからどうなってもいいわけはなく、完璧でないからこそ、これでいいのだろうかと常に疑って掛かる必要がある。

例えば、歩道に大きな石が落ちていたとして。不特定多数の老若男女が通行するのですから、身体の弱い人の歩行を想って、その石を脇に寄せておくのは言うまでもありません。そうしておけば、そんな石があったなど誰にも気づかれずに、多くの人がスムーズに往来できる。これも④想像と対処に他なりません。自分のためをしか考えられなければ、石をどけるどころか自分が躓いてしまったりする。

常に、置かれた状況に神経を配る習慣を身につけておくべきなのです。考えよう、ではもう遅い。習慣にしておけば、考える前に身体が反応します。

（佐藤卓『塑する思考』新潮社刊による）

問四 傍線部④「想像と対処」とあるが、その具体例として最も適当なものを、次の**ア～エ**から**一つ**選び、記号で答えなさい。

ア 決められた型に従って、同じデザインの服を正確に作り続けること。

イ 手作業にこだわり、コンピューターではなく手描きで服のデザイン画を描くこと。

ウ 自分がデザインした服を見ながら、どう着こなしてもらえるか考えること。

エ 実際に着る人のことを考えて、着心地のよいデザインの服を作ること。

問五 **Ⅰ**、**Ⅱ**の文章について、次の**1**、**2**に答えなさい。

1 **Ⅰ**、**Ⅱ**の文章に共通して述べられていることはどのようなことか。次の形式に合うように答えなさい。ただし、（ **A** ）は**Ⅱの文章中から二字**、（ **B** ）は**Ⅱの文章中から一字**でそれぞれ抜き出して答えること。

（ **A 二字** ）のことを考慮しながら、（ **B 一字** ）のあり方を考えることが必要だということ。

2 **Ⅱ**の文章では、さらに日頃からどのようにしておくことが必要だと述べているか。「**身体**」という言葉を用いて、**四十字以上、五十字以内**で答えなさい。

【第三問題】 次の文章を読んで、下の**問一**～**問六**に答えなさい。

> 高校一年生の楓は、神社の片隅にある弓道の道場に入門した。そこには国枝という老人や熱心に練習に励む高校二年生の乙矢がいた。乙矢は参段の昇段審査を受けたが、不合格となっていた。この日は、国枝と乙矢、初心者の楓の三人で練習をし、順番に矢を射る際、乙矢が一番前に立って最初に矢を射る「大前」という役目を務めていた。

乙矢の射は力強く、一直線で的に中った。続く楓の射は三時の方向に矢が逸れた。国枝は力みなく真ん中に中てる。二射目も同様に、乙矢と国枝は的に中て、楓だけ大きく外した。

退場して矢取りをして戻って来ると、乙矢が待ち構えたように国枝に尋ねた。

「どうでしたか？」

①はやる乙矢を、まあまあ、というように国枝は制した。

「私より先に、このお嬢さんに感想を聞いてみましょう。この前、ふたりでやった時と比べて、どうでしたか？」

「あの時はふたりだったし、立ち順も違うので、単純な比較は難しいんですけど」

いきなり話を振られて、楓は少し口ごもった。何と言えば、乙矢のことをうまく表現できるだろう。

「今回は、二番目だったので、大前に合わせなきゃ、ということを考えて、ちょっと焦りました。歩幅が違うので、早く歩かなきゃいけないし。前は自分が大前だったので、自分のペースでできたんですが」

②乙矢の顔がさっと曇った。何か自分はまずいことを言っただろうか、と楓は思う。

「乙矢くんの射についてはどう思いましたか？」

「カッコよかったです。的を絶対外さない、という気迫を感じました」

楓は乙矢をフォローしたつもりだったが、乙矢の顔はさらに歪んだ。逆効果だったようだ。

「わかりましたね。このお嬢さんが、あなたの射の欠点をみごとに見抜いている」

「はい」

乙矢が力なくうなだれる。楓には、訳がわからない。

「あなたは何をそんなに焦っているのですか？　それが射に表れている」

「焦っている……？」

「審査当日の射を見てないので、③これはあくまで私の考えですが」

国枝は優しい目で乙矢を見ながら、一語一語言葉を選ぶようにゆっくり語った。

「あなたの射型はきれいだし、的中もする。参段なら合格にしてもよかったかもしれない。だけど、若い方には正しい射を身に付けてほしい、という思いが我々先人にはあるんです。だから、あえて厳しくみる、そういうことだったのかもしれません」

国枝の言葉を嚙みしめるように、乙矢は視線を下に向けている。

「問われているのは技術ではなく、弓に向かう姿勢ではないでしょうか」

「弓に向かう姿勢……」

乙矢は深い溜め息を吐いた。

「ありがとうございます。もっと精進(注)いたします」

精進なんて古い言葉、よく使えるなあ、と楓は感心して聞いている。

乙矢は弓と矢をしまい、「ありがとうございます」と弓道着のままで出て行った。その顔は暗く、もやもやしたものを胸に抱えているようだった。[illegible]④楓は国枝に聞いた。

問一 傍線部①「はやる乙矢」とあるが、ここでの「はやる」の意味に最も近いものを、次のア～エから**一つ**選び、記号で答えなさい。

ア 批判を恐れて不安になる。

イ 気持ちが先に立って焦る。

ウ 自分の力不足に落ち込む。

エ 他人の失敗にいらだつ。

問二 傍線部②「乙矢の顔がさっと曇った。」とあるが、乙矢がこのような表情になったのはなぜか。**十五字以上、二十五字以内**で答えなさい。

問三 傍線部③「これはあくまで私の考えですが」とあるが、この後、国枝は弓道において、どのようなことが重要であると乙矢に伝えているか。次の形式に合うように、**文章中から七字**で抜き出して答えなさい。

> きれいな射型や的に中てることよりも、（　**七字**　）が重要であるということ。

問四 傍線部④「楓は国枝に聞いた。」とあるが、楓がこのようにしたのはなぜか。このときの楓の心情も含めて、次の形式に合うように答えなさい。ただし、（**A**）は**十字以上、二十字以内**、（**B**）は**二十五字以上、三十五字以内**で答えること。

> 乙矢が（**A　十字以上、二十字以内**）ので、（**B　二十五字以上、三十五字以内**）から。

ですけど」

それを聞いて、国枝は微笑んだ。

「いえ、正直に話してくれて、乙矢くんも感謝してると思いますよ」

「だけど……」

自分の言葉を聞いて、乙矢はショックを受けたようだ。乙矢を貶めるようなことを口にしてしまったのではないだろうか、と楓は気にしている。

楓の想いを察したのか、国枝は優しい目をしたまま説明した。

「そろって弓を引く場合には大前のタイミングにみんなが合わせるものですが、一方で大前こそ続く人たちのことを把握しておかなければならない。双方がお互いのことを意識しあって、初めて三人が一体となるんです。あなたが焦った、ということは、大前があなたの歩く速度を考慮していなかった、あなたのことが見えてなかった、ということなんです」

確かに、国枝とやった時のような安心感、一緒に弓を引いている、という充実した気持ちはなかった。乙矢に遅れまい、とするだけで精一杯だった。

「それに、射をする時には『中ててやろう』という意識を剝き出しにしてはいけません。そういう姿勢は醜いとされているんです」

「なぜですか？　弓を引く時は誰だって中てよう、と思うんじゃないですか？」

楓の言葉に、国枝は再び微笑んだ。

「教本通りの答えで言うなら、的に囚われているのは美しくない、ということになります」

「教本通りじゃないとダメなんですね」

「ええ。ですが、ただ教本に書かれているのを鵜呑みにして、それを形だけ真似するというのも、よくないことだと私は思います。教本は道しるべではありますが、なぜそうなるのか、自分の射がどういうものかは、毎日修練して自分でみつけねばならない。(注)畢竟それが弓を引くことの意味だと私は思っています」

「⑤よく……わかりません」

だとしたら、別に乙矢が悪いわけではない、ということにならないだろうか。

「わからなくてもいいのです。いまわからなくても、いつかわかる時が来るかもしれない」

「ずっとわからないこともあるんですか？」

楓が聞くと、逆に国枝が問い返す。

「それは嫌ですか？」

「ええ」

楓がきっぱりと返事すると、国枝は破顔一笑した。

「わからないことの答えを探し続けることも、大事なことですよ。何もかも、簡単に答えがわかったら、つまらないじゃないですか」

（碧野圭『凜として弓を引く』による）

（注）射…弓道において矢を射ること。
精進…そのことだけに打ち込むこと。
畢竟…結局。

このときの楓について説明した次の文の（Ａ）、（Ｂ）に入る適当な言葉を答えなさい。ただし、（Ａ）は**文章中から十八字**、（Ｂ）は**文章中から八字**でそれぞれ抜き出して答えること。

> 国枝が言うように「自分の射」とは、（　**Ａ　十八字**　）ものであるとしたら、乙矢はそうしているのだから、乙矢が（　**Ｂ　八字**　）のではないか、と楓は思っている。

問六　文章中の国枝の、楓たちへの接し方についての説明として最も適当なものを、次の**ア**～**エ**から**一つ選び**、記号で答えなさい。

ア　楓や乙矢が早く上達できるように、わかりやすく具体的なアドバイスを与えている。

イ　楓には一から丁寧に教えているが、乙矢には突き放すような言い方で厳しく接している。

ウ　楓や乙矢との対話を大切にしながら、二人の成長を温かいまなざしで見守っている。

エ　楓や乙矢に厳しく接すると二人に嫌われてしまうので、常に優しい表情を作っている。

【第四問題】 次の**和歌A**、**和歌B**、**漢詩**と、先生と生徒の**〔会話文〕**を読んで、下の**問一～問四**に答えなさい。

和歌A

雪のうちに　春は来にけり　鶯の　凍れる涙　いまやとくらむ

藤原高子

（『古今和歌集』による）

〔まだ雪が降っているうちに春がやって来た。鶯の凍っていた涙も今ごろはとけているだろうか。〕

和歌B

うらうらに　照れる春日に　ひばり上がり　心悲しも　ひとりし思へば

大伴家持

（『万葉集』による）

〔うららかに照っている春の日に、ひばりが空に舞い上がっているのに、一人で物思いに沈んでいる私は悲しいことだ。〕

漢詩

王安石

戸を閉ぢて愁ひを推さんと欲するも
〔戸を閉めていると、悲しみを追いやろうとしても、〕
愁ひは終に肯へて去らず
〔悲しみはどうしても出て行かない。〕
底事ぞ　春風来りて
〔しかし、なぜだろうか。戸を開けて春風が入って来ると、〕
愁ひを留むるも愁ひは住まらず
〔悲しみを引き留めようにも、悲しみは留まらない。〕

（参考）
閉ヂテレ戸ヲ欲スルモレ推サントレ愁ヒヲ
愁ヒハ終ニ不二肯ヘテ去一ラ
底事ゾ春風来リテ
留ムルモレ愁ヒヲ愁ヒハ不レ住マラ

問一 **〔会話文〕**の（ Ⅰ ）に入る言葉として最も適当なものを、次の**ア～エ**から**一つ**選び、記号で答えなさい。

ア　春に降る雪を見た驚き
イ　雪の中の鶯を哀れむ心
ウ　冬の終わりの憂うつ
エ　春の到来を喜ぶ気持ち

問二 **〔会話文〕**の（ Ⅱ ）に入る適当な言葉を、**和歌B**の**中から四字**で抜き出して答えなさい。

問三 **〔会話文〕**の（ Ⅲ ）に入る適当な言葉を、**漢詩**の**中から二字**で抜き出して答えなさい。

問四 **〔会話文〕**の（ Ⅳ ）に入る適当な言葉を、**十字以内**で答えなさい。

ユウ　和歌A、和歌Bは、どちらも春の歌で、鳥が詠まれています。和歌Aに出てくる「鶯」は「春告げ鳥」と呼ばれ、古くから親しまれていたそうです。和歌Bの「ひばり」も古い時代から和歌に登場していて、俳句では春の季語になっています。

先生　よく調べましたね。和歌Aは、春の始まりの日である立春、今の二月四日頃に詠まれたもので、「鶯がついに春を告げにやってくるのだ」ということを詠んだ和歌なのですが、作者のどのような心情が表現されていると思いますか。

アヤカ　和歌Aには作者の心情を表す言葉はありませんが、（　Ⅰ　）を表現した和歌だと思います。

先生　そのとおりです。では、和歌Bはどうですか。

リク　和歌Bは、「（　Ⅱ　）」という心情を表す言葉で、春の明るく暖かな雰囲気とは対照的な作者の心情が表現されています。

先生　的確な説明ですね。では、漢詩と比べてみましょう。何か気づくことがありますか。

ユウ　和歌Bでは、春を感じるほど、作者の「（　Ⅱ　）」という心情が強くなっていますが、漢詩では、（　Ⅲ　）によって、作者の心情に変化が起こっています。具体的には、春を感じたことで（　Ⅳ　）ことができたのだと思います。

先生　いいところに気がつきましたね。みなさん、よく考えました。

【第五問題】

次は、くにびき中学校の生徒会の役員が、地域の人との交流について話し合っている様子です。下の**問一**～**問三**に答えなさい。

〔話し合いの様子〕

アオイ　これから、地域の人との交流について話し合いたいと思います。みなさんは普段、地域の人と関わりがありますか。

レン　私は近所の人に会ったら挨拶をしています。けれども、小学生の頃に比べると、地域の行事に参加しなくなりました。

ユイ　私も最近、地域の行事には参加していません。学校の友達とのつながりがあるから、それで十分だと思っていました。

ミオ　地域の人とのつながりが薄くなっていくのは寂しいです。それに、災害のときなどは、地域の人と助け合う必要があるので、もっと交流を増やした方がよいと思います。

レン　私もそう思います。私たちで、地域の人と直接会って交流する企画を考えてみませんか。

アオイ　そうですね。では参考として、実際に地域でどのような取り組みが行われているのかを、くにびき市の担当者に聞いてみましょう。

（話し合いは続く）

問一　アオイさんは、くにびき市の担当者に取材のお願いをするために、まず電子メールで連絡をとることにしました。電子メールの書き方として**適当でない**ものを、次の**ア**～**エ**から**一つ**選び、記号で答えなさい。

ア　メールの用件がひと目でわかるように、簡潔でわかりやすい件名を付ける。

イ　言葉だけでは伝わりにくい思いを、顔文字や絵文字などをたくさん使って表現する。

ウ　冒頭に宛名を書き、簡単な挨拶と自己紹介を記してから用件をまとめ、最後に署名を加える。

エ　すべての行の長さをそろえる必要はなく、読みやすい適当な長さで改行する。

問二　話し合いでは、この後、様々な企画の案が出たので、一つの案にまとめることになりました。このときに気をつけることとして最も適当なものを、次の**ア**～**エ**から**一つ**選び、記号で答えなさい。

ア　一つの見方にこだわりすぎず、互いの意見の長所を取り入れて生かすようにする。

イ　それぞれの意見を大切にし、考えの違いについては比べることはしないようにする。

ウ　話し合いの目的を意識しながら、目的に合わない意見も含めてまとめるようにする。

エ　話し合いの途中で意見を変えず、最後まで自分の[illegible]。

会って交流する様々な企画の案が出ました。あなたなら、どのような交流がよいと思いますか。次の①〜③の条件に従って作文しなさい。

① 地域の誰と何をするのがよいか、具体的に交流の内容を**一つ**述べること。

② あなた自身の経験や見聞きしたことを根拠にして、①のように交流することが地域の人々にどのような効果をもたらすかを述べること。

③ **百五十字以上、百八十字以内**でまとめること。句読点や記号も一字として数える。ただし、**一マス目から書き始め**、段落は設けない。

※読み返して文章の一部を直したいときは、二本線で消したり、余白に書き加えたりしてもよい。

令和５年度学力検査問題

（第２限　10：30～11：20）

数　　学

注　　意

1　「始め」の合図があるまでは，開いてはいけません。

2　問題は全部で５題あり，10ページまでです。

3　「始め」の合図があったら，まず，解答用紙に検査場名，受検番号を書きなさい。

4　答えは，すべて解答用紙に書きなさい。

5　「やめ」の合図で，すぐ鉛筆をおき，解答用紙を裏返しにして机の上におきなさい。

注意　$\sqrt{}$ や円周率 π が必要なときは，およその値を用いないで $\sqrt{}$ や π のままで答えること

【第1問題】 次の問1～問9に答えなさい。

問1　$2+12\div(-3)$　を計算しなさい。

問2　$\sqrt{20}+\dfrac{10}{\sqrt{5}}$　を計算しなさい。

問3　方程式　$x^2+x-4=0$　を解きなさい。

問4　1本 a 円の鉛筆5本と，1本 b 円のボールペン3本の代金の合計は，1000円より高い。この数量の関係を不等式で表しなさい。

問5　図1のように，円周上に4点A，B，C，Dをとる。このとき，$\angle x$ の大きさを求めなさい。

図1

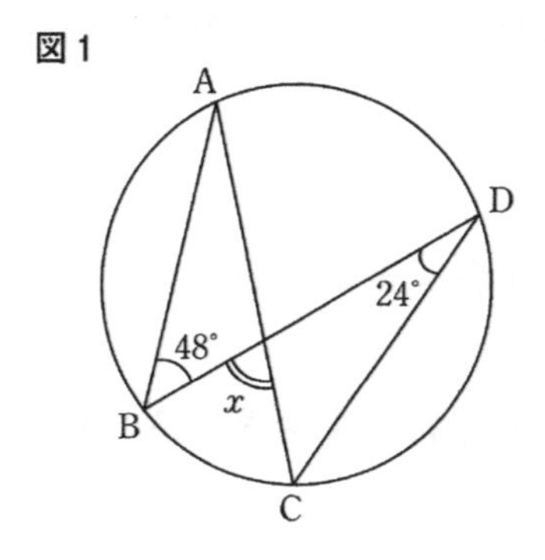

問6　2点A(1, 2)，B(3, 5)の間の距離を求めなさい。

問7　次の**ア**～**エ**のうち，y が x に反比例するものを**1つ**選び，記号で答えなさい。

ア　半径が x cmである円の周の長さ y cm
イ　半径が x cmである円の面積 y cm²
ウ　周の長さが 20cmである長方形の縦の長さ x cmと横の長さ y cm
エ　面積が 20cm² である長方形の縦の長さ x cmと横の長さ y cm

問8　みなみさんの通う中学校では冬休みが20日あり，数学の宿題が70問出題されている。みなみさんは1日あたり3問か5問を毎日解いて，20日目にちょうど宿題が終わる計画を立てた。3問解く日と5問解く日はそれぞれ何日か，求めなさい。

問9　**図2**は，ある月のカレンダーである。カレンダーの8日から24日のうち，月曜日から金曜日までの数から1つを選び ◯ で囲む。◯ で囲んだ数を n とし，n の真上の数を a，真下の数を b，左横の数を c，右横の数を d とする。例えば，**図2**のように14を ◯ で囲むと，$n = 14$，$a = 7$，$b = 21$，$c = 13$，$d = 15$ となる。下の**1**，**2**に答えなさい。

図2

日	月	火	水	木	金	土
			1	2	3	4
5	6	7	8	9	10	11
12	13	(14)	15	16	17	18
19	20	21	22	23	24	25
26	27	28	29	30	31	

1　a を n を使って表しなさい。

2　a，b，c，d をそれぞれ n を使って表し，$bc - ad$ を計算すると，$bc - ad$ はどのような数になるか。次の**ア**～**エ**から，最も適当なものを**1つ**選び，記号で答えなさい。

ア　12の倍数　　**イ**　奇数　　**ウ**　24の倍数　　**エ**　負の数

【第2問題】 次の**問1**，**問2**に答えなさい。

問1 赤球3個と白球1個がはいっている袋から球を取り出すとき，次の**1**〜**3**に答えなさい。ただし，**1**〜**3**のそれぞれについて，どの球が取り出されることも同様に確からしいものとする。

1 袋から球を1個取り出すとき，赤球が出る確率を求めなさい。

2 袋から球を1個ずつ2回続けて取り出すとき，2個とも赤球が出る確率を求めなさい。

3 袋から球を1個取り出して色を調べ，それを袋にもどしてから，また，球を1個取り出す。このとき，2個とも赤球が出る確率を求めなさい。

問2 あみさんとけいすけさんは，正四面体について話し合っている。次の**1**，**2**に答えなさい。

1 あみさんは正四面体の展開図を考えた。次の**ア**〜**エ**の展開図を組み立てて正四面体をつくるとき，辺ABと辺XYがねじれの位置になる展開図はどれか，**ア**〜**エ**から**1つ**選び，記号で答えなさい。

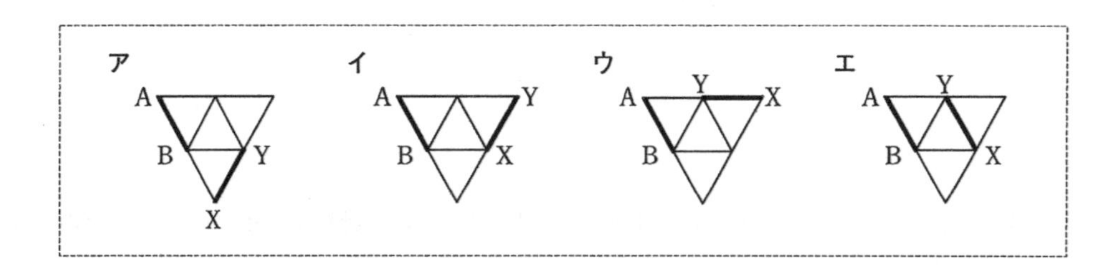

2　図1のような，正四面体ABCDがある。ひもを辺ABの中点Pから，正四面体の辺BC，CD，DAを順に通るように点Pまで1周させる。ひもが辺BC，CD，DA上を通る点をそれぞれ点Q，R，Sとする。2人は，ひもの長さが最小となる場合について考えている。下の**会話文**の［　（Ⅰ）　］に適する言葉を入れ，［（Ⅱ）］にあてはまる言葉をあとの選択肢**ア〜ウ**から**1つ**選び，記号で答えなさい。

図1

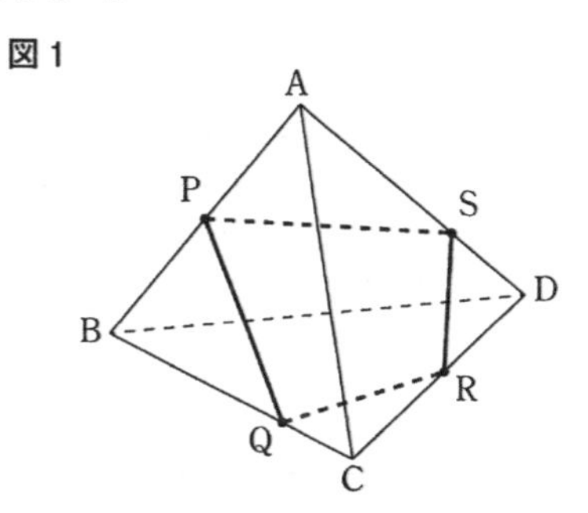

会話文

けいすけ　正四面体の展開図は，**1**であみさんが考えたもの以外にも，**図2**のように平行四辺形になるものもあるね。

図2

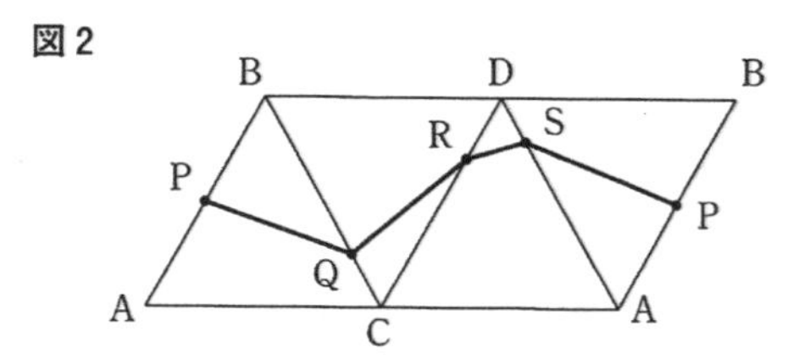

あみ　ひもの長さ（PQ＋QR＋RS＋SP）が最小となるときを**図2**の展開図で考えると，点P，Q，R，Sが［　（Ⅰ）　］ときだね。

けいすけ　**図3**のように，辺AB上で点P以外の点P′から，同じように正四面体の辺BC，CD，DAを順に通るようにひもを点P′まで1周させたときは，最小となるひもの長さはどうなるかな。

あみ　点P′から1周させたときの最小となるひもの長さは，点Pから1周させたときの最小となるひもの長さと比べると［（Ⅱ）］よ。

図3

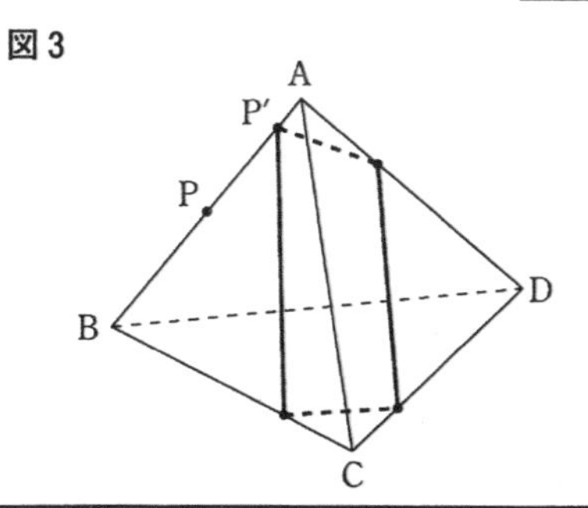

［（Ⅱ）］**の選択肢**

ア　短くなる　　**イ**　同じになる　　**ウ**　長くなる

【第3問題】 次の問1，問2に答えなさい。

問1 かいとさんは，自転車を10000円以下で購入したいと考えている。**図1**はA店，B店，C店，D店の自転車価格の分布のようすを箱ひげ図に表したものである。ただし，どの店にも自転車は50台あるとする。下の**1**，**2**に答えなさい。

図1

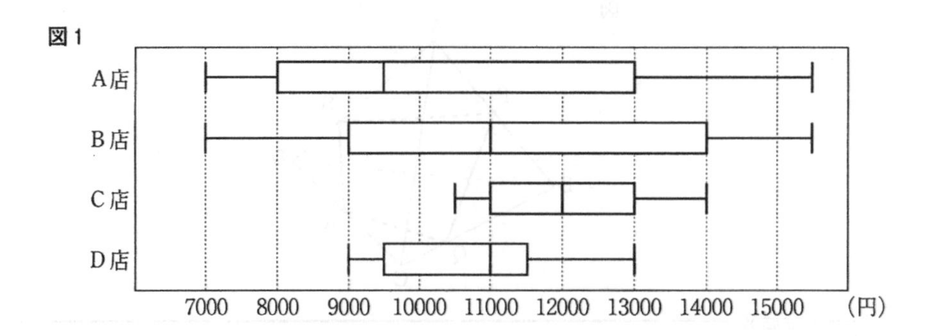

1 次の(1)，(2)に答えなさい。

(1) A店の第1四分位数を求めなさい。

(2) **図1**の箱ひげ図から読みとれることとして**正しいと判断できるもの**を，次の**ア**～**エ**から**2つ**選び，記号で答えなさい。

ア A店にある8000円以上13000円以下の自転車の台数は20台である。
イ B店には9000円の自転車がかならずある。
ウ C店には10000円以下の自転車はない。
エ D店の自転車価格の平均値は11000円である。

2 かいとさんは，A店，B店の自転車価格を**図1**の箱ひげ図と，2店のヒストグラムで比べることにした。**図2**の①，②はA店，B店どちらかの自転車価格をヒストグラムに表したものである。あとの(1)，(2)に答えなさい。

図2

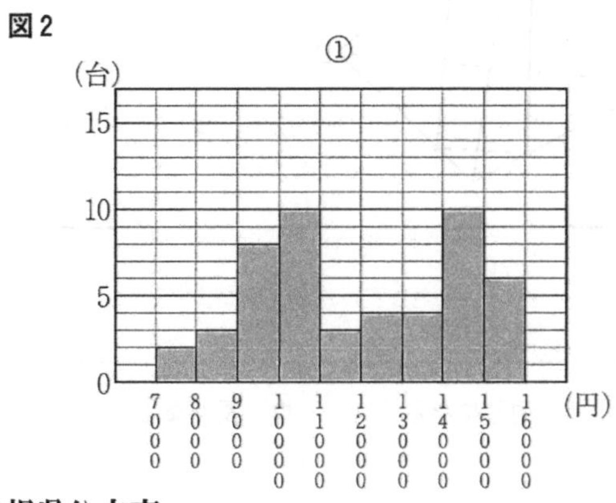

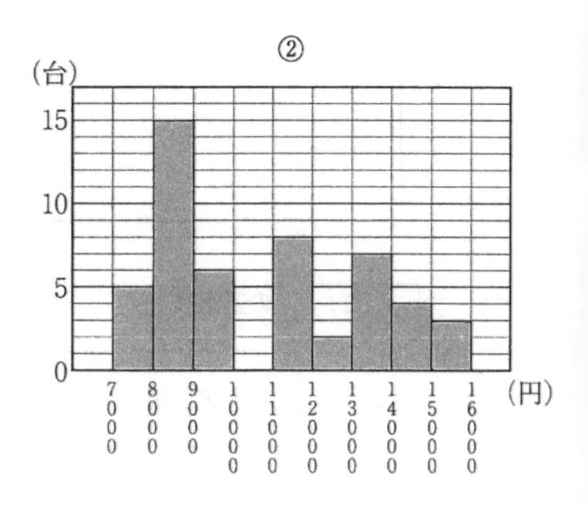

(1) **図2**の①について，9000円以上10000円未満の階級の相対度数を求めなさい。

(2) **図2**の①，②のうち，9000円以上10000円未満の自転車が多くある店のヒストグラムはどちらか。また，A店のヒストグラムはどちらか。その組み合わせとして正しいものを，次の**ア**～**エ**から**1つ**選び，記号で答えなさい。

	ア	イ	ウ	エ
9000円以上10000円未満の自転車が多くある店のヒストグラム	①	①	②	②
A店のヒストグラム	①	②	①	②

問2 かいとさんは，自転車をこいだときの自転車の速さと，その速さで1時間こいだときに消費するエネルギーについて考えた。**表**は，かいとさんのこぐ自転車の速さと1時間に消費するエネルギーをまとめたものである。自転車の速さをx km/h，1時間に消費するエネルギーをy kcalとし，$0 \leqq x \leqq 40$のときyをxの一次関数とみなして考える。ただし，人は動かなくてもエネルギーを消費するため，0 km/hでも消費するエネルギーは0 kcalにはならない。下の**1**～**3**に答えなさい。

表

自転車の速さ　x (km/h)	0	…	5	…	20	…	40
1時間に消費するエネルギー　y (kcal)		…	200	…	500	…	

1 xとyの関係を表すグラフを**図3**にかき入れなさい。

図3

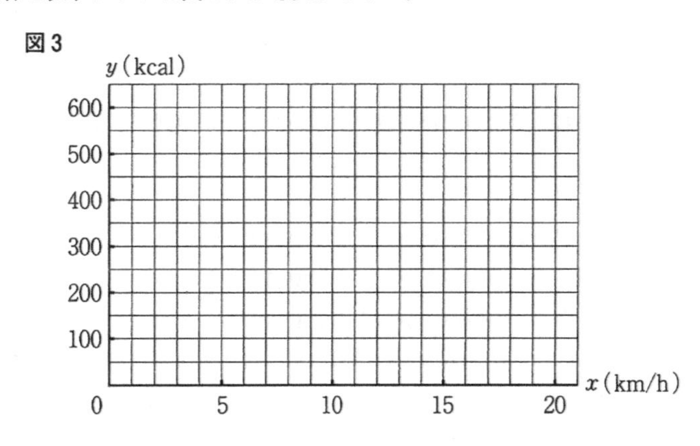

2 yをxの式で表しなさい。ただし，変域は求めなくてよい。

3 かいとさんが食べたお弁当のエネルギーは740 kcalだった。かいとさんが，自転車をちょうど1時間こいで，このエネルギーをすべて消費するためには，自転車の速さを何km/hにすればよいか，求めなさい。

【第4問題】 図1のように，関数 $y=\frac{1}{2}x^2$ … ① のグラフ上に，2点A，Bを y 軸について対称となるようにとる。点Aの x 座標が -2 のとき，下の**問1**～**問3**に答えなさい。

図1

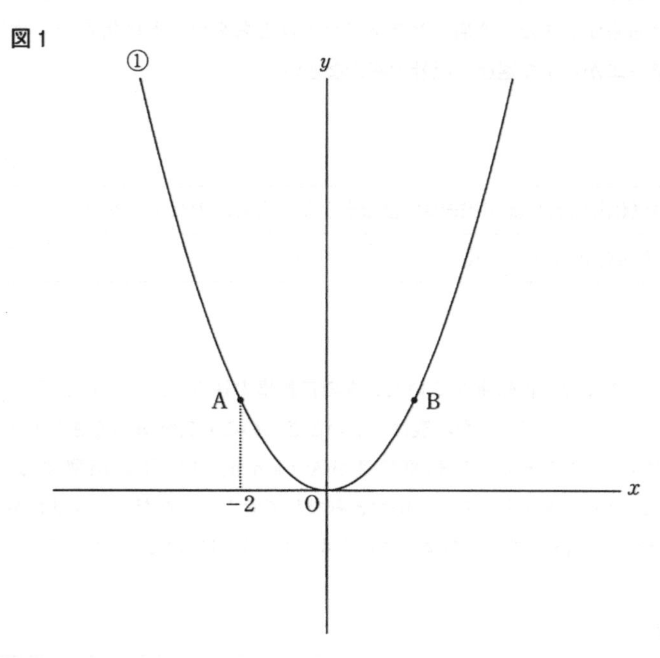

問1 線分ABの長さを求めなさい。

問2 関数①について，次の**1**，**2**に答えなさい。

1 次の**ア**～**ウ**のうち，変化の割合が最も大きいものを**1つ**選び，記号で答えなさい。

ア x の値が0から2まで増加するとき
イ x の値が2から4まで増加するとき
ウ x の値が4から6まで増加するとき

2 x の変域が $-3 \leqq x \leqq 2$ のときの y の変域を求めなさい。

問3　**図1**において，関数①のグラフ上に点Pをとり，直線APがx軸と交わる点をQとする。ただし，点Pは2点A，Bとは異なる点とする。次の**1**～**3**に答えなさい。

1　**図2**のように，点Pのx座標が1であるとき，△APBの面積を求めなさい。

図2

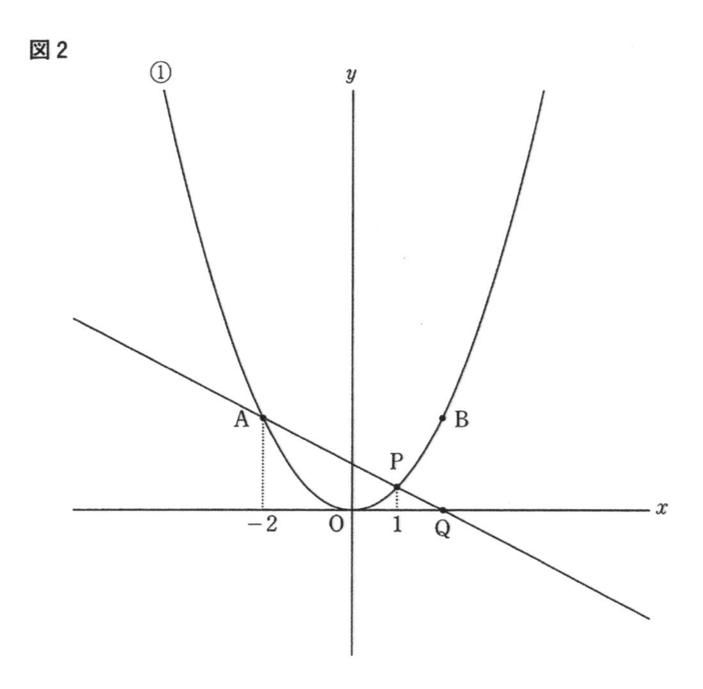

2　点Pのx座標が4であるとき，次の**(1)**，**(2)**に答えなさい。

(1)　直線APの傾きを求めなさい。

(2)　点Qの座標を求めなさい。

3　点Pのx座標をpとする。pが正の数であるとき，△APBの面積が△AQBの面積の$\frac{1}{2}$倍となるpの値を**すべて**求めなさい。

【第５問題】 **図１**のような△ABCの紙があり，**図２**のように辺AB上の点と点Cを結んだ線分を折り目として△ABCを折る。点Aについて，折る前の点をA，折って移った点をA′とするとき，下の**問１**～**問３**に答えなさい。

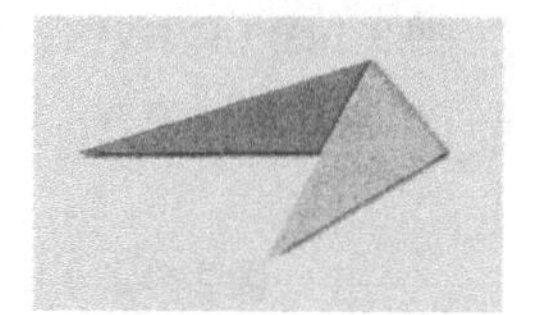

紙を折ったようす

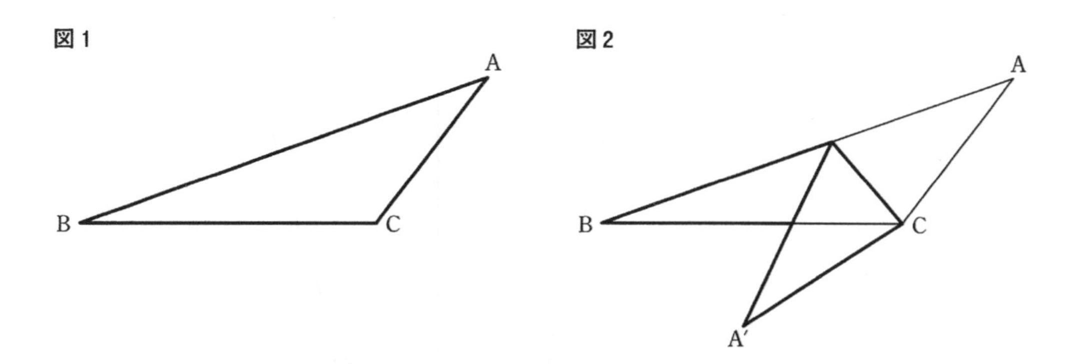

問１　**図３**のように，辺ACが辺BCに重なるように△ABCを折る。折り目となる線分をCDとするとき，下の**１**，**２**に答えなさい。

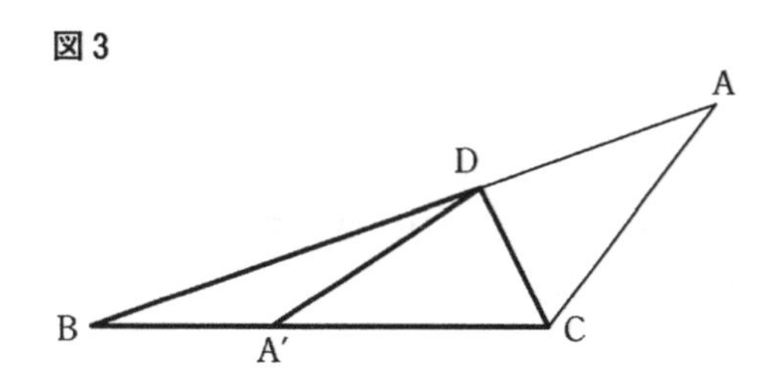

１　△ACDと合同な三角形を答えなさい。

２　**図１**に，折り目となる線分CDを，定規とコンパスを用いて作図しなさい。ただし，作図に用いた線は消さないでおくこと。

問2　**図4**のように，辺AB上に点Eをとり，線分CEを折り目として△AECを折り返すと，A′E∥BCとなった。線分A′Cと線分BEとの交点をFとするとき，下の**1**～**3**に答えなさい。

図4

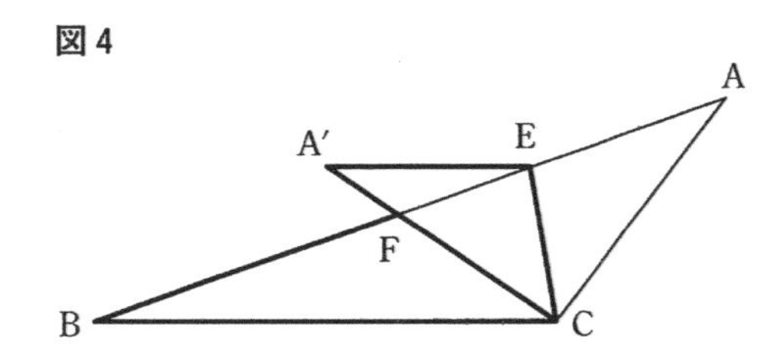

1　△A′FE∽△CFBであることを証明しなさい。

2　∠CAE＝∠a，∠ACE＝∠bとするとき，∠a＋∠bで表される角を**2つ**答えなさい。

3　AB＝7，BC＝5であるとき，線分EFの長さを求めなさい。

問3　**図5**のように，点Cを通り辺BCに垂直な直線と辺ABとの交点をGとする。線分CGを折り目として△AGCを折り返す。BC＝5，CA＝3，∠A′CB＝60°であるとき，線分CGの長さを求めなさい。

図5

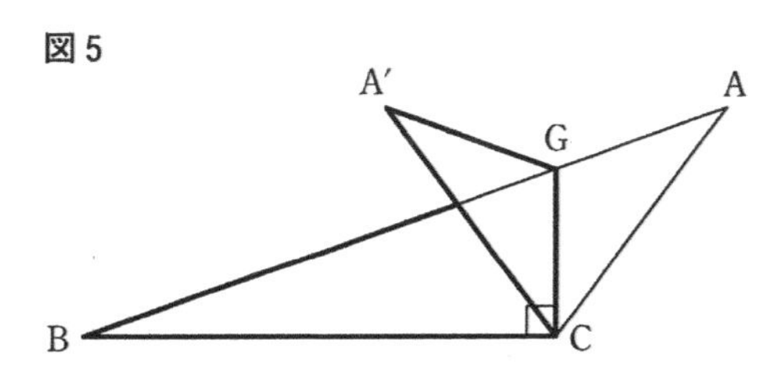

令 和 5 年 度 学 力 検 査 問 題

（第 3 限　11：40～12：30）

社　　会

注　　意

1　「始め」の合図があるまでは，開いてはいけません。

2　問題は全部で4題あり，14ページまでです。

3　「始め」の合図があったら，まず，解答用紙に検査場名，受検番号を書きなさい。

4　答えは，すべて解答用紙に書きなさい。また，**解答に句読点，記号，数字が必要な場合は，それも一字として数えなさい。**

5　「やめ」の合図で，すぐ鉛筆をおき，解答用紙を裏返しにして机の上におきなさい。

【第1問題】 世界と日本の地理について，次の問1～問4に答えなさい。

問1 略地図①について，下の1～3に答えなさい。なお，略地図①は図の中心（東京）からの距離と方位が正しい。

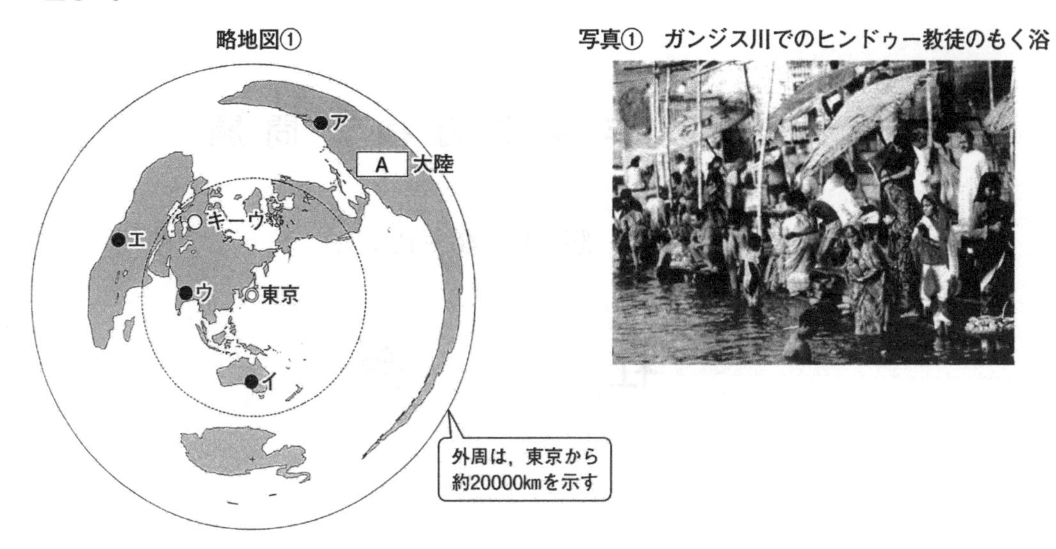

1 写真①が撮影された場所として最も適当なものを，略地図①中のア～エから一つ選び，記号で答えなさい。

2 略地図①中の A にあてはまるものを，次のア～エから一つ選び，記号で答えなさい。

ア 南アメリカ　　イ 南極　　ウ ユーラシア　　エ アフリカ

3 略地図①を読み取って，東京からウクライナの首都キーウ（キエフ）への，距離と方位の組み合わせとして最も適当なものを，次のア～エから一つ選び，記号で答えなさい。

	ア	イ	ウ	エ
距離	約 8000km	約 8000km	約 12000km	約 12000km
方位	西	北西	西	北西

問2 日本固有の領土であるが，不法に占拠されている写真②の島の位置として正しいものを，略地図②中のア～エから一つ選び，記号で答えなさい。

写真②

略地図②

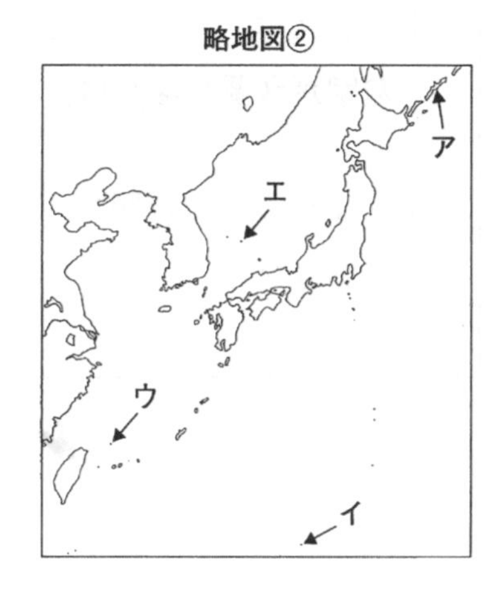

問３　オーストラリアについて，次の１～３に答えなさい。

１　**写真**③は，2000年のシドニーオリンピックの開会式で最終聖火ランナーをつとめた，オーストラリアの先住民をルーツとする選手である。オーストラリアの先住民を何というか。次の**ア**～**エ**から**一つ**選び，記号で答えなさい。

ア　メスチソ
イ　アボリジニ
ウ　イヌイット
エ　ヒスパニック

写真③

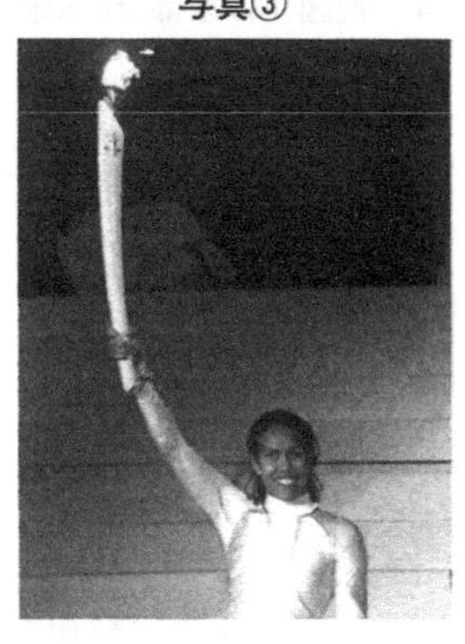

２　**資料**①のオーストラリアの国旗の左上には，ある国の国旗が描かれている。これはオーストラリアが，かつてある国の植民地であったことのなごりである。ある国とはどこか。**グラフ**①中のおもな輸出相手国から**一つ**選び，答えなさい。

資料①

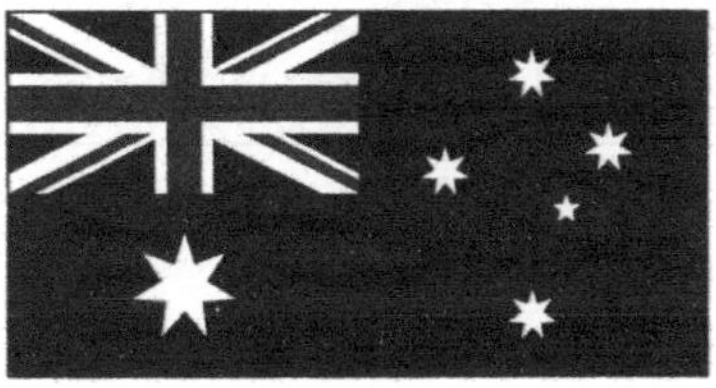

グラフ①　オーストラリアのおもな輸出相手国

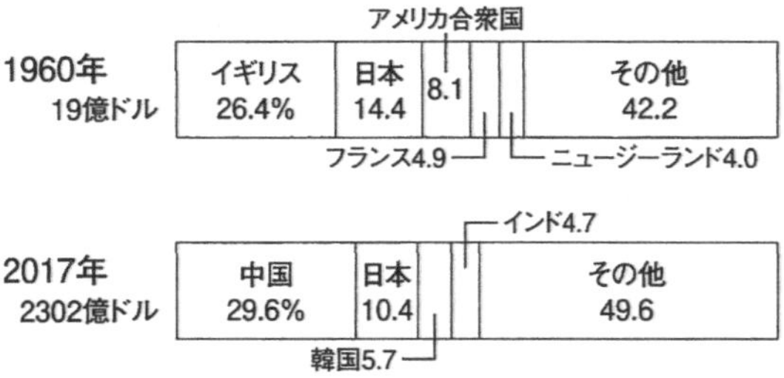

1960年
19億ドル
イギリス 26.4%
日本 14.4
アメリカ合衆国
8.1
フランス4.9
ニュージーランド4.0
その他 42.2
2017年
2302億ドル
中国 29.6%
日本 10.4
韓国5.7
インド4.7
その他 49.6

（「データブック オブ・ザ・ワールド 2019年版」などより作成）

３　**グラフ**①，**グラフ**②から，オーストラリアの輸出がどのように変化したかを読み取って，解答欄に合うように，**25字以内**で答えなさい。ただし，**グラフ**②，**写真**④中の［　B　］のどちらにもあてはまる語を必ず用いること。

グラフ②　オーストラリアのおもな輸出品

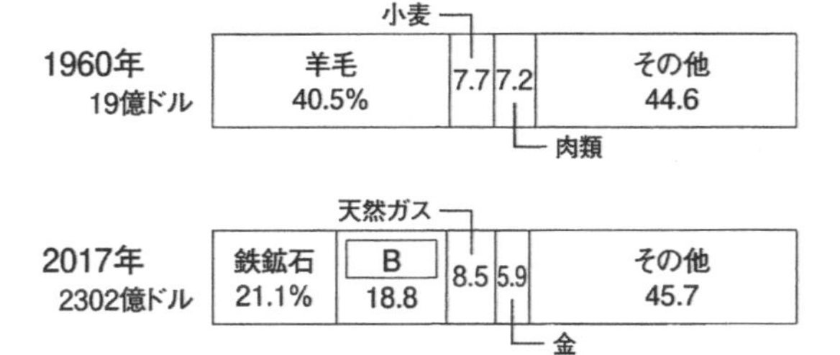

1960年
19億ドル
羊毛 40.5%
小麦
7.7
7.2
肉類
その他 44.6
2017年
2302億ドル
鉄鉱石 21.1%
B
18.8
天然ガス
8.5
5.9
金
その他 45.7

（「データブック オブ・ザ・ワールド 2019年版」などより作成）

写真④　オーストラリアから輸入した［　B　］が使用される発電所

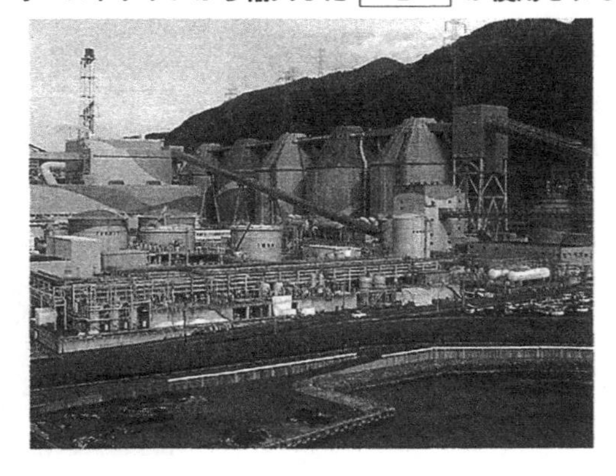

問４　**地図①**は**京都府**の**舞鶴市**周辺のものである。下の**１～５**に答えなさい。

地図①

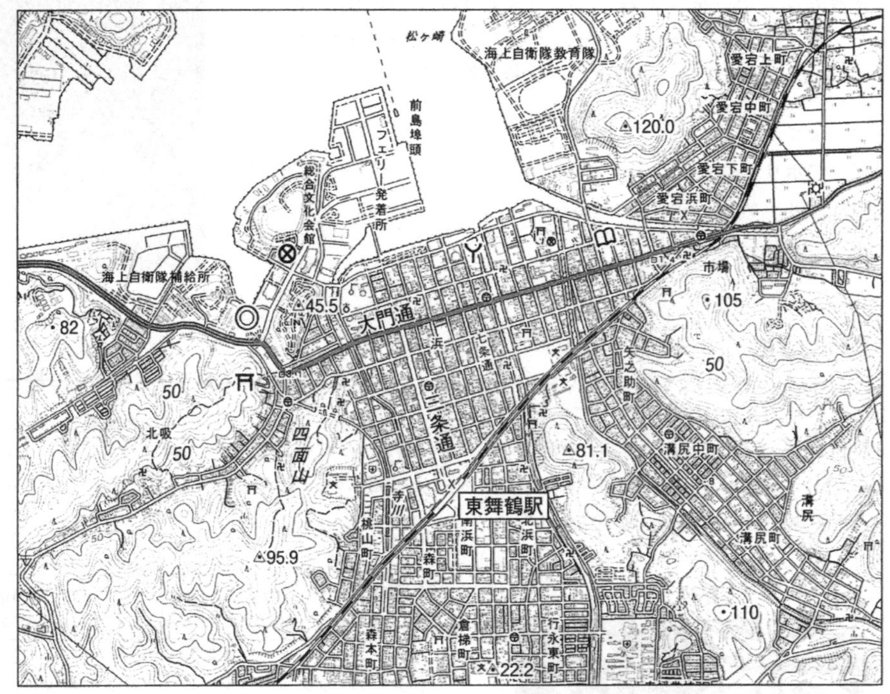

（２万５千分の１地形図「東舞鶴」より作成）

１　次の文は，けんじさんが訪れた，**地図①**に示される地域について説明したものである。説明として**適当でないもの**を，文中の下線部**ア～エ**から**一つ**選び，記号で答えなさい。

> けんじさんは，東舞鶴駅で電車を降りた。鉄道は，東舞鶴駅から ア北東と南西 に延びている。けんじさんは，東舞鶴駅から三条通を海の方に向かって歩き，大門通に出た。ここを左に曲がって大門通を進むと，神社がある山が正面に見えた。この山の頂上の標高は，約 イ100m である。山の手前で大門通を右に曲がって少し歩くと市役所が見えた。東舞鶴駅から市役所の手前の交差点までの道のりは地図上で約５cmなので，約 ウ2500m 歩いたことになる。市役所の手前の交差点を右に曲がり，さらに警察署の手前の交差点を右に曲がって，海沿いに歩いて行くと，右手に消防署があった。そこから道なりにしばらく歩くと エ図書館 があったので，立ち寄ることにした。

２　**写真⑤**は，舞鶴市で見られる，小さな岬と湾が連続する海岸の地形である。東北地方の三陸海岸でも見られる，この地形の名称を答えなさい。

写真⑤

3　グラフ③のア～エは，札幌市，上越市（新潟県），舞鶴市，福岡市のいずれかの雨温図である。このうち舞鶴市の雨温図を選び，記号で答えなさい。

グラフ③

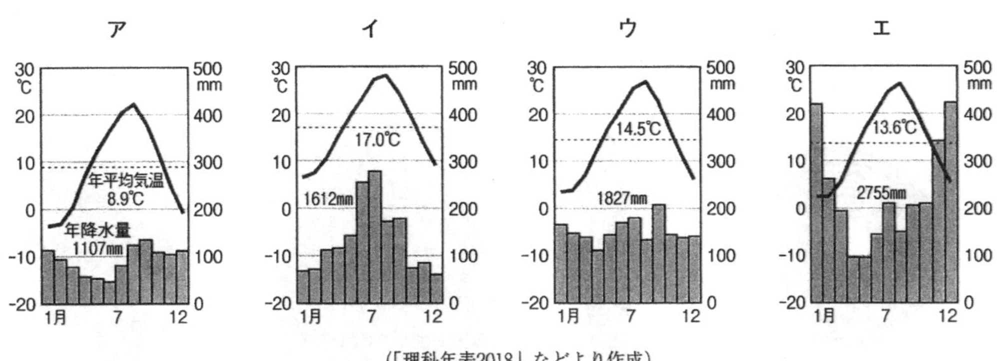

（「理科年表2018」などより作成）

4　舞鶴市は，日本海側の物流の拠点であり，酪農のさかんな北海道ともフェリーで結ばれている。酪農とはどのような農業か。解答欄に合うように，**25字以内**で答えなさい。ただし，**「生産」**という語を必ず用いること。

5　**表①**中の［C］には，国道９号線が通る京都府，兵庫県，鳥取県，山口県のいずれかがあてはまる。また，**表②**中の**ア～エ**は，この４つの府県のいずれかである。［C］にあてはまる府県を示すものを，**表②**中の**ア～エ**から**一つ**選び，記号で答えなさい。

表①　らっきょうの収穫量（2018年）

順位	都道府県	収穫量（トン）
1位	C	2259
2位	鹿児島県	2114
3位	宮崎県	1409
4位	沖縄県	510
5位	徳島県	459
全　国		7767

（「データでみる県勢2022」より作成）

表②　国道９号線が通る府県

	島根県	ア	イ	ウ	エ
面積　（km²）	6708	4612	8401	6113	3507
人口　（万人）	67	258	547	134	55
果実産出額（億円）	39	20	36	47	69
スキー場　（数）	1	0	12	0	2

※面積，人口は2020年，果実産出額は2019年，スキー場の数は2021年
（「データでみる県勢2022」より作成）

【第２問題】 歴史について，次の問１，問２に答えなさい。

問１　古代から近世について，次の１～７に答えなさい。

１　縄文時代の人々がつくったとされるものとして最も適当なものを，次のア～エから一つ選び，記号で答えなさい。

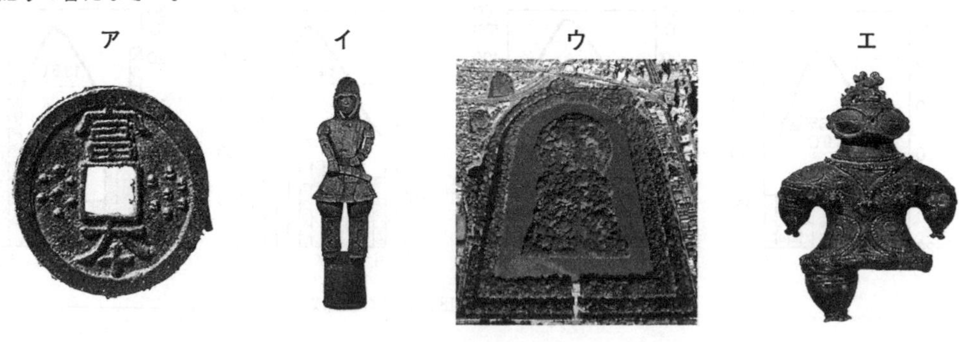

２　資料①について説明した文として最も適当なものを，下のア～エから一つ選び，記号で答えなさい。

資料①　古代に出された詔

養老７（723）年の規定では，墾田は期限が終われば，ほかの土地と同様に国に収められることになっている。しかし，このために農民は意欲を失い，せっかく土地を開墾しても，またあれてしまう。今後は私有することを認め，期限を設けることなく永年にわたり国に収めなくてもよい。

（「続日本紀」より引用。一部要約し，読みやすく改めてある）

ア　すべての土地と人を朝廷が支配することが示されている。
イ　６歳以上のすべての人に口分田をあたえることが示されている。
ウ　新たに開墾した土地を永久に私有することを認めることが示されている。
エ　貴族や寺社が私有地を持つことを禁止することが示されている。

３　８世紀にまとめられた『万葉集』には，梅を用いた歌が多く収められているが，10世紀にまとめられた『古今和歌集』では，表①のような変化が見られる。このような変化が見られた文化的な背景を，資料②を参考にして，30字以内で答えなさい。ただし，「唐」という語を必ず用いること。

表①　梅または桜を用いた歌の数

	万葉集	古今和歌集
梅	118	18
桜	42	70

（井筒清次「桜の雑学事典」などより作成）

資料②

梅は中国から渡来したものである。奈良時代に日本は中国の制度や文物を積極的に吸収しようとしたため，都に梅を多く植えた。

一方，ヤマザクラなどの桜は日本固有種である。平安時代には天皇の住まいにあった梅は，桜に植え替えられた。

（「國史大辞典」などより作成）

4　**資料**③は承久の乱についてまとめたものである。**資料**③中の A ，B にあてはまる語の組み合わせとして正しいものを，下の**ア**～**エ**から**一つ**選び，記号で答えなさい。

資料③

源頼朝の死後，北条氏が将軍の補佐役である A として幕府の実権をにぎった。3代将軍の源実朝が暗殺された後， B は幕府をたおすため兵をあげたが，味方となった武士は少なく，敗れて隠岐へ流された。その後，幕府は京都に六波羅探題を置き，朝廷の監視と西日本の武士の統制を行うようになった。

ア　A…管領　B…後鳥羽上皇　　**イ**　A…執権　B…後鳥羽上皇
ウ　A…管領　B…後醍醐天皇　　**エ**　A…執権　B…後醍醐天皇

5　**写真**①は雪舟の作品である。雪舟が活躍した時期と同じころの文化の特徴を示す建造物として最も適当なものを，次の**ア**～**エ**から**一つ**選び，記号で答えなさい。

写真①

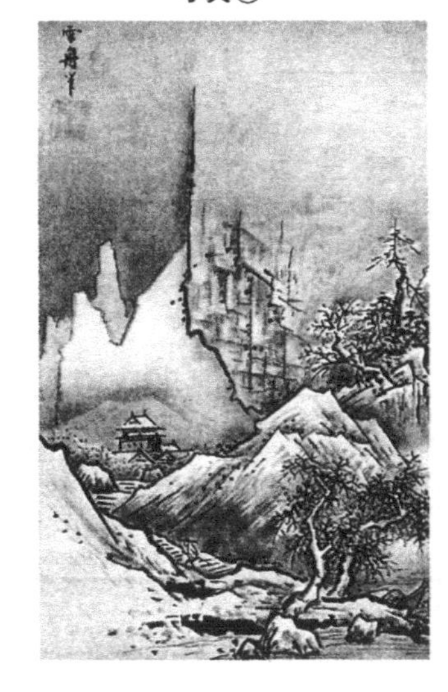

ア

イ

ウ

エ

6　近世の経済について説明した次の文中の C にあてはまる語を，**漢字3字**で答えなさい。

大阪や江戸などの都市では，商人が C という同業者組織をつくり，幕府や藩に税を納めるかわりに独占的に営業を行う特権を得て，利益をあげた。

7　次の**ア**～**ウ**のできごとを，年代の**古い順**に並べて，記号で答えなさい。

ア　上げ米の制を定めた将軍によって，漢訳された洋書の輸入制限がゆるめられた。
イ　来日したイエズス会の宣教師によって，キリスト教が広められた。
ウ　貿易を行うオランダ船の寄港地が，平戸から長崎の出島に移された。

問2　近現代について，**年表①**を見て，下の**1**～**6**に答えなさい。

年表①

年	おもなできごと
1868	五箇条の御誓文が出される
	↕ a
1885	内閣制度がはじまる
	↕ b
1902	日英同盟が結ばれる
	↕ c
1918	米騒動が起こる
	↕ d
1945	ポツダム宣言を受け入れる
	↕ e
1951	サンフランシスコ平和条約が結ばれる

1　**資料④**は，ある生徒が**年表①**中の**a**の期間の人々の生活を題材としてつくった劇の脚本の一部である。下線部**X**，**Y**に関わる政策の組み合わせとして最も適当なものを，下の**ア**～**カ**から**一つ**選び，記号で答えなさい。

資料④

女性その１「私の家は子だくさんだけど，人手不足で困っているんだよ。X 20歳になった次男は身体検査を受けて合格したもんだから，３年間は家に帰ってこないんだ。」

女性その２「それは大変ね。私の家も Y ６歳になった末っ子が近所にできた小学校へ通うことになったんだ。大事な働き手がいなくなるのは困るよ。」

ア　X… 学制　Y… 地租改正　　**イ**　X… 学制　Y… 徴兵令
ウ　X… 徴兵令　Y… 地租改正　　**エ**　X… 徴兵令　Y… 学制
オ　X… 地租改正　Y… 学制　　**カ**　X… 地租改正　Y… 徴兵令

2　**年表①**中の**b**の期間に起きたできごとを説明した文として**誤っているもの**を，次の**ア**～**エ**から**一つ**選び，記号で答えなさい。

ア　岩倉使節団がアメリカやヨーロッパ諸国に派遣された。
イ　天皇が国民にあたえるという形で大日本帝国憲法が発布された。
ウ　衆議院と貴族院からなる帝国議会が開設された。
エ　朝鮮半島南部で東学を信仰する農民が反乱を起こした。

3　**資料**⑤は，**年表**①中の c の期間に日本が中国に対して示した要求の一部である。中国での権益の拡大をねらう日本がこの要求を出した背景を，**30字以内**で答えなさい。ただし，関係する**戦争の名称**と，**資料**⑤中の［ D ］にあてはまる**国名**を必ず用いること。

資料⑤　二十一か条の要求

> 一　中国政府は，［ D ］が山東省にもっているいっさいの権益を日本にゆずる。
> （読みやすく改めてある）

4　**グラフ**①は，**年表**①中の d の期間のおもな国の工業生産の推移を示したものである。**グラフ**①中の［ E ］にあてはまる国を，**略地図**①中の**ア**～**エ**から**一つ**選び，記号で答えなさい。

グラフ①

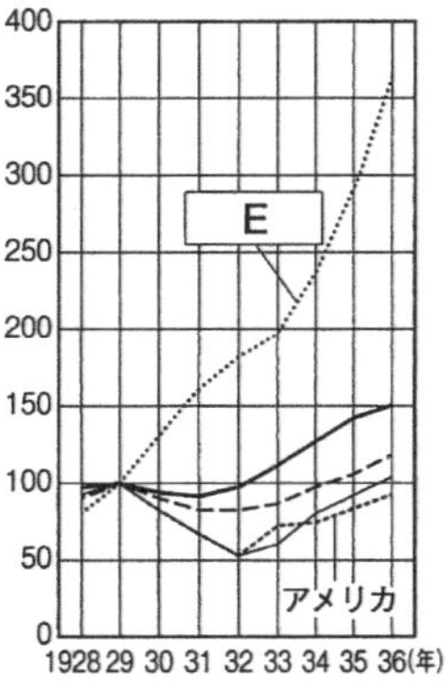

400
350
300
250
200
150
100
50
0
E
アメリカ
1928 29 30 31 32 33 34 35 36(年)

※1929年の生産量を100とした場合の指数
（国際連盟「統計月報」より作成）

略地図①　1930年ごろの世界

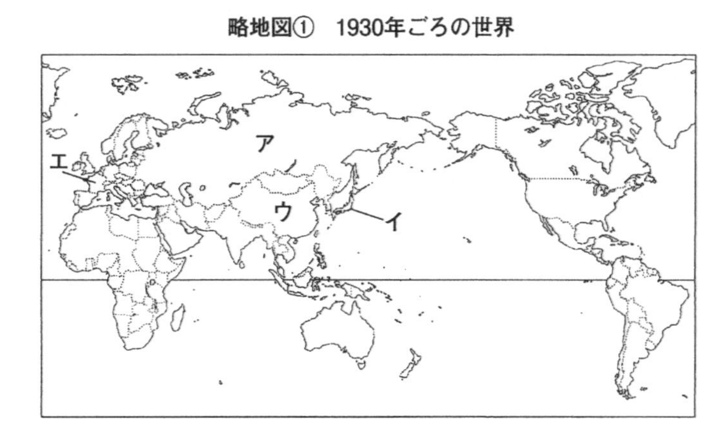

5　**グラフ**②は，選挙権をもつ人の数の変化を示している。1945年に選挙法が改正されたことによって，**年表**①中の e の期間に選挙権をもつ人の数が大きく増えた。その理由を説明した次の文中の［ F ］，［ G ］にあてはまるものを，下の**ア**～**エ**から**一つずつ**選び，記号で答えなさい。

> 1925年に［ F ］にあたえられていた選挙権が，
> 1945年に［ G ］にあたえられることになったから。

ア　満18歳以上の男女
イ　満20歳以上の男女
ウ　満25歳以上の男子
エ　直接国税15円以上を納める満25歳以上の男子

グラフ②

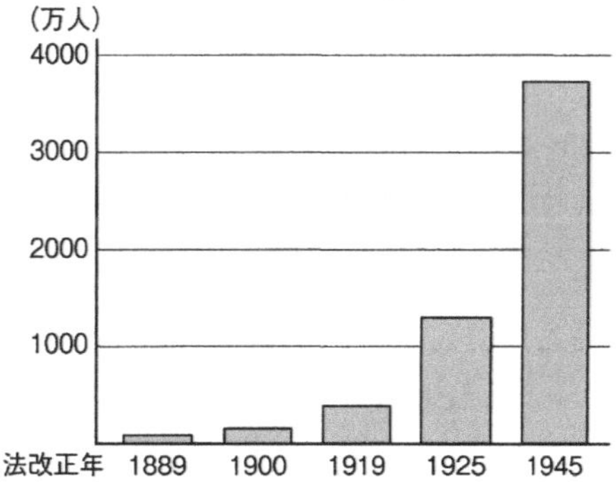

（万人）
4000
3000
2000
1000
法改正年　1889　1900　1919　1925　1945

（「総務省統計局資料」より作成）

6　竹島が，閣議決定にもとづいて島根県に編入された年を含む期間として正しいものを，**年表**①中の a ～ e から**一つ**選び，記号で答えなさい。

【第３問題】 政治や経済について，問１～問３に答えなさい。

問１　次の会話文を読んで，下の１～５に答えなさい。

ゆき「新聞やインターネットで参議院議員選挙について調べているのですが，昨年の夏の選挙では，どの政党も『ジェンダー』や『[A]』について政策にあげていたことがわかりました。」
先生「ＳＤＧｓの目標にもある国際的なテーマですね。高校でも，制服でスラックスかスカートかを選択できる学校があるなど，性の[A]にも配慮した取り組みが行われていますね。」
ゆき「2019年の参議院議員選挙で，障がいのある立候補者が当選していました。」
先生「そうですね。車いすでの移動に配慮するなど，国会内の[B]化が進んだことも[A]に配慮した行動の一つですね。これも人権を守ることにつながっています。日本では(１)法の支配の考え方のもと，(２)三権分立を採用して権力の集中を防ぎ，人権を守っています。」
ゆき「(３)裁判所で判断してもらうだけでなく，選挙で投票することも人権を守ることにつながるということですか。」
先生「そうです。ＳＮＳ上でも政治についてたくさんの情報があります。しかし，誤った情報が出ていることもあるので，情報を見分ける力である情報[C]を身につけることが大切です。」
ゆき「情報[C]を身につけて，(４)政策などから判断して投票できるようにしたいと思います。」

１　会話文の[A]～[C]にあてはまる語の組み合わせとして正しいものを，次の**ア**～**エ**から**一つ**選び，記号で答えなさい。ただし，[A]，[C]のそれぞれには，同じ語が入る。

	ア	イ	ウ	エ
A	バリアフリー	リテラシー	多様性	多様性
B	多様性	バリアフリー	バリアフリー	リテラシー
C	リテラシー	多様性	リテラシー	バリアフリー

２　下線部（１）に関連して，この考え方を表した**＜説明文＞**と**＜図＞**の組み合わせとして最も適当なものを，下の**ア**～**エ**から**一つ**選び，記号で答えなさい。

＜説明文＞
a　国王が法を制定し，国民すべてをその権力の下に支配する考え方。
b　国民による議会が法を制定し，それに基づいて国王・政府が権力を行使する考え方。

＜図＞

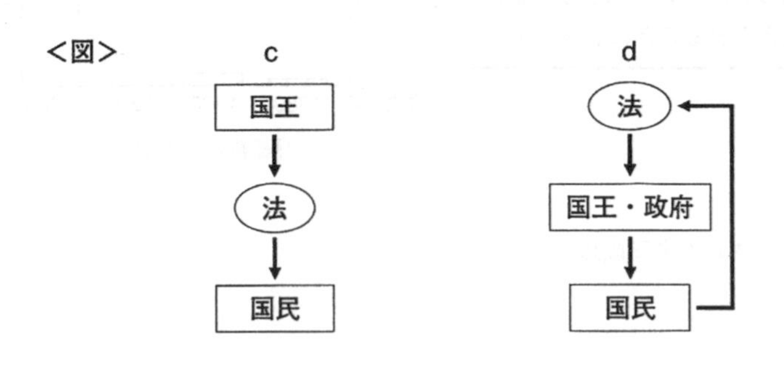

ア　aとc　　イ　aとd　　ウ　bとc　　エ　bとd

3　下線部（2）に関連して，国会と内閣について説明した次のⅠ，Ⅱの文の正誤を判断し，組み合わせとして正しいものを，下の**ア〜エ**から**一つ**選び，記号で答えなさい。

Ⅰ　国会は，国政調査権に基づいて，証言を求める証人喚問を行うことができる。 Ⅱ　内閣は，弾劾裁判所を設置して，重大な過ちのあった国会議員を裁くことができる。

ア　Ⅰ…正　Ⅱ…正　　イ　Ⅰ…正　Ⅱ…誤
ウ　Ⅰ…誤　Ⅱ…正　　エ　Ⅰ…誤　Ⅱ…誤

4　下線部（3）に関連して，**資料①**中の［　D　］にあてはまる語を，**漢字2字**で答えなさい。

資料①　日本国憲法

第76条　①　すべて［　D　］権は，最高裁判所及び法律の定めるところにより設置する下級裁判所に属する。

5　下線部（4）に関連して，次の文に示されている内容は，**図①**中のどの部分にあてはまるか。最も適当なものを，**図①**中の**ア〜エ**から**一つ**選び，記号で答えなさい。

障がいのある人にとっても住みやすい社会をつくるために，新たに担当する省庁をつくり，増税してまちづくりをすすめる。

図①

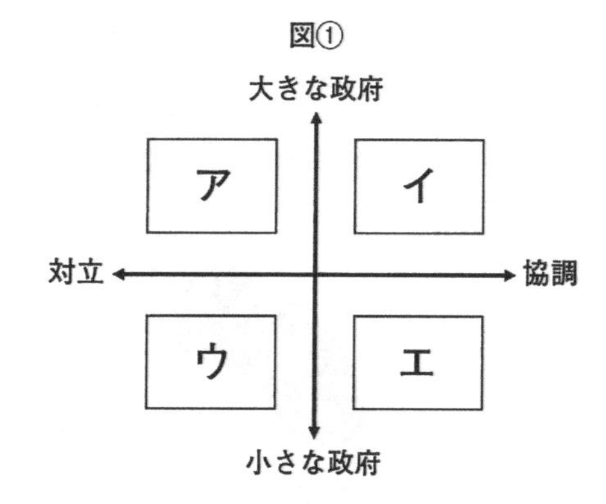

問2　**図②**，**図③**のように，地方公共団体の首長の選ばれ方と，内閣総理大臣の選ばれ方には違いがある。**図②**を参考にして，地方公共団体の首長の選ばれ方の特徴を，解答欄に合うように，**25字以内**で答えなさい。ただし，「**有権者**」という語を必ず用いること。

図②　地方自治のしくみ

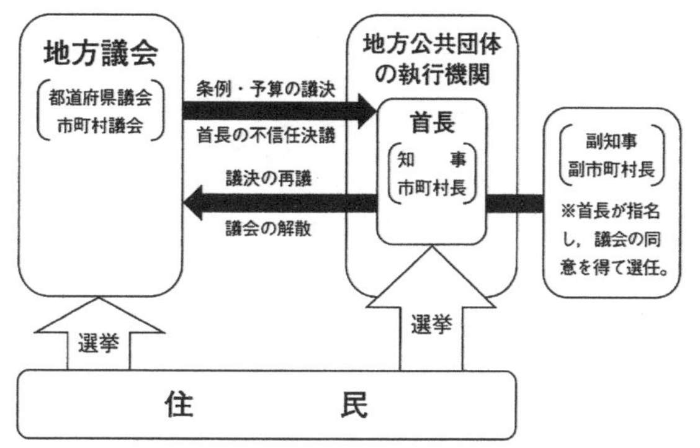

図③　議院内閣制のしくみ

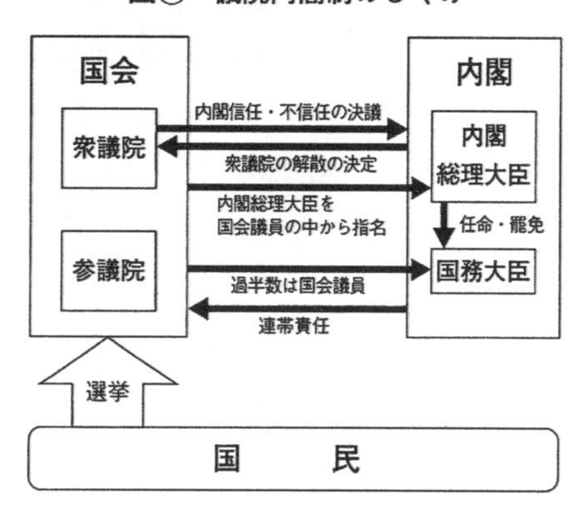

問3　経済について，次の1～3に答えなさい。

1　先進国と発展途上国の経済格差の問題に対し，発展途上国の間で広がっている経済格差の問題を何というか。解答欄に合うように，**漢字2字**で答えなさい。

2　次の文は，**資料②**のような状況のときに，一般的に行われる財政政策と金融政策を説明したものである。文中の［E］，［F］にあてはまる語の組み合わせとして正しいものを，下の**ア～エ**から**一つ**選び，記号で答えなさい。

資料②

（「山陰中央新報（2021年9月26日付記事）」より作成）

> 政府は公共事業を［E］ことで，仕事をつくり出そうとする。日本銀行は国債などを［F］ことで，市場のお金を増やそうとする。

ア　［E］…増やす　［F］…買う
イ　［E］…増やす　［F］…売る
ウ　［E］…減らす　［F］…買う
エ　［E］…減らす　［F］…売る

3　**グラフ①**は1975年度と2019年度の日本の予算（歳出）の内訳である。内訳の変化の特徴を，**グラフ②**から読み取れる社会の変化をふまえて，**30字以内**で答えなさい。ただし，**グラフ①**中の2つの［G］のどちらにもあてはまる語を必ず用いること。

グラフ①　日本の予算（歳出）の内訳

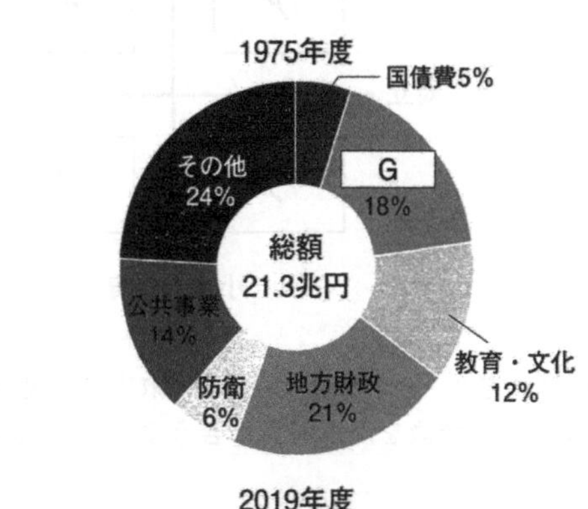

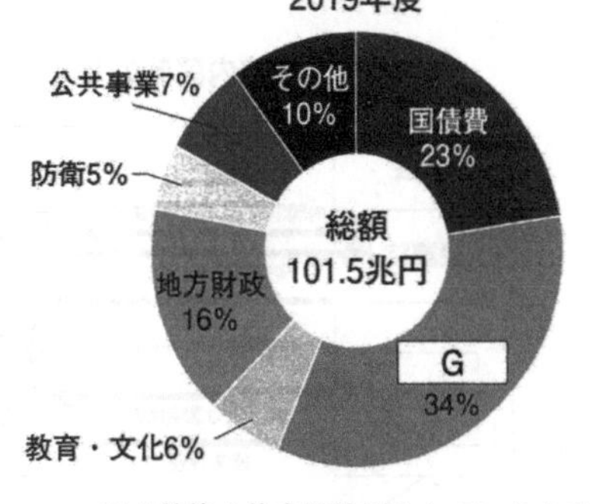

※小数第1位を四捨五入しているため，合計は100%にならない。

（財務省「財政関係基礎データ」より作成）

グラフ②　日本の年齢別人口

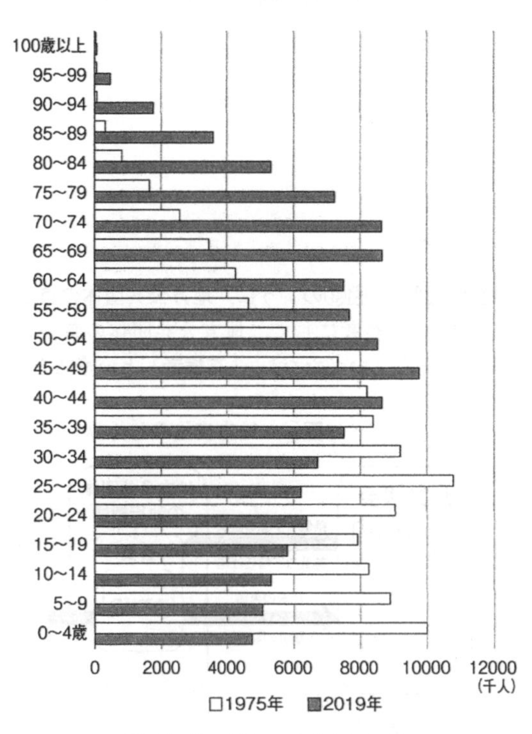

（総務省「国勢調査」などより作成）

【第4問題】 ゆうこさんとあきらさんは，社会科の時間に「世界の中の日本」をテーマに学習しています。次の会話文を読んで，下の**問1**～**問5**に答えなさい。

先生　「地球上には80億人をこえる人々が暮らしていて，今も世界の人口は増え続けています。」
ゆうこ「世界中の人々が豊かに暮らすには，(1)資源を有効に活用することが必要だと思います。(2)日本は様々な国々と関わりながら，資源を活用して経済を発展させてきましたね。」
あきら「それによって，人々の生活が大きく変化したことも学習しました。」
ゆうこ「最近，(3)日本の文化に関心をもつ外国人も増えているみたいですよ。」
先生　「私たちも世界に目を向け，いろいろな地域の文化に関心をもつことが大切です。世界中の人々がお互いを理解し，尊重し合うことができるようになるといいですね。」
あきら「(4)平和でよりよい世界をつくることは，みんなの願いです。」
ゆうこ「そのために日本が貢献できることが，まだたくさんあるのではないかと思います。」
先生　「みなさんも(5)国際情勢に関心をもち，世界中の人々が安心して暮らせる平和な社会を実現するためにはどうすればよいか，考えていきましょう。」

問1　下線部（1）に関連して，次の1，2に答えなさい。

1　**グラフ①**中の**ア**～**エ**は，ブラジル，ロシア，中国，南アフリカ共和国のいずれかを示している。ロシアを示すものを，**ア**～**エ**から**一つ**選び，記号で答えなさい。
　なお，一次エネルギーとは，化石燃料などの自然界に存在するエネルギーをさす。

グラフ①　一次エネルギー自給率（2019年）

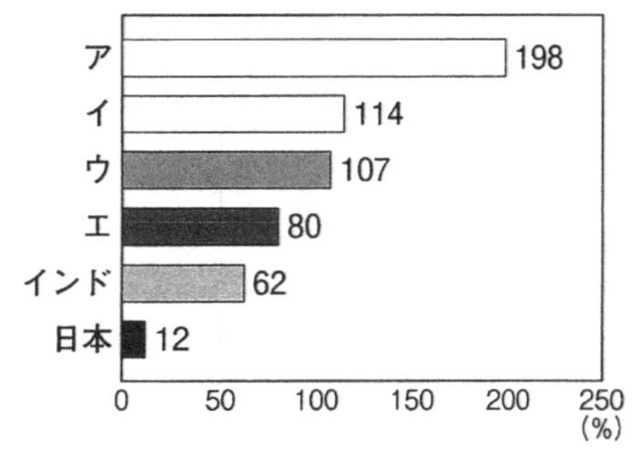

（「世界国勢図会2022／23」より作成）

2　**資料①**のような状況のとき，**図①**中の**供給曲線**はどのように移動すると考えられるか。解答用紙の図中の点線のうち，**移動後の供給曲線**として最も適当なものを，**太くなぞりなさい**。ただし，曲線の移動は需要と供給の関係のみに影響され，**資料①**以外の状況は変わらないものとする。

資料①

・原油の生産量が減少した。
・自家用車の利用が増えたため，ガソリンの消費量が増加した。

図①　ガソリン市場の需給曲線

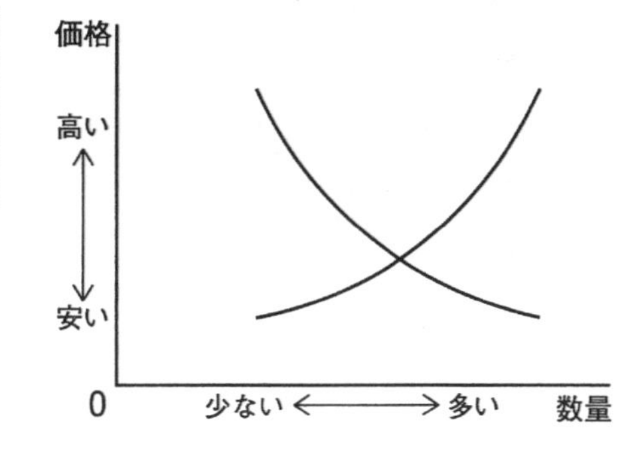

問2　下線部（2）に関連して，戦後の日本経済の状況を説明した次の**ア**～**ウ**を，年代の**古い順**に並べて，記号で答えなさい。

ア　第四次中東戦争の影響で石油価格が大幅に上昇したため，経済は大きな打撃を受けた。
イ　自動車などの工業製品の輸出が増え，アメリカとの間で貿易摩擦が起きた。
ウ　国民総生産が，資本主義国の中で初めてアメリカに次いで第２位となった。

問3　下線部（3）に関連して，**資料②**は，かつて日本の都がおかれた**略地図①**中の**Ｘ市**が行っている政策の一部である。また，**写真①**，**写真②**は，この政策によって整備された市内の様子である。**Ｘ市**を訪れる観光客の増加にもつながったこの政策の目的を，**20字以内**で答えなさい。ただし，**Ｘ市の市名**を必ず用いること。

資料②

・建物は木造とする。やむをえずその他の工法にする場合は，周囲に調和したものとする。

・周囲に調和するように建物の外観の修理をする場合には，補助金を出す。

・町家の保存や活用に努める。

・興福寺五重塔などが見わたせるように，建物の高さを制限する。

（Ｘ市資料より作成）

略地図①

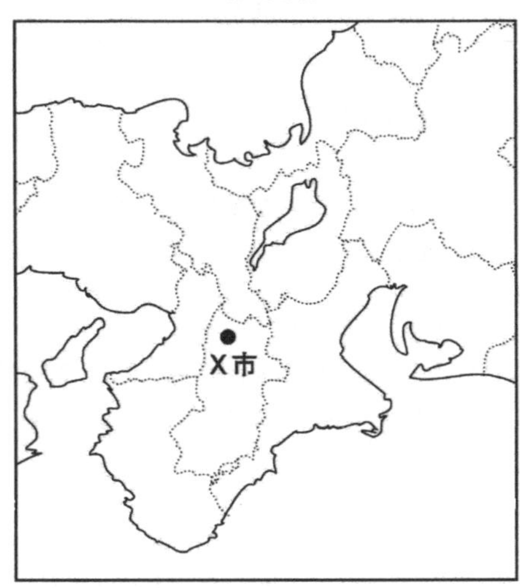

写真①

写真②

問4　下線部（4）に関連して，次の1，2に答えなさい。

1　国際連合について説明した次のⅠ，Ⅱの文の正誤を判断し，組み合わせとして正しいものを，下の**ア**～**エ**から**一つ**選び，記号で答えなさい。

> Ⅰ　国際連合の本部は，アメリカのニューヨークに置かれている。
> Ⅱ　安全保障理事会は，フランスを含めた常任理事国に拒否権がある。

ア　Ⅰ…正　Ⅱ…正　　**イ**　Ⅰ…正　Ⅱ…誤
ウ　Ⅰ…誤　Ⅱ…正　　**エ**　Ⅰ…誤　Ⅱ…誤

2　世界の核兵器をめぐる動きをまとめた**年表①**中の下線部の条約の名称を，解答欄に合うように，答えなさい。

年表①

年	できごと
1945	広島と長崎に原子爆弾投下
1955	第1回原水爆禁止世界大会開催
1968	米英ソなどが，核保有国以外の国が核兵器を持つことを禁止する条約に調印
1987	米ソが，中距離核戦力（ＩＮＦ）全廃条約に調印
1996	国際連合の総会で，包括的核実験禁止条約（ＣＴＢＴ）を採択

問5　下線部（5）に関連して，**写真③**の動物が日本におくられた背景を，**年表②**中の**＜できごと＞**から関係するできごとを**一つ**抜き出して用い，**30字以内**で答えなさい。ただし，「**国交**」という語を必ず用いること。

写真③

年表②

年	＜できごと＞
1951	日米安全保障条約の調印
1956	日ソ共同宣言の調印
1965	日韓基本条約の調印
1972	日中共同声明の調印
2002	日朝首脳会談の開催

令 和 5 年 度 学 力 検 査 問 題

（第 4 限　13：20〜14：10）

英　　　語

注　　　意

1　「始め」の合図があるまでは，開いてはいけません。

2　問題は全部で５題あり，10ページまでです。

3　「始め」の合図があったら，まず，解答用紙に検査場名，受検番号を書きなさい。

4　放送による問題は，１〜２ページの【第１問題】です。検査の最初に実施します。

5　答えは，すべて解答用紙に書きなさい。

6　「やめ」の合図で，すぐ鉛筆をおき，解答用紙を裏返しにして机の上におきなさい。

【第１問題】 放送を聞いて，次の**問１～問３**に答えなさい。

※教英出版注
音声は，解答集の書籍ＩＤ番号を教英出版ウェブサイトで入力して聴くことができます。

問１ 二人の会話を聞いて，そのあとの質問に答える問題です。それぞれの会話のあとに読まれる質問の答えとして最も適当なものを，**ア～エ**の中から**一つずつ**選び，記号で答えなさい。会話は１～４まであります。放送は**１回**のみです。

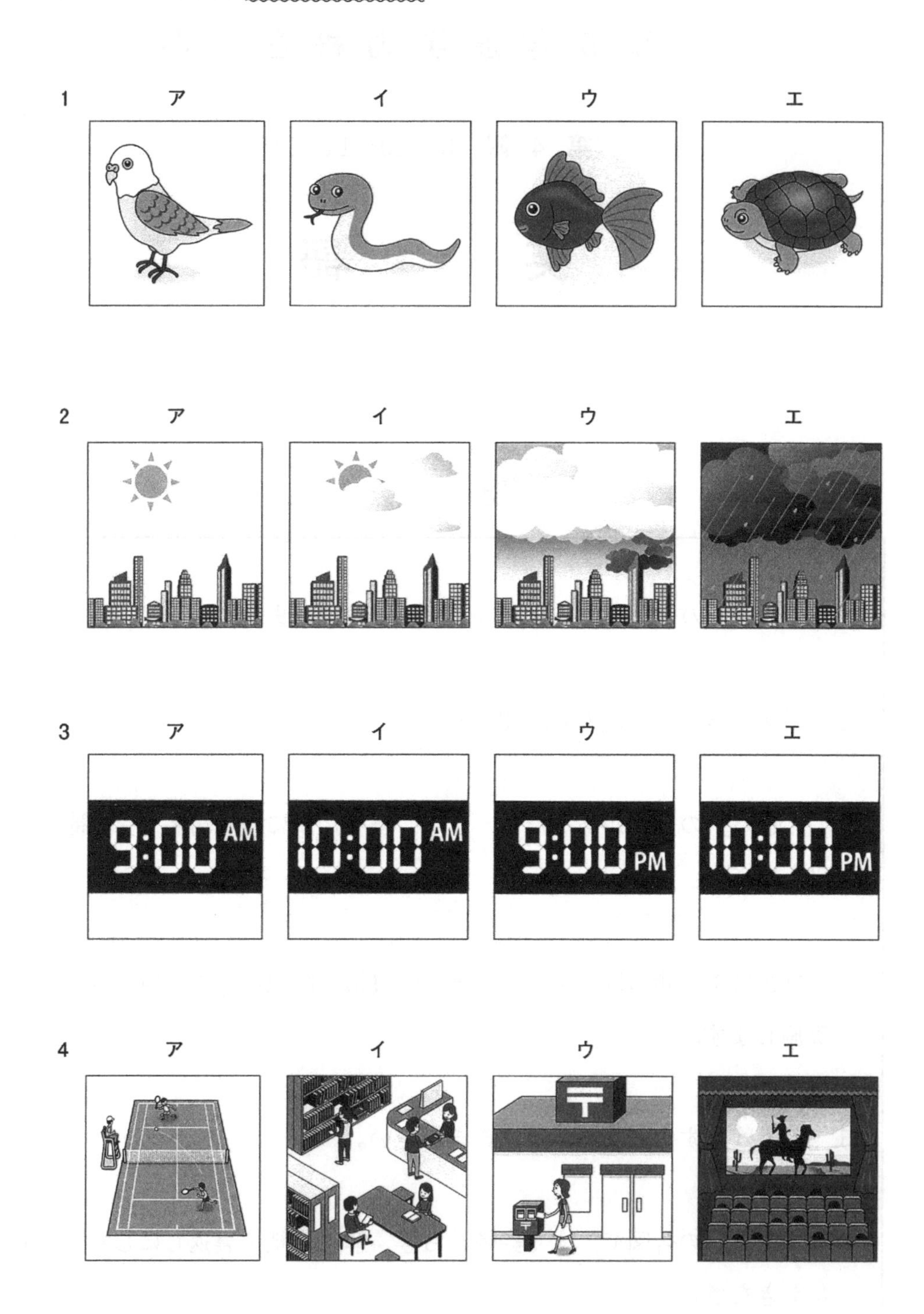

問2　あなたの通っている中学校では，「英語の日」に特別な授業を行います。先生の話を聞いて，話されている内容に合うものを，**ア～カ**の中から**三つ**選び，記号で答えなさい。放送は**2回**くり返します。1回目の放送は**15秒後**に始まります。

ア　A special English class is held on April 23.

イ　English is the only language the students will speak during the class.

ウ　The foreign people visited Japan on English Language Day.

エ　The students will talk about school life with their Japanese teachers.

オ　The guests have prepared one English activity for the class.

カ　The students will write thank-you letters after the class.

問3　あなたは同級生の**マイク**さんから送られてきた音声メッセージを聞いています。その内容に合うように，次の**〈メモ〉を完成**させなさい。また，メッセージの中にあるマイクさんの質問に対して，**あなたの考え**を英語で書きなさい。ただし，①，②はそれぞれ**英語1語**で，③は**与えられた書き出しに続くように**答えなさい。放送は**2回**くり返します。

〈メモ〉

About visiting Ken in the ＿＿①＿＿ on Sunday
- Meet at Nishi Station at 11:00
- Need some ＿＿②＿＿ for the train

〈あなたの考え〉

I think I'll ＿＿＿＿③＿＿＿＿ .

【第2問題】　次の 問1～ 問3に答えなさい。

問1　次の動物園のウェブサイトを見て，下の1，2の質問の答えとして最も適当なものを，ア～エの中から**一つずつ**選び，記号で答えなさい。

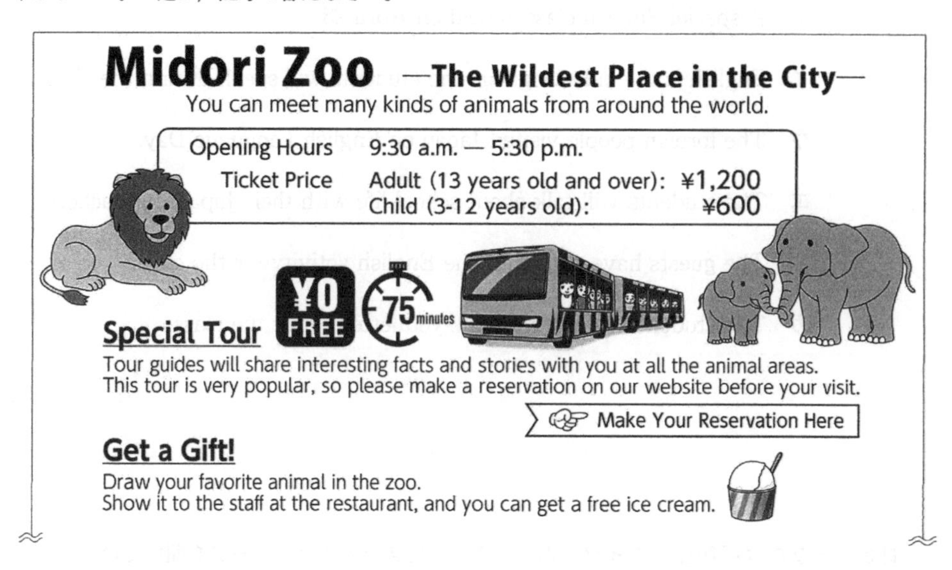

1　Beth, 15 years old, is going to the zoo with her father and her brother, 11 years old. How much will her family pay for the tickets?

ア　¥2,400　　イ　¥3,000　　ウ　¥3,600　　エ　¥4,200

2　Which is **NOT** true about this zoo?

ア　If you buy a ticket on the website, you can get a free ice cream.
イ　It takes more than one hour if you join the special tour.
ウ　The best way to join the tour is to make an early reservation on the website.
エ　You can see a wide variety of animals from all over the world.

問2　次のグラフは，ある衣料品会社の2016年と2021年の**総売上額**(total sales)をそれぞれ表しています。これを見て，あとの1，2の(　　　)に入る最も適当なものを，ア～エの中から**一つずつ**選び，記号で答えなさい。

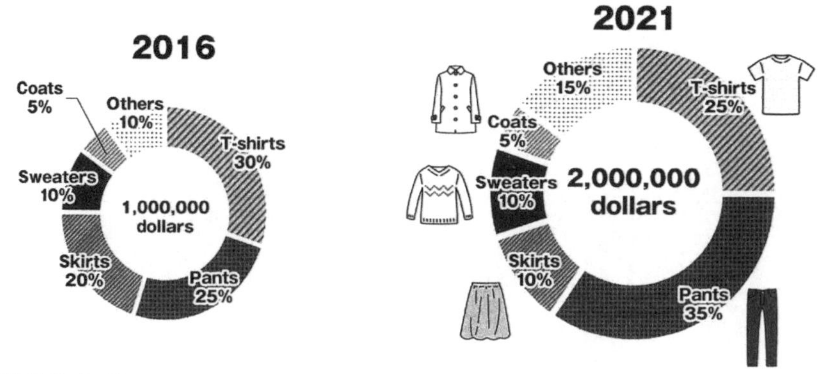

1 In 2016, the total sales of T-shirts were (　　　　) dollars.

ア 100,000　　イ 200,000　　ウ 300,000　　エ 500,000

2 The total sales of (　　　　) in 2016 and 2021 were the same.

ア pants　　イ skirts　　ウ sweaters　　エ coats

問3 あなたがホームステイをしている家庭に，次の**断水**（**water outage**）についてのお知らせが届きました。これを見て，下の**1**，**2**の質問の答えとして最も適当なものを，**ア**～**エ**の中から**一つずつ**選び，記号で答えなさい。

Water Outage

Date and Time ： Thursday, August 31　2:00 p.m. – 5:00 p.m.

You may stay at home during these hours.

Before Water Outage –2:00 p.m.	1. Prepare some water for drinking.	2. Put some water in the bathtub in case of emergency.
During Water Outage 2:00 p.m.–5:00 p.m.	3. You MUST NOT open a tap.	4. To use your toilet, take some water out of the bathtub.
After Water Outage 5:00 p.m.–	5. You MUST check the color of the water carefully. If it looks strange, don't drink it. Keep the tap open for a few minutes.	6. If the water color stays strange, please call us at 999-123-456.

1 What do you need to do before the water outage?

ア To call 999-123-456.
イ To drink water.
ウ To prepare some water.
エ To take a bath.

2 Which is true about this water outage?

ア This water outage is going to be four hours long.
イ No one can use their toilets from 2:00 p.m. until 5:00 p.m.
ウ It is dangerous for you to stay at home during the water outage.
エ You have to check the color of the water after the water outage.

【第3問題】 次の問1～問4に答えなさい。

問1 ALTのチャーリー(Charlie)さんと佐藤先生(Ms. Sato)が，生徒の自己紹介(self-introduction)シートについて話をしています。次の会話文中の(①)，(②)に入る語句の組み合わせとして最も適当なものを，下のア～エの中から一つ選び，記号で答えなさい。

Charlie：Taiga's self-introduction is interesting.
Ms. Sato：He is good at writing haiku.
Charlie：Great! Oh, look. Taiga and I have the same favorite vegetable.
He (①) green pepper.
Ms. Sato：Really? I think a lot of students don't like to eat it.
Charlie：He is interested in animals. He will be happy if he can become a (②) in the future.
Ms. Sato：I think so, too.

Self-Introduction

Name	Honda Taiga
Hobby	I'm a good haiku poet. I won a haiku contest.
Likes and Dislikes	I'm a big fan of green pepper! I don't eat curry and rice.
Dream	I would like to help animals.

ア (①) doesn't like (②) dentist
イ (①) doesn't like (②) vet
ウ (①) loves (②) dentist
エ (①) loves (②) vet

問2 エミリー(Emily)さんとアレックス(Alex)さんによる次の会話文を読んで，エミリーさんが下線部で伝えたかった内容として最も適当なものを，下のア～エの中から一つ選び，記号で答えなさい。

Emily：Did you answer every question on the math test?
Alex：No, I didn't understand all the questions.
Emily：I didn't answer them all, either. Let's hit the books more.
Alex：Let's do it. I'll work on the questions in the textbook tonight.

ア Why don't we study hard?
イ Why don't we make a hit song?
ウ Shall we write the books?
エ Shall we plan a trip?

問3　次の英文は，ミステリー（mystery）小説を読んだ中学生のジョシュ（Josh）さんが書いた**本の紹介**（book review）です。その内容について最も適当なものを，下の**ア**～**エ**の中から**一つ**選び，記号で答えなさい。

Book Reviews of Margaret Brown, Queen of Mysteries
by Josh

Old Castle of the Night　　★★★★★　5.0

Full of mysteries, adventures, and friendship!

This book is about two boys who just became friends. One of them told the other about the old castle. They went there and they found ... oh, I can't say any more! I love the story and I've read it a lot of times. I've read most of her books, and this is the best!

SILENCE　　★★☆☆☆　2.0

Not so good.

This book has a lot of mysteries in it. But they are quite simple and didn't make me very excited. Actually, I couldn't keep reading it until the ending. I think this book is for beginners who haven't read mysteries. I gave it to my younger sister, and she liked it.

ア　The boys in *Old Castle of the Night* have known each other for a long time.
イ　Josh read *Old Castle of the Night* many times because he enjoyed reading it.
ウ　Josh has read all of the writer's books because her mysteries are interesting.
エ　Josh's sister asked him to give her *SILENCE* after he finished reading it all.

問4　次の英文は，英語の授業で食料廃棄について発表するために**ケイコ**さんが書いた原稿です。ケイコさんが用意した下の**ア**～**ウ**のスライドを，発表で使う順に並べかえ，記号で答えなさい。

Today I would like to talk about food waste. It is so serious that stopping food waste is included in the twelfth goal of the SDGs. Did you know more than one third of all the food produced worldwide becomes waste? What a large amount! Last week my family went out for dinner, but we couldn't eat everything because there was too much. So the restaurant gave us a doggy bag. We put the rest of the food in the bag and took it home. What else can we do to stop food waste? I'd like to hear your opinions.

ア

イ

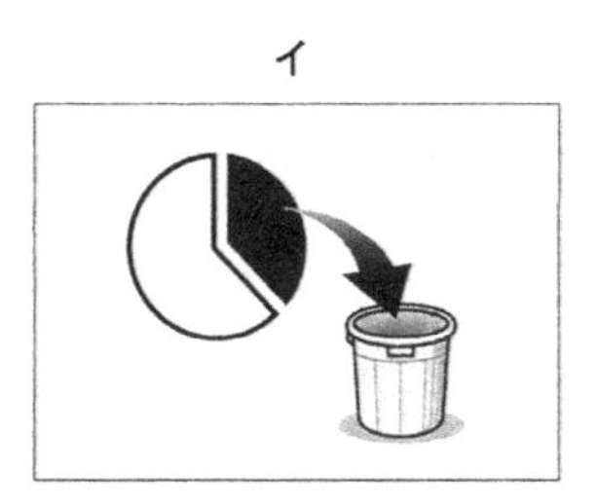

ウ

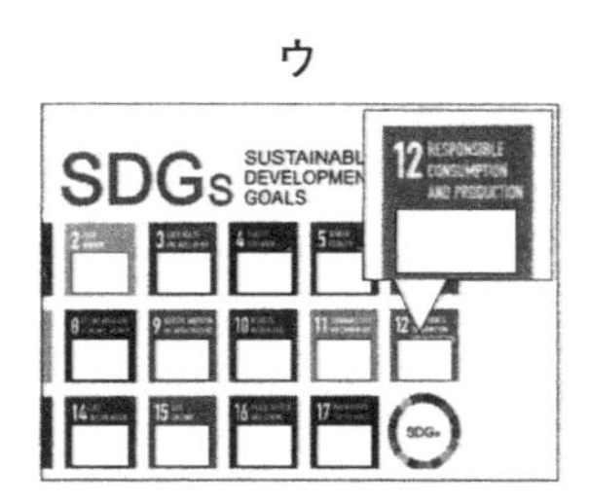

【第４問題】 中学生のハルト（Haruto）さんが，ふるさと学習を通して学んだことについて，英語でスピーチを行っています。次の英文はその内容です。これを読んで，あとの問１～問６に答えなさい。
（＊印のついている単語には本文のあとに〈注〉があります。）

I thought my town had nothing special and was not convenient to live in. I wanted to leave this town and get a job in a big city in the future. It was my dream to live a city life.

One day, I had to research my town in class. I believed that I already knew a lot about it, so I didn't want to (1) do that. Anyway, I checked out my town on the internet. I found many things I didn't know. I was so [A]. I told Ms. Suzuki, my teacher, what I learned, and she looked happy.

One week later, she invited our class to an *online presentation. In it, (2) some junior high school students talked about their town. They said, "We sometimes heard our town wasn't exciting. We felt sad because we love it. Last year we talked a lot about what we could do to make it more attractive. This year we visited our mayor and explained our ideas to him. He liked some of them." I thought those students were positive.

On another day, a man named Mr. Tanaka came to our school and told us about his life. He is from our town. He studied AI at university and got a job in Tokyo. After his first child was born, he returned to our town with his family. He often saw elderly farmers working hard in large *fields. He thought he could help them by using AI. It made their work easier and his *business became successful. He also wrote many articles about his job and life on his website. Many people were attracted to his website and some of them even moved to our town to work with him. These new residents weren't born here, but they have been enjoying their work and lives here. As a result, our town is changing little by little. I didn't realize that.

What can we do if we aren't satisfied with the conditions around us? Of course, we can run away without doing anything. However, the people I listened to didn't do so. (3) I hope to be someone like them.

〈注〉 online オンラインの　　field(s) 畑　　business ビジネス

問1　下線部（1）が表す具体的な内容を本文中から**3語で抜き出して**答えなさい。

問2　[　　A　　]に入る最も適当なものを，次の**ア**～**エ**の中から**一つ**選び，記号で答えなさい。

ア　bored
イ　scared
ウ　surprised
エ　tired

問3　下線部（2）について，中学生が話した内容を次のようにまとめました。本文の内容に合うように（　a　），（　b　）に入る適当な**日本語**を答えなさい。

・昨年：自分たちの町を（　　a　　）ためにたくさん話し合った。 ・今年：町長のところへ行き，自分たちの（　　b　　）。

問4　本文の内容について，次の質問の答えとして（　　　　）に入る適当な英語を答えなさい。

質問　Why did Mr. Tanaka use AI in his home town?

答え　Because he thought that it could (　　　　　　　　　　　　　　　　　　　　).

問5　**ハルト**さんがスピーチの中で述べている内容として正しいものを，次の**ア**～**エ**の中から**一つ**選び，記号で答えなさい。

ア　Haruto tried hard to make his town more attractive because he loved his town.
イ　Haruto wanted to see the mayor, so he asked his teacher to take him to the town hall.
ウ　Mr. Tanaka came back to his home town with his wife before his child was born.
エ　Some people who saw Mr. Tanaka's website began to live in his town to work with him.

問6　スピーチ終了後，下線部（3）について説明を求められた**ハルト**さんが，**具体例**を英語で答えています。ハルトさんになったつもりで次の（　　　　）に入る表現を考え，文を完成させなさい。ただし，**3語以上**の英語で書くこと。

The people I spoke about were great.　I hope to be someone who will (　　　　　　　　　　　　).

ハルトさん

【第5問題】　次の問1～問4に答えなさい。

問1　次の1，2の会話文について，（　　　）に入る最も適当な**英語1語**を答えなさい。

1　A：I (　　　) I were rich!
　　B：Me, too.　If I had 1,000,000 yen, I would travel to many countries.

2　A：Have you heard Taro will be back at our school from London next month?
　　B：Of course.　I'm looking (　　　) to seeing him again.

問2　次の1～3の会話文について，（　　　）内のすべての語を意味が通じるように並べかえて，英文を完成させなさい。なお，解答欄には（　　　）内の語句のみを答えること。

1　A：This is such a nice room.
　　B：That's true.　Oh, a Ferris wheel (be / can / from / here / seen).

2　A：Do you know (in / river / longest / the / third) the world?
　　B：I have no idea.

3　A：Where did you get this melon?　It's so delicious.
　　B：I bought it at the (front / in / is / supermarket / which) of the bookstore.

問3　次の1，2のイラストについて，自然な会話になるように（ a ），（ b ）に入る適当な表現をそれぞれ**3語以上**の英語で書きなさい。2文以上になってもかまいません。なお，会話は①～④の順に行われています。
（．，？！などの符号は語数に含めません。）

1

2

問4　英語の授業で行っている話し合いの中で，**マナミ**（**Manami**）さんと**タカシ**（**Takashi**）さんが自分の意見を述べています。最後の先生の質問に対して，あなた自身の意見を英語で書きなさい。ただし，次の**＜条件＞①～④のすべてを満たす**こと。
（＊印のついている語句には本文のあとに〈注〉があります。．，？！などの符号は語数に含めません。）

＜**条件**＞
① 1文目は解答用紙のどちらかの名前を○で囲み，**どちらの立場に賛成か**を明らかにすること。なお，自分の意見の中にマナミさんやタカシさんの1文目をくり返す必要はない。
② 賛成する**理由を一つ**挙げ，その理由を**補足する事柄や具体例とともに**書くこと。
③ マナミさんに賛成の場合は，マナミさんと同じ理由になってはならない。また，タカシさんに賛成の場合は，I'd like を書き出しとして省略された部分を答えてもよいし，自分で考えた理由を書いてもかまわない。
④ 2文目以降の語数は**15語以上25語以内**とする。

There are various ways to spend your time when you are free. Some people like spending their holidays alone better than with someone. How do you like spending your free time?

先生

If I have a holiday, I think spending it alone is nice. Now I'm *into music *composition. When new *melodies *come to mind, they will disappear if I'm spoken to.

マナミさん

I don't think it is nice to spend my holiday alone. I'd like .....（以下省略）.....

タカシさん

Thank you, Manami and Takashi. Now it's your *turn. Who do you agree with?

先生

〈注〉 into ～　～に熱中している　　composition 作曲　　melodies メロディー
come to mind 頭に浮かぶ　　turn 順番

解答欄への記入例

Is	that	a	school ?	

（上の例は1文で，**4語**である。）

令和５年度学力検査問題

（第５限　14：30〜15：20）

理　　科

注　意

1　「始め」の合図があるまでは，開いてはいけません。

2　問題は全部で５題あり，10ページまでです。

3　「始め」の合図があったら，まず，解答用紙に検査場名，受検番号を書きなさい。

4　答えは，すべて解答用紙に書きなさい。

5　「やめ」の合図で，すぐ鉛筆をおき，解答用紙を裏返しにして机の上におきなさい。

【第1問題】　次の**問1**～**問3**に答えなさい。

問1　次の**1**～**4**に答えなさい。

1　**図1**は，ゾウリムシの分裂のようすを示している。このふえ方について説明したものとして最も適当なものを，下の**ア**～**エ**から**一つ**選び，記号で答えなさい。

図1

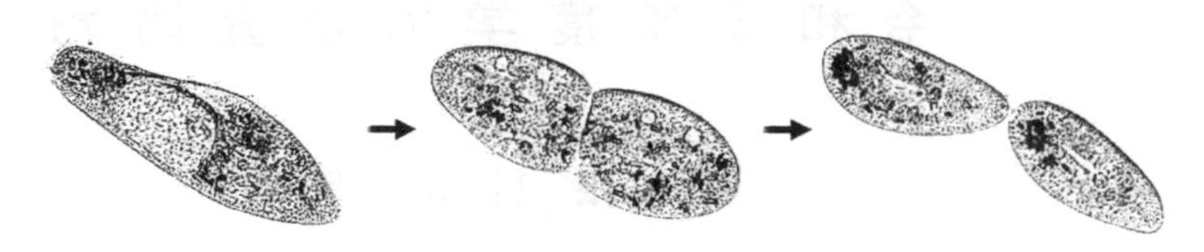

ア　無性生殖が行われ，子は親の染色体をそのまま受けつぐ。
イ　無性生殖が行われ，子は親の染色体の半数になる。
ウ　有性生殖が行われ，子は両方の親から半数ずつ染色体を受けつぐ。
エ　有性生殖が行われ，子は親の染色体の2倍になる。

2　アンモニアについて説明した文として最も適当なものを，次の**ア**～**エ**から**一つ**選び，記号で答えなさい。

ア　水にとけやすい気体で，その水溶液が酸性を示す。
イ　水にとけやすい気体で，その水溶液がアルカリ性を示す。
ウ　水にとけにくい気体で，火をつけると空気中で音を出して燃える。
エ　水にとけにくい気体で，物質を燃やすはたらきがある。

3　**図2**のように，火力発電所では，燃料を燃やしたときの熱でつくられた水蒸気を使い，タービンを回して発電している。エネルギーが変換される順番として最も適当なものを，下の**ア**～**エ**から**一つ**選び，記号で答えなさい。

図2

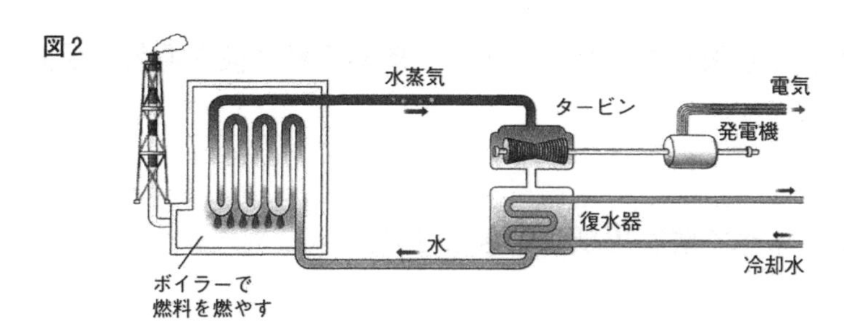

ア　化学エネルギー　→　位置エネルギー　→　熱エネルギー　→　電気エネルギー
イ　化学エネルギー　→　熱エネルギー　→　運動エネルギー　→　電気エネルギー
ウ　熱エネルギー　→　化学エネルギー　→　運動エネルギー　→　電気エネルギー
エ　熱エネルギー　→　位置エネルギー　→　化学エネルギー　→　電気エネルギー

4　水蒸気をふくんだ空気が冷え，凝結が始まるときの温度を何というか，その**名称**を答えなさい。

問2　次の文章について，下の１，２に答えなさい。

> 日本の小惑星探査機「はやぶさ２」は，小惑星リュウグウの砂を地球に持ち帰った。その砂から①**アミノ酸**が20種類以上見つかった。また，砂の内部には液体の②**炭酸水**が閉じ込められていた。

1　**下線部①**は，ヒトのからだではタンパク質が分解されてつくられる。タンパク質を分解する胃液中のペプシンや，すい液中のトリプシンなどのように，食物を分解するはたらきをもつものを何というか，その**名称**を答えなさい。

2　**下線部②**は，ある物質が水にとけてできたものである。この物質を**化学式**で答えなさい。

問3　日本はプレートの境界近くに位置しているため，地震が多い。これについて，次の１，２に答えなさい。

1　次の文章は，プレートの境界で起こる地震について説明したものである。[①]～[③]にあてはまる語の組み合わせとして最も適当なものを，下の**ア**～**エ**から**一つ**選び，記号で答えなさい。

> プレートが接する境界では，[①]プレートに引きずられて，[②]プレートの先端部が引きずりこまれるため，[③]プレートがひずむ。ひずみが限界になると，[②]プレートの先端部が，はね上がってもとにもどるときに地震が起こる。

	①	②	③
ア	大陸	海洋	海洋
イ	大陸	海洋	大陸
ウ	海洋	大陸	大陸
エ	海洋	大陸	海洋

2　**図３**のトラス橋は，ななめに柱を組むことで地震などの大きな力に耐える構造になっており，重力とつり合う**力F**の分力が柱の方向にはたらくことで，橋を支えている。**力F**と**分力A**，**分力B**との関係を表す図として最も適当なものを，次の**ア**～**エ**から**一つ**選び，記号で答えなさい。

図３

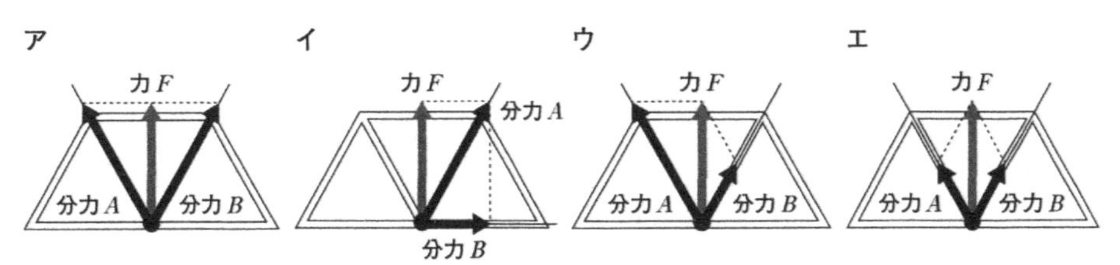

【第2問題】　次の問1，問2に答えなさい。

問1　図1は，身のまわりの植物をいくつかの特徴をもとにグループ分けしたものである。ただし，特徴の下線部①～⑤には一つだけ誤りがある。下の1～4に答えなさい。

図1

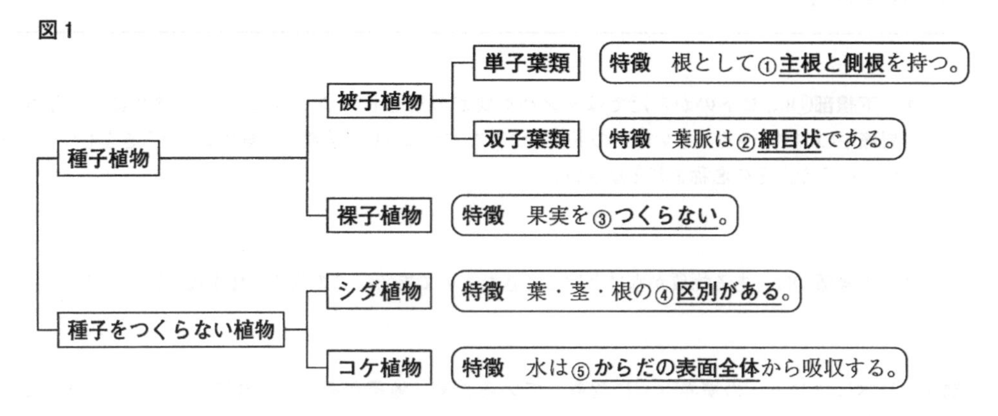

1　図1の下線部①～⑤のうち，**誤っている**ものを**一つ**選び，記号で答えなさい。また，その誤りを訂正し，答えなさい。

2　図2は，「被子植物」の花の断面図である。a～dの名称の組み合わせとして最も適当なものを，次のア～エから**一つ**選び，記号で答えなさい。

	a	b	c	d
ア	花弁	がく	おしべ	めしべ
イ	花弁	がく	めしべ	おしべ
ウ	がく	花弁	めしべ	おしべ
エ	がく	花弁	おしべ	めしべ

図2

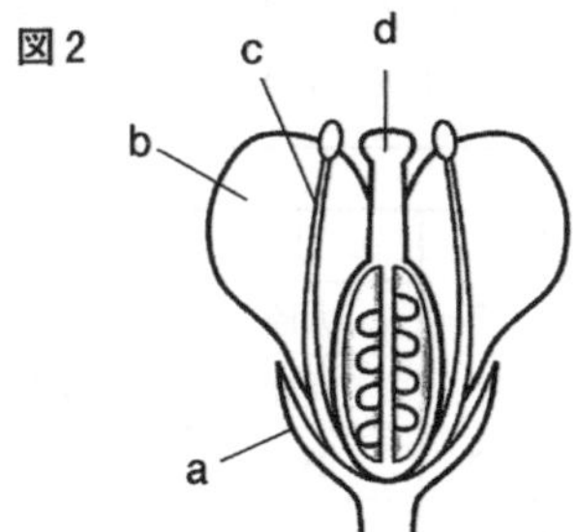

3　マツは「裸子植物」に分類される。まつかさとマツの花についての説明として最も適当なものを，次のア～エから**一つ**選び，記号で答えなさい。

ア　まつかさは，雄花が変化したものである。
イ　まつかさのりん片は，種子である。
ウ　雄花のりん片には，花粉のうがある。
エ　雌花のりん片には，子房がある。

4　「種子をつくらない植物」には，共通するふえ方がある。シダ植物，コケ植物は何によってふえるか，その**名称**を答えなさい。

問 2　光合成についての**仮説**を設定し，**実験**を行った。これについて，下の **1** ～ **4** に答えなさい。

> **仮説 1**　植物に光を当てると，二酸化炭素が使われる。
> **仮説 2**　菌類に光を当てると，二酸化炭素が使われる。

実験

操作 1　**図 3** のような組み合わせで**試験管 A** ～ **F** を準備し，ストローで一定量の息をふきこみ，ゴム栓でふたをする。

操作 2　**試験管 A** ～ **F** に30分間，十分に光を当てる。ただし，**試験管 A，C，E** はアルミニウムはくを巻き，光が当たらないようにする。

操作 3　**試験管 A** ～ **F** に少量の石灰水を入れ，再びゴム栓をし，よく振って石灰水のにごり方を調べる。

結　果　石灰水のにごり方について次の 3 段階で判定し，**表**のようにまとめた。

＋＋：濃く白くにごった　　**＋：白くにごった**　　**－：にごらなかった**

図 3

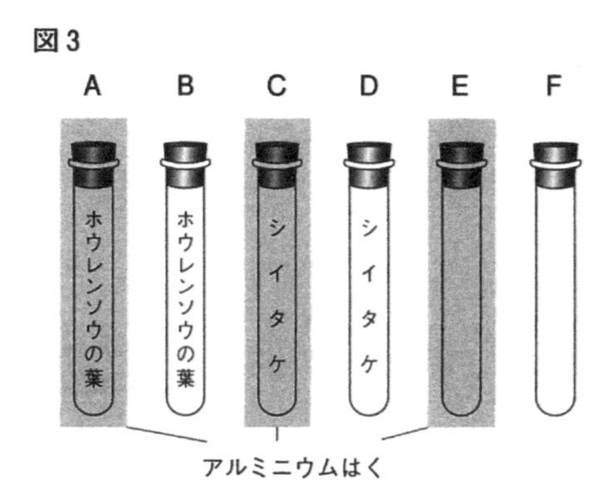

表

試験管	試験管に入れたもの	光の有無	石灰水のにごり方
A	ホウレンソウの葉	無	＋＋
B	ホウレンソウの葉	有	①
C	シイタケ	無	＋＋
D	シイタケ	有	②
E	なし	無	＋
F	なし	有	＋

1　**仮説 1** を確かめるためには，**試験管 A** ～ **F** のどの試験管を比較すればよいか。最も適当なものを，次の**ア**～**エ**から**一つ**選び，記号で答えなさい。

ア	試験管 A と B	試験管 A と E
イ	試験管 A と B	試験管 B と F
ウ	試験管 A と E	試験管 E と F
エ	試験管 B と F	試験管 E と F

2　**仮説 2** を確かめるためには，どの試験管を選べばよいか。**図 3** の **A** ～ **F** から **3 つ**選び，記号で答えなさい。

3　**表**の ① ， ② の結果として最も適当なものを，**＋＋**，**＋**，**－** から**一つずつ**選び，答えなさい。

4　**試験管 A** は**試験管 E** よりも，石灰水が濃く白くにごった。この**理由**を，**植物のはたらき**と**物質**に着目して説明しなさい。

【第3問題】 次の問1，問2に答えなさい。

問1 2種類の物質が結びつくときの物質の割合を調べる目的で，実験1を行った。これについて，下の1～4に答えなさい。

実験1

操作1 A班～E班は，それぞれ異なる質量の銅の粉末をはかりとる。

図1

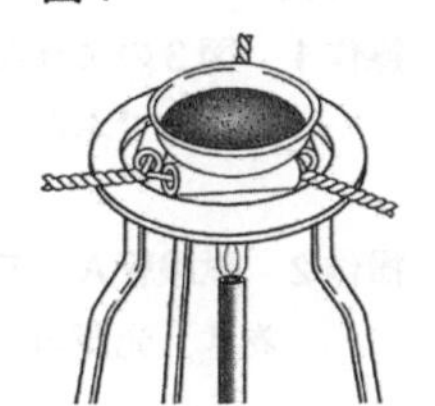

操作2 図1のように，銅の粉末をステンレス皿全体にうすく広げてガスバーナーで加熱し，よく冷やした後，質量をはかる。

操作3 質量の変化がなくなるまで，操作2を繰り返す。

結　果 各班の結果は，表1のようになった。

表1

	A班	B班	C班	D班	E班
銅の粉末の質量〔g〕	0.40	0.60	0.80	1.00	1.20
操作3の後の物質の質量〔g〕	0.50	0.75	1.00	1.25	1.50

1 ガスバーナーの炎が全体的にオレンジ色で，図2のように不安定な炎だった。ガスの量を変えずに，青く安定した炎にするときの操作を説明した文として最も適当なものを，次のア～エから一つ選び，記号で答えなさい。

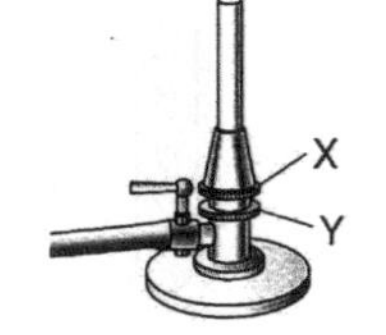

ア 空気の量を減らすために，Yのねじを固定して，Xのねじを開く。
イ 空気の量を減らすために，Xのねじを固定して，Yのねじを開く。
ウ 空気の量を増やすために，Yのねじを固定して，Xのねじを開く。
エ 空気の量を増やすために，Xのねじを固定して，Yのねじを開く。

2 操作2で，銅を空気中で加熱してできた物質は酸化銅である。このときの変化をモデルで表すと図3のようになる。このモデルを化学反応式で表しなさい。

図3

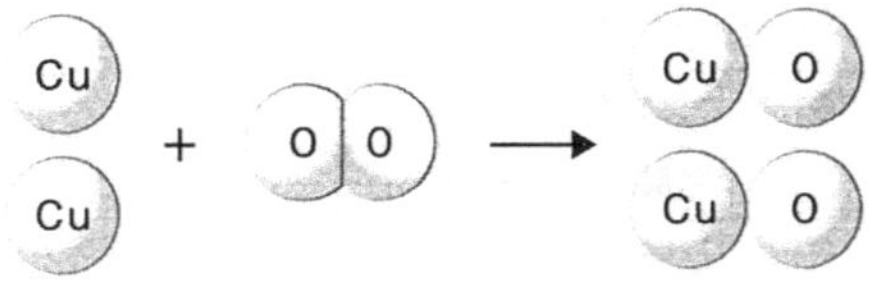

Cu Cu ＋ O O → Cu O Cu O

3 表1をもとにして，銅の粉末の質量を横軸に，銅と結びついた酸素の質量を縦軸にとり，その関係を表すグラフをかきなさい。

4 図4の装置を用いて，酸化銅と炭素の混合物を加熱して銅をとり出したい。1.60 gの銅をとり出すのに必要な酸化銅は何gか，求めなさい。

図4

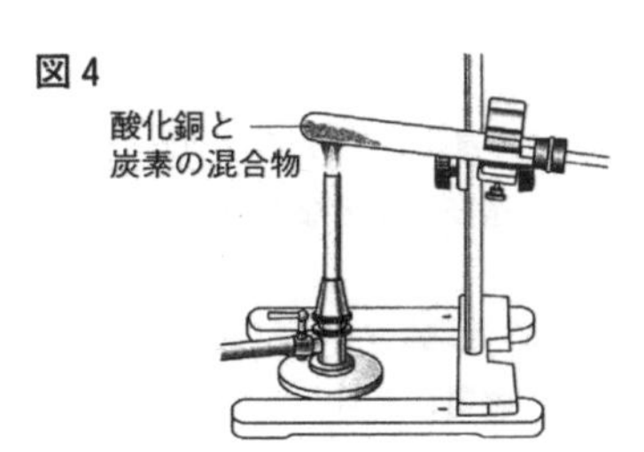

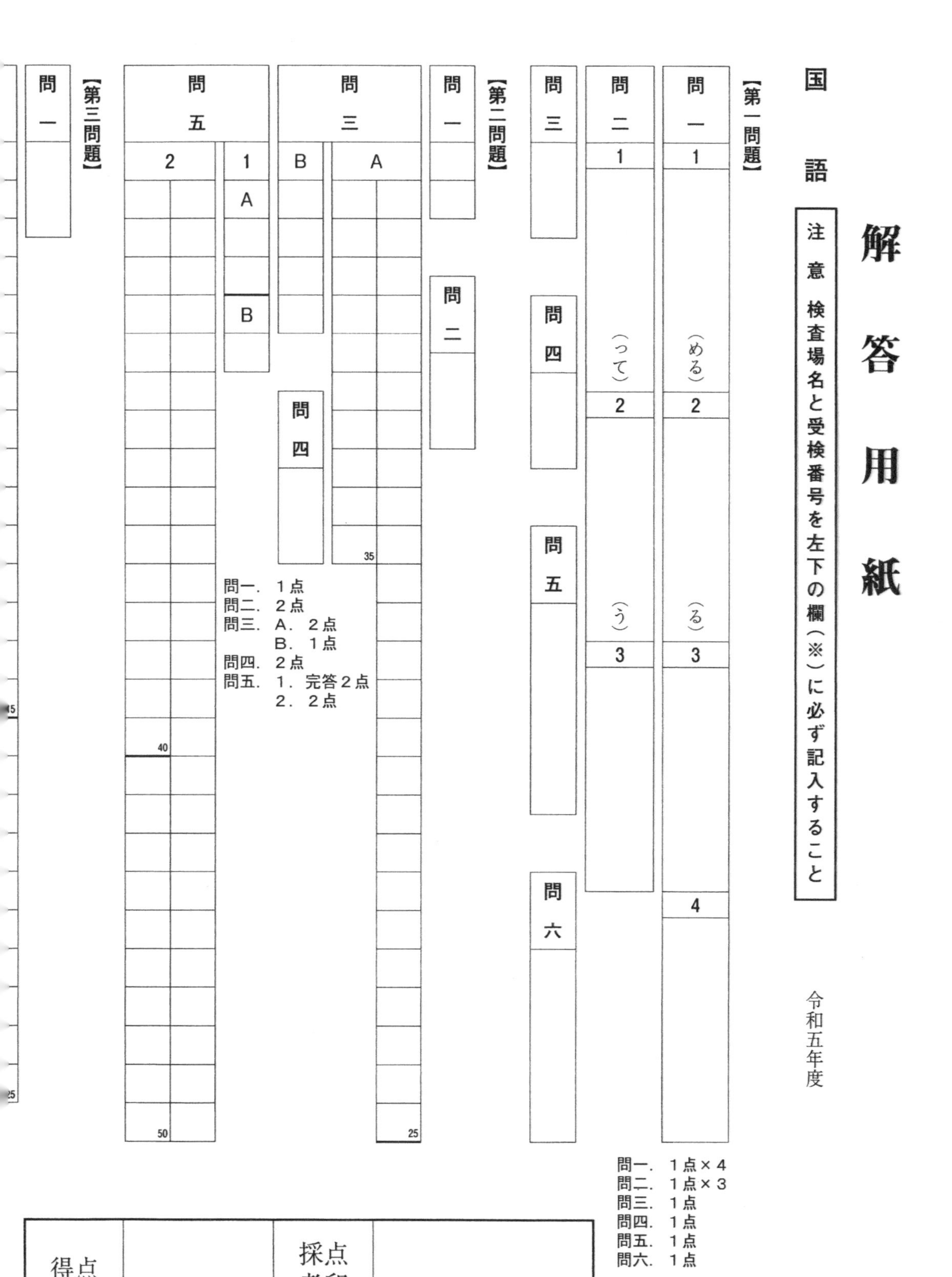

国語 解答用紙

令和五年度

注意 検査場名と受検番号を左下の欄（※）に必ず記入すること

【第一問題】

問一　1（める）　2（る）　3　4

問二　1（って）　2（う）　3

問三

問四

問五

問六

問一．　１点×４
問二．　１点×３
問三．　１点
問四．　１点
問五．　１点
問六．　１点

【第二問題】

問一

問二

問三　A（35〜25）　B

問四

問五　1　A　B　2（40〜50）

問一．　１点
問二．　２点
問三．　A．２点
　　　　B．１点
問四．　２点
問五．　1．完答２点
　　　　2．２点

【第三問題】

問一

得点		採点者印	

※50点満点

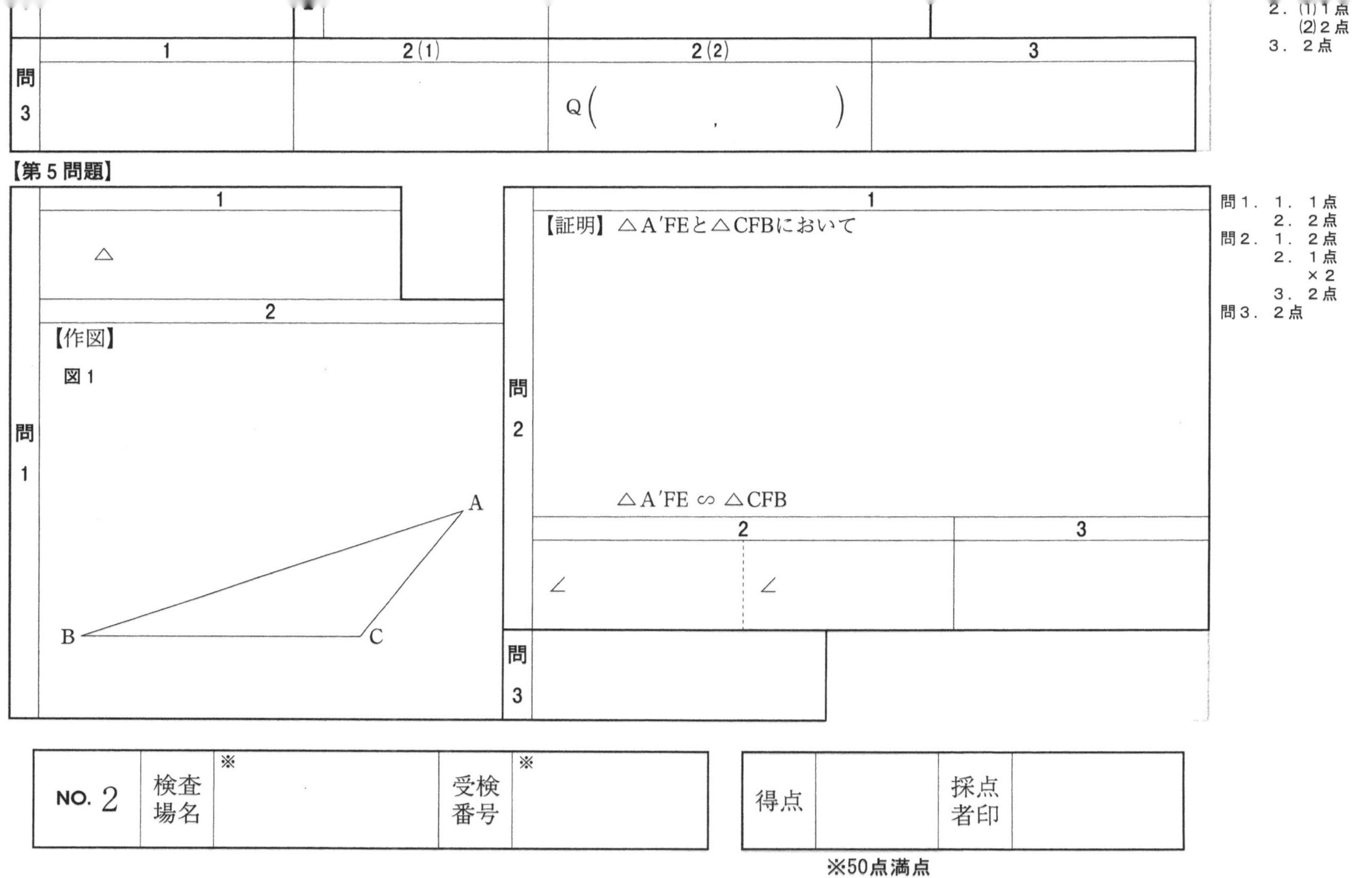

2023(R5) 島根県公立高

K 教英出版

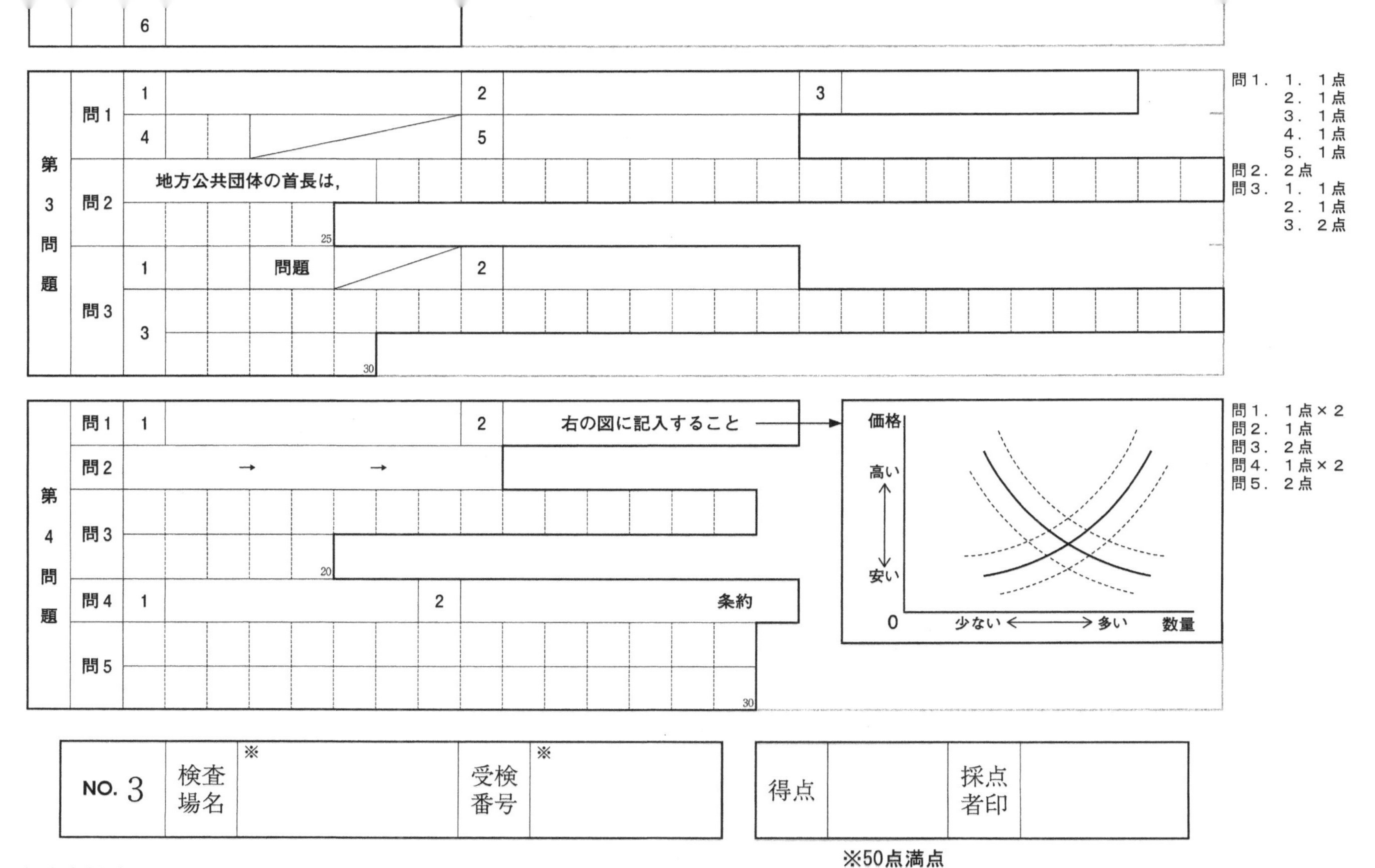

		6	

第3問題						
	問1	1		2		3
		4		5		
	問2	地方公共団体の首長は,				25
	問3	1	問題	2		
		3				30

問1. 1. 1点
2. 1点
3. 1点
4. 1点
5. 1点
問2. 2点
問3. 1. 1点
2. 1点
3. 2点

第4問題					
	問1	1		2	右の図に記入すること →
	問2	→ →			
	問3				20
	問4	1		2	条約
	問5				30

問1. 1点×2
問2. 1点
問3. 2点
問4. 1点×2
問5. 2点

NO. 3	検査場名	※	受検番号	※

得点		採点者印	

※50点満点

第5問題			
問1	1		2
問2	1	Oh, a Ferris wheel (　　　　　　　　　　　　).	
	2	Do you know (　　　　　　　　　　　　) the world?	
	3	I bought it at the (　　　　　　　　　　　　) of the bookstore.	
問3	a		
	b		
問4		I agree with (Manami / Takashi). ← 必ずどちらかの名前を○で囲むこと	

問1．1点×2
問2．1点×3
問3．2点×2
問4．4点

15

25

NO. 4	検査場名	※	受検番号	※

得点		採点者印	

※50点満点

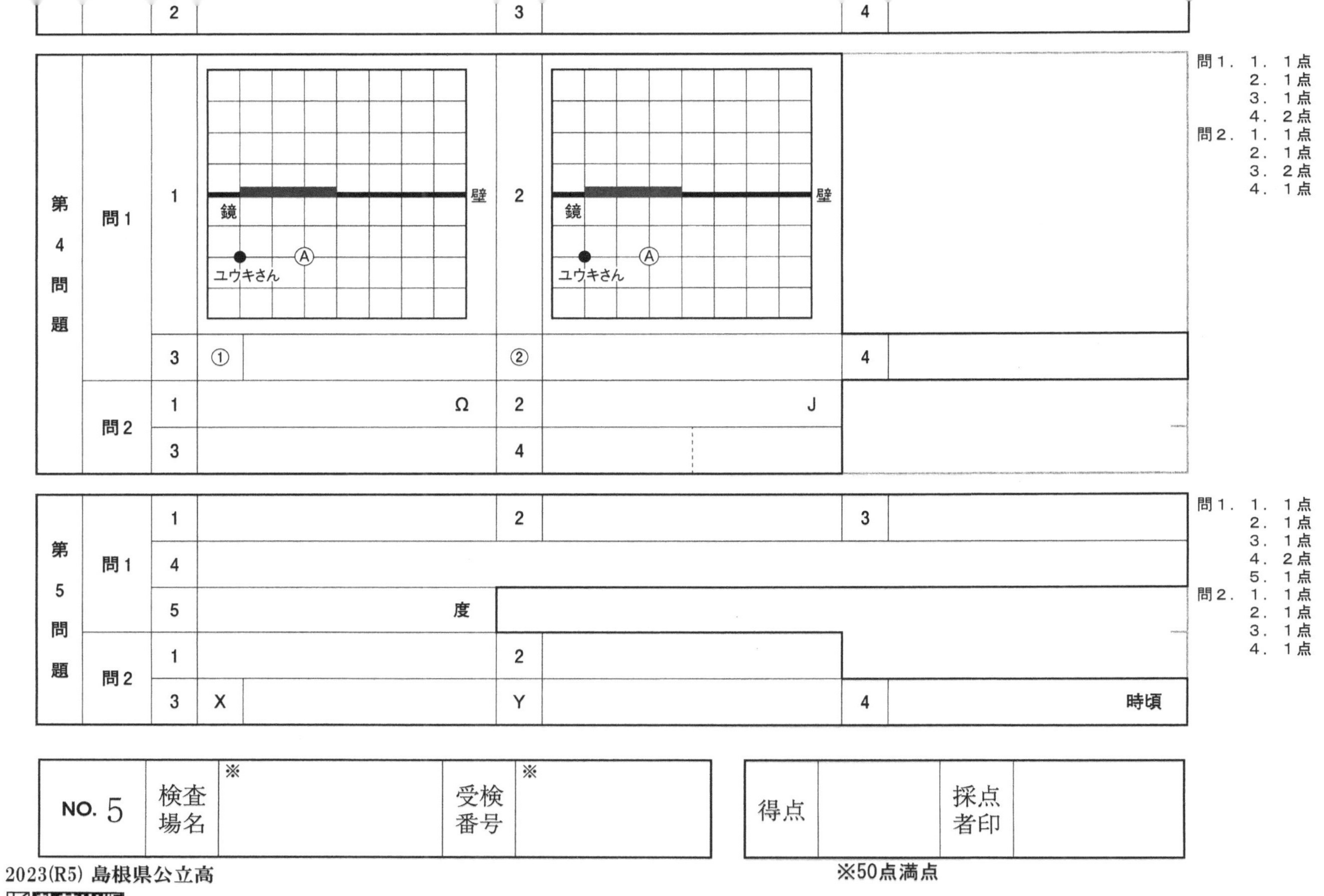

		2		3		4	

第4問題							
	問1	1	鏡 壁 ユウキさん Ⓐ	2	鏡 壁 ユウキさん Ⓐ		
		3	①	②		4	
	問2	1	Ω	2	J		
		3		4			

問1. 1. 1点
2. 1点
3. 1点
4. 2点
問2. 1. 1点
2. 1点
3. 2点
4. 1点

第5問題							
	問1	1		2		3	
		4					
		5	度				
	問2	1		2			
		3	X	Y		4	時頃

問1. 1. 1点
2. 1点
3. 1点
4. 2点
5. 1点
問2. 1. 1点
2. 1点
3. 1点
4. 1点

NO. 5	検査場名	※	受検番号	※

得点		採点者印	

※50点満点

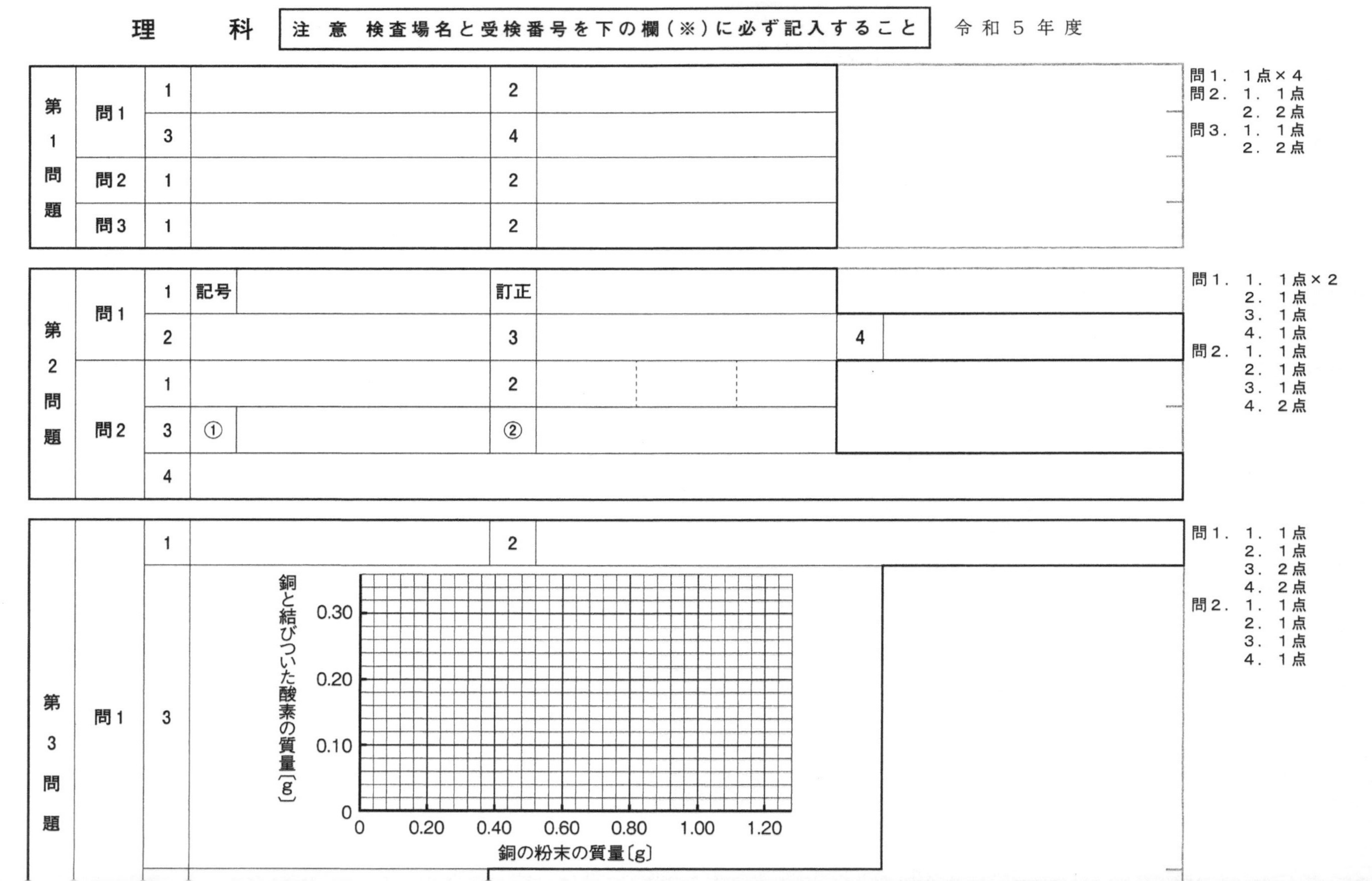

解答用紙

理　科　注意　検査場名と受検番号を下の欄（※）に必ず記入すること　令和５年度

第1問題					
問1	1		2		
	3		4		
問2	1		2		
問3	1		2		

問1．１点×４
問2．１．１点
　　　２．２点
問3．１．１点
　　　２．２点

第2問題							
問1	1	記号		訂正			
	2			3		4	
問2	1			2			
	3	①		②			
	4						

問1．１．１点×２
　　　２．１点
　　　３．１点
　　　４．１点
問2．１．１点
　　　２．１点
　　　３．１点
　　　４．２点

第3問題				
問1	1		2	
	3	（グラフ）		

問1．１．１点
　　　２．１点
　　　３．２点
　　　４．２点
問2．１．１点
　　　２．１点
　　　３．１点
　　　４．１点

【解答

解　答　用　紙

英　語　**注 意　検査場名と受検番号を下の欄（※）に必ず記入すること**　令和５年度

第1問題	問1	1		2		3		4	
	問2								
	問3	①				②			
		③	I think I'll ＿＿＿＿＿＿＿＿＿＿ .						

問1．１点×４
問2．１点×３
問3．①１点
②１点
③２点

第2問題	問1	1		2	
	問2	1		2	
	問3	1		2	

問1．１点×２
問2．１点×２
問3．１点×２

第3問題	問1		問2		問3	
	問4	（　　）→（　　）→（　　）				

２点×４

第4問題	問1	＿＿＿＿　＿＿＿＿　＿＿＿＿
	問2	
	問3	a　自分たちの町を（　　　　）ためにたくさん話し合った。
		b　町長のところへ行き，自分たちの（　　　　）。
	問4	... it could（　　　　）.

問1．２点
問2．２点
問3．１点×２
問4．２点
問5．２点
問6．２点

【解答

解　答　用　紙

社　　会　　注　意　検査場名と受検番号を下の欄（※）に必ず記入すること　　令和５年度

第1問題

問1	1		2		3
問2					
問3	1		2		
	3	欧米への羊毛の輸出から，			25
問4	1		2		3
	4	牧草などの飼料を栽培して，			25
	5				

問1．１点×３
問2．１点
問3．1．１点
　　2．１点
　　3．２点
問4．1．１点
　　2．１点
　　3．１点
　　4．２点
問5．１点

第2問題

問1	1		2		
	3				30
	4		5		6
	7	→　→			
問2	1		2		
	3				30
	4				

問1．1．１点
　　2．１点
　　3．２点
　　4．１点
　　5．１点
　　6．１点
　　7．１点
問2．1．１点
　　2．１点
　　3．２点
　　4．１点
　　5．１点
　　　×２
　　6．１点

【解答

解　答　用　紙

数　　学　注　意　検査場名と受検番号を下の欄（※）に必ず記入すること　令和５年度

【第１問題】

問1	問2	問3	問4	問5
		$x=$		$\angle x=$ °

問6	問7	問8 3問解く日	問8 5問解く日	問9 1	問9 2
		日	日	$a=$	

問１．１点
問２．１点
問３．１点
問４．１点
問５．１点
問６．１点
問７．１点
問８．１点×２
問９．１点×２

【第２問題】

問1	1	2	3

問2	1	2(Ⅰ)	2(Ⅱ)

問１．１．１点
　　　２．２点
　　　３．２点
問２．１．１点
　　　２．
　　　（Ⅰ）２点
　　　（Ⅱ）１点

【第３問題】

問1	1(1)	1(2)
	円	

問1	2(1)	2(2)

問2	1	2	3
	図３	$y=$	km/h

図３

問１．１．(1)１点
　　　　　(2)１点
　　　　　　×２
　　　２．(1)１点
　　　　　(2)１点
問２．１．１点
　　　２．１点
　　　３．２点

【第４問題】

問四
A
乙矢が
B
から。
ので、

問五
A
B

問六

問一．１点
問二．２点
問三．１点
問四．Ａ．１点
　　　Ｂ．２点
問五．Ａ．２点
　　　Ｂ．１点
問六．２点

【第四問題】

問一

問二

問三

問四

問一．１点
問二．１点
問三．１点
問四．２点

【第五問題】

問一

問二

問三

問一．２点
問二．２点
問三．６点

NO. 1	検査場名	※	受検番号	※

問2　金属のイオンへのなりやすさのちがいと，電池のしくみを調べる目的で，**実験2**と**実験3**を行った。これについて，下の**1**～**4**に答えなさい。

実験2

操　作　**表2**のような水溶液と金属片の組み合わせで，**図5**のように水溶液に金属片を入れ，しばらく放置して，金属片の表面の変化を観察する。

図5

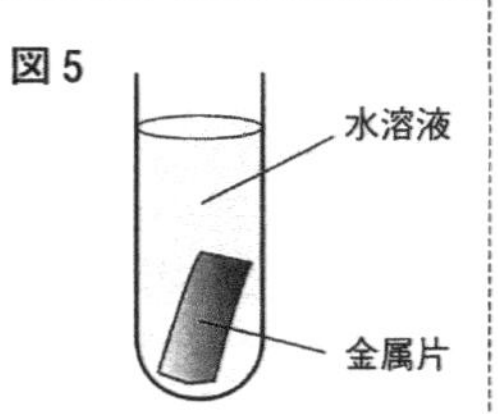

結　果　この実験の結果は，**表2**のようになった。

表2

	銅	亜鉛	マグネシウム
硫酸銅水溶液	変化がなかった	赤色の物質が付着した	赤色の物質が付着した
硫酸亜鉛水溶液	変化がなかった	変化がなかった	黒色の物質が付着した
硫酸マグネシウム水溶液	変化がなかった	変化がなかった	変化がなかった

1　**表2**をもとに，銅，亜鉛，マグネシウムを**イオンになりやすい順**に並べなさい。

2　硫酸銅水溶液に亜鉛を入れたときに起こった亜鉛の変化と，水溶液中の銅イオンの変化の組み合わせとして最も適当なものを，次の**ア**～**エ**から**一つ**選び，記号で答えなさい。

	亜鉛の変化	水溶液中の銅イオンの変化
ア	$Zn + 2e^- \longrightarrow Zn^{2+}$	$Cu^{2+} + 2e^- \longrightarrow Cu$
イ	$Zn + 2e^- \longrightarrow Zn^{2+}$	$Cu^{2+} \longrightarrow Cu + 2e^-$
ウ	$Zn \longrightarrow Zn^{2+} + 2e^-$	$Cu^{2+} + 2e^- \longrightarrow Cu$
エ	$Zn \longrightarrow Zn^{2+} + 2e^-$	$Cu^{2+} \longrightarrow Cu + 2e^-$

実験3

操　作　**図6**のように，セロハンで仕切った水そうの一方に硫酸亜鉛水溶液を，もう一方に硫酸銅水溶液を入れ，それぞれの水溶液に亜鉛板，銅板をひたした後，モーターをつないだ。

図6

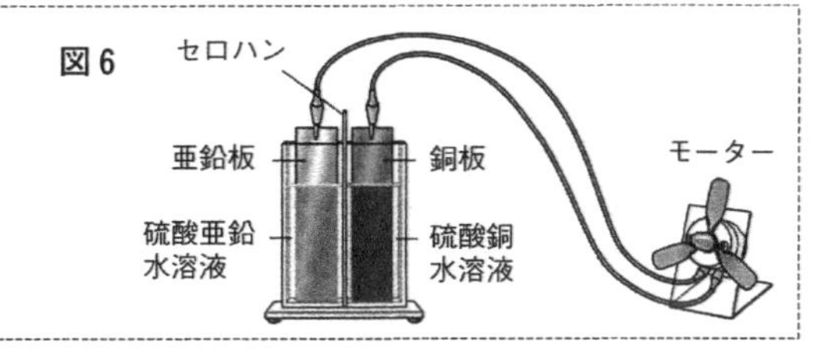

3　**実験3**の結果，モーターが回転した。このときの－(マイナス)極と回路を移動する**電子の向き**の組み合わせとして最も適当なものを，次の**ア**～**エ**から**一つ**選び，記号で答えなさい。

	－極	回路を移動する電子の向き
ア	銅板	銅板から亜鉛板へ
イ	銅板	亜鉛板から銅板へ
ウ	亜鉛板	銅板から亜鉛板へ
エ	亜鉛板	亜鉛板から銅板へ

4　**図6**の亜鉛板をマグネシウム板に，硫酸亜鉛水溶液を硫酸マグネシウム水溶液にかえて，モーターの回転を観察した。その観察結果として最も適当なものを，次の**ア**～**ウ**から**一つ**選び，記号で答えなさい。

ア　同じ向きに回転した。　　**イ**　逆向きに回転した。　　**ウ**　回転しなくなった。

【第4問題】　次の問1，問2に答えなさい。

問1　ユウキさんは，美容室で鏡に人がどのようにうつるのか興味をもった。そこで，アイさんに協力してもらって**実験1**を行い，その結果を考察した。これについて，下の**1**～**4**に答えなさい。

実験1

ユウキさんは，**図1**のような横幅3mの鏡を使って，Ⓐ～Ⓕの位置でアイさんのもつろうそくが鏡にうつるようすについて調べた。**図2**は，そのときの位置関係を表した図である。ただし，1マスの辺の長さは1mに対応している。

図1

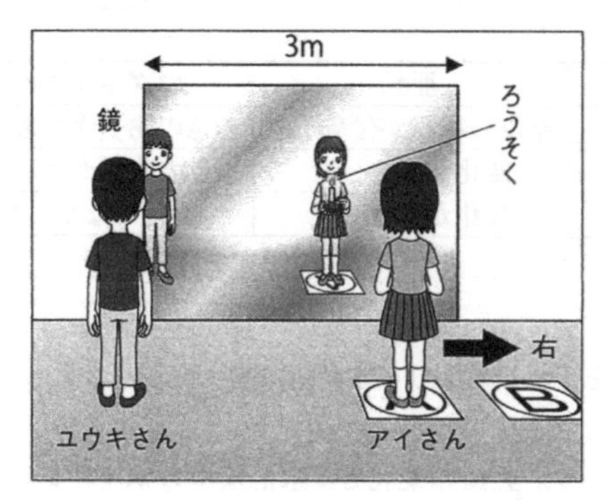

図2

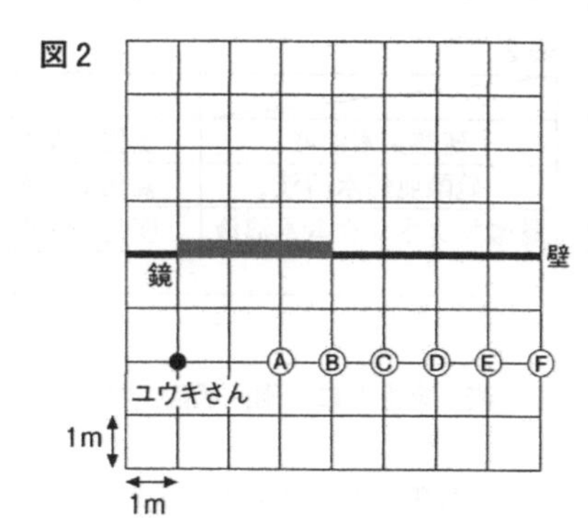

1　アイさんがⒶの位置に立っているとき，鏡で反射してユウキさんに届くろうそくの**光の道筋**を，**矢印**で図にかき入れなさい。

2　アイさんがⒶの位置に立っているとき，ユウキさんから見るとアイさんのもっているろうそくが鏡のおくにあるように見える。この位置を見かけの位置とすると，鏡にうつって見えるろうそくの**見かけの位置**はどこか，●で図にかき入れなさい。

3　次の文は，実験の結果をもとに考察したものである。［①］にあてはまる**位置**を**図2**のⒶ～Ⓕから**一つ**選び，記号で答えなさい。また，［②］にあてはまる最も適当なものを，下の**ア**，**イ**から**一つ**選び，記号で答えなさい。

> アイさんがⒶから順番に右に移動すると，鏡にうつるろうそくの見かけの位置も変わる。このため，ユウキさんから見てろうそくが鏡にうつるのは，［①］までである。その理由の一つは，［①］のときの［②］と壁との交点が鏡の右端に位置するからである。

ア　ろうそくの見かけの位置から壁に引いた垂線
イ　ろうそくの見かけの位置からユウキさんに引いた直線

4　**図3**のように，横幅1mの鏡5枚と，**a**～**d**の位置にろうそくを置く。このとき，ユウキさんが鏡で見ることができるろうそくはどれか。**図3**の**a**～**d**から**すべて**選び，記号で答えなさい。ただし，どの鏡を用いてもよいこととする。

図3

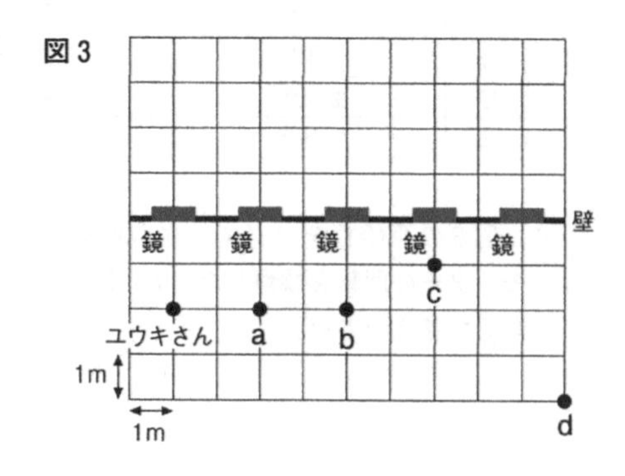

問2　発生した熱量が大きいほど水の上昇温度が大きくなることに着目して**仮説**を設定し，**実験2**を行った。これについて，下の**1**～**4**に答えなさい。

仮説1　電力が同じならば，電流を流した時間が長いほど水の上昇温度は大きくなる。 **仮説2**　電流を流した時間が同じならば，電力が大きいほど水の上昇温度は大きくなる。

実験2

操　作　室温と同じくらいの温度の水$100cm^3$を入れた発泡ポリスチレンのカップを用意する。**図4**のような回路をつくり，電熱線の電力が2W，4W，6W，9Wになるように電源装置を調整し，ガラス棒でときどきかき混ぜながら，1分ごとに水の温度を記録する。

結　果　電流を流した時間と水の上昇温度の関係をグラフにまとめると，**図5**のようになった。

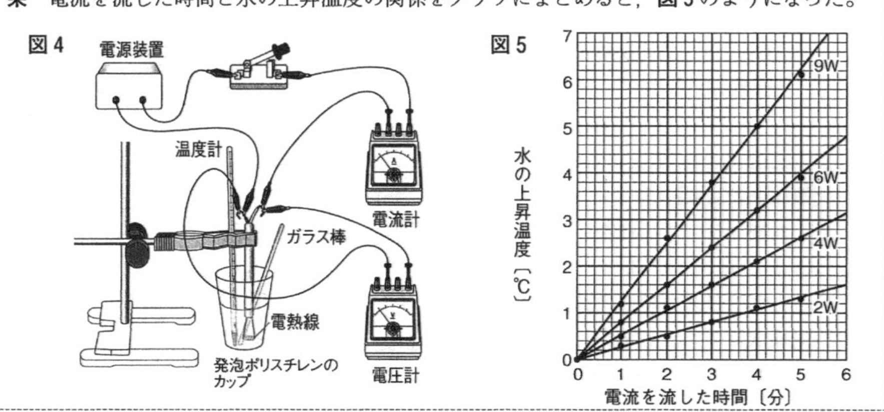

1　電力が9Wになるように電源装置を調整したところ，電圧計は6V，電流計は1.5Aを示した。このときの電熱線の抵抗は**何Ω**か，求めなさい。

2　電力が2Wになるように電源装置を調整し，4分間電流を流した。このときに電熱線で消費した電力量は**何J**か，求めなさい。

3　**仮説2**を確かめるために，**実験2**で得られた**結果**（**図5**）から，ある時間の電力と水の上昇温度の関係をグラフにしたところ，**図6**のようになった。**図6**は，電熱線に電流を**何分**流したときのものか，次の**ア**～**オ**から**一つ**選び，記号で答えなさい。

ア　1分　　**イ**　2分　　**ウ**　3分　　**エ**　4分　　**オ**　5分

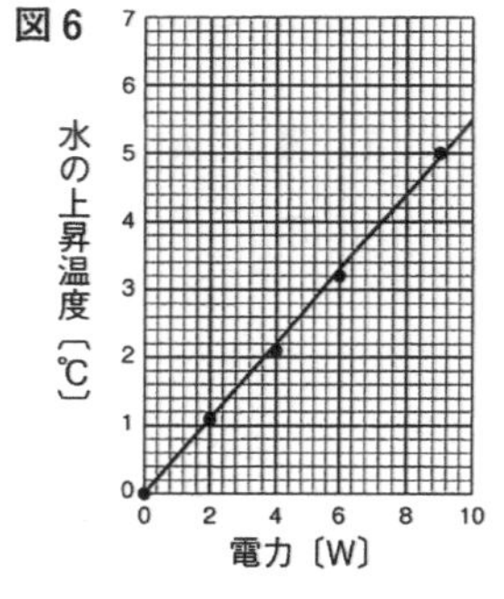

4　この実験では，同じように水をかき混ぜたとしても，操作や実験器具の設置の仕方によって，水の上昇温度が予想より大きくなったり小さくなったりする場合がある。水の上昇温度が**大きくなる原因**として考えられるものを，次の**ア**～**エ**から**2つ**選び，記号で答えなさい。

ア　水の量が$100cm^3$より少なかった場合
イ　水をかき混ぜるたびに，温度計を水中から出した場合
ウ　電熱線がきちんと水につかっていなかった場合
エ　カップ内で電熱線のすぐ近くに温度計を設置していた場合

【第5問題】 次の**問1**，**問2**に答えなさい。

問1 リカさんは，星の1日の動きを調べる目的で，丸底フラスコを用いた**実験**を行った。また，丸底フラスコを天球のモデルとして使うために注意したことを**【実験上の注意】**としてまとめた。これについて，下の**1**～**5**に答えなさい。

実験

操作1 **図1**のように，丸底フラスコを支持環の上に置いた。

操作2 丸底フラスコに，星のモデルとなる丸いシールをはった。

操作3 丸底フラスコの口の部分を回してシールの動きを観察し，記録した。

図1

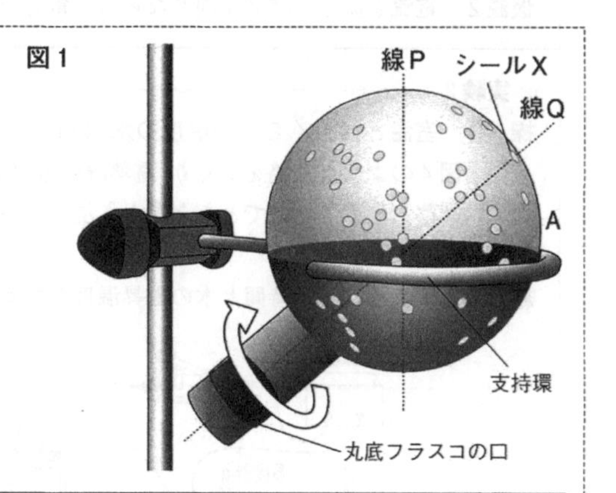

【実験上の注意】

① 丸底フラスコに着色した水を半分まで入れ，水面が北緯35度の地平面に見立てたものになるようにした。また，水面の中心に観測者がいるものとした。

② 丸底フラスコの口の部分が，水平面に対して垂直な**線P**から約55度傾けるようにして，丸底フラスコを支持環の上に置いた。このとき，丸底フラスコの口の中心部分と丸底フラスコの中心を結んだ直線を**線Q**とした。

③ **線Q**を軸に，矢印の向きに<u>丸底フラスコの口の部分を回した</u>。

1 天球上で，観測者の真上の点を何というか，その**名称**を答えなさい。

2 **下線部**の操作は，実際には地球のある運動によって起こる，見かけの動きを再現した操作である。この地球の運動は何か，その**名称**を答えなさい。

3 **図1**の**A**付近の記録として最も適当なものを，次の**ア**～**エ**から**一つ**選び，記号で答えなさい。

ア

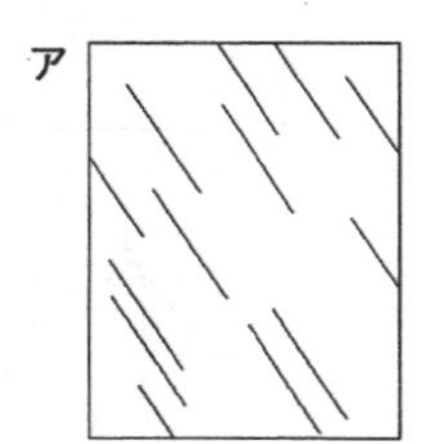

イ

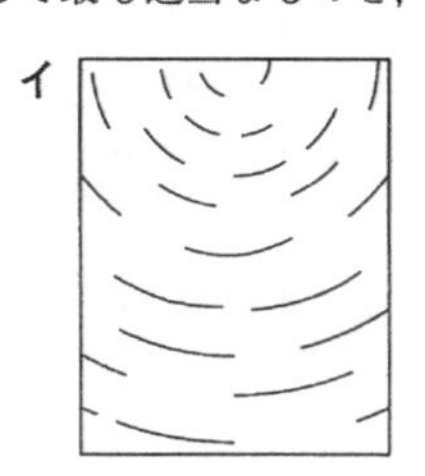

ウ

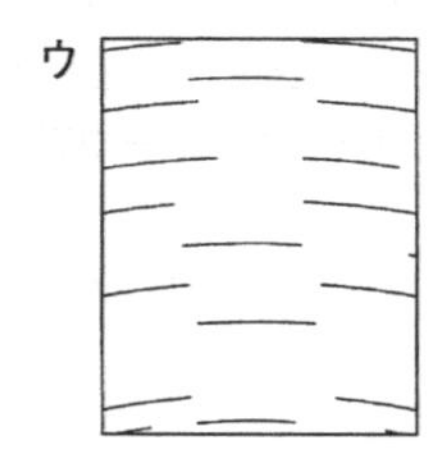

エ

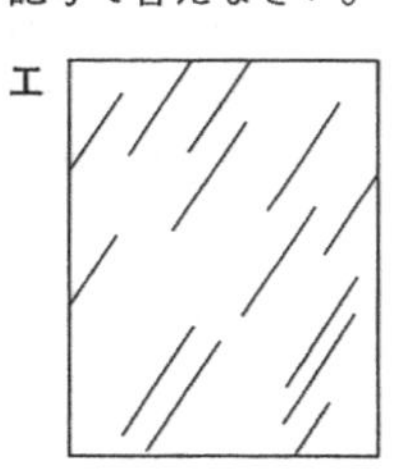

4 丸底フラスコの口の部分を回しても，ほとんど動かない**シールX**があった。この**シールX**にあたる星は，実際の天球上で**北極星**とよばれている。**北極星**が天球上でほとんど動かない**理由**を簡単に答えなさい。

5 観測者が赤道上（緯度0度）にいるときの星の動きを調べるためには，丸底フラスコの**線Q**を**線P**に対して何度の角度で支持環の上に置けばよいか，その**角度**を答えなさい。

問2　リカさんは，ある年の2月3日20時00分にオリオン座にある星のリゲルが真南に位置していることを観察した。**図2**は，このときの**記録用紙の一部**である。リカさんは，この記録をもとに星の動きについて**仮説**を設定した。これについて，下の**1**～**4**に答えなさい。

図2

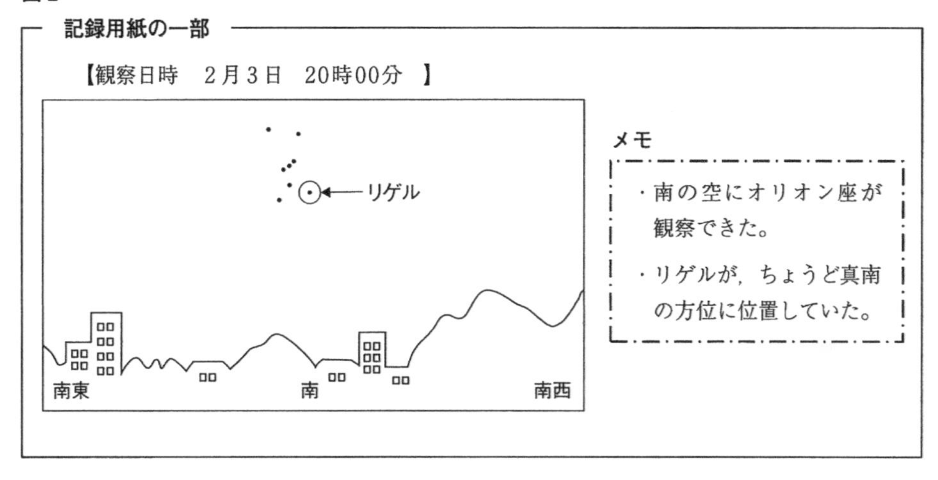

仮説　同じ場所から観察すると，リゲルは真南の空に見えてから45日後に南西に位置する。

1　同じ時刻に見える星の位置は日々動き，季節によって見える星座が変わる。このような星の1年間の見かけの動きを何というか，その**名称**を答えなさい。

2　リカさんが設定した**仮説**には，「足りない**条件**」がある。その**条件**として最も適当なものを，次の**ア**～**エ**から**一つ**選び，記号で答えなさい。

ア　星の高度　　**イ**　観察日の気温　　**ウ**　観察する時刻　　**エ**　星が移動する速さ

3　リカさんは，**仮説**にある「45日」という期間を設定した**理由**を，次の2つの事実から説明している。**理由**の［ X ］，［ Y ］にあてはまる最も適当な**整数値**を答えなさい。

理由

①　地球は12か月かけて太陽のまわりをまわっている。このことによって，星は1日に約［ X ］度ずつ西に移動して見える。

②　真南と南西がつくる角度は，［ Y ］度である。

4　リカさんの**仮説**が正しい場合，45日後にリゲルが**真南**に位置するのは何時頃か，その**時刻**を答えなさい。

※教英出版注
音声は，解答集の書籍ＩＤ番号を教英出版ウェブサイトで入力して聴くことができます。

令和５年度公立高等学校入学者選抜学力検査　英語　【第１問題】　実施要項

1　開始時刻　13時20分

2　実施方法

（１）　原則として，所定のＣＤ－Ｒを校内放送施設・設備を通して再生する。再生は英語の学力検査開始直後に行うものとする。

（２）　校内放送施設・設備が完備していない場合及び故障，又は停電などの場合には，他の検査場の妨げにならないように配慮の上，各検査場を巡回し，ＣＤプレーヤー等により再生するものとする。

なお，巡回等のため英語の学力検査開始直後に第１問題が一斉に実施できない場合には，他の問題から先に行うよう，監督者が受検者に指示すること。

3　ＣＤ－Ｒに収録してある内容

ただ今から放送による問題を行います。（**2秒**おく。）第１問題は，**問1～問3**までありります。問１は１回しか流しません。問２・問３は２回流します。途中でメモをとってもかまいません。（**3秒**おく。）

問1　二人の会話を聞いて，そのあとの質問に答える問題です。それぞれの会話のあとに読まれる質問の答えとして最も適当なものを，**ア～エ**の中から**一つずつ**選び，記号で答えなさい。会話は**1～4**まであります。放送は**1回**のみです。それでは問題に入ります。

1番　**A**： Becky, I'll show you my new pet.
B： Oh, it's swimming. It's very cute, Haruki.
A： It has four legs, but it cannot move quickly.
B： I know. It cannot run fast.

Question： Which is Haruki's pet? （**5秒**おく。）

【放

問2　あなたの通っている中学校では，「英語の日」に特別な授業を行います。先生の話を聞いて，話されている内容に合うものを，**ア～カ**の中から**三つ**選び，記号で答えなさい。放送は**2回**くり返します。1回目の放送は**15秒後**に始まります。（**15秒**おく。）それでは問題に入ります。

Today is April 23. It's English Language Day. We'll have a special English class, and we'll speak only in English during this class. Look around you. We have seven guests from abroad. They live near our school and they are here for you.

I want you to do two things. First, please communicate with our guests. Each of them has some cards. Talk about the topics on the cards after introducing yourself. Second, enjoy some activities the guests have prepared, such as songs, games, quizzes, and so on. Remember, don't speak Japanese during these activities.

After the class, you will write thank-you letters to our guests as your homework.

OK, let's get started. Please enjoy the class.

（**10秒**おく。）くり返します。（放送をくり返す。）（**15秒**おく。）

これで**問2**を終わります。次は**問3**です。

問3　あなたは同級生の**マイク**さんから送られてきた音声メッセージを聞いています。その内容に合うように，次の**〈メモ〉を完成**させなさい。また，メッセージの中にあるマイクさんの質問に対して，**あなたの考え**を英語で書きなさい。ただし，①，②はそれぞれ**英語1語**で，③は**与えられた書き出しに続くように**答えなさい。放送は**2回**くり返します。それでは問題に入ります。

Hi, this is Mike. Yesterday you said we should visit Ken in the hospital on Sunday, and I've thought about it. Here is my plan. We'll go there by train, so please come to Nishi Station at 11:00. We need some money for the train. Ken was injured and is now taking a rest, so I think it may be good to do something for him. In my opinion, buying snacks may be good, but do you have any other ideas? Please let me know. Bye.

B： You're right.　Let's take umbrellas with us.

Question： How is the weather now?（**5秒**おく。）

3番　**A**： Good morning.　Do you remember when the meeting will start?
B： Good morning.　Well, it will begin at ten.
A： Thank you.　I hope we will finish it by noon.
B： I hope so, too.　It's nine o'clock now, so see you in an hour.

Question： What time will the meeting start?（**5秒**おく。）

4番　**A**： What did you do last Saturday, George?
B： I went to the tennis court to watch a match with my brother, and then we went to the movie theater near the city library.
A： You said you wanted to go to the post office, right?
B： I couldn't go on that day, because I had to help my parents after the movie.

Question： Where did George go first last Saturday?（**5秒**おく。）

これで**問1**を終わります。次は**問2**です。

島根県公立高等学校

令和４年度学力検査問題

（第１限　9：20～10：10）

国　語

注　意

1　「始め」の合図があるまでは，開いてはいけません。

2　問題は全部で５題あり，10ページまでです。

3　「始め」の合図があったら，まず，解答用紙に検査場名，受検番号を書きなさい。

4　答えは，すべて解答用紙に書きなさい。また，**解答に句読点，記号が必要な場合は，それも一字として数えなさい。**

5　「やめ」の合図で，すぐ鉛筆をおき，解答用紙を裏返しにして机の上におきなさい。

【第一問題】 次の**問一**～**問四**に答えなさい。

問一 次の**1**～**4**の傍線部の読みを、それぞれ**ひらがな**で書きなさい。

1 口に水を含む。

2 お茶を濁す。

3 金メダルを獲得する。

4 秩序を大切にする。

問二 次の**1**～**4**の傍線部の**カタカナ**の部分を、それぞれ**漢字**で書きなさい。ただし、楷書で丁寧に書くこと。

1 紙をヤブる。

2 畑をタガヤす。

3 曖昧な意見をヒハンする。

4 会計のシュウシが合う。

問三 次の「信じられない」の「ない」と文法上の働きが同じものを、後の**ア**〜**エ**から**一つ**選び、記号で答えなさい。

「信じられない」

ア 限りない

イ 読まない

ウ 正しくない

エ あどけない

問四 次の**行書**で書いた漢字を**楷書**で書いたとき、総画数は何画になるか。後の**ア**〜**エ**から**一つ**選び、記号で答えなさい。

閉

ア 八画

イ 九画

ウ 十画

エ 十一画

【第二問題】 次のⅠ、Ⅱの文章を読んで、下の**問一**～**問六**に答えなさい。

Ⅰ

言葉にはまず、ものをグループ分けする働き、つまり①カテゴリー化する働きがあります。そこでは、いま目の前にしているリンゴ、たとえば(注)紅玉(こうぎょく)の独特の赤い色とか、それ特有の甘酸っぱい味、あるいはそれが私の好みであるとかいったことは問題にされません。むしろリンゴに共通の性質ですべてのものをひとくくりにすることがその場合の唯一の関心事です。

しかし、たとえば友人に「紅玉はおいしいよね」と語ったとき、この「紅玉」ということばは、その基礎的な意味を相手に伝えるだけでなく、相手がその味を知っている場合には、その人のなかに、紅玉独特の強い酸味のきいた甘さをありありとイメージさせることができます。それを②言葉の喚起機能と呼んでよいと思いますが、わたしたちは、「紅玉」ということばを聞いたとき、その音声越しに基礎的な意味を聞くだけでなく、さらにその意味を越えて、このことばがもつ豊かな意味あいをも聞くことができるのです。ここに鍵(かぎ)がありそうです。

たしかに、わたしたちはいくらことばを重ねても、紅玉の微妙な味をことばで表現し尽くすことはできません。そこに言葉の限界があります。しかし他方、いま言った機能によって、その味を直接相手のなかに喚起することができます。そのような働きがあるからこそ、わたしたちの会話は、平板(へいばん)な意味のやりとりに終始せず、いきいきとしたものになるのだと言えるのではないでしょうか。

しかし、そのような機能が発揮されるのは、相手が自分と同じ経験をしている場合だけにかぎられるのでしょうか。わたしは③言葉の喚起機能はもう少し広がりをもったものだと考えています。そういう力はとくに詩歌において発揮されます。そのことを具体的な例を通して見てみましょう。芭蕉(ばしょう)に次のような句があります。

よくみれば薺(なずな)花さく垣(かき)ねかな

薺というのは、「せり、なずな、ごぎょう、はこべら、ほとけのざ……」と言われる春の七草の一つです。ペンペン草という別名をもつ、雑草の代表のような草です。それを振ると実がペンペンと音を立てるので、子どもが遊びに使いますが、しかし、その花は実に地味な小さい白い花で、ほとんど注意されることはありません。その花に芭蕉は目を留め、その地味な花がもつ美しさに動かされていることがこの句からわかります。

④「よくみれば」というのは、ただ単に「よく観察すれば」という意味ではありません。日常の生活の延長上で、より(注)精確に観察された事態がここで詠(うた)われているのではありません。日常のものを見る目、ものを見る立場というものを超えたところに開かれてくる世界が詠われていると言えると思います。

ふだん、わたしたちは生活のためにけんめいに働いています。必死で働いているとき、なずなのような地味な花の美しさが目に入ってくることはありません。生活のためにという枠が外れたときに

問一 傍線部①「カテゴリー化する働き」とあるが、これはどのような働きか。最も適当なものを、次の**ア**～**エ**から**一つ**選び、記号で答えなさい。

ア 同じような意味の言葉が、時代や地域によっていくつも生み出される働き。

イ 似たようなものをすべてまとめて、それらを一つの言葉で言い表す働き。

ウ 一つのものをさらに細かく分けて、それぞれに言葉を当てていく働き。

エ 文法に従って、世の中のすべてのものを論理的に名づけていく働き。

問二 傍線部②「言葉の喚起機能」とあるが、ここではどのようなことを指して「言葉の喚起機能」と言っているか。最も適当なものを、次の**ア**～**エ**から**一つ**選び、記号で答えなさい。

ア 「紅玉」を知らない人にも、それがリンゴだと気づかせること。

イ 「紅玉」を知らない人にも、そのリンゴの色と形をイメージさせること。

ウ 「紅玉」を知っている人には、そのリンゴの微妙な味まで伝えること。

エ 「紅玉」を知っている人には、別の品種のリンゴまで想像させること。

問三 傍線部③「言葉の喚起機能は……もったものだ」とあるが、これはどういうことか。**傍線部③より前の文章中の言葉を用いて、五十五字以上、六十五字以内**で答えなさい。ただし、「リンゴ」「紅玉」という言葉を**用いないで**答えること。

問四 傍線部④「よくみれば」とあるが、ここでの「よくみる」とは、どうすることか。最も適当なものを、次の**ア**～**エ**から**一つ**選び、記号で答えなさい。

はじめて、他の役に立たない、少しも注意を引かない、ここにある小さいもののなかにある美が目に入ってきます。そこでは、ものを見る目が変わり、世界の経験のされ方が変わっていると言ってもよいかもしれません。芭蕉はその世界を、そしてその世界のなかに見いだされる美を詠ったのです。
この句を読んだとき、⑤わたしたちはそれまでなずなの花の美しさに感動した経験がなくても、芭蕉が言おうとすることを理解することができます。芭蕉とともに「よくみれば薺花さく垣ねかな」ということばの背後にある「こと」(注)の世界へと、つまり芭蕉が経験している美の世界へと引き入れられていきます。
この句もそうですが、詩歌は特別なことばを用いるわけではありません。詩歌が用いる一つひとつのことばは、わたしたちが日常の会話のなかで使っているのと同じものです。日常の事物を言い表すことばを使いながら、詩歌は、このことばの背後に、日常の世界を超えた世界をくり広げていく力をもっているのです。

（藤田正勝『はじめての哲学』岩波ジュニア新書による）

（注）紅玉…りんごの品種の一つ。
精確…精密で確かなこと。
「こと」の世界…思いや経験と結びついた世界。

Ⅱ

雪

太郎を眠らせ、太郎の屋根に雪ふりつむ。
次郎を眠らせ、次郎の屋根に雪ふりつむ。

太郎・次郎は日本に最もポピュラーな名まえであり、ここでは子どもの代名詞として使っている。ここでは兄弟ではなく、別々の屋根の下に眠っている別の家の子どもである。
この詩は極度に単純化された作品で、雪のしんしんと降り積もる風景と、そぼくな生活を、圧搾(注)(あっさく)して示している。雪は屋根にも厚く積もっているが、まだ降りやまない。屋根の下には、子どもたちがあどけない寝顔をみせている。太郎と次郎を二度重ね、シンメトリカル(注)に二行を並列させたことで、同じような家居(注)の、同じような生活が目に浮かんでくる。複雑な生活の機構(注)や、変化のある建築の多い都会では、この感じは浮かんではこない。おそらく同じ職業に従事している人々の集まった、村落のさまであろう。

（吉田精一『現代詩』による）

（注）圧搾…強く押し縮めること。
シンメトリカルに…対称的に。
家居…住居。住まい。
機構…仕組み。

ア　ふだんは見逃しているものに美しさを見いだすこと。
イ　ふだん見ているものの美しさを、長い時間見続けること。
ウ　ふだんは気づかない、美しいものの仕組みを見極めること。
エ　ふだんから美しいと思っているものを、改めて見ること。

問五　傍線部⑤「わたしたちは……できます。」とあるが、このようなことができるのは、詩歌にどのような力があるからか。**Ⅰの文章中の言葉を用いて、三十五字以上、四十五字以内**で答えなさい。

問六　Ⅱの文章は、三好達治の詩「雪」について述べたものである。Ⅰの文章の内容をもとに、この詩を説明したものとして最も適当なものを、次の**ア**～**エ**から**一つ**選び、記号で答えなさい。

ア　余分な言葉や表現が使われていないことで、雪に降りこめられた冬の夜の村落の、何もないからこそ感じられる日常生活そのものの美しさを、冷たい雪との対比で感じ取ることができる。
イ　あらゆる所に降り積もり、人々の日常生活に深く関わっている雪の壮大さを感じると同時に、村落全体で子どもが二人しかいないような、ごくごく小さい村落の情景も味わうことができる。
ウ　「太郎」「次郎」という日常的な代名詞が使われているので、生活のためにけんめいに働く親と、無邪気に眠る子どもたちという対照的な世界を、どこにでもあるものとしてイメージできる。
エ　ありふれた言葉が使われていながらも、全体を見渡すような、日常とは異なる視点に導かれることで、人々の営みの上に白い雪がしんしんと降りしきる様子を思い浮かべることができる。

【第三問題】 次の文章を読んで、下の**問一**～**問六**に答えなさい。

> 長崎市の小学六年生雅彦は四年生の弟繁とともに貸本屋へ行き、「少年画報（別冊付録付きの少年漫画雑誌）」を借りた。二人で帰る途中、繁は好奇心から崖の下の川へ一人で向かった。

Ⅰ 繁はすばしっこい猿のように崖に生えている太い草や岩を拠りどころにいとも簡単にするすると川へ下りて行った。

雅彦が橋の上から見下ろしていると、あと数メートルで川原に届く辺りで繁が滑った。

あっという間に右足が水の中にはまり込む。

深い瀬ではないが、前日降った雨で幾分水かさは増していた。

雅彦がはらはらしながら橋の上から覗き込んだとき、「少年画報」の本誌の間に挟まっていた別冊付録集がするりと動いた。あわてて取り押さえようとする雅彦の腕の一瞬の動きをすり抜けるように一度指の先で跳ね、小さな鳥が羽ばたくようにはたはたとページを翻しながら川面にゆっくりと落ちていった。

「あ」

雅彦の声に驚いて繁は片足が水の中に浸かったまま橋の上を見上げた。ゆっくりと落ちてくる別冊付録を口を開けて見つめていたが、それが川面を叩く音で我に返った。

次の瞬間、繁はためらわずにそのまま川の中へジャンプした。

「やめろ」という雅彦の言葉も声にならなかった。

水面をゆっくりと本が流れて橋の下をくぐってゆく。繁が泳ぎながら近づこうとする。

雅彦は本誌を足元に置くと反対の、下流側の(注)欄干へ走った。

あわてて覗き込むと、ちょうど繁が本に追いついたところだった。

「大丈夫か!!」

雅彦の声に、繁は自分の胸ほどの深さの水の中で、濡れた本を高く掲げて仁王立ちし、口をとがらせて目を大きく、丸くすると、何遍も小さく頷きながら「おう！」とだけ返事をした。

> 家に帰ると、母からきつく叱られた。翌日、濡れた本を返しに行ったが、貸本屋に叱られることはなく、次の本も借りることができた二人は、喜んで帰路についた。

繁が例の橋の上で立ち止まった。

「なんか？」

雅彦が問いかけると、しばらく言いにくそうにしていたが、やがて小さな声で言った。

「あのね、(注)太か薔薇の花の咲いとったと」

「どこにか？」

「あすこに」

弟が指差したのは昨日滑って片足を水に浸けてしまった辺りで、その一角は橋の上からはよく見えなかった。

(注)「そいけん、なんか？」

「おかあちゃまの……」

兄弟の間だけでは、いまだに母の呼び名は「おかあちゃま」だった。

繁が決心したように告げた。

(注)「花壇に植えたか！」

問一 傍線部①「有無を言わせぬ勢いだった。」とあるが、この時の繁の心情として最も適当なものを、次の**ア**～**エ**から**一つ**選び、記号で答えなさい。

ア 自分の思いを感じ取ろうとしない兄に対して、いらいらしている。

イ 早く行動に移さなければならないのに、兄との話が進まず焦っている。

ウ 母親を思う気持ちは兄にも通じるはずだと思い、安心している。

エ 兄がどう思おうと、自分の思いを曲げることはしないと決意している。

問二 傍線部②「じゃ、二人で行こう」とあるが、雅彦がこのように言ったのはなぜか。次の形式に合うように、**二十五字以上、三十五字以内**で答えなさい。

> 薔薇を持ち帰って
> （**二十五字以上、三十五字以内**）から。

問三 波線部**Ⅰ**「繁は……下りて行った。」と、波線部**Ⅱ**「昨日の……辿り着く。」は、どちらも川へ下りて行く場面であるが、描写に違いがある。その説明として最も適当なものを、次の**ア**～**エ**から**一つ**選び、記号で答えなさい。

ア **Ⅰ**では繁のすばしっこさが際立っているが、**Ⅱ**では雅彦と繁の臆病さが強調されている。

イ **Ⅰ**では繁の身軽さが印象づけられているが、**Ⅱ**では雅彦と繁の慎重さが感じられる。

ウ **Ⅰ**では繁の調子に乗っている姿が表われているが、**Ⅱ**では雅彦と繁の冷静さが感じられる。

エ **Ⅰ**では繁の身体能力の高いことがうかがえるが、**Ⅱ**では雅彦と繁の思慮深さが強調されている。

有無を言わせぬ勢いだった。
繁が昨日下りて水に浸かった辺りは、この辺では一番崖が急で危険なところだった。
だが、母の好きな薔薇を持って帰ればどれほど喜ぶかは目に見えるようだ。
②雅彦はしばらく黙って繁の顔を見つめていたが、決心して、
「じゃ、二人で行こう」と言った。兄としての責任だった。
まず、借りた本を風で飛ばないところへ置き、それから二人はゆっくりと崖を下りていった。
「ゆっくり、ゆっくり」
Ⅱ雅彦は先を行く繁に何度もそう声をかけた。
昨日の倍ほども時間をかけて、二人は水辺に辿り着く。
昨日より水かさが退いた分、足の拠りどころはたくさんある。
その辺りは泥が柔らかく、潟のようになっており、ひどく嫌な臭いがした。
そこへ行って、川面を眺めて初めて、③昨日の弟の決心の早さに驚いた。自分だったなら、こんな嫌な臭いのする川の水の中へ、あれほどためらいもなくすぐに飛び込む勇気はない、と思う。
「ほら」
弟にそう言われて振り返ったとき、息を呑んだ。
橋の上から見下ろしてもちょうど他の草の蔭になってしまう場所に、その薔薇があった。
大きな、美しい、深紅の薔薇だった。
この汚く、嫌な臭いのする泥の中から生まれて、まるで赤い光を放つように咲いている綺麗な大輪のその花の命が、ひどく不思議なもののように思えた。
誰にも見えないところに、一体花は、なんのために咲くのだろう。
それも不思議だった。
「せえの」
弟の顔の大きさほどもある薔薇は二人で引いたらあっけなく根こそぎ抜けた。
昨日弟に発見されたことも、簡単に子供の力で引き抜くことができたことも、④まるで約束されていたかのようだ、と雅彦は思った。
帰るなり繁は大声で「ただいま」と叫び、さらにあの甲高い声で「おかーちゃまぁ！」と怒鳴った。
その深紅の薔薇を見たとき、母は驚き、喜び、そして感謝した。
繁は母の花壇の一番よい場所を選ぶと、神妙な顔になってスコップで穴を掘り、何かの儀式のようにうやうやしくその花を植えた。
驚いたことに花は根づいた。
翌年にはいっぺんに四つ、翌々年には合計九個の花をつけた。実はこんなにちゃんと根づき、こんなにきちんと育つのは一緒に持ってきたあの嫌な臭いのする泥のお陰なのだ、と母に説明されたとき、意外な気がした。
⑤嫌な臭いのする泥が美しい薔薇の色や茎や翠の葉を育んだのだという事実が、雅彦の胸に深く刻まれた。

（さだまさし『精霊流し』による）

（注）欄干…橋の両側面に、人が落ちないように設けられた柵。
太か薔薇の花の咲いとったと…大きな薔薇の花が咲いていたよ。
そいけん…だから。
花壇に植えたか…花壇に植えたいよ。

問四 傍線部③「昨日の弟の決心の早さに驚いた」とあるが、「昨日の弟の決心の早さ」が表われている一文を文章中から探し、**初めの三字**を抜き出して答えなさい。

問五 傍線部④「まるで約束されていたかのようだ」とあるが、ここで雅彦はどのようなことを感じ取ったか。その説明として最も適当なものを、次の**ア**～**エ**から**一つ**選び、記号で答えなさい。

ア 二人が薔薇の花と出会ったことは、偶然ではなく運命的なものであること。
イ 薔薇の中でも赤い花は、多くの人びとをひきつける特別な花であること。
ウ 世の中のすべての薔薇は、場所を選ぶことなく美しく咲いていること。
エ 薔薇が生えていた所は、自分たちのために用意された場所であること。

問六 傍線部⑤「嫌な臭いのする……刻まれた。」とあるが、このことで雅彦の心にはどのような認識が生まれたと考えられるか。その説明として最も適当なものを、次の**ア**～**エ**から**一つ**選び、記号で答えなさい。

ア 美しいものの中にも醜さは存在し、すべてのものは見た目をそのまま信じてはいけないという認識。
イ 自然と向き合い続けてきた大人の話は正しいことばかりで、学ぶべき点が多くあるのだという認識。
ウ 汚くて嫌なものがあるからこそ、そこから美しいものが生み出されることもあるのだという認識。
エ 植物など自然のありようは、人間社会のありようとは異なっていて、理解することはできないという認識。

【第四問題】 次の文章を読んで、下の**問一**～**問三**に答えなさい。

次は、和歌の名人で知られる和泉式部（いずみしきぶ）が、国守（こくしゅ）（国の長官）として派遣された夫の藤原保昌（やすまさ）とともに、丹後国（たんごのくに）（現在の京都府の一部）へ行っていた頃の話である。

保昌に具（ぐ）して丹後（たんご）へ下（くだ）りたるに、（保昌が）「明日狩（か）りせむ」（明日狩りをしよう）とて、者ども（人々が）①つどひたる夜（よ）さり（夜に、）、鹿（しか）のいたく鳴きたれば（鹿がひどく鳴いたので、）、

「いで、あはれや。（ああ、かわいそうだなあ。）明日死なむずれば、いたく鳴くにこそ。」

と②心憂（こころう）がりければ、

「さ思（おぼ）さば、狩りとどめむ。よからむ歌を詠（よ）み給（たま）へ。」

と言はれて、

〔**和歌**〕

ことわりや　いかでか鹿の　鳴かざらむ　こよひばかりの　命と思へば

（当然のことよ。どうして鹿が鳴かないでいられようか、いや鳴くはずだ。今晩限りの命だと思うので。）

問一 傍線部①「つどひたる」を**現代仮名遣い**に改めなさい。

問二 傍線部②「心憂がりければ」とは、ここではどのような意味か。最も適当なものを、次の**ア**～**エ**から**一つ**選び、記号で答えなさい。

ア とてもうるさく思ったので
イ 心から憎らしく思ったので
ウ しみじみつらく思ったので
エ つくづく不快に思ったので

問三 この文章について、先生と生徒が会話をしています。次の会話文を読んで、後の**1**、**2**に答えなさい。

先生　これは、和泉式部が和歌の名人であることを示す話です。文章の最後に「その日の狩りはとどめてけり。」とありますが、皆さんは、なぜ狩りが取りやめになったか、わかりますか？

タツヤ　「さ思さば、狩りとどめむ。」と、保昌が言っているよ。保昌が和泉式部の発言を聞いたからじゃないの？

チエミ　そうかもしれないけれど、続いて保昌は「よからむ歌を詠み給へ。」とも言っているよ。先生、これは「（　**A**　）を詠みなさい。」ということですね。

さて、その日の狩りはとどめてけり。

（『古本説話集』による）

先生　そうです。彼女に、鹿たちが明日狩られてしまうから、しきりに鳴いているのだと考えました。だから和歌では、鹿が鳴いている状況に対して「（ B ）」と詠んでいるのですね。さあ、この後の展開はどうなっていますか？

ツヨシ　「さて、その日の狩りはとどめてけり。」となっているよ。ということは、保昌が（ C ）ことで、その日の狩りは取りやめになったんだ。和泉式部がただ保昌に訴えたとしても、事態は変わらなかったんじゃないかなあ。先生、この考えはどうですか？

先生　よく気がつきました。保昌が（ C ）ことで最終的に狩りが取りやめになったんですね。古典作品には、他にも有名な和歌の名人のエピソードがたくさんあります。今度みんなで探してみましょう。

1　（ A ）に入る言葉として最も適当なものを、次の**ア～エ**から**一つ**選び、記号で答えなさい。

ア　この場にふさわしい和歌
イ　この場を盛り上げる和歌
ウ　この場をなごませる和歌
エ　この場になじまない和歌

2　（ B ）、（ C ）に入る適当な言葉を答えなさい。ただし、（ B ）は〔**和歌**〕の中から**五字**で**抜き出して**答えること。（ C ）は**十字以内**の**現代語**で答えること。

【第五問題】

スサノオ中学校では、自分たちの住んでいる地域の行事の現状について、班ごとに調べてクラスの中で発表するという学習に取り組んでいるところです。次は、ある班の生徒たちが、それぞれ情報を探してきて、発表する内容を提案している場面です。下の**問一**〜**問三**に答えなさい。

この新聞には「町内の運動会に参加する子どもが増えている」という記事があったよ。この記事だけでもう十分だよ。これを発表に使おう。

カオル

ぼくはSNS（注）のコメントをメモしてきた。「もっと地域のお祭りの手伝いをしたい」というものがあったよ。誰のコメントか分からないけれど、これを使って発表ができると思うよ。

キイチ

問一　**クニオ**は、発表で使う資料について、担任の先生に相談をしに行きました。先生に対する言葉遣いとして適当なものを、次の**ア**〜**オ**から**二つ**選び、記号で答えなさい。

ア　失礼します。先生、今度の発表で使う資料のことで相談に参りました。

イ　先生は、地域の行事に関する資料を拝見したことがありますか。

ウ　国語の先生が「資料を探すなら図書館がいいよ」とおっしゃっていました。

エ　図書館にはそんなに資料があるのですか。今からみんなでいらっしゃってもよろしいですか。

オ　では、これから図書館で探してきます。先生はいつまで職員室におりますか。

問二　発表する内容を決めた生徒たちは、次に発表の準備を進めていきました。発表の準備として**適当でない**ものを、次の**ア**〜**エ**から**一つ**選び、記号で答えなさい。

ア　発表の内容を練りあげる。内容が目的や相手に応じたものになっているかを確認する。

イ　発表の構成を考える。聞き手が理解しやすいように、調べたことを整理して説明の順番を考える。

ウ　発表の方法を考える。聞き手の印象に残るように、機器を用いて資料や写真を示すなどの工夫をする。

エ　実際に発表をしている場面を想定する。話す速さや視線は、自分の発表のしやすさを第一に考える。

ぼくは家にある本を持ってきた。ちょっと古い本だけれど、地域の行事の担い手が不足していることを特集しているんだ。表やグラフなどのデータがたくさん載っているし、地域の行事の現状として、発表に使えそうだよ。

私はインターネットの記事を印刷して持ってきたよ。今年は花火大会が中止になったけれど、それは大会を運営するスタッフが足りなかったからなんだって。これはきっと間違いないから、発表に使えるよ。

ケイコ

(注) ＳＮＳ…ソーシャル・ネットワーキング・サービスの略。インターネット上の登録会員向けの情報交換・交流サイト。また、そのサービス。

問三　上の四人の生徒たちの発言には、情報の扱い方において**それぞれ問題点**があります。その問題点について、あなたはどのように考えますか。次の①～④の条件に従って作文しなさい。

① 四人の生徒の中から一人の発言を選び、その問題点を指摘しなさい。指摘する際に誰の発言かを示すこと。

② ①のように指摘する理由を述べること。

③ ①、②を述べた後で、あなたならどうするかを、あなた自身の経験や知識を根拠にして、具体的に述べること。

④ **百五十字以上、百八十字以内**でまとめること。句読点や記号も一字として数える。ただし、**一マス目から書き始め**、段落は設けない。

※読み返して文章の一部を直したいときは、二本線で消したり、余白に書き加えたりしてもよい。

これで放送を終わります。放送による問題の解答を続けても，他の問題に進んでもかまいません。

B： Great. Let's go there for lunch.

Question： Which sale have they found?（**5秒**おく。）

3番 **A**： Mom, this science homework is difficult.
B： Ask your sister, Mike. She knows a lot about the subject.
A： But she is studying in the library. Then, I'll check it out on the internet in my room.
B： OK. Finish it before dinner.

Question： What will Mike do next?（**5秒**おく。）

4番 **A**： Dad, did you see a book about *rakugo* here? I have to give it back to my friend today.
B： Have you checked your bag?
A： Of course, yes. Um ... last night, I read it at the table ... and later on the sofa.
B： Oh, it was on the sofa this morning. I've put it in the bookcase. Sorry, I didn't tell you about it.

Question： Where is the book now?（**5秒**おく。）

これで**問1**を終わります。次は**問2**です。

※教英出版注
音声は，解答集の書籍ＩＤ番号を教英出版ウェブサイトで入力して聴くことができます。

令和４年度公立高等学校入学者選抜学力検査　英語　【第１問題】　実施要項

1　**開始時刻**　**13時20分**

2　**実施方法**

（１）　原則として，所定のＣＤ－Ｒを校内放送施設・設備を通して再生する。再生は英語の学力検査開始直後に行うものとする。
（２）　校内放送施設・設備が完備していない場合及び故障，又は停電などの場合には，他の検査場の妨げにならないように配慮の上，各検査場を巡回し，ＣＤプレーヤー等により再生するものとする。
なお，巡回等のため英語の学力検査開始直後に第１問題が一斉に実施できない場合には，他の問題から先に行うよう，監督者が受検者に指示すること。

3　**ＣＤ－Ｒに収録してある内容**

ただ今から放送による問題を行います。（**２秒**おく。）第１問題は，**問１**～**問３**まであります。問１は１回しか流しません。問２・問３は２回流します。途中でメモをとってもかまいません。（**３秒**おく。）

問１　二人の会話を聞いて，そのあとの質問に答える問題です。それぞれの会話のあとに読まれる質問の答えとして最も適当なものを，**ア～エ**の中から**一つずつ**選び，記号で答えなさい。会話は**１**～**４**まであります。放送は**１回**のみです。それでは問題に入ります。

１番　**A**：Hi, Megumi.　What's up?
B：I went to the farewell party for Taro.
A：Did you give him anything?
B：Yes, I gave him some flowers and a cup.

Question：What did Megumi give to Taro?（**５秒**おく。）

【放送

問2　あなたはニュージーランドの中学校とのオンライン交流会で，相手校の**エマ（Emma）**さんの話を聞きます。話されている内容に合うものを，**ア～カ**の中から**三つ**選び，記号で答えなさい。放送は**2回**くり返します。１回目の放送は**15秒後**に始まります。（**15秒**おく。）それでは問題に入ります。

Hi!　I'm Emma Brown.　I've never been to Japan, but I'm really interested in your language and culture.

I respect Japanese people greatly, because you use three different writing systems; *hiragana*, *katakana*, and *kanji*.　It's amazing.　Of the three, *hiragana* looks the most beautiful to me.　How do you write my name in *hiragana*?　Please show it to me later.

Also, *kanji* is like art.　My Japanese teacher here, Mr. Suzuki, showed me his own stamp with his *kanji* name.　He called it *hanko*.　It looked so cool.　He said each *kanji* has a meaning.　Someday, I hope to make my own *hanko* in *kanji*.　If you have a good idea, please let me know.

（**10秒**おく。）くり返します。（放送をくり返す。）（**10秒**おく。）

これで **問2** を終わります。次は **問3** です。

問3　英語の授業で先生がクイズを出します。その内容に合うように，次の**〈メモ〉を完成**させなさい。また，先生の指示を聞いて，**3番目のヒント（hint）**を英語で書きなさい。

ただし，①，②はそれぞれ**英語１語**で，③は**主語と動詞を含む英語**で答えなさい。放送は**2回**くり返します。それでは問題に入ります。

Let's start the quiz "What is it?"　Listen to the three hints and guess the answer.　If you get the answer, please raise your hand.　Are you ready?

Hint No.1:　It is sometimes red, sometimes blue, sometimes gray, and sometimes black.　Hint No.2:　Birds and planes fly in it.　Hint No.3 ...　Oh?　Did you already get the answer?　Yeah, that's right.　The answer is "sky."　Good job.

Then, can you guess my third hint?　It starts with "at night."　Now please begin.

令 和 4 年 度 学 力 検 査 問 題

(第 2 限　10：30～11：20)

数　　学

注　　意

1　「始め」の合図があるまでは，開いてはいけません。

2　問題は全部で５題あり，10ページまでです。

3　「始め」の合図があったら，まず，解答用紙に検査場名，受検番号を書きなさい。

4　答えは，すべて解答用紙に書きなさい。

5　「やめ」の合図で，すぐ鉛筆をおき，解答用紙を裏返しにして机の上におきなさい。

注意　$\sqrt{\quad}$ や円周率 π が必要なときは，およその値を用いないで $\sqrt{\quad}$ や π のままで答えること

【第1問題】 次の問1～問11に答えなさい。

問1　$(-2)\times 3-4$　を計算しなさい。

問2　140　を素因数分解しなさい。

問3　$\dfrac{6}{\sqrt{3}}+\sqrt{15}\div\sqrt{5}$　を計算しなさい。

問4　卵が全部で a 個あり，それを10個ずつパックにいれると b パックできて3個余った。
　a を求める式を，b を使って表しなさい。

問5　連立方程式　$\begin{cases} x-3y=5 \\ 3x+5y=1 \end{cases}$　を解きなさい。

問6　方程式　$x^2+x-6=0$　を解きなさい。

問7　次のア～オのうち，無理数であるものを**2つ**選び，記号で答えなさい。

ア　0.5	**イ**　$\dfrac{1}{3}$	**ウ**　$\sqrt{2}$	**エ**　$\sqrt{9}$	**オ**　π

問8　**図1**において，$\ell /\!/ m$ のとき $\angle x$ の大きさを求めなさい。

図1

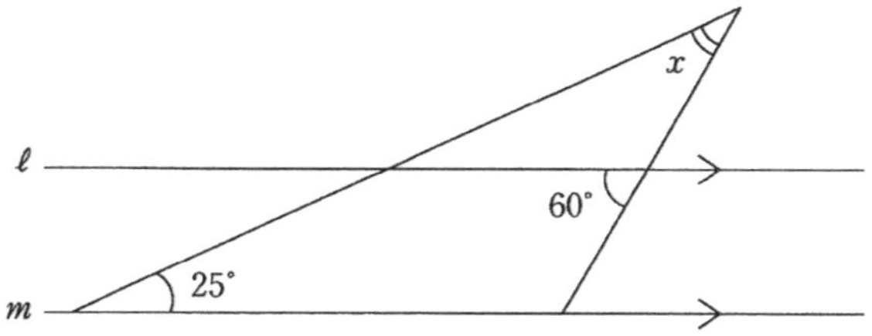

問9　**図2**は，底面が1辺4 cmの正方形で，側面の二等辺三角形の高さが5 cmである正四角錐の見取図である。正四角錐の**高さ**を求めなさい。

図2

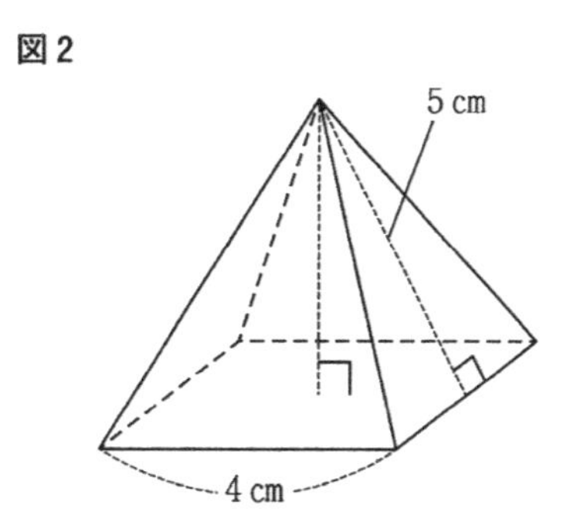

問10　白玉だけがたくさんはいっている箱がある。白玉の数を推定するために，同じ大きさの黒玉100個を白玉がはいっている箱の中にいれてよくかき混ぜた。そこから200個の玉を無作為に抽出すると，黒玉が20個ふくまれていた。はじめに箱にはいっていた白玉はおよそ何個と推定されるか。次の**ア**～**エ**のうち，最も適当なものを**1つ**選び，記号で答えなさい。

ア　700個　　**イ**　900個　　**ウ**　1000個　　**エ**　1200個

問11　次の［　　］にあてはまる整数を求めなさい。

2つのさいころがあり，1から6までのどの目が出ることも同様に確からしいものとする。この2つのさいころを同時に1回投げるとき，出た目の数の和が［　　］以下になる確率は $\frac{1}{12}$ である。

【第２問題】 次の問１，問２に答えなさい。

問１ A中学校の陸上部では，市の陸上大会に出場する代表選手を決めることになった。次の１，２に答えなさい。

1 **表１**は短距離選手20人の100ｍ走の記録を度数分布表に整理したものである。次の(1)，(2)に答えなさい。

(1) 最頻値を階級値で答えなさい。

(2) 大会の100ｍ走には13.0秒未満の記録をもっている人が出場できる。短距離選手のうち，大会に出場できる選手は何％か，求めなさい。

表１

記録(秒)	度数(人)
以上　　未満	
11.0 ～ 11.5	1
11.5 ～ 12.0	1
12.0 ～ 12.5	2
12.5 ～ 13.0	4
13.0 ～ 13.5	6
13.5 ～ 14.0	2
14.0 ～ 14.5	2
14.5 ～ 15.0	1
15.0 ～ 15.5	1
計	20

2 砲丸(ほうがん)投げの代表選手１名の候補にユウキさんとミナトさんの２人があがった。２人の最高記録が等しかったため，最近の20回分の記録を比較してみることにした。**図１**は２人の記録の分布のようすを箱ひげ図に表したものである。箱ひげ図から読みとれることとして**正しいと判断できるもの**を，下の**ア**～**エ**から**２つ**選び，記号で答えなさい。

図１

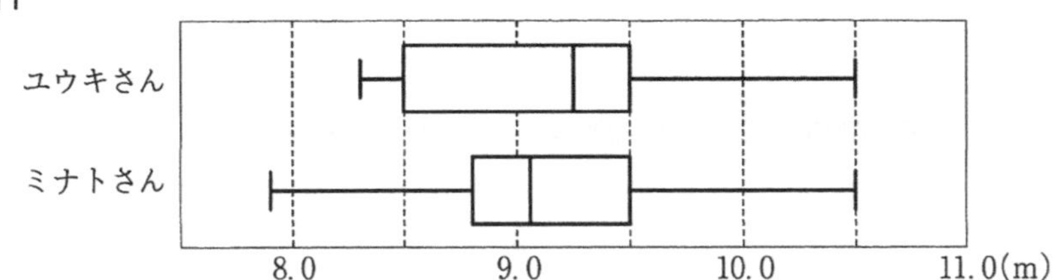

ア ミナトさんの方が最小値が小さい。
イ ミナトさんの方が範囲も四分位範囲も大きい。
ウ ２人とも9.0ｍ以上の記録が10回以上ある。
エ ユウキさんの8.5ｍ以下の記録は５回である。

問2　A中学校の陸上部では，大会参加の記念に記録集をつくることになった。P社かQ社に印刷を依頼することになり，両社の印刷料金を**表2**にまとめた。料金を比較するために，印刷する冊数をx冊，印刷料金をy円とし，yをxの関数とみなして，その関係をグラフに表すことにした。**図2**はQ社のxとyの関係をグラフに表したものである。下の**1**～**4**に答えなさい。

表2

	印刷料金について
P社	基本料金は8000円で，1冊あたりの追加料金は200円 印刷料金の計算式は（基本料金）+（印刷する冊数）× 200
Q社	30冊までは何冊印刷しても印刷料金は12000円
	31冊からは1冊あたりの料金は400円 印刷料金の計算式は（印刷する冊数）× 400

図2

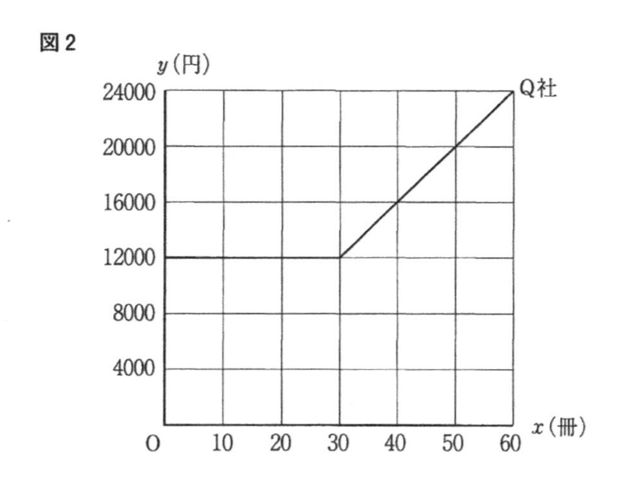

1　P社で20冊を印刷するときの印刷料金を求めなさい。

2　P社について，印刷する冊数をx冊，印刷料金をy円として，yをxの一次関数とみなし，それを表すグラフを**図2**にかき入れなさい。

3　Q社で50冊を印刷するときの印刷料金と同額で，P社に依頼したときに印刷できる冊数を求めなさい。

4　P社に依頼するとき，1冊あたりの料金を400円以下にするためには，印刷する冊数を何冊以上にすればよいかを求めなさい。

【第３問題】 中学生のナオさんとケンタさんは，公園の一部に芝生（しばふ）を並べて住民がくつろげる場をつくるというアイデアを考えている。

公園は縦30m，横60m，芝生１枚は１辺30cmの正方形で，下の**規則**にしたがって**図１**のように公園の中心から並べていく。下の**問１**～**問３**に答えなさい。

図１

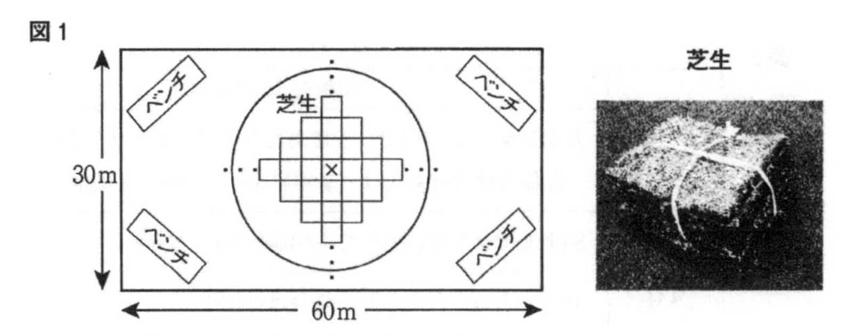

> **規則**
> ・ **図１**において**公園の中心**×に芝生１枚をおく。これを**１番目**の図形とする。
> ・ **１番目**の図形を囲むように新たに４枚の芝生を並べる。これを**２番目**の図形とする。
> ・ **２番目**の図形を囲むように新たに８枚の芝生を並べる。これを**３番目**の図形とする。
> ・ 同様に，それまでの図形を囲むように新たに芝生を並べ，図形をつくっていく。
>
> **図２**は，この**規則**にしたがって芝生を順に並べたときの図形を示している。
> ただし，芝生１枚を□で表し，それぞれの図形の▨は新たに並べた芝生を示している。

図２

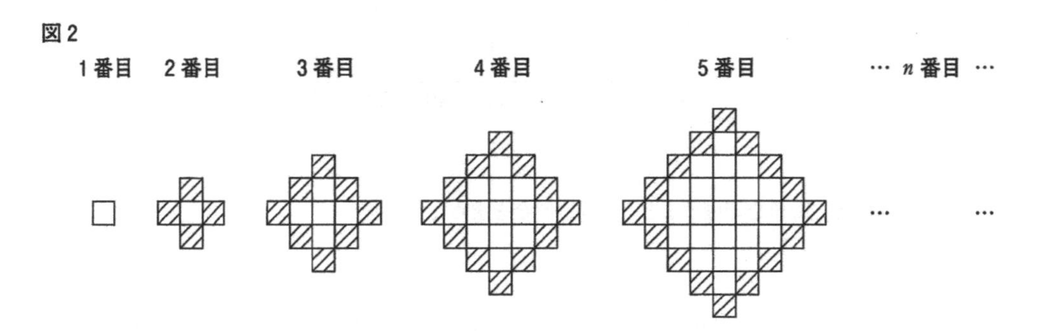

問１　２人は**規則**にしたがって公園に芝生を並べたときの，それぞれの図形における芝生の総枚数を考えることにした。ナオさんは**図２**の１番目の□１枚に，２番目以降の▨の枚数を順に加えることで，n番目の図形の芝生の総枚数を求めることができると考えた。次の**１**，**２**に答えなさい。

１　**５番目**の図形を囲むように芝生▨を並べて６番目の図形をつくるとき，新たに並べる▨の枚数を求めなさい。

２　**n番目**の図形を囲むように芝生▨を並べてn番目の次の図形をつくるとき，新たに並べる▨の枚数を，nを使って表しなさい。

問2　ナオさんの考え方でn番目の図形の芝生の総枚数を求めようとしたが，計算が難しいために考え方を変えることにした。そこで，ケンタさんは，並べた図形を**図3**のように白□と黒■の色に塗り分けて数え，**表**にまとめた。下の**1**，**2**に答えなさい。

図3

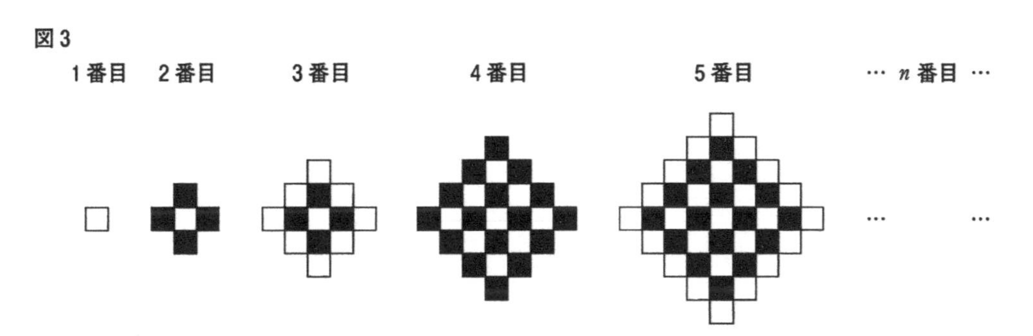

表

	1番目	2番目	3番目	4番目	5番目	6番目	7番目	
□の芝生の枚数	1	1	9	9	25			…
■の芝生の枚数	0	4	4	16	16		a	
芝生の総枚数	1	5	13	25	41			

1　**表**中のaの値を求めなさい。

2　n**番目**の図形の芝生の総枚数を，nを使って表しなさい。

問3　ケンタさんは，**規則**にしたがって公園に芝生を並べて一番大きな図形をつくるためには，何枚の芝生が必要になるかを考えた。[A]，[B]にあてはまる数を入れ，ケンタさんの**説明**を完成させなさい。

ケンタさんの**説明**

公園の縦の長さ30ｍは，1辺30㎝の芝生を縦方向に100枚並べることができる長さですが，**規則**にしたがって芝生を並べていくと縦方向に100枚並べることはできません。

よって，公園内で一番大きな図形になるのは，公園の縦方向に芝生を[A]枚並べたときです。このとき，[B]**番目**の図形になるので，**問2**の考え方を使うことで芝生の総枚数を求めることができます。

【第4問題】 図1のように，関数 $y=\frac{1}{4}x^2$ …① のグラフ上に2点A，Bがあり，直線ABは x 軸に平行で，点Aの x 座標は6である。下の**問1**～**問3**に答えなさい。

図1

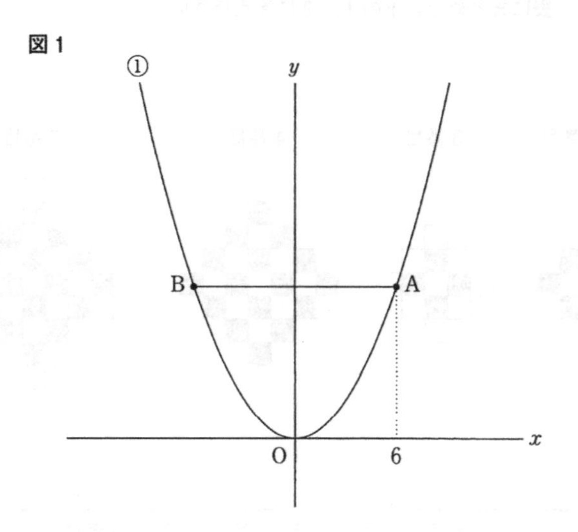

問1 次の1，2に答えなさい。

1 点Bの x 座標を求めなさい。

2 関数①について，x の値が0から6まで増加するときの変化の割合を求めなさい。

問2 図2のように，四角形OAPBがひし形になるように y 軸上に点Pをとり，直線OA上に x 座標が正である点Cをとる。下の1，2に答えなさい。

図2

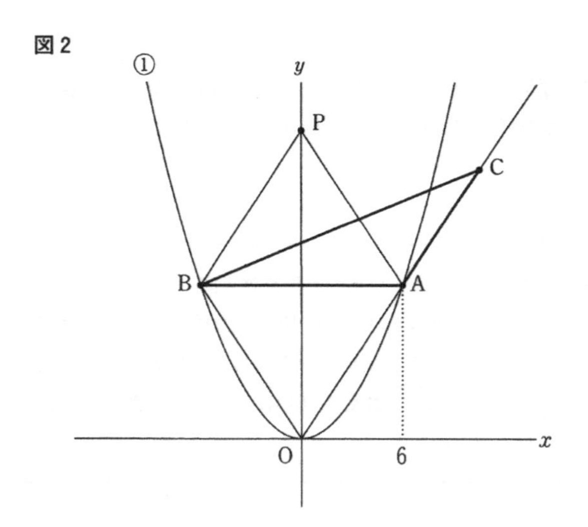

1 四角形OAPBの面積を求めなさい。

2 △PBAと△CBAの面積が等しくなるときの点Cの座標を求めなさい。

問3　**図3**のように，関数①と反比例 $y=-\dfrac{12}{x}$ $(x>0)$ … ② のグラフがある。さらに，x 軸に平行な直線 ℓ を関数②と交わるようにひく。このとき，直線 ℓ と y 軸との交点をQ，直線 ℓ と関数②との交点をRとする。点Qの y 座標が -3 のとき，下の**1**，**2**に答えなさい。

図3

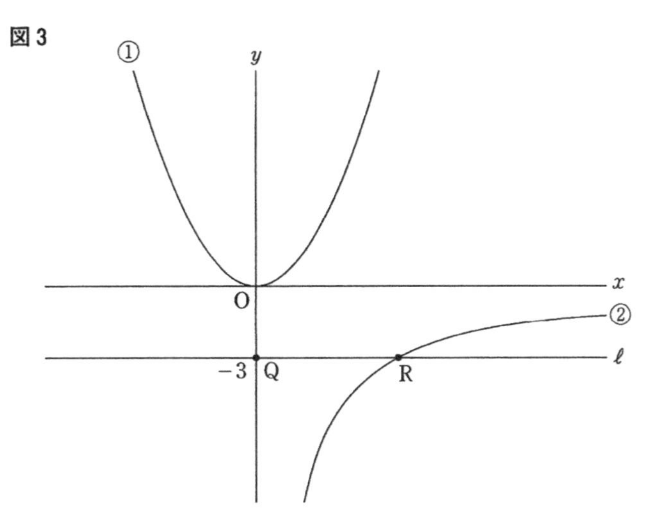

1　点Rの x 座標を求めなさい。

2　**図4**のように，関数①のグラフ上に2点D，Eをとる。点D，Eの x 座標は，それぞれ正，負とし，四角形DEQRが平行四辺形になるとき，下の**(1)**，**(2)**に答えなさい。

図4

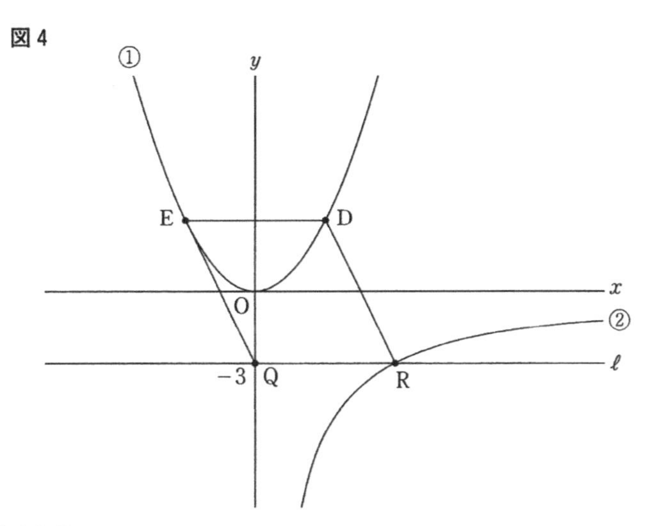

(1)　点Dの座標を求めなさい。

(2)　点Rを通る直線で平行四辺形DEQRを2つに分け，大きいほうと小さいほうの面積比を3：1にするには，どのような直線をひけばよいか。そのうちの1本について，「点Rと［　　　　］を通る直線」という形で答えなさい。ただし，［　　　　］には［例1］，［例2］などのように平行四辺形DEQRの周上の点を示す言葉や座標を入れること。

［例1］　［辺RDを1：2に分ける点］

［例2］　［点（1，−3）］

【第5問題】 図1のように，円Oの外部の点Aから円Oに接線をひき，その接点をP，P′とする。下の**問1**～**問4**に答えなさい。

図1

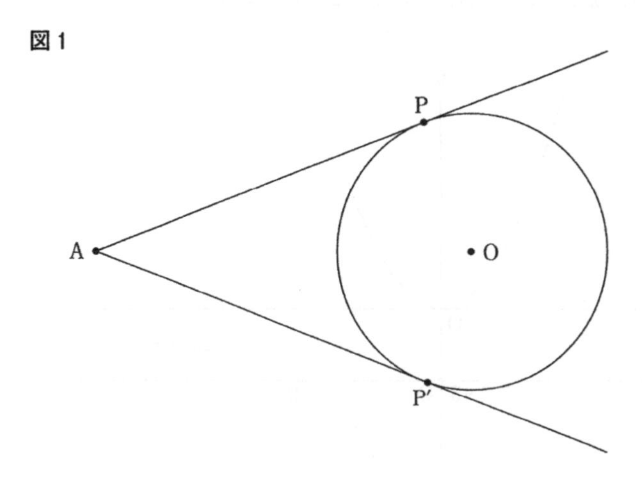

問1　線分OPをひいたとき，∠OPAの大きさを求めなさい。

問2　**図2**において，**図1**のように点Aから円Oにひいた2本の**接線**を，定規とコンパスを用いて作図しなさい。ただし，作図に用いた線は消さないでおくこと。

図2

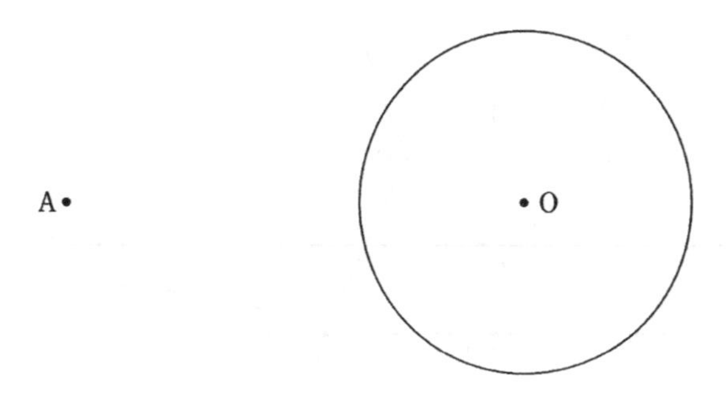

問3　△APOと△AP′Oに着目して，接線の長さAPとAP′が等しいことを証明しなさい。

問4 **図3**のように，線分AOと線分PP′との交点をMとする。AM = 3，MO = 1のとき，下の**1**～**3**に答えなさい。

図3

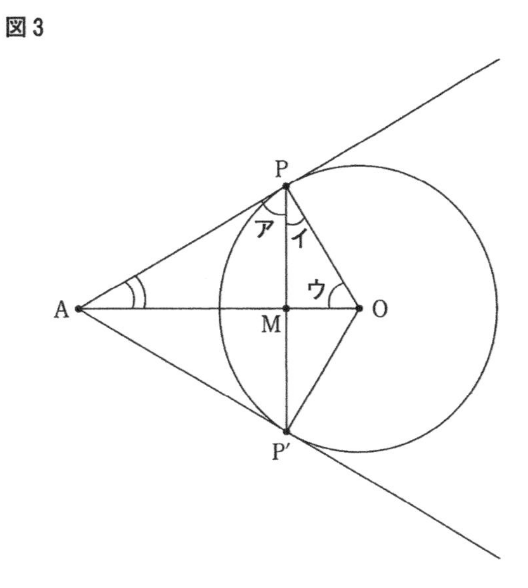

1 ∠PAMと同じ大きさの角を，**図3**中の**ア**～**ウ**から**1つ**選び，記号で答えなさい。

2 線分PMの長さを求めなさい。

3 **図4**のように，点Rは∠PRP′ = 120°をみたしながらPからP′まで，直線PP′について点Oと同じ側を動く。このとき，点Rによってできる図形と線分PP′とで囲まれてできる図形の面積を求めなさい。ただし，円周率はπとする。

図4

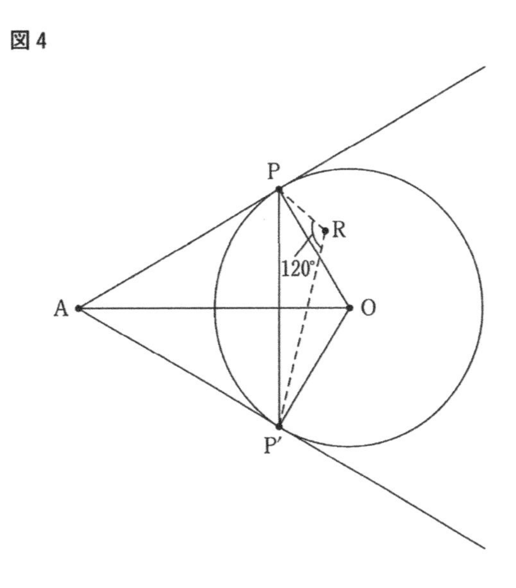

令和４年度学力検査問題

（第３限　11：40～12：30）

社　　会

注　　意

1　「始め」の合図があるまでは，開いてはいけません。

2　問題は全部で４題あり，14ページまでです。

3　「始め」の合図があったら，まず，解答用紙に検査場名，受検番号を書きなさい。

4　答えは，すべて解答用紙に書きなさい。また，**解答に句読点，記号，数字が必要な場合は，それも一字として数えなさい。**

5　「やめ」の合図で，すぐ鉛筆をおき，解答用紙を裏返しにして机の上におきなさい。

【第1問題】 世界と日本の地理について，次の問1～問5に答えなさい。

問1 **略地図①**について，下の1～3に答えなさい。

略地図①

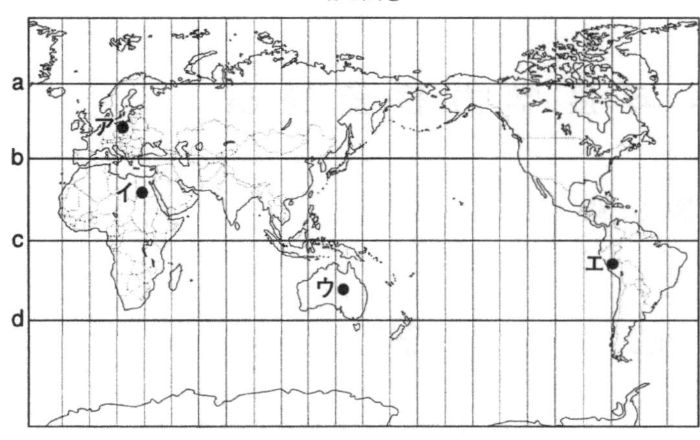

写真① 夏にしずまない太陽の動き

写真② 高地で暮らす人とアルパカ

1 **写真①**の現象が見られる地域の緯度として最も適当なものを，**略地図①**のa～dから**一つ**選び，記号で答えなさい。

2 **写真②**が撮影された場所として最も適当なものを，**略地図①**のア～エから**一つ**選び，記号で答えなさい。

3 本初子午線（経度0度）をあらわす経線を，解答用紙の地図に**太くなぞり**示しなさい。

問2 **資料①**から読み取れることとして最も適当なものを，**図①**も参考にして，下のア～エから**一つ**選び，記号で答えなさい。

資料① 日本周辺の衛星画像

（2011年1月16日の気象庁資料より作成）

図① 資料①と同じ範囲の略地図

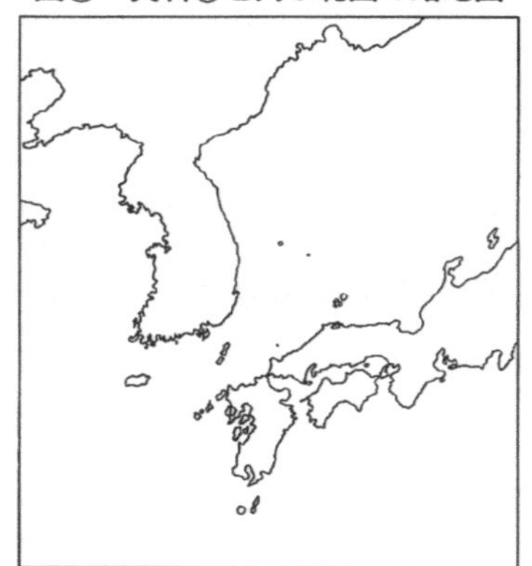

ア 島根県がある中国地方には，雲がかかっていない。　イ 朝鮮半島の大部分には，雲がかかっている。
ウ 竹島周辺には，筋状の雲がかかっている。　エ 日本海の北部には，台風の雲がかかっている。

問3　**表①**は，島根県内に住む外国人の国籍別人口（2020年）1位～10位を示している。これについて，下の**1**～**3**に答えなさい。

表①

	国　籍	人数(人)		国　籍	人数(人)
1位	A	3435	6位	カンボジア	174
2位	ベトナム	1553	7位	ミャンマー	162
3位	中国	1177	8位	インドネシア	159
4位	フィリピン	924	9位	C アメリカ合衆国	129
5位	B 韓国・朝鮮	650	10位	バングラデシュ	114

（島根県文化国際課資料より作成）

資料②

南アメリカの国々には日本人移民とその子孫，いわゆる日系人が数多く住んでいる。とくに［A］には最も多い約160万人が暮らしている。

［A］への移住は1908年に南東部のサンパウロ州を中心に始まった。近年は日本へ移り住み働く人も多い。

1　**表①**，**資料②**中の［A］にあてはまる国名を答えなさい。ただし，［A］にはすべて同じ国名が入る。

2　**表①**中の B 韓国について，島根県の竹島は日本固有の領土であるが，韓国に不法に占拠されている。関連した次の**資料③**が示す日本固有の領土を何というか，答えなさい。

資料③

北海道の択捉島，国後島，色丹島，歯舞群島はロシアが不法に占拠している。日本はロシアに対して返還を求め続けているが，1992年からは「ビザなし交流」が始まり，日本人のもと島民やその家族と現島民のロシア人との相互訪問が行われるようになった。

3　**表①**中の C アメリカ合衆国 の工業について，近年**グラフ①**のように，南部や太平洋岸での工業生産額の割合が高くなっている。そのうち，太平洋岸の工業生産額の割合が高くなっている理由の一つを，**写真③**などに関係する具体的な産業名にもふれて，**30字以内**で答えなさい。ただし，X社などの企業が集まる，**略地図②**のサンフランシスコ郊外の●で示す地区の通称を必ず入れること。

グラフ①　アメリカ合衆国における地域別工業生産額の割合の変化

年	中西部	北東部	南部	太平洋岸	山岳地域
1960年 1640億ドル	35.5%	31.6	20.2	11.0	1.7
2016年 2兆4090億ドル	30.8%	14.1	36.2	14.5	4.4

（アメリカ国勢調査局資料より作成）

略地図②　アメリカ合衆国の地域区分

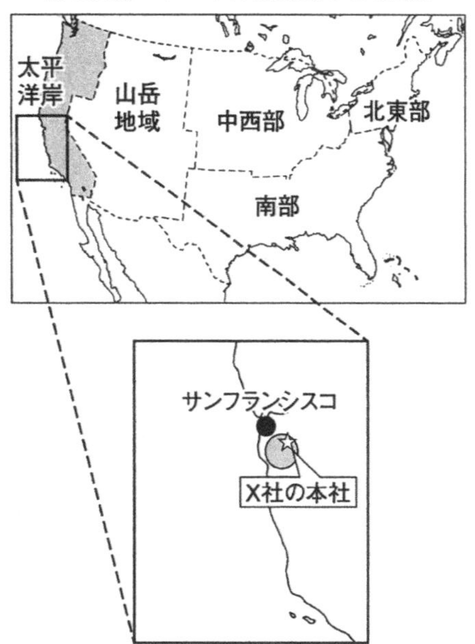

写真③　X社の製品

問４　**地図①**は，**長野県**の**軽井沢町**周辺のものである。これについて，下の**１〜４**に答えなさい。

地図①

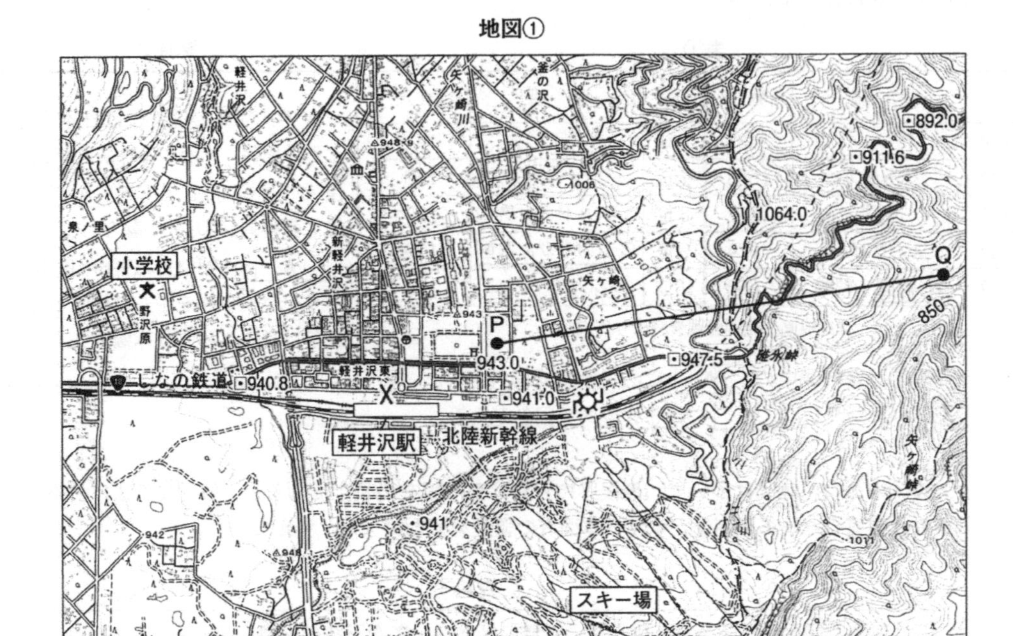

（２万５千分の１地形図「軽井沢」より作成）

１　**地図①**から読み取れることを説明した**ア〜エ**の文のうち，下線部が**適当でないもの**を**一つ**選び，記号で答えなさい。

ア　軽井沢駅の北側には，<u>交番</u>がある。
イ　スキー場のゲレンデ斜面は，<u>南東から北西</u>に向かって下っている。
ウ　軽井沢駅の東側の線路ぞいには，<u>変電所</u>がある。
エ　軽井沢駅から小学校までは地図上で約４㎝なので，実際の距離は約<u>2000m</u>である。

２　**地図①**中**Ｐ—Ｑ**の断面を，模式的に示した図として最も適当なものを，次の**ア〜ウ**から**一つ**選び，記号で答えなさい。

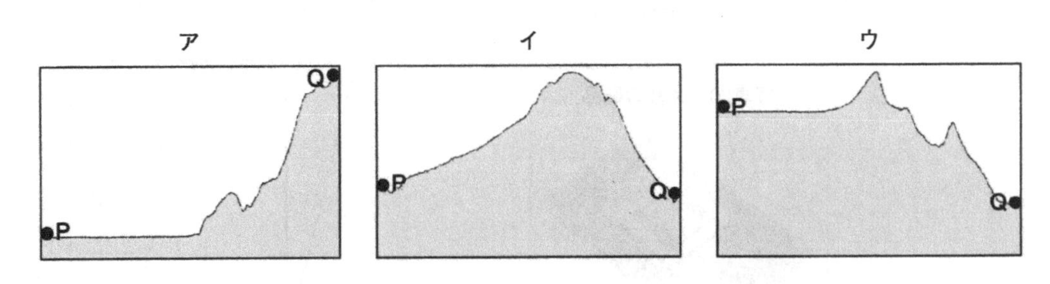

3　**略地図③**は，北陸新幹線の列車が通るルートを示している。**東京**から**金沢**まで新幹線に乗った場合に**通らない県**を，次の**ア**～**エ**から**一つ**選び，記号で答えなさい。

ア　福島県
イ　石川県
ウ　新潟県
エ　群馬県

略地図③

4　**写真④**は，長野県のレタス生産地のようすである。**グラフ②**，**グラフ③**を参考に，**写真④**に見られるレタス生産の特色を，**45字以内**で答えなさい。ただし，気候の特徴と，静岡県や茨城県の出荷時期をふまえて答えること。

写真④

グラフ②　おもなレタス生産地の月別平均気温

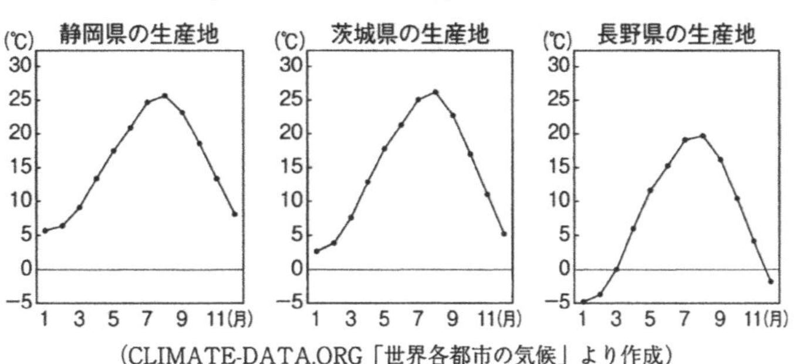

(CLIMATE-DATA.ORG「世界各都市の気候」より作成)

グラフ③　東京へ出荷されるレタスの量（2019年）

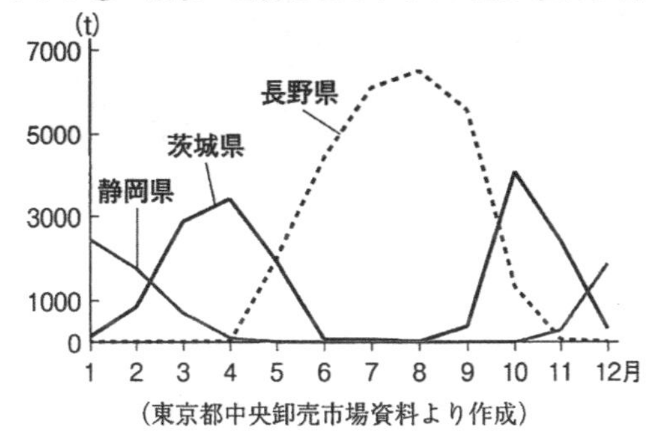

（東京都中央卸売市場資料より作成）

問5　**表②**中の**ア**～**エ**は，岩手県，東京都，山梨県，鹿児島県のいずれかを示している。**写真⑤**がある場所を，**ア**～**エ**から**一つ**選び記号で答えなさい。

表②

	ア	**イ**	**ウ**	**エ**
面　積　（百㎢）	92	153	45	22
人　口　（万人）	160	123	81	1392
海面漁獲量（万t）	6.4	9.0	0	4.7
有人離島　（数）	29	0	0	12

※面積・人口は2019年，海面漁獲量は2018年，有人離島は2020年
（「データでみる県勢2021」などより作成）

写真⑤　震災遺構

【第 2 問題】 歴史について，次の**問 1**，**問 2** に答えなさい。

問 1　古代から近世について，次の **1** ～ **7** に答えなさい。

1　弥生時代の祭りに使われていた**写真**①，**写真**②のような金属器を何というか，解答欄に合うように，**漢字 2 字**で答えなさい。

写真①　荒神谷遺跡からの出土品

写真②　加茂岩倉遺跡からの出土品

2　**写真**③には，11世紀に浄土信仰に基づいて藤原頼通が建てた建築物の影響が見られる。**写真**③に影響をあたえ，10円硬貨のデザインにも取り入れられた建築物を何というか，解答欄に合うように答えなさい。

写真③　政府機関の庁舎

3　平安時代末期に起きた，保元の乱についてまとめた**図**①中の［ A ］，［ B ］にあてはまる最も適当なものを，下の**ア**～**エ**から**一つずつ**選び，記号で答えなさい。

図①

原因・背景	できごと	結果・影響
［ A ］ →	保元の乱 →	［ B ］

ア　将軍のあとつぎをめぐり，有力な守護大名が対立した。
イ　院政の実権をめぐり，当時の天皇と上皇が対立した。
ウ　武家政権の成立につながっていった。
エ　下剋上の風潮が広がっていった。

4　**図②**の戦いに幕府軍として参加した竹崎季長ら御家人は，その後幕府に不満を持った。竹崎季長ら御家人はどのようなことに不満を持ったのか，**図③**も参考にして，**30字以内**で答えなさい。ただし，竹崎季長ら御家人が参加した戦いの名称を必ず入れること。

図②　竹崎季長が戦っているようす

図③

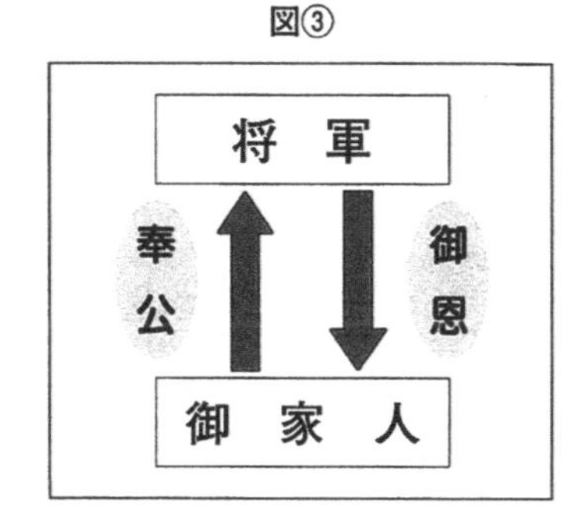

5　次の**ア**～**ウ**は古代から近世につくられた貨幣である。つくられた年代の**古い順**に並べて，記号で答えなさい。

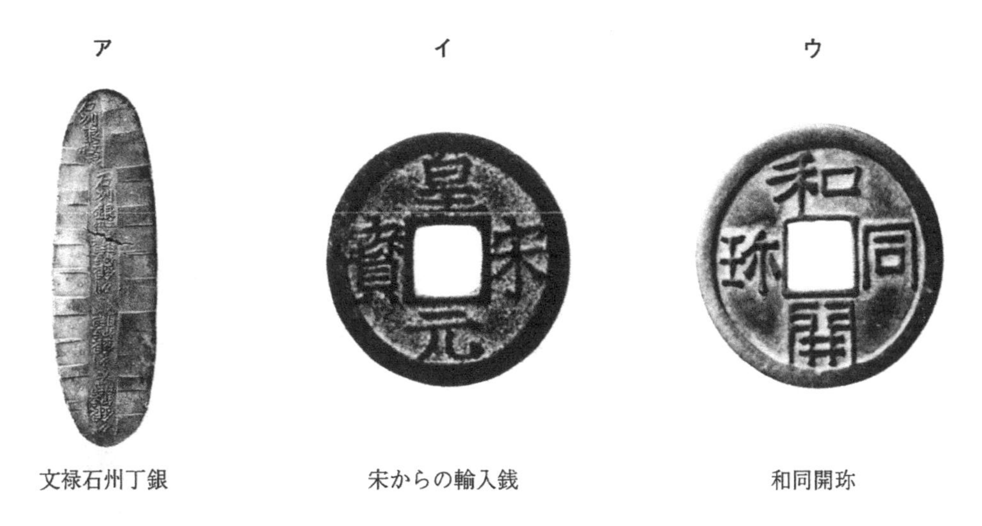

文禄石州丁銀　　宋からの輸入銭　　和同開珎

6　江戸時代の大名で前田，毛利，島津のように関ヶ原の戦い以降に徳川氏に従った大名を何というか，解答欄に合うように答えなさい。

7　三都について書かれた，次の文の［　C　］にあてはまる語を答えなさい。

> 江戸時代，江戸・大阪・京都の三つの都市は大きく発展し，三都とよばれた。そのなかで大阪は商業の中心地として，諸大名の蔵屋敷が建てられ，全国各地の年貢米や特産物などが集まったことから，「天下の［　C　］」とよばれた。

問2　近現代のおもなできごとを示した**年表①**を見て，下の**1**～**5**に答えなさい。

年表①

年	おもなできごと	
1868	戊辰戦争がはじまる	a
1889	大日本帝国憲法が発布される	
1894	日清戦争がはじまる	b
1905	ポーツマス条約が結ばれる	
1914	第一次世界大戦がはじまる	c
1920	国際連盟が設立される	
1925	ラジオ放送がはじまる	d
1933	ニューディール政策がはじまる	
1946	日本国憲法が公布される	e
1955	アジア・アフリカ会議が開かれる	

1　**年表①**中の**a**の期間に起きた次の**ア**～**ウ**のできごとを，年代の**古い順**に並べて，記号で答えなさい。

ア　征韓論を主張する西郷隆盛と，国内の整備が先だと考える大久保利通が対立した。
イ　政府を去った板垣退助らが中心となって，自由党が結成された。
ウ　五箇条の御誓文が出され，新たな政治の方針が示された。

2　**年表①**中の**b**の期間の東アジア情勢を風刺して描かれた**図④**の**X**，**Y**にあてはまる国名の組み合わせを，次の**ア**～**エ**から**一つ**選び，記号で答えなさい。

ア　X…中国　　Y…アメリカ
イ　X…中国　　Y…ロシア
ウ　X…イギリス　　Y…アメリカ
エ　X…イギリス　　Y…ロシア

図④

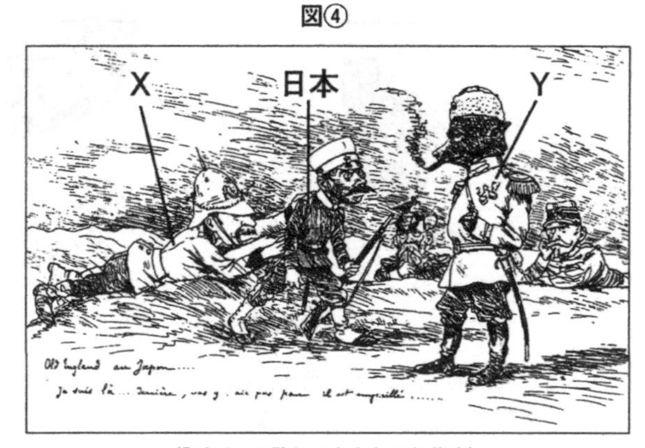

（「ビゴーが見た日本人」より作成）

3　**年表①**中の**c**の期間に起きたできごとを，次の**ア**～**エ**から**一つ**選び，記号で答えなさい。

ア　地租改正が行われた。
イ　中国に二十一か条の要求が示された。
ウ　国家総動員法が制定された。
エ　公害対策基本法が制定された。

4　**年表①**中の d の期間に**資料①**のような状況となった要因の一つを，d の期間の世界経済の状況にふれながら，**30字以内**で答えなさい。ただし，**資料①**，**グラフ①**，**写真④**の［ D ］にあてはまる語を含めて答えること。なお，［ D ］にはすべて同じ語が入る。

資料①

今年の「まゆ」の価格はどのくらいだろう。昨年までの価格の４割，３割，２割になってしまい価格の底値がとまらず暴落している。この打撃の痛手は「まゆ」をつくる農家だけでなく，［ D ］を生産する島根県内の製糸会社から富岡製糸場などを経営する全国規模の製糸会社におよんでいる。

「まゆ」

（島根県農会報（1930年8月号）などより作成）

グラフ①　アメリカ向け［ D ］の輸出額

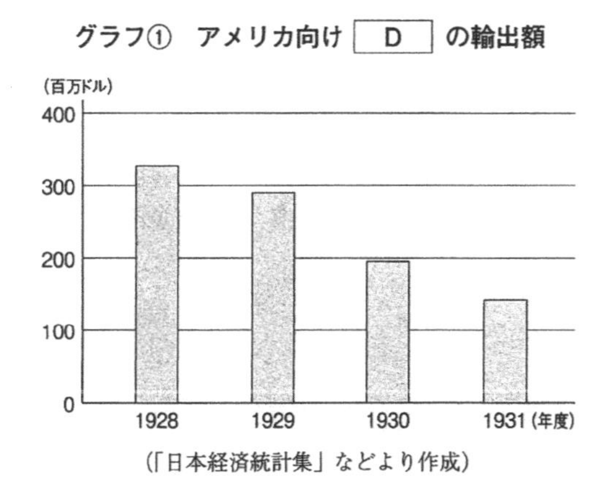

（「日本経済統計集」などより作成）

写真④　［ D ］をつくっているようす

5　**年表①**中の e の期間に，**グラフ②**のように鉄鋼の生産量が急激に増えた時期がある。鉄鋼などの工業生産量が急激に増えた理由を，解答欄に合うように，**30字以内**で答えなさい。ただし，**図⑤**が示しているできごとを必ず入れること。

グラフ②　日本の鉄鋼生産量

(万トン)
200
150
100
50
0
1947　1948　1949　1950　1951　1952　1953 (年)

（「日本経済統計集」などより作成）

図⑤

【第3問題】 次の会話文を読んで，下の問1～問3に答えなさい。

あかり「昨年『全国植樹祭しまね』が開催されて，森林の役割や林業の魅力が全国に発信されたね。」
たつや「林業は，農業，漁業などを含む［A］に分類されるね。でも［A］は，就業者が減って，どこも後継者不足みたい。島根県でもこれを機に就業人口が増えるといいな。」
あかり「そうだね。国会でも，県議会でも(a)経済や産業の進展や成長を願う話題は，尽きないね。」
たつや「ＡＩなどの新しい技術や独自の技術で，革新的な事業を展開する［B］企業のような中小企業が話題になっているよ。法律をつくったり，改正したりすることでこのような企業を支援するしくみをつくれないかな。」
あかり「それはいいね。こうやって自分たちの生活や社会の現状を考えていくことが，主権者として(b)政治に参加するということなのかな。」
たつや「そうだね。まずは身近な話題からはじめて，世界全体の課題についても探究していけるように，(c)グローバルな視点をもつようにしたいね。」

問1　下線部（a）に関連して，次の1，2に答えなさい。

1　会話文の［A］，［B］にあてはまる語の組み合わせとして正しいものを，次のア～エから一つ選び，記号で答えなさい。ただし，［A］には同じ語が入る。

ア　A…第一次産業　B…ベンチャー　　イ　A…第一次産業　B…多国籍
ウ　A…第二次産業　B…ベンチャー　　エ　A…第二次産業　B…多国籍

2　次のグラフ①を見て，下の（1），（2）に答えなさい。

グラフ①　日本の歳入内訳（2020年度）

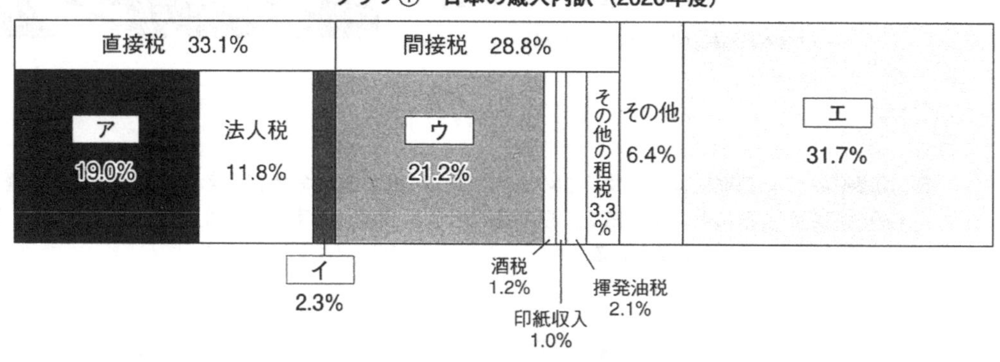

（財務省資料より作成）

（1）　グラフ①の中で，消費税の割合を示しているものを，ア～エから一つ選び，記号で答えなさい。

（2）　消費税について，次の形式に合うように，20字以内で説明しなさい。ただし，「所得」という語を用いること。

消費税は，同じ金額の商品の購入に対して同じ金額の税金を納めなければならないが，そのため（　　20字以内　　）という逆進性の問題が指摘されている。

問２　下線部（b）に関連して，次の**１**～**４**に答えなさい。

１　2022年４月に成年年齢は20歳から18歳に引き下げられる。2022年３月現在，**満18歳の国民ができること**を，次の**ア**～**エ**から**一つ**選び，記号で答えなさい。

ア　県知事選挙に立候補する。
イ　裁判員として民事裁判に参加する。
ウ　衆議院議員総選挙のときに国民審査を行う。
エ　憲法改正のための発議を行う。

２　社会保障について書かれた，次の文の［　C　］にあてはまる語を答えなさい。

> 「すべて国民は，健康で文化的な最低限度の生活を営む権利を有する」と明記した日本国憲法第25条第１項には，社会権の一つである［　C　］権について示されており，日本の社会保障制度を支える考え方となっている。

３　日本の国会では，衆議院で議席を多く獲得した政党が与党となる可能性が高い。その理由を，**25字以内**で答えなさい。ただし，「**指名**」という語を用いること。

４　最高裁判所の大法廷を，次の**ア**～**エ**から**一つ**選び，記号で答えなさい。

ア

イ

ウ

エ

問3　下線部（c）に関連して，次の**1**～**3**に答えなさい。

1　**略地図①**中の ■ で示した国がまとまり，協力関係を強めようとしている組織の略称として最も適当なものを，下の**ア**～**エ**から**一つ**選び，記号で答えなさい。

略地図①

ア　ＡＳＥＡＮ　　**イ**　ＡＰＥＣ　　**ウ**　ＵＮＥＳＣＯ　　**エ**　Ｇ20

2　次の**資料①**の［ D ］にあてはまる語を答えなさい。ただし，［ D ］にはすべて同じ語が入る。

資料①

右の写真は，2021年に開かれた東京オリンピック開会式での［ D ］選手団の入場行進の様子である。

この選手団は，リオデジャネイロオリンピックで初めて結成されており，選手の出場にむけてサポートしたのが，国連［ D ］高等弁務官事務所（ＵＮＨＣＲ）である。ＵＮＨＣＲは，［ D ］を保護するためのキャンプをもうけ，食料や水，住居を提供するなどの活動を行っており，支援の幅も広がっている。

3　働く人々の権利を保障するため，**資料②**の条文がある日本の法律を，下の**ア**～**エ**から**一つ**選び，記号で答えなさい。

資料②

第32条　①　使用者は，労働者に，休憩時間を除き１週間について40時間を超えて，労働させてはならない。
②　使用者は，１週間の各日については，労働者に，休憩時間を除き１日について８時間を超えて，労働させてはならない。

ア　労働関係調整法　　**イ**　育児・介護休業法　　**ウ**　男女雇用機会均等法　　**エ**　労働基準法

【第４問題】 あおいさんのクラスでは，社会科のまとめとして，ＳＤＧｓ（持続可能な開発目標）について，各グループが２つずつ項目を選んで話し合いをしました。下の**問１～問３**に答えなさい。

Ⅰグループ	１「貧困をなくそう」
	２「飢餓をゼロに」
Ⅱグループ	５「ジェンダー平等を実現しよう」
	10「人や国の不平等をなくそう」
Ⅲグループ	11「住み続けられるまちづくりを」
	13「気候変動に具体的な対策を」

SUSTAINABLE DEVELOPMENT GOALS

※お詫び：著作権上の都合により，イラストは掲載しておりません。　教英出版

問１　Ⅰグループは，貧困や飢餓の歴史的背景や解決策について話し合いをした。次の**１～３**に答えなさい。

１　帝国主義について，次の文の［ Ａ ］にあてはまる語を，**漢字３字**で答えなさい。ただし，［ Ａ ］にはすべて同じ語が入る。

> 19世紀後半以降，帝国主義政策を進めるイギリスなどの列強は，生産に必要な原料を入手したり製品を売ったりするための市場を求めて海外に進出し，［ Ａ ］を獲得していった。イギリスのインド支配などアジア・アフリカの多くの地域が列強の［ Ａ ］となり，［ Ａ ］に建設されたプランテーションはモノカルチャー経済が生まれる要因となった。

２　貧困や飢餓を生みだす背景の一つに，モノカルチャー経済がある。解決策の一つとされているフェアトレードの説明として最も適当なものを，次の**ア～エ**から**一つ**選び，記号で答えなさい。

ア　栄養不足で苦しむ発展途上国の人々に，廃棄する前の食品を分配する制度。
イ　発展途上国の人々が生産した農産物や製品を，適正な価格で取り引きするしくみ。
ウ　発展途上国の貧困層の人々が事業を始められるように，少額のお金を融資する制度。
エ　先進国の政府などが行う，発展途上国の教育や社会資本への資金・技術援助。

３　**写真①**は，モノカルチャー経済と関係の深い農産物である。各国の生産量の割合（2018年）を示している**グラフ①**も参考にして，**写真①**の農産物を，下の**ア～エ**から**一つ**選び，記号で答えなさい。

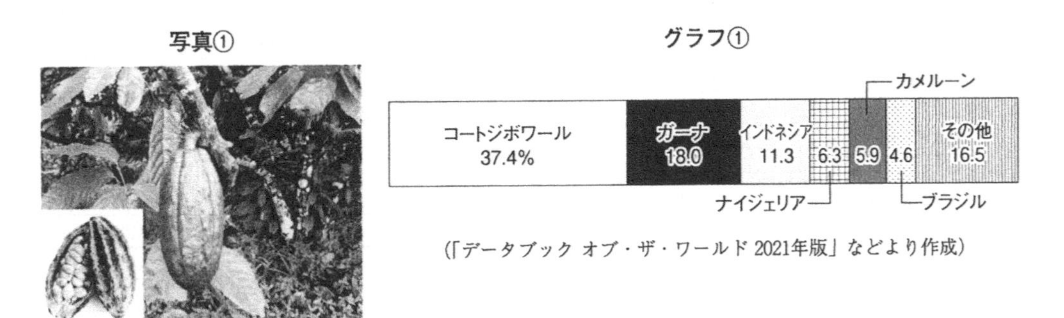

（「データブック オブ・ザ・ワールド 2021年版」などより作成）

ア　コーヒー豆　　**イ**　茶　　**ウ**　天然ゴム　　**エ**　カカオ豆

問2　Ⅱグループは，平等について話し合いをした。次の**1**，**2**に答えなさい。

1　次の文の［B］にあてはまる語を，**漢字2字**で答えなさい。ただし，［B］には同じ語が入る。

> アイヌの人々が持っていた独自の言語や［B］は，明治政府によって否定された。その後1997年になり，アイヌの人々の伝統や風習を尊重するためのアイヌ［B］振興法が制定された。

2　次の文の［C］にあてはまる語を答えなさい。ただし，［C］には同じ語が入る。

> 平等権について，日本国憲法第14条では「すべて国民は，法の下に平等であつて，人種，信条，性別，社会的身分又は門地により，政治的，経済的又は社会的関係において，［C］されない」と明記されている。また近年，誰もが人格と個性を尊重し合い，共生する社会を目指した，障害者［C］解消法なども施行された。

問3　Ⅲグループは，まちづくりや気候変動について話し合いをした。次の会話文を読み，下の**1**～**3**に答えなさい。

> みつき「私は，地理，歴史，公民すべての分野で学んだ（a）まちづくりが印象に残っているよ。」
> しんじ「まちづくりが進められていくと，日本でも世界でも，都市の人口は増えていったね。」
> あおい「でも，（b）世界の人口増加に伴って，地球環境問題が深刻になっていった気がする。そんな中，（c）二酸化炭素を含む温室効果ガス削減の取り決めに，多くの国が合意したね。」

1　下線部（a）について，**写真②**はコンクリートでできたビルのようすである。このような建物が増えていくきっかけとなった大正時代に起きたできごとを，解答欄に合うように答えなさい。

写真②　昭和初期の東京（銀座）のようす

2　下線部（b）について，**表①**中の**ア**～**ウ**は，**ヨーロッパ州**，**アフリカ州**，**南アメリカ州**のいずれかである。**アフリカ州**にあたるものを**ア**～**ウ**から**一つ**選び，記号で答えなさい。また，考えた理由を**20字以内**で説明しなさい。

表①　世界の地域別人口の変化と将来人口予測

	1950年	2000年	2050年	2100年
アジア州	14億　500万人	37億4100万人	52億9000万人	47億2000万人
北アメリカ州	2億2800万人	4億8600万人	6億9600万人	7億4200万人
オセアニア州	1300万人	3100万人	5700万人	7500万人
ア	2億2800万人	8億1100万人	24億8900万人	42億8000万人
イ	1億1400万人	3億4800万人	4億9100万人	4億2900万人
ウ	5億4900万人	7億2600万人	7億1000万人	6億3000万人

（「データブック オブ・ザ・ワールド 2021年版」より作成）

3　下線部（c）について，**資料①**，**資料②**から読み取れることとして最も適当なものを，下の**ア～エ**から**一つ**選び，記号で答えなさい。

資料①　京都議定書とパリ協定の取り組み

	京都議定書	パリ協定
採択年 (発効年)	1997年 (2005年)	2015年 (2016年)
削減目標 の設定	締結国のうち，38か国・1地域のみに削減義務を課す。 2001年にアメリカ合衆国は離脱。	196か国・1地域すべての締結国に削減目標の設定を課す。 2020年にアメリカ合衆国は離脱。

（環境省ホームページなどより作成）

資料②　京都議定書採択時の削減目標

目標値	削減目標を課された国や地域
−8%	ＥＵ（欧州連合）諸国 ※1997年時点（15か国）， ブルガリア，チェコ，モナコ，ラトビア，リヒテンシュタイン，リトアニア，エストニア，ルーマニア，スロバキア，スロベニア，スイス
−7%	アメリカ合衆国
−6%	日本，カナダ，ハンガリー，ポーランド
−5%	クロアチア
±0%	ニュージーランド，ロシア，ウクライナ
+1%	ノルウェー
+8%	オーストラリア
+10%	アイスランド

（国連気候変動枠組み条約事務局資料より作成）

ア　**資料①**より，アメリカ合衆国は，京都議定書もパリ協定も，ともに発効前に離脱した。
イ　**資料①**より，京都議定書もパリ協定も，ともにすべての締結国に削減目標が課された。
ウ　**資料②**より，国連の安全保障理事会の常任理事国は，削減目標を課されていなかった。
エ　**資料②**より，クロアチアは，日本より低い削減目標値が設定されていた。

令和４年度学力検査問題

（第４限　13：20～14：10）

英　　語

注　　意

1　「始め」の合図があるまでは，開いてはいけません。

2　問題は全部で５題あり，10ページまでです。

3　「始め」の合図があったら，まず，解答用紙に検査場名，受検番号を書きなさい。

4　放送による問題は，１～２ページの【第１問題】です。検査の最初に実施します。

5　答えは，すべて解答用紙に書きなさい。

6　「やめ」の合図で，すぐ鉛筆をおき，解答用紙を裏返しにして机の上におきなさい。

※教英出版注
音声は，解答集の書籍ＩＤ番号を教英出版ウェブサイトで入力して聴くことができます。

【第１問題】　放送を聞いて，次の**問１**～**問３**に答えなさい。

問１　二人の会話を聞いて，そのあとの質問に答える問題です。それぞれの会話のあとに読まれる質問の答えとして最も適当なものを，**ア**～**エ**の中から**一つずつ**選び，記号で答えなさい。会話は１～４まであります。放送は１回のみです。

問2　あなたはニュージーランドの中学校とのオンライン交流会で，相手校の**エマ**（**Emma**）さんの話を聞きます。話されている内容に合うものを，**ア～カ**の中から**三つ**選び，記号で答えなさい。放送は**2回**くり返します。1回目の放送は**15秒後**に始まります。

ア　Emma stayed in Japan and enjoyed her school life.

イ　*Katakana* looks more beautiful than *hiragana* to Emma.

ウ　Emma wants to know how to write her name in *hiragana*.

エ　Mr. Suzuki gave Emma a *hanko* with her *kanji* name.

オ　*Hanko* is one of the cool Japanese cultures to Emma.

カ　Emma knows that each *kanji* has a meaning.

問3　英語の授業で先生がクイズを出します。その内容に合うように，次の**〈メモ〉を完成**させなさい。また，先生の指示を聞いて，**3番目のヒント**（**hint**）を英語で書きなさい。

ただし，①，②はそれぞれ**英語1語**で，③は**主語と動詞を含む英語**で答えなさい。放送は**2回**くり返します。

〈メモ〉

Hint 1 :　red, ＿＿＿①＿＿＿, gray, black
　　　2 :　birds and planes ＿＿＿②＿＿＿ there
　　　3 :

〈3番目のヒント〉

At night, ＿＿＿＿＿＿＿＿③＿＿＿＿＿＿＿＿ there.

【第２問題】　次の**問１**～**問３**に答えなさい。

問１　次のデパートの**フロアガイド**（floor guide）を見て，下の１，２の質問の答えとして最も適当なものを，**ア**～**エ**の中から**一つずつ**選び，記号で答えなさい。

SAKURA Department Store

Opening hours: 10:00 a.m. – 8:00 p.m.

*Opening hours for some restaurants are not the same.

Floor		Facilities
5F	Books / Stationery / Restaurants	Restroom, Restaurant
4F	Men's Wear / Sports Wear	Restroom, Large Restroom
3F	Women's Wear / Tea Room "Cherry"	Restroom, Tea Room
2F	Children's Wear / Jewelry / Watches	Restroom, Large Restroom, Nursing Room
1F	Cosmetics / Shoes / Bags / Information	Restroom, Pay Phone, Information
B1	Food / Restaurant "Farmers' Kitchen"	Large Restroom, Restaurant, Food Lockers

Restroom (Ladies / Gentlemen)　Large Restroom　Restaurant　Tea Room　Nursing Room　Pay Phone　Information　Food Lockers

1　Peter is choosing a pen for his brother's birthday.　Where is he now?

ア　2F　　**イ**　3F　　**ウ**　4F　　**エ**　5F

2　Which is **NOT** true about this department store?

ア　Children's wear can be bought on the second floor.
イ　Each of the floors in this store has one restroom or more.
ウ　Every restaurant opens at 10:00 a.m. and closes at 8:00 p.m.
エ　You can buy clothes for men and for sports on the same floor.

問２　次のグラフは，ある国の**狩猟免許交付**（hunting license issuance）の状況を10年ごとに調べたものです。これを見て，あとの１，２の（　　　　）に入る最も適当なものを，**ア**～**エ**の中から**一つずつ**選び，記号で答えなさい。

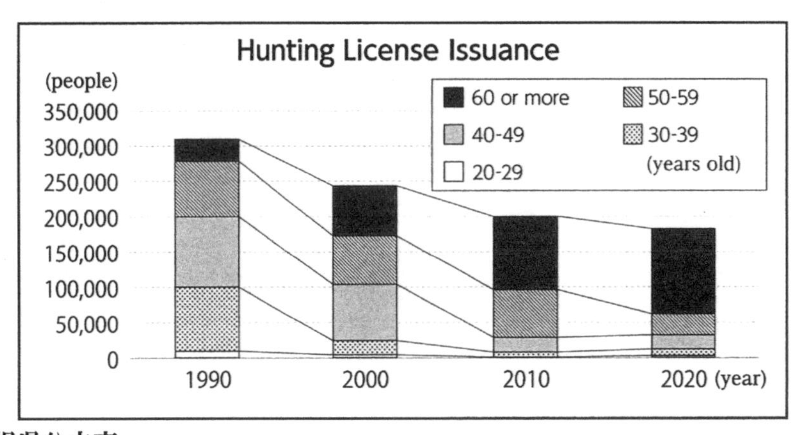

1　In 2020, (　　　　) people received the license than in 1990.

ア　fewer　　イ　larger　　ウ　more　　エ　smaller

2　The number of people (　　　　) years old who got the license has been increasing.

ア　30-39　　イ　40-49　　ウ　50-59　　エ　60 or more

問3　次の取扱説明書が外国製の**おもちゃの車**（**RC toy car**）に付いていました。これを見て，下の1，2の質問の答えとして最も適当なものを，ア～エの中から**一つずつ**選び，記号で答えなさい。

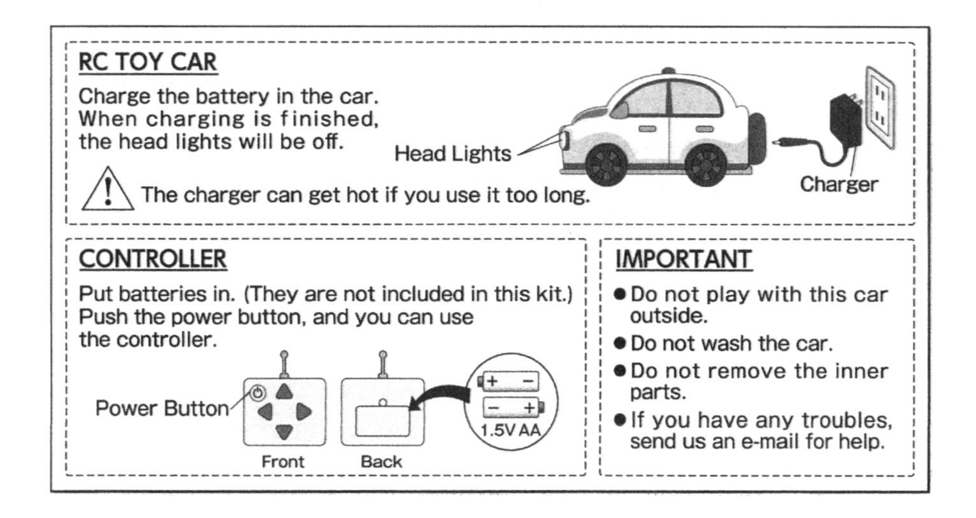

1　What do you need to do before you play with this car?

ア　To charge the car battery.
イ　To remove some small parts.
ウ　To send an e-mail to the company.
エ　To take this car out of your house.

2　Which is true about this RC toy car kit?

ア　If you push the power button, you can start charging the car.
イ　It is necessary for you to prepare batteries for the controller.
ウ　The head lights get hot when you use the charger too long.
エ　You have to wash the car when it gets dirty.

【第3問題】 次の問1～問4に答えなさい。

問1 市民劇団の公演を見に来たヨウコ（Yoko）さんが，外国人の男性（Man）からアンケートについて質問されました。次の会話文中の（ ① ），（ ② ）に入る語の組み合わせとして最も適当なものを，下のア～エの中から一つ選び，記号で答えなさい。

Man：Excuse me. Will you help me? I don't understand one of these questions.
Yoko：Sure. Which question?
Man：This one.
Yoko：It says, "(①) did you know about this performance?"
Man：Oh, I heard about it from my host mother.
Yoko：Then, please check the (②) box from the left.
Man：I see. Thank you for your help.

●●● 市民劇団公演アンケート ●●●
本日はありがとうございました。あてはまるものにチェック（✓）を入れてお答えください。
1. 当劇団の公演に来られたのは何回目ですか。
☑ 1回目 □ 2回目 □ 3回目 □ 4回以上 □ 覚えていない
2. この公演を何でお知りになりましたか。
□ インターネット □ ポスター・チラシ □ 知人から □ その他（ ）
3. この公演はいかがでしたか。

ア （ ① ）How （ ② ）second
イ （ ① ）How （ ② ）third
ウ （ ① ）What （ ② ）second
エ （ ① ）What （ ② ）third

問2 留学生のグレッグ（Greg）さんと担任の森先生（Mr. Mori）による次の会話文を読んで，先生が下線部で伝えたかった内容として最も適当なものを，下のア～エの中から一つ選び，記号で答えなさい。

Mr. Mori：You don't look happy. What's wrong?
Greg：I love talking with my classmates, but they usually listen to me quietly. They may think that I talk too much.
Mr. Mori：Well, <u>always be yourself</u>. Such behavior is your strong point. Maybe speaking English is difficult for them, but they have a good time with you.
Greg：Do you think so? I'm glad to hear that.

ア You don't have to change your way.
イ You must be careful about your words.
ウ You should choose more interesting topics.
エ You shouldn't talk to your quiet friends.

問3　次の英文は，中学生の**ティム**（**Tim**）さんと大学生の姉**ジュディ**（**Judy**）さんによるメッセージのやり取りです。その内容について最も適当なものを，下の**ア**～**エ**の中から**一つ**選び，記号で答えなさい。

(January 20)

You know my dream is to become a chef. I like cooking, so I often make dinner for mom and dad. They love it.

They like my dream, and I want to have my own restaurant in the future. I'll try to cook new dishes.

It's great to have a dream. You can do it.

(February 6)

I always do my homework. But mom and dad often say, "Study harder if you want to be a chef." I can't stand it.

They want to say that getting more knowledge is important for your future. Great chefs know a lot to make their restaurants better.

I also believe studying harder will help you create wonderful dishes in the future.

ア　Tim cooks dinner every day, so he does not have time to do his homework.
イ　Tim's parents say that he should have another dream because a chef's work is hard.
ウ　Judy asks Tim and their parents for some advice to make her restaurant better.
エ　Judy and her parents have a positive opinion about studying hard to be a great chef.

問4　次の英文は，英語の授業で発表するために**シンゴ**さんが書いた原稿です。発表内容に合わせてシンゴさんが用意したスライドには**含まれない**ものを，下の**ア**～**エ**の中から**一つ**選び，記号で答えなさい。
（*印のついている語には本文のあとに〈注〉があります。）

Today a lot of plastic bottles are *recycled. After plastic bottles are collected, new products are born from them. One of the products is plastic egg packs. First, used plastic bottles are carried to a recycling factory, and cut into very small pieces. Those pieces are washed to be clean. Next, they are heated, *melted, and *pressed to be like paper. Then, it goes through a special *machine, and finally you will see egg packs.

〈注〉 recycle～ ～をリサイクルする　　melt～ ～を溶かす
press～ ～を押しつける　　machine 機械

ア

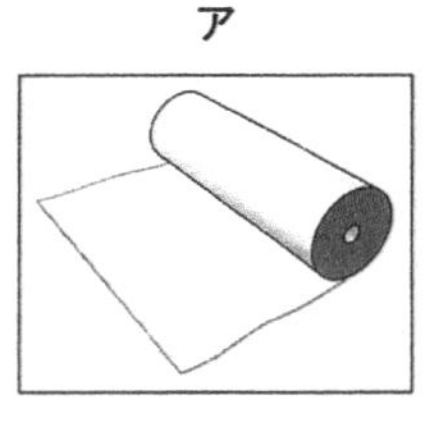

イ

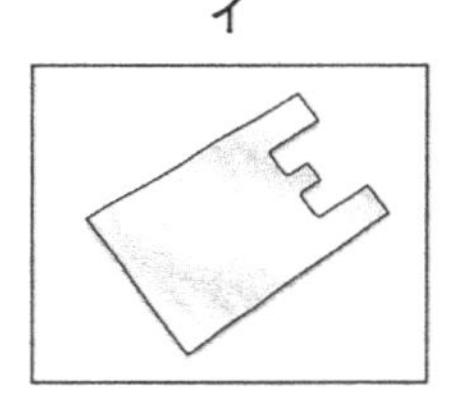

ウ

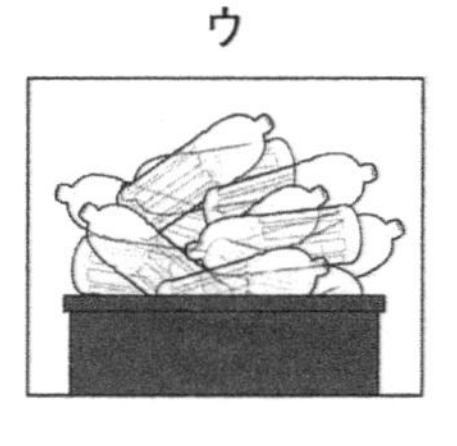

エ

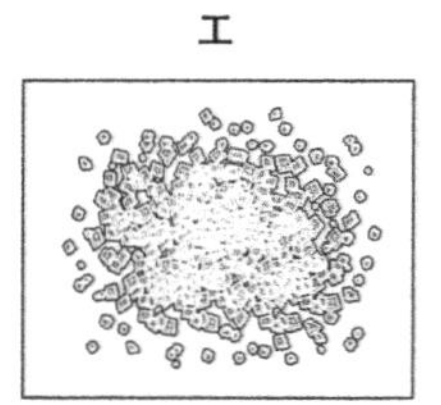

【第4問題】 中学生のエリ（Eri）さんが，ボランティアに関するスピーチを英語で行っています。次の英文はその内容です。これを読んで，あとの**問1**～**問6**に答えなさい。
（*印のついている語句には本文のあとに〈注〉があります。）

"Are you free on Saturday? Shall we *plant flowers along the river near our school? You can enjoy it." Miho, one of my friends, asked me to do the volunteer activity just before the last spring vacation. But [A]. I was busy because I needed to practice at the brass band. I didn't know why she was so excited about the volunteer work.

At the end of last summer, I talked on the phone with my aunt living in Tokyo. She told me about her experience as a volunteer during the big sports event. At first, about 80,000 people planned to help it, but many of them *gave up for various reasons. However, (1) my aunt didn't change her decision. Before this event, she helped two international sports events several years ago. She knew they couldn't have such big events without the help of volunteers. Besides, she hoped to make friends by working with other volunteers. This time, her work was to guide the athletes to the stadium. She got tired every day. But at home, she folded paper *shurikens* with a message as a gift for the athletes, though it wasn't her job. "When they got the gift, they showed me glad smiles," she said *proudly. After talking with her, I thought, "Can such a little thing encourage people?"

A week passed. Our brass band was asked to hold an autumn concert by a home for old people. Many of them felt lonely, so the staff there wanted them to listen to *live music *online. (2) That was the thing we wanted to do most because many events were *canceled. We prepared for it very hard and gave our best performance. After the concert, a staff member said to us, "Some people *clapped to the beat and some were singing to the music. Thanks to your music, we saw smiles on their faces." Those words were really special to us. This experience reminded me of my aunt's *shurikens*. Even the small gifts had the power to encourage the athletes, and their smiles also made my aunt happy. Helping someone else CAN help us, too!

Two weeks ago, Miho said to me, "How about taking care of the flowers planted last spring?" (3) I accepted her plan. I'm looking forward to joining the event next weekend.

〈注〉 plant ～ ～を植える　gave up あきらめた　proudly 誇らしげに
live ライブの・生の　online オンラインで　cancel ～ ～を中止する
clap to the beat 手拍子をする

問１　[A] に入る最も適当なものを，次のア～エの中から**一つ**選び，記号で答えなさい。

ア　I said “Yes” to the questions
イ　I said “No” to the questions
ウ　I asked Miho another question
エ　I asked Miho the same questions

問２　下線部（1）の理由について，**エリ**さんが挙げているものを次のようにまとめました。本文の内容に合うように（ a ），（ b ）に入る適当な**日本語**を答えなさい。

・大規模なスポーツ大会の運営は（　　a　　）ということを叔母（おば）は知っていたから。
・叔母は他のボランティアの人たちと働くことで（　　b　　）から。

問３　本文の内容について，次の質問の答えとして（　　　　）に入る適当な英語を答えなさい。

質問　What job as a volunteer did Eri’s aunt do during the big sports event last summer?

答え　She (　　　　　　　　　　　　　　　　　　　　　　　　).

問４　下線部（2）の内容を英語で表すとき，次の（　　　　）に入る適当な表現を本文中から**4語で抜き出して**答えなさい。

（2）＝ to (　　　　　　　　　　　　　　　　　　　　)

問５　**エリ**さんがスピーチの中で述べている内容として正しいものを，次の**ア～エ**の中から**一つ**選び，記号で答えなさい。

ア　Eri’s aunt didn’t take part in any sports events as a volunteer before last summer.
イ　The athletes weren’t encouraged by the *shurikens*, because they were too small.
ウ　Eri came up with an idea of a charity concert after she talked with her aunt.
エ　Both the audience and the brass band members were satisfied with the concert.

問６　スピーチ終了後，下線部（3）について**理由**を求められた**エリ**さんが，英語で答えています。エリさんになったつもりで次の（　　　　）に入る表現を考え，文を完成させなさい。ただし，**4語以上**の英語で書くこと。

I’ve accepted it because I want (　　　　　　　　　　　　　　　　)
by doing the volunteer work.

エリさん

【第５問題】 次の**問１**～**問４**に答えなさい。

問１ 次の**１**，**２**の会話文について，（　　　）に入る最も適当な**英語１語**を答えなさい。

1 **A**：Could you help me carry these bags?
　B：No (　　　). Where shall I carry them?

2 **A**：I wish you could be with us longer, John. Remember us after you leave Japan.
　B：Of course. I'll never (　　　) you.

問２ 次の**１**～**３**の会話文について，（　　　）内のすべての語を意味が通じるように並べかえて，英文を完成させなさい。なお，解答欄には（　　　）内の語句のみを答えること。

1 **A**：How long does it take from Kyoto to Osaka?
　B：It (by / minutes / takes / thirty / train).

2 **A**：What a surprise! You finished reading the book in a day.
　B：Well, the story was so (couldn't / I / interesting / stop / that) reading it last night.

3 **A**：Let's go to the sea this afternoon.
　B：OK. Many people say (is / seeing / sunset / the / worth) from the beach.

問３ 次の**１**，**２**のイラストについて，自然な会話になるように（　**a**　），（　**b**　）に入る適当な表現をそれぞれ**３語以上**の英語で書きなさい。２文以上になってもかまいません。なお，会話は①～④の順に行われています。
（．，？！などの符号は語数に含めません。）

1

2

問4　英語の授業で行っている話し合いの中で，**ユウト**（**Yuto**）さんと**ミキ**（**Miki**）さんが自分の意見を述べています。最後の先生の質問に対して，あなた自身の意見を英語で書きなさい。ただし，次の＜**条件**＞①〜③**のすべてを満たす**こと。
（＊印のついている語句には本文のあとに〈注〉があります。．，？！などの符号は語数に含めません。）

＜**条件**＞
① 1文目は解答用紙のどちらかの名前を○で囲み，**どちらの立場に賛成か**を明らかにすること。また，2文目以降の語数は**15語以上**とする。
② 賛成する**理由を一つ**挙げ，その理由を**補足する事柄や具体例とともに**書くこと。
③ 吹き出しの中の語句を使ってもかまわないが，ユウトさんに賛成の場合は，ユウトさんと同じ理由になってはならない。また，ミキさんに賛成の場合は，Typing messages を書き出しとして省略された部分を答えてもよいし，自分で考えた理由を書いてもかまわない。

These days, we teachers usually use computers and don't have many chances to write *by hand. But you students usually write a lot on your notebooks. Do you think *handwriting is important?

先生

ユウトさん

Writing by hand shows who wrote the message. When we see a *signature on a letter, we can trust that it is a real letter from the writer, not a *fake. So handwriting is important.

ミキさん

I don't think so. *Typing messages …（省略）…

Thank you, Yuto and Miki. Maybe there are more good reasons to support their opinions. What do you think?

先生

〈注〉 by hand　手で　　handwriting　手書きすること・筆跡　　signature　サイン
fake　にせ物　　typing〜　〜をタイプすること（typeの...ing形）

解答欄への記入例

Is ＿ that ＿ a ＿ school ? ＿ ＿＿＿

（上の例は1文で，**4語**である。）

ただし，15語を超えたあとは次のように記入する。

Is that a school?

令和４年度学力検査問題

（第５限　14：30～15：20）

理　　科

注　　意

1　「始め」の合図があるまでは，開いてはいけません。

2　問題は全部で５題あり，10ページまでです。

3　「始め」の合図があったら，まず，解答用紙に検査場名，受検番号を書きなさい。

4　答えは，すべて解答用紙に書きなさい。

5　「やめ」の合図で，すぐ鉛筆をおき，解答用紙を裏返しにして机の上におきなさい。

【第１問題】　次の問１～問３に答えなさい。

問１　次の１～４に答えなさい。

１　**図１**は，コウモリのつばさ，クジラのひれ，ヒトの手と腕（うで）の骨格の模式図である。どれもはたらきは異なるが，基本的なつくりはよく似ている。このように，現在の形やはたらきは異なっていても，もとは同じ器官であったと考えられるものを何というか，その**名称**を答えなさい。

図１

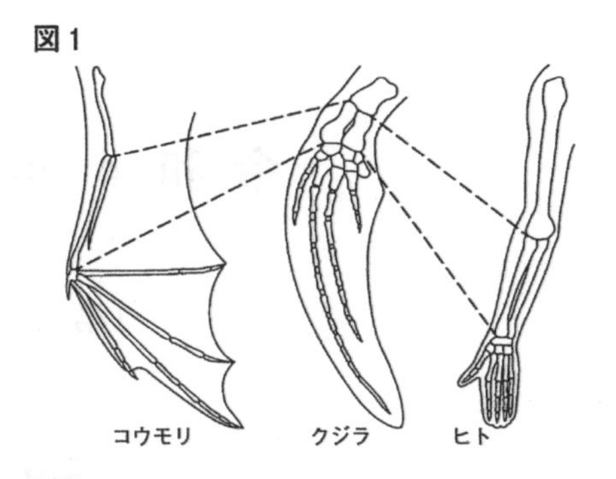

２　質量パーセント濃度が８％の塩化ナトリウム水溶液が150ｇある。この水溶液の**溶媒**の質量は**何ｇ**か，求めなさい。

３　**図２**のように，電源装置とスイッチ，抵抗器，電流計，電圧計をつないだ。スイッチを入れたとき，抵抗器の両端の電圧は5.0Ｖ，抵抗器を流れる電流は0.34Ａであった。この抵抗器で消費される電力は**何Ｗ**か，求めなさい。

図２

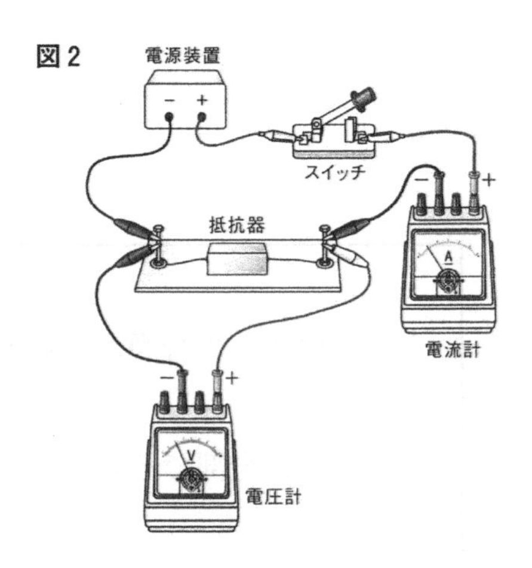

４　**図３**は，ある地点の風のふいているようすを表したものである。また，**図４**は，**図３**を真上から見た場合の模式図である。この地点の風向として最も適当なものを，下の**ア～エ**から**一つ**選び，記号で答えなさい。

図３

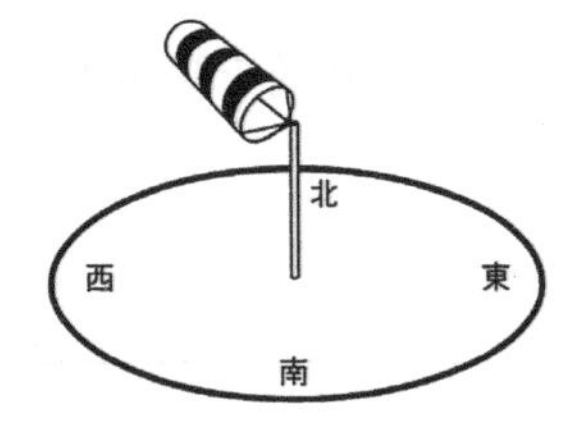

図４

ア　北東　　**イ**　北西　　**ウ**　南東　　**エ**　南西

2022(R4) 島根県公立高
教英出版

問2　電磁調理器（ＩＨ調理器）は，電磁誘導のしくみを応用した加熱器具である。これについて，次の**1**，**2**に答えなさい。

1　**図5**のような回路をつくり，コイルに棒磁石を**図6**のように出し入れして回路に流れる電流の流れ方を調べた。この回路を用いた実験の結果として最も適当なものを，下の**ア**～**エ**から**一つ**選び，記号で答えなさい。

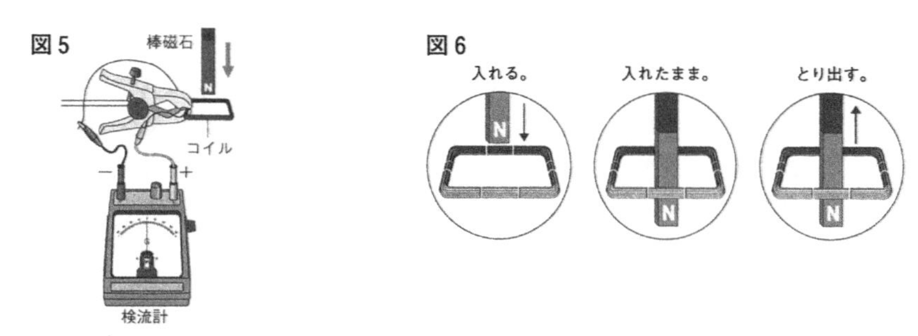

ア　コイルに棒磁石の極を逆にして入れても，流れる電流の向きは変化しなかった。
イ　コイルに棒磁石を入れるときと，とり出すときとでは，流れる電流の向きは逆になった。
ウ　コイルに棒磁石を入れたままの状態でしばらくすると，流れる電流は大きくなった。
エ　コイルに棒磁石を出し入れする速さを変えても，流れる電流の大きさは変化しなかった。

2　電磁調理器で調理中に，熱くなった鉄なべに手が触れてしまい，とっさに手を離した。この反応の場合，刺激を受けとった後，感覚器官から運動器官まで信号はどのように伝わるか。**図7**の**A**～**F**から必要なものを**すべて**選び，信号が**伝わる順**に記号で答えなさい。

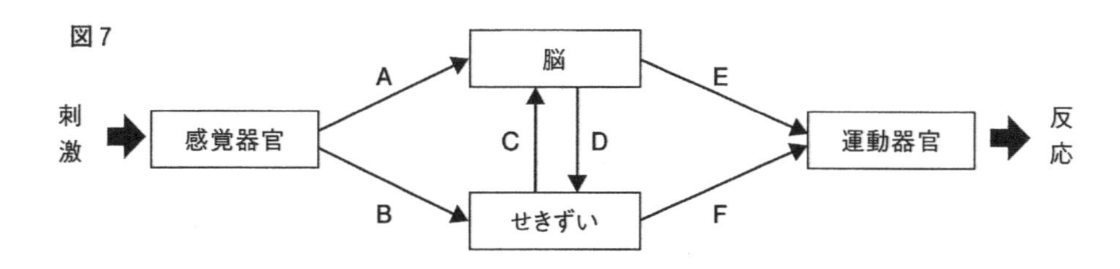

問3　密度に関することについて，次の**1**，**2**に答えなさい。

1　暖気に比べて寒気は密度が大きい。そのため，前線の中には寒気が暖気の下にもぐりこみ，暖気をおし上げながら進んでいくものがある。この前線の名称として最も適当なものを，次の**ア**～**エ**から**一つ**選び，記号で答えなさい。

ア　温暖前線　　**イ**　閉そく前線　　**ウ**　停滞前線　　**エ**　寒冷前線

2　水より密度の小さい物質は，水に浮く。一方，水より密度の大きい物質は，水に沈む。いくつかの鉄くぎを入れて栓をしたビンの体積が500cm³であった。このビンを水に入れると沈み，海水に入れると海水面に浮いた。この鉄くぎを入れて栓をしたビンの質量として最も適当なものを，次の**ア**～**エ**から**一つ**選び，記号で答えなさい。ただし，水の密度を1.00g/cm³，海水の密度を1.02g/cm³とする。

ア　500g　　**イ**　505g　　**ウ**　510g　　**エ**　515g

【第2問題】 次の**問1**，**問2**に答えなさい。

問1 リエさんは，消化酵素のはたらきを調べようとして，**実験1**を行った。これについて，下の**1**～**3**に答えなさい。

実験1

操作1 **ペトリ皿A**～**C**に60℃のゼラチン水溶液を入れ，室温（20℃）になるまで放置してゼリー状にした。なお，ゼラチンの主成分はタンパク質である。

操作2 **図1**のように，**ペトリ皿A**には水をしみこませた1 cm^2のろ紙を，**ペトリ皿B**には消化酵素Xをしみこませた1 cm^2のろ紙を，**ペトリ皿C**には**ペトリ皿B**に入れたろ紙の**2倍量**の消化酵素Xをしみこませた1 cm^2のろ紙を，それぞれゼリー状のゼラチンの中央に置き，室温（20℃）で15分間観察した。**表1**はその結果である。ただし，ゼリー状のゼラチンは分解されると液状になる性質がある。

図1

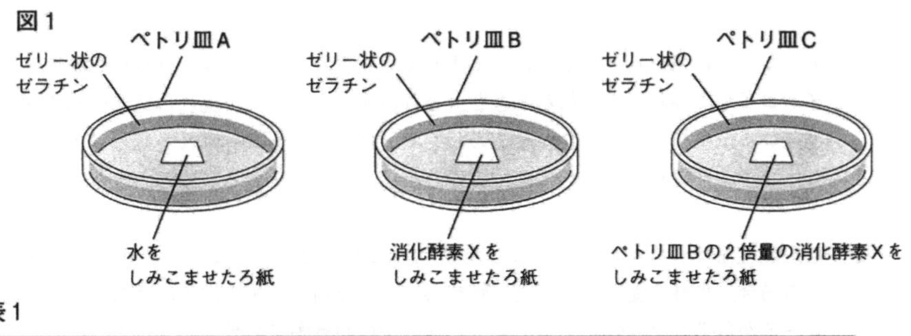

表1

	ろ紙をのせた部分のゼラチンのようす	ろ紙をのせた部分**以外**のゼラチンのようす
ペトリ皿A	変化なし	変化なし
ペトリ皿B	10分で液状になった	変化なし
ペトリ皿C	5分で液状になった	変化なし

1 **表1**から読みとれることとして最も適当なものを，次の**ア**～**エ**から**一つ**選び，記号で答えなさい。

ア 消化酵素Xの量が多いほど，ゼラチンの分解速度は大きくなる。
イ 消化酵素Xの量が少ないほど，ゼラチンの分解速度は大きくなる。
ウ 消化酵素Xは熱に弱く，加熱するとゼラチンの分解能力を失う。
エ 消化酵素Xの有無に関係なく，ゼラチンは室温（20℃）で15分間置いても分解されない。

2 消化酵素Xであると考えられるものを，次の**ア**～**エ**から**2つ**選び，記号で答えなさい。

ア アミラーゼ　　**イ** ペプシン　　**ウ** リパーゼ　　**エ** トリプシン

3 消化酵素Xなどによって分解された物質は，小腸へと運ばれる。小腸の表面には，**図2**のような柔毛と呼ばれる小さな突起が多数存在する。小腸がそのようなつくりをもつことの**利点**を，**小腸のはたらき**に着目して説明しなさい。

図2

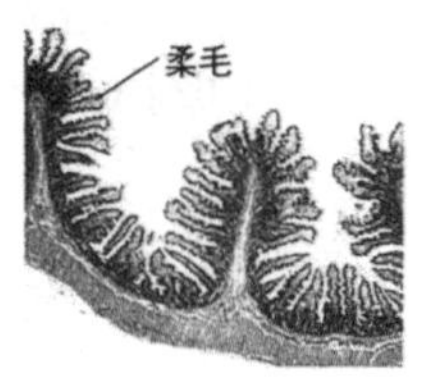

問2　シンジさんは，島根県の県花であるボタンを用いて，蒸散のはたらきを調べようとして，**実験2**を行った。これについて，下の**1**～**4**に答えなさい。

実験2

操作1　葉の数と大きさ，茎の長さと太さをそろえたボタンの**枝A**～**E**を，**図3**のように処理をし，それぞれメスシリンダーに1本ずつさした。そこに水を加え，最後に水面に油をたらし，メスシリンダー全体の質量が100.0gになるように，それぞれ調整した。

図3

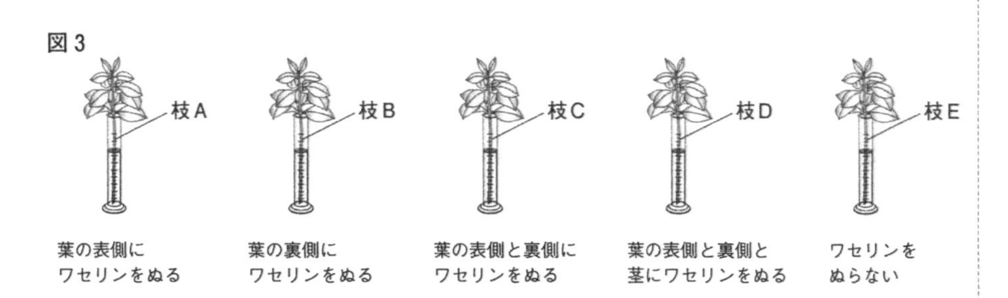

操作2　5時間後，**枝A**～**E**をさしたメスシリンダー全体の質量をそれぞれ調べ，結果を**表2**にまとめた。ただし，実験に用いた油やワセリンは，水や水蒸気を通さない性質がある。

表2

	枝A	枝B	枝C	枝D	枝E
5時間後のメスシリンダー全体の質量〔g〕	87.0	91.5	99.5	100.0	79.0

1　**図4**は，ボタンの葉の写真である。ボタンに色水を吸わせたときの茎の縦断面図として最も適当なものを，次の**ア**～**エ**から**一つ**選び，記号で答えなさい。

図4

ア

イ

ウ

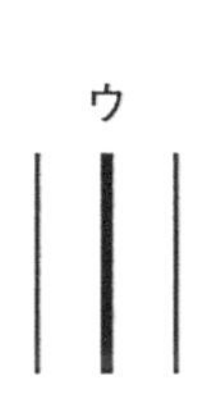

エ

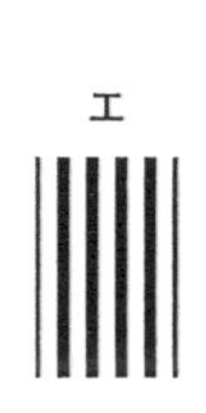

2　蒸散は，葉の表皮などにある2つの三日月状の細胞に囲まれた「すきま」で主に行われる。この「すきま」を何というか，その**名称**を答えなさい。

3　5時間あたりに葉の**裏側**から蒸散する水の質量は**何g**か，**小数第1位**まで求めなさい。

4　**実験2**終了後，**図5**のように，**枝B**と**枝C**をメスシリンダーに一緒にさした。そこに水を加え，最後に水面に油をたらし，メスシリンダー全体の質量が100.0gになるように調整した。**1時間後**，**枝B**と**枝C**をさしたメスシリンダー全体の質量は**何g**になると考えられるか，**実験2**の結果をもとに**小数第1位**まで求めなさい。ただし，蒸散する水の質量は時間に比例するものとする。

図5

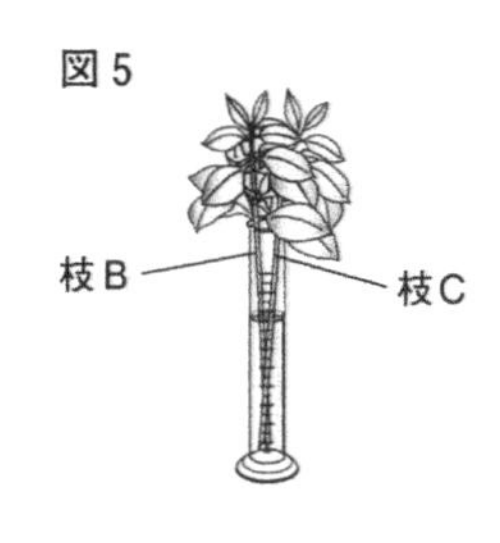

【第3問題】 次の**問1**，**問2**に答えなさい。

問1 水酸化ナトリウム水溶液に塩酸を加えていったときの変化について調べる目的で，**実験1**を行い，その結果を**表**にまとめた。これについて，下の**1**～**4**に答えなさい。

実験1

操作1 水酸化ナトリウム水溶液4cm³を試験管にとり，ＢＴＢ溶液を数滴加えて，色の変化を観察した。

操作2 **操作1**の試験管に塩酸を2cm³加えて，色の変化を観察した。

操作3 **操作2**の試験管に，さらに同じ塩酸を2cm³ずつ加えていったときの色の変化を観察した。

表

	操作1	操作2	操作3			
加えた塩酸の合計量〔cm³〕	0	2	4	6	8	10
水溶液の色	青色	青色	緑色	黄色	黄色	黄色

1 **操作1**の結果からわかることについて，次の文の［　　］にあてはまる最も適当な**語**を答えなさい。

> ＢＴＢ溶液を加えたとき，水溶液の色が青色に変化したことから，この水溶液は［　　］性であることがわかる。

2 水酸化ナトリウム水溶液に塩酸を加えたときに起こる変化を，**化学反応式**で表しなさい。

3 加えた塩酸の量を横軸に，水溶液中のイオンの数を縦軸にとったとすると，ナトリウムイオンの数を表すグラフとして最も適当なものを，次の**ア**～**エ**から**一つ**選び，記号で答えなさい。

ア

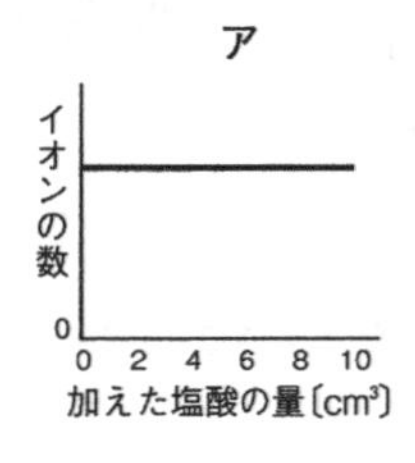

イ

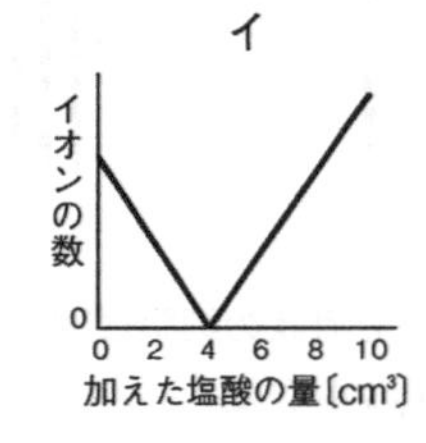

ウ

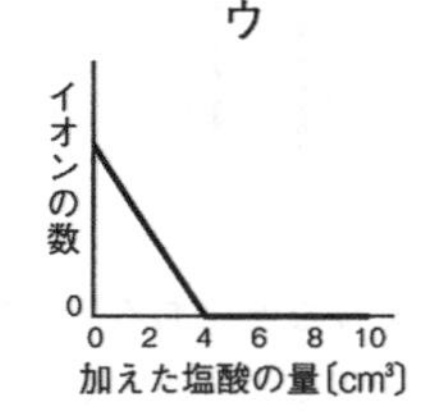

エ

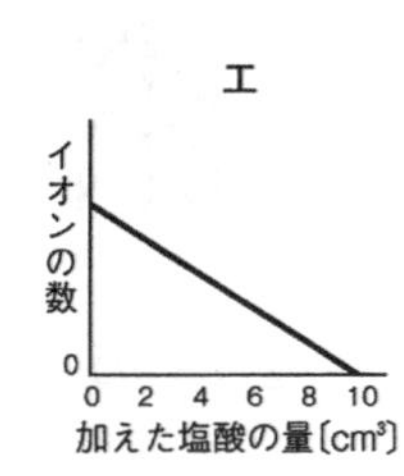

4 **3**と同じように水素イオンの数を表すとどのような**グラフ**になるか，加えた塩酸の量が10cm³になるまで作図しなさい。ただし，縦軸の●は最初に存在するナトリウムイオンの数を表しているのでそれをふまえて作図すること。

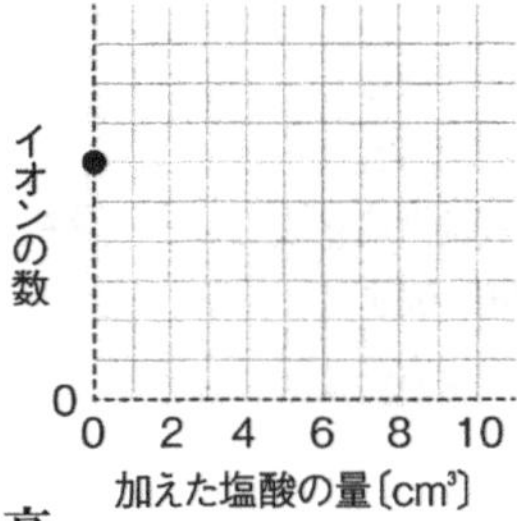

令和四年度

国語 解答用紙

注意 検査場名と受検番号を左下の欄（※）に必ず記入すること

【第一問題】

問一 1 （む） 2 （す） 3 4

問二 1 （る） 2 （す） 3 4

問三

問四

問一. 1点×4
問二. 1点×4
問三. 1点
問四. 1点

【第二問題】

問一

問二

問三 55 65

問四

問五 35 45

問六

問一. 1点
問二. 2点
問三. 3点
問四. 2点
問五. 2点
問六. 2点

【第三問題】

得点		採点者印	

※50点満点

【第三問題】

問六

問五

問四

問三

問一

問二

【第二問題】

問三

問四

問二

問一

【第一問題】

国語

解答用紙

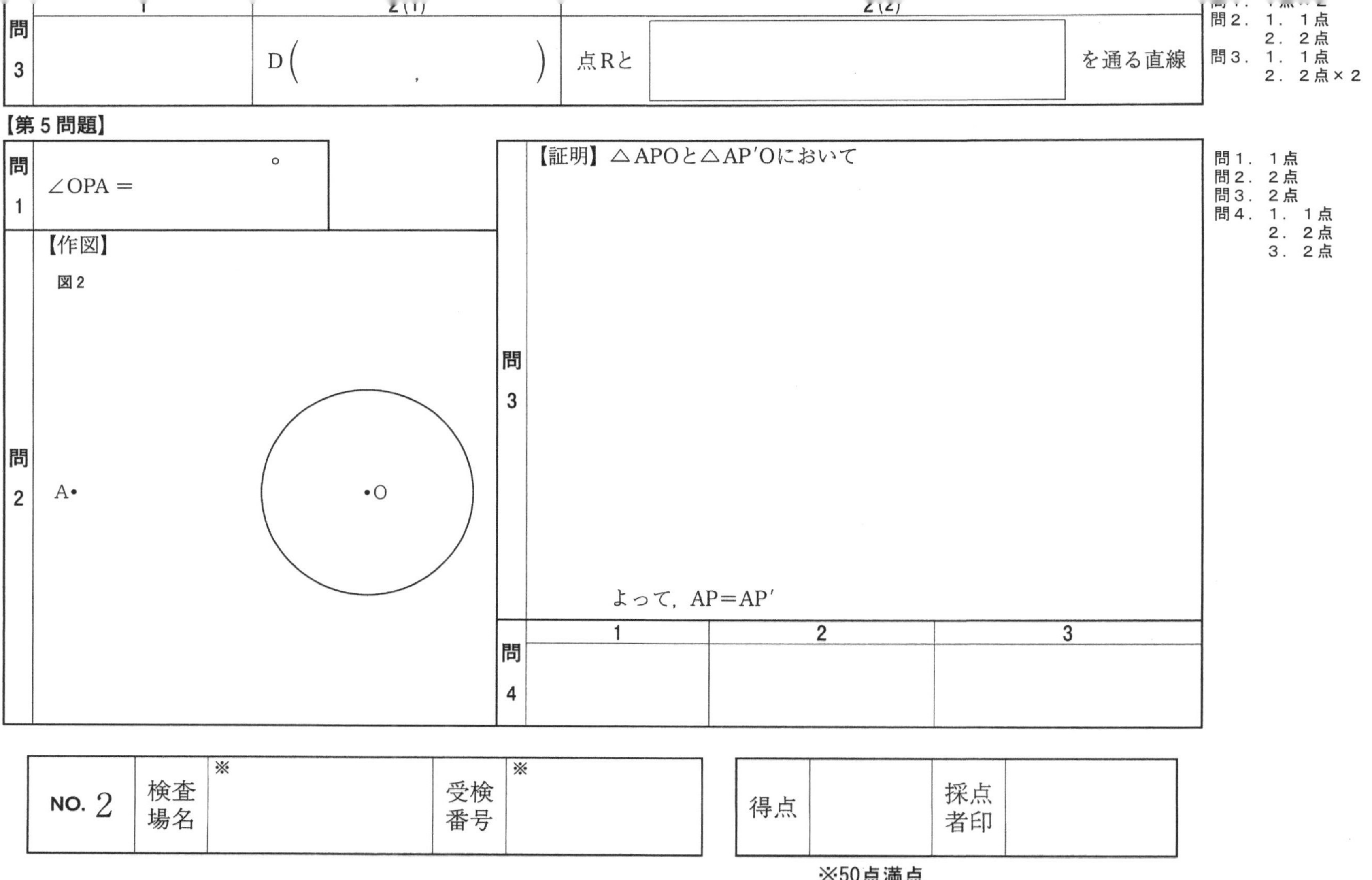

2022(R4) 島根県公立高

K 教英出版

	問2	4	30
		5	ソ連中心の社会主義国と 30 がおきて，鉄鋼などの需要が増えたから。

第3問題	問1	1	
		2	(1)
			(2) 20
	問2	1	2
		3	25
		4	
	問3	1	2 　 3

問1．1．1点
2．(1) 1点
(2) 2点
問2．1．1点
2．1点
3．2点
4．1点
問3．1点×3

第4問題	問1	1	2 　 3
	問2	1	2
	問3	1	大震災 　 2 記号
		2	理由 20
		3	

問1．1点×3
問2．1点×2
問3．1点×4

NO. 3	検査場名	※	受検番号	※

得点		採点者印	

※50点満点

問1．１点×２
問2．１点×３
問3．２点×２
問4．４点

第5問題			
問1	1		2
問2	1	It (　　　　).	
	2	Well, the story was so (　　　　) reading it last night.	
	3	Many people say (　　　　) from the beach.	
問3	a		
	b		
問4		I agree with (Yuto / Miki).　←必ずどちらかの名前を○で囲むこと	
		15	

NO. 4	検査場名	※	受検番号	※

得点		採点者印	

※50点満点

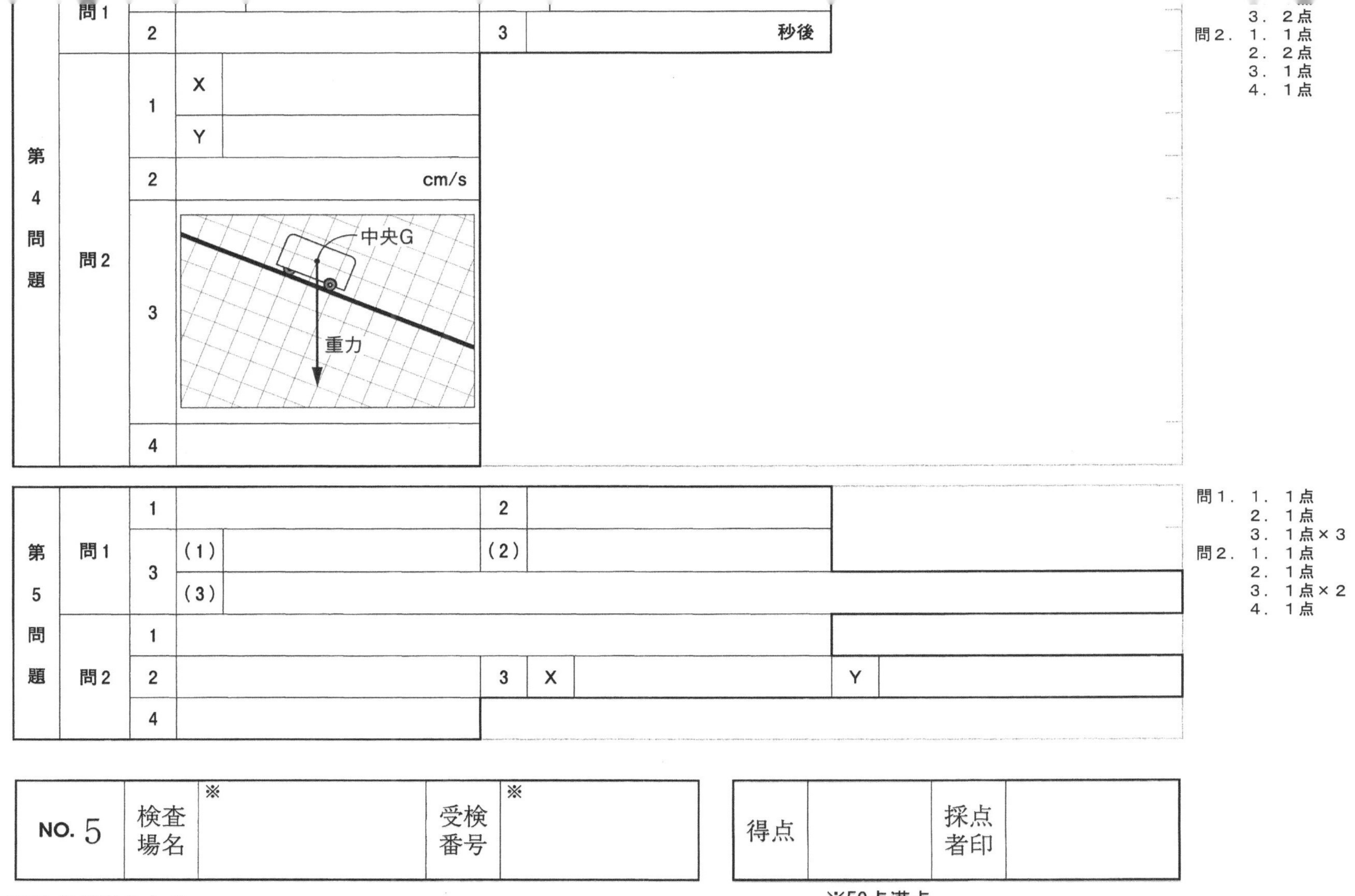

第4問題	問1	2		3	秒後
	問2	1	X		
			Y		
		2	cm/s		
		3	中央G 重力		
		4			

問1. 3. 2点
問2. 1. 1点
2. 2点
3. 1点
4. 1点

第5問題	問1	1		2			
		3	(1)		(2)		
			(3)				
	問2	1					
		2		3	X	Y	
		4					

問1. 1. 1点
2. 1点
3. 1点×3
問2. 1. 1点
2. 1点
3. 1点×2
4. 1点

NO. 5	検査場名	※	受検番号	※

得点		採点者印	

※50点満点

解　答　用　紙

理　　科　注　意　検査場名と受検番号を下の欄（※）に必ず記入すること　令和４年度

第1問題				
問1	1		2	g
	3	W	4	
問2	1		2	
問3	1		2	

問１．１点×４
問２．１．１点
　　　２．２点
問３．１．１点
　　　２．２点

第2問題				
問1	1		2	
	3			
問2	1		2	
	3	g	4	g

問１．１．１点
　　　２．１点
　　　３．２点
問２．１．１点
　　　２．１点
　　　３．２点
　　　４．２点

第3問題				
問1	1		2	
	3			
	4	イオンの数 / 加えた塩酸の量〔cm^3〕 (0, 2, 4, 6, 8, 10)		
問2	1		2	

問１．１．１点
　　　２．１点
　　　３．１点
　　　４．２点
問２．１．１点
　　　２．１点
　　　３．１点
　　　４．２点

【解答

解　答　用　紙

英　語　注 意　検査場名と受検番号を下の欄（※）に必ず記入すること　令和４年度

第1問題								
問1	1		2		3		4	
問2								
問3	①				②			
	③	At night, ＿＿＿＿＿＿＿＿ there.						

問1．１点×４
問2．１点×３
問3．①１点
　　　②１点
　　　③２点

第2問題				
問1	1		2	
問2	1		2	
問3	1		2	

問1．１点×２
問2．１点×２
問3．１点×２

第3問題							
問1		問2		問3		問4	

２点×４

第4問題		
問1		
問2	a	大規模なスポーツ大会の運営は（　　　　　）ということを叔母は知っていたから。
	b	叔母は他のボランティアの人たちと働くことで（　　　　　）から。
問3	She（　　　　　）.	
問4	(2)＝ to ＿＿＿ ＿＿＿ ＿＿＿ ＿＿＿	

問1．２点
問2．１点×２
問3．２点
問4．２点
問5．２点
問6．２点

【解答

解　答　用　紙

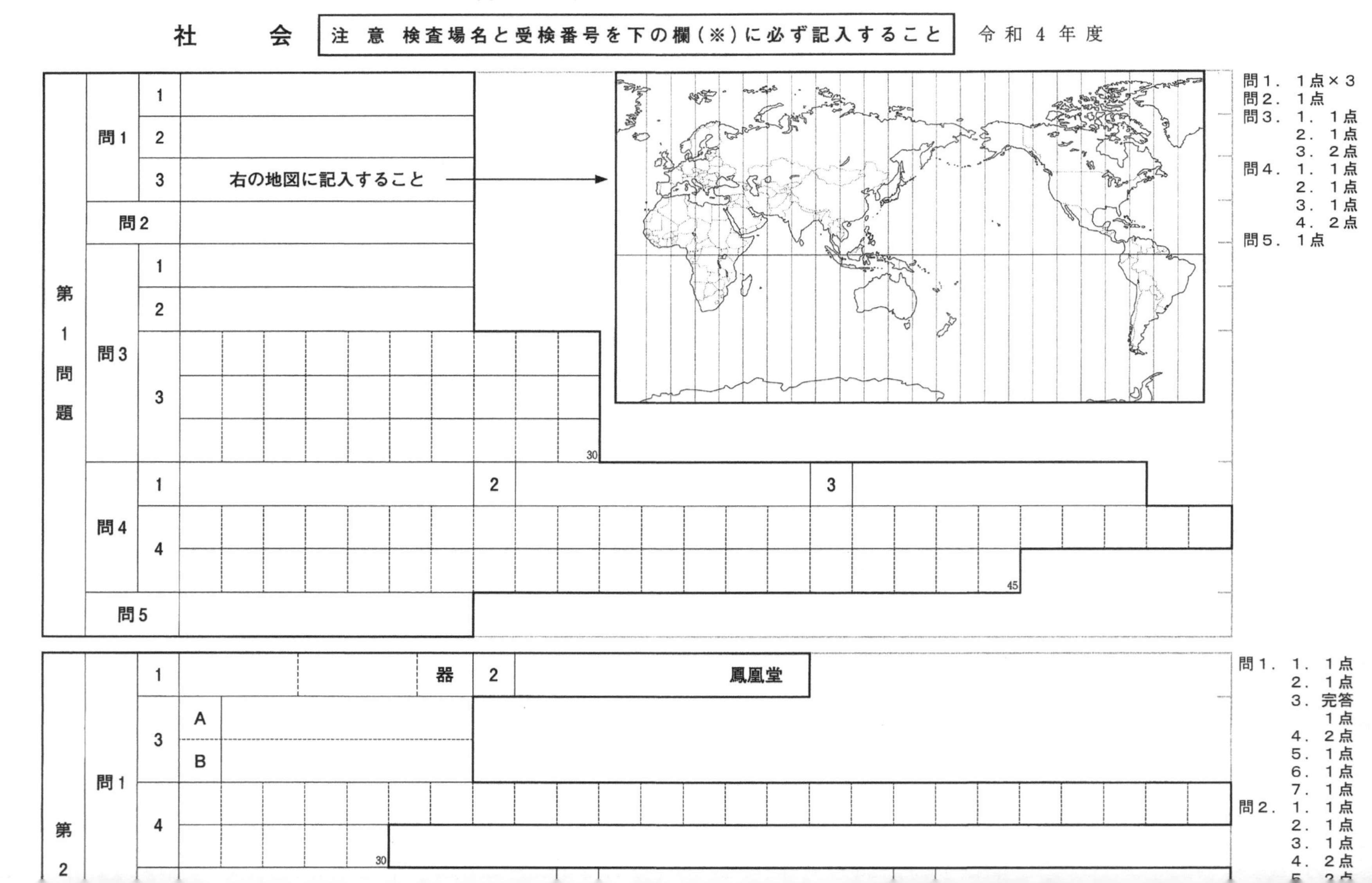

社　　会　注 意 検査場名と受検番号を下の欄（※）に必ず記入すること　令和 4 年度

第1問題

問1	1	
	2	
	3	右の地図に記入すること →
問2		
問3	1	
	2	
	3	30
問4	1	2　3
	4	45
問5		

問1．1点×3
問2．1点
問3．1．1点
2．1点
3．2点
問4．1．1点
2．1点
3．1点
4．2点
問5．1点

第2問題

問1	1	器　2　鳳凰堂
	3	A
		B
	4	30

問1．1．1点
2．1点
3．完答 1点
4．2点
5．1点
6．1点
7．1点
問2．1．1点
2．1点
3．1点
4．2点

【解答

解　答　用　紙

数　　学　注　意　検査場名と受検番号を下の欄（※）に必ず記入すること　令 和 4 年 度

【第1問題】

問1	問2	問3	問4	問5
			$a =$	$x =$, $y =$

問6	問7	問8	問9	問10	問11
$x =$		$\angle x =$ °	cm		

問1．1点
問2．1点
問3．1点
問4．1点
問5．1点
問6．1点
問7．1点
問8．1点
問9．1点
問10．1点
問11．2点

【第2問題】

問1	1(1)	1(2)	2
	秒	%	

問2	1	2	3	4
	円	図2	冊	冊以上

図2

y（円）
24000
20000
16000
12000
8000
4000
O
10　20　30　40　50　60
x（冊）
Q社

問1．1．1点×2
　　　2．1点×2
問2．1．1点
　　　2．1点
　　　3．2点
　　　4．2点

【第3問題】

問1	1	2	問2	1	2	問3	A	B
	枚	枚			枚			

問1．1．1点
　　　2．2点
問2．1．1点
　　　2．2点
問3．1点×2

【第4問題】

	1	2		1	2

【解答

問三 から。

問一．1点
問二．3点
問三．2点
問四．2点
問五．2点
問六．2点

【第四問題】

問一

問二

問三 1 2 B C

問一．1点
問二．1点
問三．1．1点
2．B．1点
C．2点

【第五問題】

問一

問二

問三 150 180

問一．1点×2
問二．2点
問三．6点

NO. 1	検査場名	※	受検番号	※

問2　塩化銅水溶液を電気分解したときに生じる物質と，電流の強さを変えたときに生じる物質の量の関係を調べる目的で，**実験2**を行った。これについて，下の**1**～**4**に答えなさい。

実験2

操作1　**図1**のように，塩化銅水溶液の入ったビーカーに，発泡ポリスチレンの板にとりつけた炭素電極を入れ，0.5Aの電流を流した。

図1

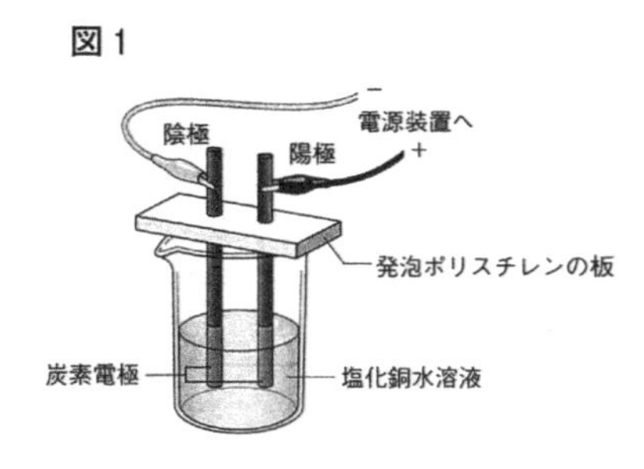

操作2　10分ごとに電源を切って，炭素電極をとり出し，炭素電極の表面に付着した金属の質量を測定した。

操作3　**図1**と同じ装置をさらに2つ用意し，電流の強さを1.0A，1.5Aに変えて，それぞれについて**操作2**と同様な実験を行った。

1　塩化銅水溶液とは異なり，電流が流れない水溶液として最も適当なものを，次の**ア**～**エ**から**一つ**選び，記号で答えなさい。

ア　砂糖水　　**イ**　食塩水　　**ウ**　スポーツドリンク　　**エ**　水酸化ナトリウム水溶液

2　金属が付着した電極は陽極か陰極か，また，付着した金属の色は何色か，最も適当な組み合わせを，次の**ア**～**エ**から**一つ**選び，記号で答えなさい。

	電極	色
ア	陽極	赤色
イ	陽極	黒色
ウ	陰極	赤色
エ	陰極	黒色

3　表面に金属が付着した炭素電極とは異なるもう一方の炭素電極付近から，気体が発生した。発生した気体の**化学式**を答えなさい。

4　**図2**のグラフは0.5Aと1.5Aの電流を流した2つの実験について，電流を流した時間を横軸に，炭素電極に付着していた金属の質量を縦軸としたときの関係を表している。1.0Aのグラフがどのようになるかを考え，次の文の［　　］にあてはまる**数値**を求めなさい。

> 0.5A，1.0A，1.5Aの電流をそれぞれ［　　］分間ずつ流したとき，炭素電極の表面に付着していた金属の質量の合計は3.0gであった。

図2

金属の質量〔g〕　0　0.4　0.8　1.2　1.6

0　20　40　60　80　100

電流を流した時間〔分〕

【第4問題】　次の問1，問2に答えなさい。

問1　音に関する実験について，下の1～3に答えなさい。

実験1

図1のように，ピアノ線におもりをつるし，ピアノ線の中央を指ではじいたときに出る音を，マイクロホンを通してコンピュータの画面に表した。

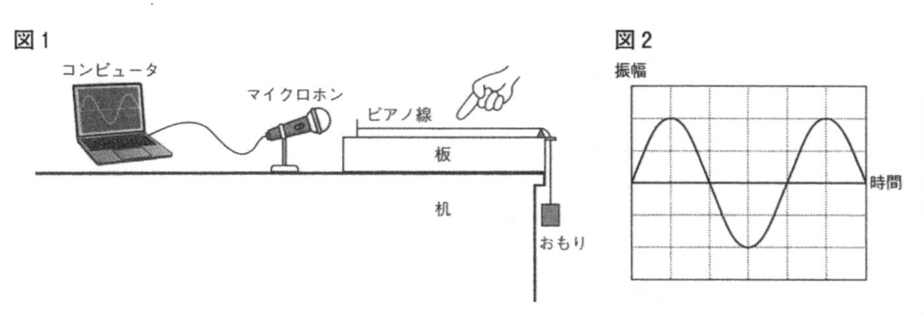

操作1　おもりの数を1個にして，ピアノ線を指ではじいた。すると，コンピュータには図2のように音のようすが表された。図2の縦軸は音の振動のはば（振幅）を表し，横軸は時間を表している。

操作2　おもりの数は1個のままで，ピアノ線を操作1のときよりも強く指ではじいた。

操作3　おもりの数を3個にして，ピアノ線を指ではじいた。

1　操作2，操作3をしたとき，コンピュータの画面に表れる音のようすとして最も適当なものを，次のア～オからそれぞれ一つずつ選び，記号で答えなさい。

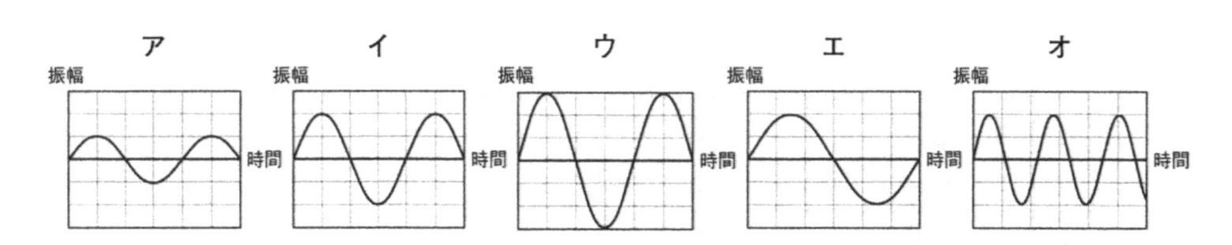

実験2

図3のように，Aさん，Bさん，Cさんが一直線上に並んでいる。BさんとCさんの距離は51mである。また，AさんとBさんの距離はわからない。Aさんが手を1回たたいたところ，Cさんは0.60秒後にその音を聞いた。

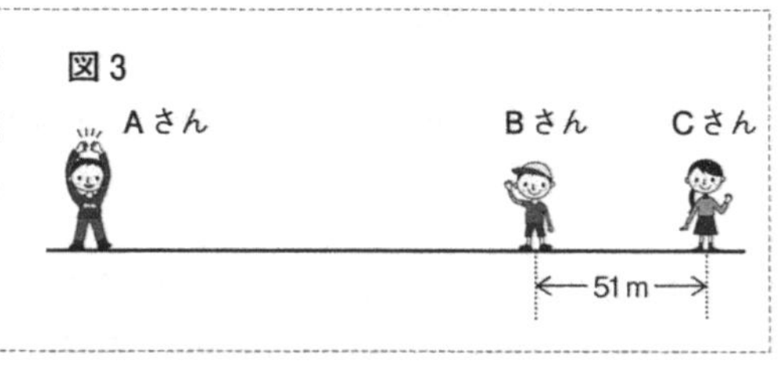

2　次の文は，地上で音が聞こえるようすを説明したものである。[　　]にあてはまる最も適当な語を答えなさい。

地上で音が聞こえるのは，[　　]の振動が，耳の中にある鼓膜といううすい膜を振動させ，その振動を私たちが感じているからである。

3　Aさんが手をたたいてからBさんがその音を聞くのは何秒後か，小数第2位まで求めなさい。ただし，音速を340m/sとする。

問2 斜面上を運動する台車の速さの変化のしかたについて，次の**仮説**を設定し，**図4**のような装置を用いて**実験3**を行った。これについて，下の**1**～**4**に答えなさい。ただし，斜面の傾きは変えないものとし，摩擦や空気の抵抗，記録テープの質量は考えないものとする。

仮説　斜面上での台車の位置を上方に変えると**速さが増加する割合**が大きくなるのではないか。

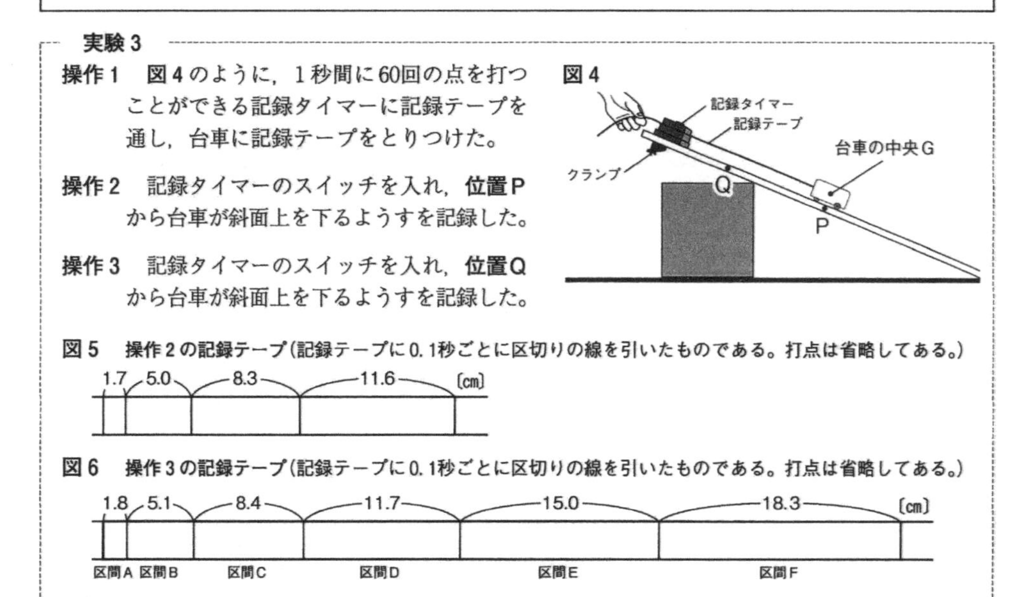

実験3

操作1　**図4**のように，1秒間に60回の点を打つことができる記録タイマーに記録テープを通し，台車に記録テープをとりつけた。

操作2　記録タイマーのスイッチを入れ，**位置P**から台車が斜面上を下るようすを記録した。

操作3　記録タイマーのスイッチを入れ，**位置Q**から台車が斜面上を下るようすを記録した。

図4

図5　**操作2の記録テープ**（記録テープに0.1秒ごとに区切りの線を引いたものである。打点は省略してある。）

図6　**操作3の記録テープ**（記録テープに0.1秒ごとに区切りの線を引いたものである。打点は省略してある。）

1　次の文章は，**図5**や**図6**の記録テープの区切りの間隔について説明したものである。［ X ］，［ Y ］にあてはまる**数値**を答えなさい。

1秒間に60回の点を打つことができる記録タイマーの場合，1つの点が打たれてから次の点が打たれるまでの時間を**分数**の形で表すと［ X ］秒である。よって，［ Y ］打点ごとに区切った間隔は，0.1秒ごとの台車の移動距離を表している。

2　**図6**の**区間C**と比べて**区間D**での台車の平均の速さは**何cm/s**増加したか，求めなさい。

3　**図7**は，斜面上を運動する台車にはたらく重力を**矢印**で表したものである。斜面上を運動する台車にはたらく重力の，斜面に**平行な方向の分力**を，台車の**中央G**を作用点として**矢印**で図にかき入れなさい。

図7

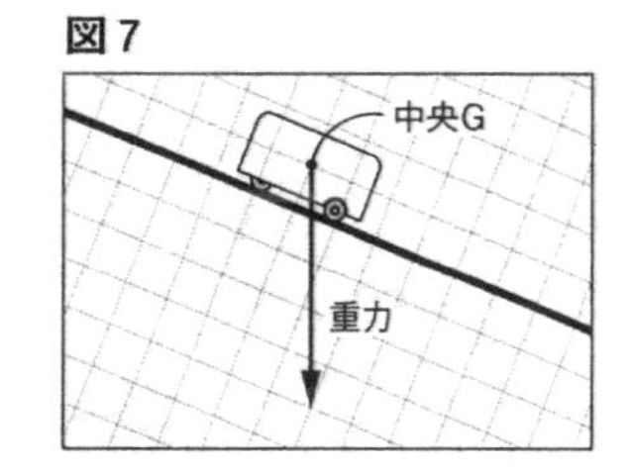

4　**図5**と**図6**をもとに，**仮説を検証した結果**とその**理由**の組み合わせとして最も適当なものを，次の**ア**～**エ**から**一つ**選び，記号で答えなさい。

	仮説を検証した結果	理由
ア	速さが増加する割合が**大きくなった。**	斜面上を運動する台車にはたらく重力の，斜面に**平行な方向の分力が大きくなる**から。
イ	速さが増加する割合が**大きくなった。**	斜面上を運動する台車にはたらく重力の，斜面に**垂直な方向の分力が大きくなる**から。
ウ	速さが増加する割合は**変わらなかった。**	斜面上を運動する台車にはたらく重力の，斜面に**平行な方向の分力が変わらない**から。
エ	速さが増加する割合は**変わらなかった。**	斜面上を運動する台車にはたらく重力の，斜面に**垂直な方向の分力が変わらない**から。

【第５問題】　次の問１，問２に答えなさい。

問１　火山と火成岩について，次の１～３に答えなさい。

１　火山はマグマによってできるが，その形は地下にあるマグマのねばりけによって異なる。**図１**は**火山Ａ**，**図２**は**火山Ｂ**の断面のようすを表している。

図１

図２

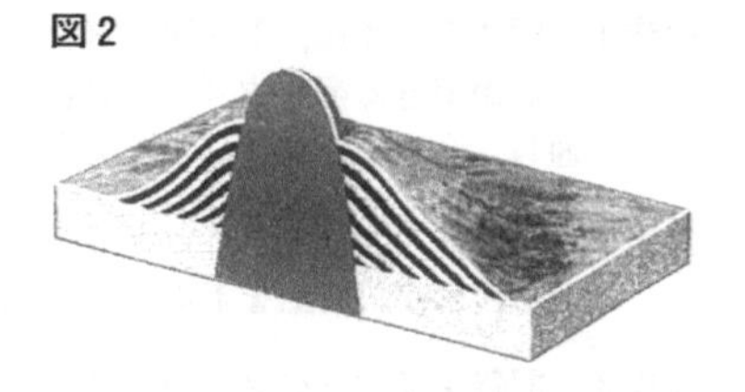

火山Ａと比べたとき，**火山Ｂ**は**マグマのねばりけ**と**噴火のようす**がどのように異なっているか，その組み合わせとして最も適当なものを，次の**ア～エ**から**一つ**選び，記号で答えなさい。

	マグマのねばりけ	噴火のようす
ア	強い	激しく噴火することは少ない。
イ	強い	爆発的な激しい噴火になることが多い。
ウ	弱い	激しく噴火することは少ない。
エ	弱い	爆発的な激しい噴火になることが多い。

２　次の文章の［　　］にあてはまる最も適当な**語**を答えなさい。

火山がもたらす熱は発電に利用されている。これを［　　］発電という。

３　火成岩の表面を歯ブラシでこすって洗い，きれいにした後に表面をルーペで観察した。**図３**は安山岩，**図４**は花こう岩をスケッチしたものである。これについて，下の（１）～（３）に答えなさい。

図３

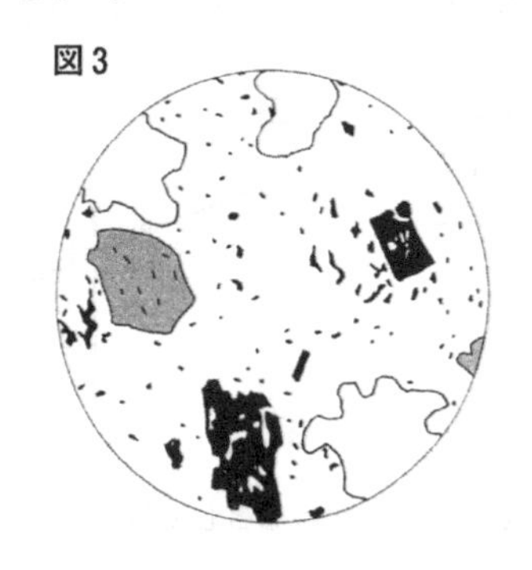

図４

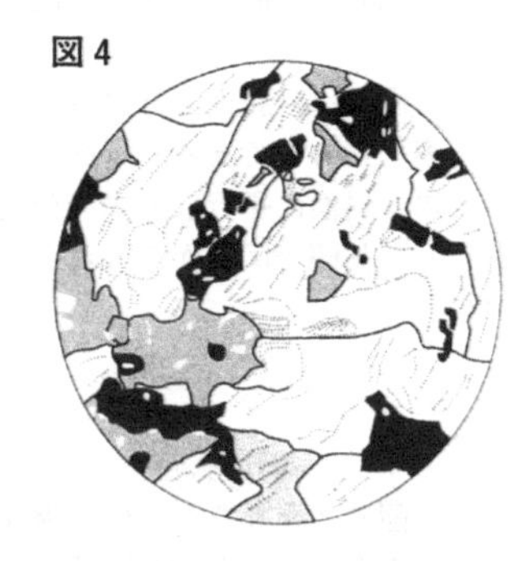

（１）**図３**の安山岩には，形が分からないほどの小さな鉱物の集まりや，ガラス質の部分がみられる。この部分を何というか，その**名称**を**漢字**で答えなさい。

（２）**図４**の花こう岩は黒色，白色，無色などの同じくらいの大きさの鉱物が集まってできている。このようなつくりを何というか，その**名称**を答えなさい。

（３）**図３**に比べて**図４**はひとつひとつの鉱物の粒が大きくなっている。その**理由**を答えなさい。

問2　ユウキさんは，学校の近くに**図5**のような地層が表面に現れているところがあることを知り，自分たちの住む大地がどのようにできたかを調べようとして，地層のようすを観察した。これについて，下の**1**～**4**に答えなさい。

観察結果

・地層は，ほぼ水平に重なっていた。
・断層やしゅう曲は見られなかった。
・火山灰が降り積もったようすは見られなかった。
・地表の岩石の中には，風化で表面がくずれているものがあった。
・**A層**と**C層**と**E層**は砂岩，**D層**は泥岩，**F層**はれき岩であることがわかった。
・**B層**でサンゴの化石が見つかった。

図5

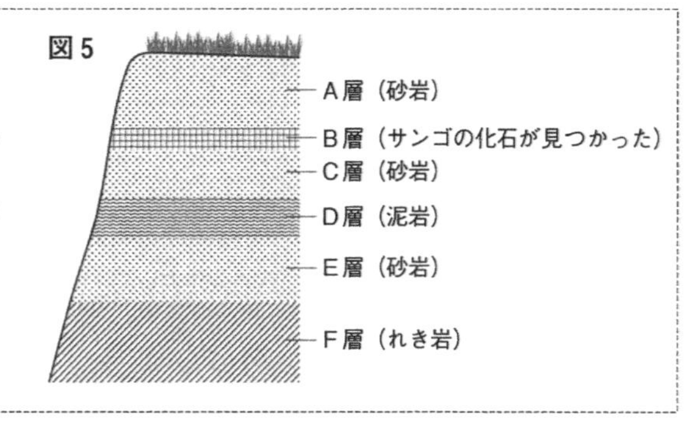

1　泥岩，砂岩，れき岩にふくまれている粒に**共通する特徴**について簡潔に答えなさい。

2　**B層**から岩石を採取して持ち帰り，調べたところ**石灰岩**であると判断した。そのように判断した理由として最も適当なものを，次の**ア**～**エ**から**一つ**選び，記号で答えなさい。

ア　岩石を鉄のハンマーでたたくと，鉄がけずれて火花が出るほどかたかったから。
イ　岩石を鉄のハンマーでくだくと，粒は黒っぽい色をしていたから。
ウ　岩石にうすい塩酸をかけると，とけて気体が発生したから。
エ　岩石をルーペで観察すると，ふくまれている粒の大きさが2㎜以上あったから。

3　**B層**でサンゴの化石が見つかったことから**B層**が堆積した当時の環境を推定できる。そのことを説明した次の文章の［ X ］にあてはまる語句として最も適当なものを，下の**ア**～**エ**から**一つ**選び，記号で答えなさい。また，［ Y ］にあてはまる最も適当な**語**を**漢字**で答えなさい。

> **B層**で見つかったサンゴの化石を手がかりに，**B層**が堆積した当時の環境は［ X ］であったと推定できる。このように，その地層が堆積した当時の環境を知ることのできる化石を［ Y ］という。

ア　あたたかくて浅い海
イ　あたたかくて深い海
ウ　冷たくて浅い海
エ　冷たくて深い海

4　**F層**から**D層**が堆積した期間について，推定される**観察地点のようす**と，そのように判断した**理由**の組み合わせとして最も適当なものを，次の**ア**～**エ**から**一つ**選び，記号で答えなさい。

	観察地点のようす	理由
ア	はじめは海岸から**遠く**，その後じょじょに**近く**なっていった。	上の地層ほど粒が**大きく**なっているから。
イ	はじめは海岸から**遠く**，その後じょじょに**近く**なっていった。	上の地層ほど粒が**小さく**なっているから。
ウ	はじめは海岸から**近く**，その後じょじょに**遠く**なっていった。	上の地層ほど粒が**大きく**なっているから。
エ	はじめは海岸から**近く**，その後じょじょに**遠く**なっていった。	上の地層ほど粒が**小さく**なっているから。